VORTRÄGE

ÜBER DIE

REICHS-CIVILPROCESSORDNUNG

GEHALTEN

VOR PRAKTISCHEN JURISTEN IM FRÜHJAHR 1879

VON

DR. ADOLF WACH.

ZWEITE, VERÄNDERTE AUFLAGE.

BONN,
BEI ADOLPH MARCUS
1896.

MEINEN HERRN ZUHÖRERN

ZUR

ERINNERUNG AN GEMEINSAM VERLEBTE STUNDEN

GEWIDMET.

Vorwort
zur ersten Auflage.

Die folgenden Vorträge sind gehalten worden in den Monaten März und April dieses Jahres in Leipzig und Kieritzsch vor Mitgliedern des Richter- und Anwaltstandes. Bei der Kürze der Zeit, welche mir vergönnt war, beschränkte ich meine Aufgabe auf die Besprechung einiger besonders wichtiger Bestandtheile der Civilprocessordnung. Und weiter ging ich nicht darauf aus, nur den dem Wortlaut des Gesetzes leicht zu entnehmenden, jedermann zugänglichen Inhalt desselben vorzutragen, sondern womöglich in den von mir berührten Partieen die Grundgedanken zu entwickeln. Dabei scheute ich mich auch nicht, hier und da tiefer in die Auslegung hineinzusteigen, um auf Schwierigkeiten hinzuweisen, welche sich bei der Handhabung des Gesetzes herausstellen werden. Auf eine demnächstige Publikation war es nicht abgesehen, wie am besten aus dem Umstande erhellt, dass ich meinen Vorträgen ein fertiges Manuscript nicht zu Grunde legte.

Nachträglich wurde die Veröffentlichung von meinen Herrn Zuhörern gewünscht und ich entspreche hiermit diesem Wunsche vor allem deshalb, weil ich gar manche selbstständige Behauptung aufgestellt habe, deren Kontrole erst durch den Druck möglich wird, und weil es mir ein lieber Gedanke ist, den Herrn, welche mit so grossem Wohlwollen meinen Vorträgen folgten, ein Zeichen der Erinnerung zu geben.

Die Hauptschwierigkeit, mit welcher ich bei der Publikation zu ringen hatte, war der schon betonte Mangel eines

Manuscripts. Nur von zwei Vorträgen besass ich stenographische Niederschriften. Daher die grosse Verzögerung des Druckes. Doch glaube ich, dass es mir gelungen ist, den Inhalt des Gesprochenen im Wesentlichen getreu wiederzugeben.

Anspruch auf wissenschaftlichen Werth kann der Natur der Sache nach dieses Büchlein nicht machen. Aber ich hoffe, dass meine Herrn Kollegen es dennoch nicht unfreundlich aufnehmen werden. Wir halten es heute ja nicht mehr für unziemend, wenn der Gelehrte nicht immer nur für den Fortschritt der Wissenschaft, sondern gelegentlich auch für die allgemeine Belehrung arbeitet. Ein kleiner gelehrter Zopf wird auf S. 19 fg. herausgesteckt. Ebenso auf S. 149 ff., wo ich anmerkungsweise einen längeren Exkurs dem trefflichen Aufsatz meines hochverehrten Freundes Professor Heusler im civilistischen Archiv über das Beweisrecht gewidmet habe. Dass vieles berührt werden musste und doch nicht erledigt werden konnte, ist der Aufgabe und der Sachlage zuzuschreiben.

Ich benutze diese Gelegenheit, um einige sinnstörende Druckfehler zu berichtigen. Auf S. 16 Zeile 6 von unten ist „nicht“ zu streichen; auf S. 27 Zeile 10 von oben muss es „Einlassungsfrist“ statt „Einladungsfrist“ heissen; auf S. 46 Zeile 9 von unten ist statt „ohne Antrag“ „vom Antrag“, auf S. 159 Zeile 4 von oben statt „probatum“ „Probaten“ zu lesen.

Ein Herzensbedürfniss ist es mir, dem Herrn Kammerdirektor Starke zu Zwickau, den Herrn Advokaten Konrad Hoffmann, Dr. Schill und Dr. Seelig zu Leipzig, welche zu diesen Vorträgen die Anregung gegeben haben, hier öffentlich meinen Dank auszusprechen.

Leipzig, den 6. Oktober 1879.

Vorwort
zur zweiten Auflage.

Gewöhnlich sind die wohlwollende Aufnahme eines Buches und die Nachfrage die ausreichende Rechtfertigung seines erneuten Erscheinens. Hier liegt die Sache anders. Die „Vorträge" waren aus der Situation herausgeboren; sie tragen den Stempel der Gelegenheitsschöpfung. Man stand damals, im Jahre 1879, dem Gesetz in vieler Beziehung naiv gegenüber. Von einer nennenswerthen, das Gesetz selbst tiefer fassenden und verarbeitenden Wissenschaft war kaum zu sprechen. Ueber praktische Erfahrungen verfügte man nicht. Der Darsteller hatte den Blick in die Zukunft zu richten. Das ist jetzt alles anders. Wir haben eine bedeutende, bereits schwer zu bewältigende Litteratur der Civilprocessordnung, eine bald siebzehnjährige praktische Erfahrung, überreiche Publikationen aus der Gerichtspraxis, — und stehen schon wieder vor Reformplänen und Entwürfen.

Wie wäre es möglich gewesen, angesichts alles dessen die im Frühjahr 1879 gehaltenen Vorträge unverändert wieder abzudrucken? Es war das schon deshalb unmöglich, weil ich manches Alte als unhaltbar erkannt und manches Neue zur Sache zu sagen hatte. Andererseits erhoben sich gegen eine Umarbeitung starke Bedenken. Wenn das Buch überhaupt erneut erscheinen sollte, musste es seine Eigenart bewahren, durfte es nicht aus der leichten Form des Essais in die der gelehrten Abhandlung ausarten, auch nicht an Umfang übermässig zunehmen. Die Schwierigkeiten waren gross. Mich bestimmte endlich zur erneuten Herausgabe, dass das Buch in unserer Literatur immerhin eine gewisse Stellung dank der wohlwollenden Aufnahme durch meine Herrn Fachgenossen erlangt hat, und dass es mir wünschenswerth war, Unhaltbares zu tilgen und Anderes hinzuzufügen, was ich auf dem Herzen hatte. Ob das genügt, die Auflage zu rechtfertigen?

Ueber ihre Anlage noch Folgendes: getreu der gegebenen Form habe ich die Vorträge mit dem wissenschaftlichen Apparat und polemischen Auseindersetzungen möglichst wenig belastet. Aus den trefflichen Kommentaren, die wir Gaupp, Struckmann und Koch, Seuffert, Wilmowski und Levy und Anderen verdanken, konnten orientirende Anführungen nur vereinzelt gegeben werden. Der Schlusstheil von Planck's ausgezeichnetem Lehrbuch erschien während des Druckes und gab mir Anlass zur Feststellung von einigen gegensätzlichen Auffassungen.

Gegenständlich ist das Buch nicht erweitert; sonst wäre ich in's Grenzenlose gerathen. Auch stofflich musste ich mir oft mit innerem Widerstreben Schranken ziehen. Die österreichische Civilprocessordnung gegenüber einer gewissen reaktionären, nicht von starken Uebertreibungen freien Strömung schärfer zu beleuchten, musste ich mir versagen. Ich bin nur anlässlich des Eidesrechts auf sie kurz eingegangen. Selbst den Entwurf der unserer Civilprocessordnung „aus Anlass des Bürgerlichen Gesetzbuches" zugedachten „Aenderungen und Ergänzungen", wie er in der „Denkschrift zum Entwurf eines Bürgerlichen Gesetzbuches" Berlin 1896 S. 314 fg. vorliegt, konnte ich nur in einigen Punkten (S. 313, 326 fg.) berücksichtigen. Aber ich kann nicht verhehlen, dass die Versuchung zur Kritik in vielen Stücken eine grosse war. Diese Gesetzesarbeit zeigt keine sichere und glückliche Hand. Ich nenne hier nur zur weiteren Exemplifikation § 49 [a] mit seinem sonderbaren einseitigen Abs. 2; § 72, welcher auf unrichtigen processualen Anschauungen beruht; § 73, dessen bisheriger Abs. 4 keineswegs durch § 293 [d] ausreichend ersetzt wird; § 73 [a], der in der vorliegenden Fassung nicht genügt; § 85, dessen verständiger Zusatz in allgemeinerer Weise gegen den *falsus procurator* hätte gerichtet werden sollen; § 231 [a], der uns mit der

Kündigungsklage beschenkt, während hier durch Erweiterung der exekutorischen Titel hätte geholfen werden sollen; § 231 [b], der angesichts der richtigen Auffassung des § 231 nur verwirrend wirken kann, § 232 Abs. 2, der den zwecklosen und praktisch schädlichen Ausschluss der Eventualverbindung von Possessorium und Petitorium konservirt, § 293 Abs. 2, § 293 [b] mit seiner lehrhaften ungenügenden Definition der Rechtskraft u. s. w. Möge über der Reformarbeit an der Civilprocessordnung, die nebenher im Gange ist, ein glücklicherer Stern walten. Doch scheint mir kein günstiges Omen die Thatsache, dass man überhaupt unternommen hat, die Verbesserung der Civilprocessordnung zum Objekt ganz getrennter Verbesserungsarbeiten zu machen.

Leipzig, den 20. April 1896.

Adolf Wach.

Inhalt.

Mündlichkeit und Schriftlichkeit.

Ich setze meine Betrachtungen ein bei der Erscheinungsform der processualischen Handlungen. Denn hier liegt die Wurzel der Eigenart des Reichscivilprocesses.

Hie Mündlichkeit, hie Schriftlichkeit war das Feldgeschrei der streitenden Parteien im Kampf um die Neuordnung des bürgerlichen Verfahrens. Dabei dachte man sich und denkt man sich noch vielfach „Mündlichkeit" und „Schriftlichkeit" als gegensätzliche processgestaltende Principien. „Mündlichkeit" soll sein die Unmittelbarkeit der Wahrnehmung des Processstoffs durch den erkennenden Richter. Sie sagt, dass nur das unmittelbar vom Richter Wahrgenommene Urtheilsgrundlage ist. „Schriftlichkeit" ist das absolute Beurkundungsprincip. Sie sagt, dass Processinhalt und Akteninhalt sich decken. Im mündlichen Verfahren kann geschrieben, im schriftlichen gesprochen werden. Aber hier ist die Schrift die wesentliche Erscheinungsform der processualischen Handlungen und etwaige mündliche Rede nur Beiwerk. Dort, im mündlichen Verfahren, ist die wesentliche Erscheinungsform die unmittelbare mündliche Mittheilung des Streitmaterials an den erkennenden Richter und die Schrift allein Erinnerungs- und Beglaubigungs-Mittel.

Mit Unrecht hat man diesem Gegensatz eine fundamentale, processgestaltende Bedeutung beigelegt, und die konsequente Durchführung der Mündlichkeit als Selbstzweck eines Procedursystems behandelt. Die Frage der relevanten Erscheinungsform des Processinhalts ist nicht Principienfrage, sondern Frage der Zweckmässigkeit. Der Process ist kein ästhetisches, künstlerisches Gebilde, dessen auf die Sinne wirkende Form das Wesen ausmacht. Der Process ist eine Verstandesschöpfung, eine ausgeklügelte, nach strengen Gesetzen der Logik und dem Bedürfniss des Lebens konstruirte Maschinerie, die aus ihrer materiellen Zweckbestimmung ihre Wesensbestimmung empfängt. Der Zweck des Processes ist die der Natur der Streitsache gemässe, gerechte Gewährung des staatlichen Rechtsschutzes. Die Natur der Streitsache ergibt die tiefgreifende Differenz des Civil- und Strafprocesses. Die Civilsache wirkt das materielle und formelle Zweiparteienverhältniss, die Interesselosigkeit des Staates und damit seines Organs, des Richters an der Streitsache, den Ausschluss der Officialmaxime, die Herrschaft der Streittheile über den Streitgegenstand, über den Beginn, die Fortführung, den Schluss des Verfahrens, über seinen Inhalt, den Streitstoff. Die Natur der Civilsache ermöglicht die Vertheilung der Angriffs- und Vertheidigungs-Mittel, der Beweislast, die Vergleichsnatur gewisser Beweise, die Kraft des gerichtlichen Geständnisses, das Kontumacialsystem, die durchgängige Vertretung der Parteien durch Anwälte.

Auf die Frage nach der Form der processualischen Handlungen lässt uns die Zweckbestimmung des Processes ohne oder doch ohne bestimmte Antwort. Die Form ist die beste, welche die zweckgemässeste ist. Die zweckgemässeste aber ist diejenige, welche die Erkenntniss des Inhalts im entscheidenden Augenblick und für die zu seiner Erkenntniss angewiesenen Personen am sichersten gewährleistet, ohne dem Staate und den Parteien unverhältnissmässige Opfer und Mühsalen zuzumuthen. Welcher jener Augenblick und jene Personen seien, sagt uns nicht wieder die Form, sondern sagen uns die sonstigen dem Zwecke des Processes entnommenen Interessen und Grundsätze. Jener kritische Augenblick ist nicht nur der Moment der eigentlichen, ersten Wahrnehmung der Processhandlung, sondern ist auch und vor allem der Moment der Urtheilsfällung, der Urtheilsfällung in der ersten Instanz und in dem der Nachprüfung des erstinstanzlichen Urtheils gewidmeten Rechtsmittelverfahren. Die fraglichen Personen sind die entscheidenden Richter hier und dort. Eine Form, welche nur für den Augenblick der ersten Wahrnehmung selbst die Erkenntniss des Inhaltes gewährt, aber nicht ihn festzuhalten gestattet für fernere Zeitpunkte, für die spätere Urtheilsfällung und Urtheils-Nachprüfung, diese Form ist die zweckmässigste nicht, wenn nicht das zeitliche Auseinanderfallen der Wahrnehmung und Aburtheilung vermieden und uns nicht bewiesen werden kann, dass der durch solche Form gebrachte Gewinn für die Gerechtigkeit der Rechtspflege höher zu veranschlagen ist, als die Garantien, welche die Berufungsmöglichkeit bietet.

Die reine Mündlichkeit ist die Form, welche bei grösstmöglichster Evidenz des Processinhalts im Augenblicke der Wahrnehmung viele Vertagungen, ein Hinauszögern der Urtheilsfällung und eine Berufungsinstanz nicht erträgt; denn mit jedem Tage, der zwischen Wahrnehmung und Urtheil tritt, schwindet jene Evidenz mehr und die unmittelbare sinnliche Wahrnehmung des entscheidenden Richters lässt sich vor dem Berufungsrichter nicht reproduciren. Sie ist die Form, welche in strenger Folgerichtigkeit unmögliche und unvereinbare Forderungen stellt. Sie fordert die ausnahmslose unmittelbare Wahrnehmung durch den erkennenden Richter. Sie fordert gleichzeitig eine Koncentration des Processstoffs, welche ihn dem mit Durchschnitts-Gedächtniss begabten Richter im Momente der Entscheidung klar vor Augen stellt, sie fordert eine Freiheit der mündlichen Verhandlung, welche jede Eventualmaxime, ja, richtig verstanden, die Abscheidung des Behauptungs- und Beweisstoffes ausschliesst. Solche Freiheit aber ist unvereinbar mit jener so nothwendigen Koncentration und diese wieder unmöglich bei Unmittelbarkeit der Beweisaufnahme; die letztere endlich ist Postulat der Mündlichkeit und doch in vielen Fällen unausführbar.

Daraus folgt, dass die reine Mündlichkeit nicht die zweckmässigste Form des Civilprocesses ist und dass der Mündlichkeit hülfreich hinzutreten muss eine ausgedehnte Benutzung der Schrift, vor allem die Beurkundung, welche den Processstoff erhält oder wohl auch, wie bei der Beweisaufnahme vor dem beauftragten oder ersuchten Richter und der Nachprüfung des unterinstanzlichen Streitstoffs und Urtheils in der Berufungsinstanz, dem erkennenden Richter die Erkenntniss des Inhalts erst vermittelt.

Auf der anderen Seite ist unverkennbar, dass das schroffe Schriftprincip zur Unwahrheit und zu der Erstarrung des Processes in einem ungesunden Formalismus führt. So sicherlich bei dem Verfahren im Schriftenwechsel, der nicht ohne eine feste Gliederung und Ordnung des Stoffes, nicht ohne eine Eventualmaxime und ein Präklusionsprincip bestehen kann. Indem er die Partei dem Auge des Richters entzieht, erschwert und trübt er das Verständniss ihrer Behauptungen und die Aufklärung des Sachverhaltes. Durch jene stoffliche feste Gliederung aber lähmt er die Beweglichkeit und verunstaltet und verfälscht er die Urtheilsgrundlage theils durch müssige Anhäufung von Ueberflüssigem, theils durch den Ausschluss von Wesentlichem, welches der Präklusionsmaschine zum Opfer fällt. Einfachheit, Anpassungsfähigkeit und Wahrheit ist nur in der Mündlichkeit unter Verzicht auf solche formalen Ordnungsprincipien, ja auch unter Verzicht auf eine Verbindung der unmittelbaren richterlichen Wahrnehmung mit einem absoluten Protokollzwang. Denn das heisst Unvereinbares vereinigen wollen. Solcher Zwang, mag nun vom Munde in die Feder verhandelt werden, oder die Vorschrift also lauten, dass erst nach mündlicher Verhandlung das Erhebliche zu Protokoll genommen werden soll, erstickt das Leben der Verhandlung in der Dintenfluth. Das formell beste Verfahren wird dasjenige sein, welches, frei von einseitiger Konsequenzmacherei, die Vorzüge der Mündlichkeit mit denen der Schriftlichkeit verbindet, ein Verfahren, welches nicht scheinmündlich ist, aber auch nicht um des sogenannten Princips der Mündlichkeit willen die Zwecke des Processes, die Sicherheit und Gerechtigkeit der Rechtspflege, schädigt.

Diese Auffassung, welche den relativen Werth der Mündlichkeit erkennt und auf das richtige Maass zurückführt, war nicht die allgemeine, als man die Reichs-Civilprocessordnung zu Stande brachte. Die Motive stehen nicht im Strom des

Mündlichkeits-Fanatismus. Sie räumen es ein, dass die Güte des Verfahrens nicht von der vollen und schroffen konsequenten Durchführung des Princips abhänge. Doch sind sie so wenig, wie manche unserer Schriftsteller und die Praxis von Doktrinarismus völlig frei. Auch das Gesetz zeigt davon Spuren. Aber die von ihm gewählte Form ist brauchbar und gesund trotz aller Schmähungen und Schwarzsehereien der Schriftfreunde.

I.

Die CPO. spricht den Grundsatz der Mündlichkeit aus in dem Satze (§ 119):

„Die Verhandlung der Parteien über den Rechtsstreit vor dem erkennenden Gericht ist eine mündliche."

In freier Rede, nicht mit Bezugnahmen auf die Schriftsätze, geschweige denn durch das dem schlecht vorbereiteten Anwalt so bequeme Vorlesen derselben, sollen die Parteien das Ihrige vortragen (§ 128 Abs. 2. 3). Dieser Vortrag ist die relevante Erscheinungsform der Urtheilsgrundlage, soweit sie im Parteivorbringen zu finden ist.

Die Regel ist maassgebend für die eigentliche Hauptverhandlung, nicht für alle und jede mündliche Verhandlung, nicht für die Verhandlung vor dem beauftragten oder ersuchten Richter, nicht für Zwischenstreitigkeiten zwischen der Partei und Dritten.

Seine Ergänzung empfängt § 119 durch das Postulat, dass die Beweisaufnahme vor dem erkennenden Richter stattfinden solle (§ 320). Aber freilich wird die Regel sofort durch eine unbegrenzte oder doch nur nach dem freien Ermessen des erkennenden Gerichts begrenzte Fülle von Ausnahmen durchbrochen.

Es sollen nun vorerst die Konsequenzen des Princips, dann die ihm dienlichen Hülfsmittel und gleichzeitig die Regeln des Verfahrens erörtert werden, welche die Milderung des starren Grundsatzes enthalten. Wir werden bestätigt finden, dass der Process der Reichs-Civilprocessordnung nicht rein mündlich, sondern ein Verfahren mit Mischcharakter ist.

Eine unmittelbare Folge des Mündlichkeitsprincips ist der Fortfall jeder festen Gliederung des Processstoffes in der mündlichen Verhandlung. Die Eventualmaxime, wie jedwede Cäsur, jede Abgrenzung von stofflich geschiedenen Abschnitten des Verfahrens ist aufgegeben. Die Parteien bringen ihr Angriffs- und Vertheidigungsmittel (Einreden, Repliken, Widerklagen, Beweismittel, Beweiseinreden u. dergl.) rechtzeitig bis zum Schluss der mündlichen Verhandlung, auf welche das Urtheil ergeht (§§ 251, 253, 256, 491, 499, 533). Die Beweisaufnahme ist nur ein Incidentpunkt in der mündlichen Verhandlung und kann sich so oft wiederholen, als die Behauptungen und Beweisantretungen der Parteien einen neuen Beweisbeschluss nothwendig machen. Und so ist es in der ersten und in der Berufungs-Instanz. Die natürliche Freiheit der mündlichen Verhandlung lässt sich nicht in die feste, mechanische Regel einer Eventualbehandlung bannen. Die Sonderung aber eines Stadiums der Behauptungen und Beweise ist durch das ganze Arsenal der Gründe, welche gegen das gemeinrechtliche Beweisinterlokut oder die Halbheit eines präklusivischen Produktionsbescheides ins Feld geführt werden können, genügend überwunden.

Als weitere Folge des Princips der unmittelbaren Wahrnehmung, ja als Ausdruck desselben kann der Satz (§ 280) gelten:

> „Das Urtheil kann nur von denjenigen Richtern gefällt werden, welche der dem Urtheile zu Grunde liegenden Verhandlung beigewohnt haben.“

Mit dem Wechsel des Richterpersonals vernothwendigt sich die Wiederholung der ganzen Verhandlung; wohl gemerkt: der mündlichen Verhandlung, nicht der Beweisaufnahmen, nicht der verkündeten richterlichen Entscheidungen, auch nicht der noch erledigungsbedürftigen. Daher kann, unerachtet des Richterwechsels, eine angeordnete Beweisaufnahme vorerst bewirkt werden, bevor in die Erneuerung der Verhandlung eingetreten wird, wennschon sie im Interesse erspriesslicher Befragung der Zeugen oder Sachverständigen oder auch der Augenscheinseinnahme immer wird vorangehen müssen, wenn der Einzelrichter wechselte oder das neue Kollegialmitglied mit Verständniss bei der Beweisaufnahme mitwirken soll. Selbstverständlich vollzieht sich Derartiges am häufigsten zu Folge der Verschiebungen in der Besetzung der Gerichte, der Versetzungen, Beförderungen, des Uebertritts aus einer Kammer in die andere, und vorübergehender Behinderung. Dass bei solchen unliebsamen Vorgängen im Kollegium sich das Gericht durch ein Richterreferat über den Processinhalt unter der Kontrole der Anwälte hilft, wird nicht zu beanstanden sein. Der erneute Vortrag erstreckt sich auf den gesammten bisherigen Processinhalt, einschliesslich der Beweisaufnahme. Sind über Letztere keine Protokolle vorhanden, wie das in der Berufungsinstanz möglich ist und häufig vorkommt, so werden die richterlichen Aufzeichnungen und deren Vortrag unter der Parteikontrole die Verlesung der Protokolle ersetzen. Es liegt hier ähnlich, wie bei der sogleich zu erörternden kommissarischen Beweisaufnahme.

Aber auch ohne Richterwechsel ist der Richter, dem der Inhalt der früheren, jetzt fortzusetzende Verhandlung nicht mehr gegenwärtig ist, berechtigt, im Nothfall unter Wiedereröffnung der geschlossenen mündlichen Verhandlung (§ 142), den erneuten Vortrag seitens der Parteien zu fordern. Und hat eine Beweisaufnahme vor dem beauftragten oder ersuchten Richter stattgefunden, so soll doch ihr Ergebniss von den Parteien dem Processgerichte vorgetragen werden (§ 258 Abs. 2).

Die letztere Vorschrift wird als reine Konsequenz der Mündlichkeit, ja wohl als eine selbstverständliche Anwendung der allgemeinen These angesehen, dass im mündlichen Verfahren eigentlich bei jeder Unterbrechung und Vertagung der ganze Streitstoff wieder neu erörtert werden müsse. Denn „diejenige mündliche Verhandlung, welche der Urtheilsfällung voraufgeht, stellt sich principiell als die entscheidende dar“ (Motive S. 26). Die der Schlussverhandlung voraufgehenden Termine sollen nach dieser Anschauung nur präparatorische Bedeutung haben. Damit ist entweder gesagt, dass bei kommissarischer Beweisaufnahme der Richter nicht pflichtwidrig handelt, wenn er ein ihm nicht von den Parteien gemäss § 258 Abs. 2 vorgetragenes Ergebniss der Beweisaufnahme unbeachtet lässt, oder dass er gegen seine Richterpflicht verstösst, wenn er solch' nicht vorgetragenes Ergebniss beachtet.

Beide Folgerungen halte ich für ebenso irrig, wie die Prämissen.

Die Prämissen sind irrig. Die fortgesetzte, vertagte mündliche Verhandlung ist nicht die beginnende mündliche Verhandlung. Was im ersten Termin vorgetragen worden, hört nicht auf, Processstoff zu sein, weil sich ein weiterer Termin vernothwendigt. Dass der Mangel der Beurkundung und die richterliche Gedächtnissschwäche theilweise den Processstoff thatsächlich auslöschen kann, wird als ein Uebelstand reiner Mündlichkeit zuzugeben sein, kann aber dem Processstoff die Eigenschaft als solchen nicht nehmen. Es bedürfte eines ausdrücklichen Gesetzes, wenn der lächerliche und unerträgliche Formalismus Rechtens werden sollte, dass die „Schlussverhandlung" die eigentlich entscheidende und das Princip des Wiederkäuens in jedem Termine die Lebensregel für die Parteien sei. An solchem Gesetz fehlt es, und die Praxis lehnt jenen Formalismus ab. Der § 259 sanktionirt das Gegentheil. Das Gericht hat zu entscheiden „unter Berücksichtigung des gesammten Inhalts der Verhandlungen und des Ergebnisses einer etwaigen Beweisaufnahme". Es hat also auch dann unter Berücksichtigung dieses gesammten Inhalts zu entscheiden, wenn er sich über mehrere Termine vertheilt und die Parteien ihn nicht im Schlusstermine vollständig wiederholt haben.

So muss denn auch die richterliche Berücksichtigung der kommissarischen Beweisaufnahme unabhängig sein von der Vollständigkeit des Parteivortrags in der mündlichen Verhandlung. Der beauftragte oder ersuchte Richter hat in Vertretung des erkennenden Gerichts gehandelt. Seine protokollirten Wahrnehmungen sind Processinhalt. Die Parteien sind nach § 258 Abs. 2 lediglich Referenten zur Information des Urtheilers an Stelle des referirenden Gerichtsmitglieds. Das Referat ist nicht Einführen seines Inhalts in den Process, sondern Berichterstattung über den schon vorhandenen Processinhalt. Die Unvollständigkeit oder Unrichtigkeit des Berichts kann so wenig

Stücke der Beweisaufnahme eskamotiren oder verändern, als diese etwa durch Zusätze des Referenten ergänzt werden kann. Daher muss der Vorsitzende mit den Beweisaufnahme-Protokollen in der Hand den Parteivortrag verfolgen und allfällig berichtigen. Nöthigenfalls soll er unter Wiedereröffnung der Verhandlung (§ 142) die Parteien zur Vervollständigung und Berichtigung des mündlichen Vortrags veranlassen (§ 127 Abs. 3)*). Daher setzt die Vorschrift des § 258 Abs. 2 keine wesentliche Erscheinungsform des Urtheilsstoffs; sie ist, wie viele Bestimmungen des Gesetzes, nach beliebtem Ausdruck „instruktionell". Ein Verstoss gegen sie begründet keine Nichtigkeit des Verfahrens. Weder ein — sehr gewöhnliches — theilweises Verlesen von Stücken der Protokolle durch den Richter, noch ein Beachten derselben, obschon sie beim Parteivortrag übersehen wurden, — z. B. über die nachträglich stattgefundene Beeidigung der Zeugen — begründet die Anfechtbarkeit des Urtheils.

Für die Meinung derer, welche den Parteibericht als wesentliche Erscheinungsform des Beweisergebnisses betrachten und daher behaupten, dass Auslassungen und Unrichtigkeiten der mündlichen Parteivorträge nicht von Amtswegen durch das Gericht aus den zu den Akten gekommenen Beweiserhebungen berichtigt werden dürfen, liessen sich nur zwei allgemeine Gründe denken. Entweder glaubt man, dass nach dem Wesen des mündlichen Processes erst der Parteivortrag das Ergebniss der Beweisaufnahme zum Processstoff machen könne, oder man meint, die Beweisaufnahme unterstehe derart der Dispositionsmaxime, dass ohne den Parteivortrag des Beweisergebnisses auf dasselbe bindend verzichtet wäre. Für keine von beiden Meinungen wird man sich entscheiden können. Die Beweisaufnahme kann nicht erst durch den Parteivortrag Processstoff werden. Sie ist Richterakt. Sie schöpft dem Richter die Beweisgründe aus den Beweismitteln. Die kommissarische Beweisaufnahme ist Beweisaufnahme im Auftrage des Gerichts und an Stelle des Gerichts. Ihr Ergebniss ist dem Gerichte

*) Protokolle der Reichs-Justiz-Kommission S. 91 ff.

offenkundig. In den Protokollen liegt es vor und officiell ist es zu berücksichtigen. Der Mangel der unmittelbaren Wahrnehmung aber kann so wenig durch Parteivortrag, wie durch Richtervortrag ersetzt werden; denn weder der eine, noch der andere ist Ersatzbeweis, Beweisaufnahme, Urkundenbeweis durch Protokolle, sondern nur Berichterstattung über die geschehene Beweisaufnahme, Berichterstattung, welche, wenn falsch, nach den Protokollen zu berichtigen ist. So werden denn auch die Protokolle häufig nur von einer Partei vorgelesen und zwar gleichermaassen die über ihre, wie über des Gegners Beweise. — Wollte man sich nun hiergegen auf die Verhandlungsmaxime berufen, so ist darauf Folgendes zu erwiedern. Die Herrschaft der Parteien über den Streitstoff hat mit dem Ergebniss des Beweises nichts zu thun. Dieses ist objektiv existent. Die Parteien können nicht kraft Willensübereinkunft den Richter nöthigen, ein anderes als das wirkliche Ergebniss der Augenscheinseinnahme oder Zeugenvernehmung anzunehmen. Nur der Verzicht auf das der Partei günstige Beweismittel ist denkbar. Ein solcher kann aber nimmermehr schon darin gefunden werden, dass die Partei ohne Widerspruch des Gegners den Inhalt der Beweisaufnahme-Protokolle unrichtig oder unvollständig vorträgt. Ist es doch eine ganz vulgäre Erscheinung, dass nur der eine Anwalt die Protokolle bei der Hand hat, ja sie sich zwecks Verlesens vom Gericht in der Sitzung erbittet, also der andere überhaupt nicht zu kontrolliren vermag. Und haben wir doch Verzichte, nicht zu vermuthen (vergl. auch § 364). Der Verzichtsgedanke in dieser Anwendung ist nichts als ein schnöder Missbrauch der Verhandlungsmaxime zur Rettung einer aus ganz anderen Quellen geflossenen unrichtigen These, eines haltlosen Mündlichkeits-Formalismus. In der That ist der Parteivortrag nichts Anderes als Hülfsmittel zur richterlichen Information über den in den Beweismittel-Protokollen liegenden Processstoff. Es wird daher auch den Parteien nicht verwehrt sein können, die Beweisaufnahme-Protokolle nicht in extenso vorzutragen, sondern sich mit kurzen Bezugnahmen und allgemeiner Charakteristik des Ergebnisses zu begnügen, in Erwartung, dass das Gericht selbst sich hinlänglich aus den Protokollen unterrichten werde. Das Gesetz selbst spricht nur von dem Vortrag des „Ergebnisses" „auf Grund der Beweisverhandlungen", nicht von einem Verlesen der Protokolle. Und hat man sich dem gegenüber nicht ohne Schein auf die Vorschrift des § 284 N. 3 berufen, wo es heisst, dass der Thatbestand sein solle „eine gedrängte Darstellung des Sach- und Streitstandes auf Grundlage der mündlichen Vorträge der Parteien unter Hervorhebung der gestellten Anträge", so zeigt doch § 285, welcher dem Protokoll die Gegenbeweiskraft gegen den Thatbestand einräumt, dass das Beweismittelprotokoll an sich, nicht erst in Folge des Parteivortrags des § 258 Abs. 2, im Thatbestand Berücksichtigung zu finden hat.

Zur Unterstützung der hiermit begründeten Auffassung des § 258 Abs. 2 mag auch auf die verwandten Bestimmungen der §§ 318, 488, 529 hingewiesen werden. In der Berufungsinstanz haben die Parteien

> „das durch die Berufung angefochtene Urtheil, sowie die dem Urtheile vorausgegangenen Entscheidungen nebst den Entscheidungsgründen und den Beweisverhandlungen in soweit vorzutragen, als dies zum Verständnisse der Berufungsanträge und zur Prüfung der Richtigkeit der angefochtenen Entscheidung erforderlich ist".

Auch hier sollen, wie nach der kommissarischen Beweisaufnahme, die Parteien den vorhandenen und vom Gerichte nicht zu ignorirenden Processstoff vortragen. Auch hier sind sie Berichterstatter, führen sie nicht erst den Inhalt des Vortrags in den Process ein. Es trägt denn auch in der Berufungsinstanz gewöhnlich nur eine Partei, der Appellant, vor, also unterschiedslos ihre, wie des Gegners Rechtsbehelfe. Auch hier ist es nicht zulässig, dass die falsch referirenden Parteien die erstinstanzliche Urtheilsgrundlage oder gar die Entscheidungen selbst dem Oberrichter unterschlagen oder modeln. Auch hier kann ihr Schweigen und unvollständiges Berichten nicht als Rechtsversäumniss unter den Gesichtspunkt der Verhandlungsmaxime gestellt werden, zum wenigsten dann, wenn es sich um die Auslassung oder Verunstaltung gegnerischer Rechtsbehelfe handelt. Auch hier muss also dem Richter gestattet sein, ja obliegen, solche unrichtigen oder unvollständigen Referate von Amtswegen zu berichtigen oder zu vervollständigen. Soll er doch die „Richtigkeit der angefochtenen Entscheidung“ prüfen und muss daher auch er darüber entscheiden, was zu dieser Prüfung „erforderlich ist“. Gewiss ist es den Parteien unbenommen, erstinstanzliche Angriffs- oder Vertheidigungsmittel fallen zu lassen und auch, es zu thun durch die Erklärung, die sie enthaltenden Stücke des Thatbestandes nicht vortragen zu wollen. Aber solche Erklärung ist etwas anderes, als der unvollständige oder gar der unrichtige Vortrag. Schon der Umstand, dass die Entscheidungen nebst den Gründen im § 488 Abs. 1 genannt werden, Processstücke, welche jeder Disposition entzogen sind, beweist, dass dieses Gesetz nicht in der Verhandlungsmaxime wurzelt. Nur eine Formalvorschrift im Interesse der korrekten gleichzeitigen Information der Kollegialmitglieder ist demnach auch die des § 488 Abs. 2:

> „im Falle der Unrichtigkeit oder Unvollständigkeit des Vortrags hat der Vorsitzende dessen Berichtigung oder Vervollständigung, nöthigenfalls unter Wiedereröffnung der Verhandlung, zu veranlassen“,

wennschon sie selbstverständlich ebenso dazu dienen kann, über einen etwaigen Verzichtswillen Klarheit zu gewinnen.

Hat ein vorbereitendes Protokoll-Verfahren im Sinne des vierten Titels des zweiten Buchs der Reichs-Civilprocessordnung, also in „Rechnungssachen, Auseinandersetzungen und ähnlichen Processen“ stattgefunden, so fällt, ähnlich wie in der Berufungsinstanz, den Parteien das Referat in der mündlichen Verhandlung „auf Grund des Protokolls“ zu (§ 318 Abs. 1). Das „auf Grund des Protokolls“ scheint dasselbe zu bedeuten, wie das „auf Grund der Beweisverhandlungen“ des § 258 Abs. 2. Aber die Fälle liegen keineswegs gleich. Gewiss ist die Verhandlung im sog. vorbereitenden Verfahren nicht nur präparatorisch; sie ist präclusivisch, das Geständniss und Anerkenntniss in ihr gerichtliches Geständniss und Anerkenntniss

(§§ 261, 318 Abs. 1), die Stoffsammlung von präjudizieller Bedeutung. Dennoch fehlt diesem Inhalt der Protokolle die Eigenschaft der Urtheilsgrundlage. Er wird sie erst durch den Vortrag vor dem erkennenden Gericht erhalten, wennschon derselbe an die Schriftgrundlage gebunden ist. Es gilt das Vorlesungsprincip ähnlich wie nach § 269 für die Anträge. Das tritt deutlich hervor in der gegensätzlichen Behandlung der Versäumniss in der Berufungsinstanz und nach vorangegangenem vorbereitenden Verfahren. Hier ist, soweit nicht § 318 Abs. 1 eine Ausnahme zu Folge der Wirksamkeit des Anerkenntnisses begründet, bei Versäumniss des Beklagten dessen Vorbringen zu Protokoll nicht existent und auch bei Versäumniss des Klägers das Präjudiz des Ausspruchserluvstes gemäss § 295 ohne Rücksicht auf den Protokollinhalt zu realisiren, wogegen, wie schon angedeutet, in der Berufungsinstanz bei Versäumniss des Berufungsbeklagten der gesammte ihm günstige Akteninhalt Beachtung finden muss. Das Alles erklärt sich aus doppeltem Grund, erstens, weil in der That die mündliche Verhandlung nach dem kommissarischen Protokoll-Verfahren die essentielle Bedeutung grundsätzlich behalten soll, und zweitens, weil Versäumniss (überall, also auch in der Berufungsinstanz) nicht Verzicht ist.

Das Ergebniss ist: In den Anwendungsfällen der Partei-Berichterstattung nach der kommissarischen Beweisaufnahme und in der Berufungsinstanz ist nach Obigem die Mündlichkeit (die unmittelbare Wahrnehmung durch das erkennende Gericht) nicht die wesentliche Erscheinungsform der processualischen Handlungen und der mündliche Parteivortrag nicht die Konsequenz des sogenannten Mündlichkeitsprincips. Er könnte durch das richterliche Referat ersetzt werden. Dass es nicht geschieht, ist Nützlichkeitsvorschrift. Man erwartet befriedigendere Information des Gerichts vom Parteivortrag unter der Richterkontrole, als von dem Richtervortrag unter Parteikontrole. Der Bruch mit dem sogenannten Princip der Mündlichkeit ist ebenso offenbar, wie die Unabweisbarkeit dieses Bruches. Das vorbereitende Protokollverfahren enthält grundsätzlich solchen Bruch nicht. Aber freilich praktisch führt es zur mündlichen Schlussverhandlung auf Grund der Akten.

Angesichts alles dessen berührt merkwürdig die starre Konsequenz, mit welcher aus dem sogenannten Princip der Mündlichkeit heraus das Versäumnissverfahren konstruirt ist. Es beruht theoretisch auf dem Bestreben, den oben verworfenen und in der Processordnung keineswegs durchgeführten Gedanken der Einheit und Untheilbarkeit der mündlichen Verhandlung zu verwirklichen, den Gedanken, dass jede erneute, vertagte, fortgesetzte mündliche Verhandlung vor wie nach der Beweisaufnahme den ganzen Process einheitlich und untheilbar darstelle. Jeder neue Termin zur mündlichen Verhandlung lässt diese von neuem beginnen; jedes Ausbleiben des Klägers oder Beklagten im Laufe des Hauptverfahrens ist gleich der Versäumniss im ersten Termin vor der Litiskontestation. Aber so viel sich gegen diesen starren doktrinären Standpunkt einwenden liesse, praktisch ist dieses Verfahren durchaus gesund, und nicht das theoretisirende Element, sondern der praktische Instinkt ist es, welchem wir im Grunde genommen dieses durchaus brauchbare Kontumacialsystem verdanken. Es wird darüber in einem besonderen Vortrag ausführlich gehandelt werden.

Eine der wichtigsten Aeusserungen des sog. Mündlichkeitsgedankens ist die Forderung der unmittelbaren Wahrnehmung des Beweismaterials durch den erkennenden Richter. Sie ist im Gesetz (§ 320) gefordert, indessen keineswegs streng durchgeführt. Das Vollkommene lässt sich auch hier nicht verwirklichen. Es muss der rauhen Wirklichkeit, den durchkreuzenden Interessen, den Rücksichten auf äussere Schwierigkeiten, Kostenersparniss u. dgl. weichen. Daher die weitgehende Zulässigkeit kommissarischer Beweisaufnahme und der über sie noch hinausgehende weitherzige Gebrauch derselben durch die Praxis. Von all dem soll noch gesprochen werden am Schlusse dieser Betrachtung und später im Zusammenhang mit dem Beweissystem des Gesetzes.

Als letztes Zugeständniss an den Mündlichkeitsgrundsatz mag genannt werden die freie Zulassung von neuen Behauptungen und Beweisen in der Berufungsinstanz und die mündliche Form des Revisionsverfahrens. Näheres davon bei Besprechung der Rechtsmittel.

II.

Das so skizzirte mündliche Verfahren wird durchführbar und zweckmässig erst durch die Hülfsmittel, welche den Gefahren der Mündlichkeit steuern sollen, durch die Mittel der Koncentration und Gliederung des Stoffes, durch die Mittel der Beurkundung.

Das Ideal des mündlichen Processes ist Zusammenfassen des gesammten Parteivorbringens, der Behauptungen, Beweisantretungen, Beweiseinreden und womöglich der Beweisaufnahme in einem Termin. Das Ideal ist unerreichbar und die Aufgabe des Gesetzgebers und des Gerichts kann nur sein, das Verfahren der Idee möglichst anzunähern.

Die Reichs-Civilprocessordnung droht nun mit der Beseitigung der Eventualmaxime und jedweder Cäsur das gänzliche Auseinanderfallen und endlose Verschleppen des Processes. Das abzuwenden, bietet das Gesetz Hülfsmittel, welche theils vor, theils in das Verfahren verlegt werden.

Ich denke an den vorbereitenden Schriftenwechsel und die processleitende Gewalt des Richters.

Was dem Strafprocess die Voruntersuchung, ist dem mündlichen Civilverfahren der vorbereitende Schriftenwechsel. Er dient in erster Linie der Information der Streittheile über den *status causae et controversiae* und das vorhandene Beweismaterial, in zweiter der des Richters. Er ist Ankündigung des vorhandenen Streitwillens und Streitstoffs dem Gegner, dem Richter gegenüber. In beiden Richtungen erweist er sich als wichtiges Hülfsmittel der gedeihlichen Koncentration. Er ist nicht eigentlich Processbestandtheil, sein Inhalt ist nicht schriftliche Grundlage der Entscheidung. Die Handlungen und Versäumnisse im Vorverfahren sind nicht Handlungen und Versäumnisse im Process; sie binden nicht und bringen keinen Rechtsnachtheil in der Sache selbst. Die Geständnisse sind aussergerichtliche, die Unterlassungen wirken keinen Rechtsverlust. Allerdings ist der vorbereitende Schriftenwechsel im Anwaltsprocess, nicht im Parteiprocess, obligatorisch d. h. Erfüllung processualischer Pflicht. Das beweist nicht nur der Wortlaut der §§ 120, 121—125, 244, 245, sondern das beweisen auch die unten zu beleuchtenden Rechtsnachtheile, welche die Partei treffen können, weil sie keine oder nicht ausreichende vorbereitende Schriften gewechselt hat. Diese Nachtheile sind die Folgen schuldhafter, durch unzulängliche Information des Gegners veranlasster Verzögerung des Processes. Daher denkt das Gesetz die vorbereitende Information als Parteipflicht. Nicht so im Parteiprocess. Hier werden Schriftsätze nicht gefordert, wenn auch nicht verboten (§ 120 Abs. 2, § 463). Daher kann das Unterbleiben derselben für die Partei Rechtsnachtheile keiner Gestalt nach sich ziehen.

Die Schriftsätze gehen der Regel nach bis zur Vernehmlassung (§ 244). Sie sollen darüber hinaus soweit gehen, dass jede Partei durch sie in die Lage versetzt wird, die voraussichtlich erforderliche „vorhergehende Erkundigung“ zwecks Erklärung auf die thatsächlichen Behauptungen, Beweismittel und Anträge einzuziehen (§ 245). Im Falle der Vertagung der mündlichen Verhandlung kann das Gericht den erforderlichen Schriftenwechsel unter Fristanberaumung anordnen (§ 245 Abs. 2). Der ganze Behauptungs- und Beweisstoff nebst den daran zu knüpfenden Anträgen soll also zwischen den Parteien vor der mündlichen Verhandlung wechselseitig mitgetheilt werden. Geschieht das, dann fehlt es an dem wünschenswerthen Zusammenschluss der mündlichen Verhandlung nicht. Geschieht es nicht, so kann unter Umständen ihr stracker und sicherer Verlauf ernst in Frage gestellt werden. Dass es geschieht, war von vornherein in Anwaltsprocessen zu erwarten und hat sich in der Praxis für gewöhnlich bewährt; am wenigsten vielleicht in der Berufungsinstanz. Aber auch hier sind im Grossen und Ganzen die Triebkräfte, auf welche man rechnen durfte, regelmässig wirksam: die Ehrenhaftigkeit unseres Anwaltsstandes, sein eigenstes Interesse an möglichster Beschleunigung des Verfahrens, welches durch das Bauschsystem der Anwaltsgebührenordnung geschaffen wird, die Rücksicht auf das Wohl der Partei, die in vielen Fällen durch die ungenügende schriftliche Vorbereitung in Gefahr kommt, der Druck, den das Gericht auf die ausreichende Vorbereitung üben kann.

Hier greift, abgesehen von der amtlichen Vertagung bei ungenügender Vorbereitung der Verhandlung, der § 90 in Verbindung mit dem Gerichtskostengesetz § 48 ein. Jener droht die Kostenersatzpflicht für die durch das Verschulden der Partei, also speciell durch nicht genügende schriftliche Information, verursachten Vertagungen.

Der angezogene § 48 fügt dieser Verfällung in verschuldete Kosten eine Processstrafe hinzu. Er sagt:

> „Ist ausser dem Falle des § 300 der Civilprocessordnung durch Verschulden einer Partei oder eines Vertreters derselben die Vertagung einer mündlichen Verhandlung oder die Anberaumung eines Termins zur Fortsetzung der mündlichen Verhandlung veranlasst, — — so kann das Gericht von Amtswegen die besondere Erhebung einer Gebühr für die verursachte weitere Verhandlung — — beschliessen. Die Gebühr besteht in der vollen Gebühr (§ 8); sie kann jedoch bis zu zwei Zehntheilen herabgesetzt werden.“

Das Verständniss dieser Bestimmung und ihres Verhältnisses zu § 90 der Processordnung werden uns folgende Bemerkungen eröffnen. Das Gerichtskostengesetz hat das Bauschsystem. Die Vertagung, die Verlängerung der mündlichen Verhandlung durch mehrere Termine hindurch hat an sich ein Wachsen der Gerichtskosten nicht zur Folge (GKG. §§ 8, 18, 47). Der § 90 würde sonach hier bezüglich der Gerichtskosten gegenstandslos. Nur die Parteikosten könnten dem obsieglichen Gegner aufgebürdet werden. Daher schafft der angezogene § 48 eine besondere Gebühr und damit folgende eigenartige Grundsätze. Der Nachtheil, welcher den die Vertagung verursachenden Theil trifft, bemisst sich nicht nach dem Maass der wirklich verursachten Gerichtskosten. Er ist reine Strafe, welche ihrem Umfang und Eintritt nach in das Belieben des Gerichts verstellt wird. Das Gericht „kann“,

„muss“ nicht „beschliessen“. Es hat die Bewegungsfreiheit zwischen der vollen Verhandlungsgebühr und zwei Zehntheilen. Es trifft der Nachtheil ebenso wirksam die unterliegende, wie die siegende Partei. Denn auch jene würde nicht von ihm getroffen, wenn sie nicht schuldhaft säumig gewesen wäre. So ist die Verfällung in die Kosten des § 48 nicht Kostenersatz, sondern eine wahre Strafe, gebunden an die Voraussetzung der Verschuldung und gerecht bemessen nach dem Umfang derselben in subjektiver und objektiver Hinsicht. Daneben besteht die Ersatzpflicht der Parteikosten gemäss § 90 für die siegende Partei. Diese Ersatzpflicht ist unabhängig vom Ermessen des Gerichts. Sie bemisst sich objektiv nach dem Umfang der verursachten und an sich ersatzberechtigten (§ 87) Kosten. Sie muss auferlegt werden, wenn die Voraussetzungen des § 90 zutreffen.

Die Kostenpression des § 48 ist zweifellos ein starkes und in den Händen eines energischen Gerichts höchst wirksames Mittel, um zum vorbereitenden Schriftenwechsel zu drängen. Aber die Rechtspflege hat von ihm nur schüchtern Gebrauch gemacht und sich denselben überdies durch unrichtige Auslegung des Gesetzes verschränkt: — das Letztere in der Ansicht, die Anwendbarkeit des § 48 setzte voraus, dass die Verhandlung der Sache bereits begonnen habe, mindestens die Anträge verlesen seien. Die Bodenlosigkeit dieser durch eine Erklärung der Reichsjustizkommission verschuldeten Interpretation habe ich an anderer Stelle nachgewiesen*). Die Zaghaftigkeit im Gebrauch der Kostenstrafe findet ihre Erklärung in begreiflicher Rücksicht auf die Anwälte, in der Schwierigkeit der Erkenntniss des kausalen Verschuldens und in dem Widerstand, welchen häufiges Konniviren des Gegenanwalts der Strenge des Gerichts entgegensetzt. Anregungen der höchsten Justizverwaltungsbehörden zu energischerem Eingreifen sind erfolglos geblieben. Das Gesetz erfüllt nur unzulänglich seinen Zweck. Ich werde noch einmal, bei der Schlussfrage

---

*) Vgl. meine Enquête in Zeitschr. f. DCP. Bd. XI 1887 Ergänzungsheft S. 37 ff.

nach der etwaigen Reformbedürftigkeit unserer Verfahrensform auf dasselbe zurückkommen.

In einem Stück wenigstens und zwar einem Hauptstück ist der vorbereitende Schriftakt nicht vom Belieben der Partei abhängig. Er ist es nicht, so weit er den Process oder doch die Instanz begründet. Der erste Schriftsatz, die Klage ist nicht nur vorbereitender Schriftsatz (§ 230 a. E.); sie ist zugleich Bestandtheil des Urtheilsstoffs. Mit ihrer Zustellung entsteht die Rechtshängigkeit, wird die Einrede der Litispendenz begründet (§ 235), wird die Klageänderung ohne Einwilligung des Beklagten (§§ 240, 241) ausgeschlossen. Gegen den in der mündlichen Verhandlung ausbleibenden Kläger wird die Ungehorsamsfolge auf Grund lediglich der schriftlich erhobenen, in der mündlichen Verhandlung nicht wiederholten Klage ausgesprochen (§ 295). So ist der mündliche Klagvortrag nur Reproduktion der ihrer relevanten Erscheinungsform nach bereits vorhandenen Klage, wie denn auch der Klagantrag nach der Vorschrift des § 269 aus der Klageschrift zu verlesen ist. Aber wohlgemerkt, diese essentielle Bedeutung der Klageschrift bezieht sich nicht auf ihren ganzen Umfang und Inhalt. Sie bezieht sich lediglich auf die im § 230 genannten Stücke, von denen das Gesetz sagt, dass die Klage sie enthalten müsse. In allem Uebrigen ist sie rein vorbereitender, unpräjudicirlicher Natur. Dieser Doppelcharakter der schriftlichen Klage bedarf einer etwas eingehenderen Betrachtung,

Die Klageschrift „muss" enthalten (§ 230) ausser der Bezeichnung der Parteien und des Gerichts, der Ladung des Beklagten und in Anwaltsprocessen der Aufforderung zur Anwaltsbestellung (§ 192):

> „die bestimmte Angabe des Gegenstandes und des Grundes des erhobenen Anspruchs, sowie einen bestimmten Antrag".

Die Werthangabe des § 230 Abs. 3, die Beweisantretung sind zweifellos nicht essentiell. Bezüglich ihrer ist die Klage rein vorbereitender Schriftsatz.

Es fragt sich: was haben wir unter dem „Grund" des

erhobenen Anspruchs zu verstehen? Wie bestimmt sich das Maass der obligatorischen Substantiirung der Klage? Werden wir im Sinne des gemeinen Processes „Klagbegründung“ durch Angabe der sämmtlichen Anspruch erzeugenden Thatsachen fordern, oder werden wir uns begnügen mit der Individualisirung des Anspruchs, welche ist die Bezeichnung der den konkreten Anspruch als solchen bestimmenden und von jedem anderen scheidenden Thatbestand*)?

Das gemeine Processrecht forderte eine Substantiirung, welche ausreicht, um einerseits in die detaillirte Klagbeantwortung eintreten, andererseits ein Beweisinterlokut im Falle der beklagtischen Passivität abfassen zu können. Dazu nöthigte die Eventualmaxime und das gemeinrechtliche Kontumacialprincip. Das gemeine Recht begnügte sich also nicht mehr mit der „Summari-Klage“ des älteren Reichs-Kammer-Gerichtsprocesses. Von dieser sagt Wetzell**) treffend, das Klaglibell habe auf die das Klagrecht begründenden Thatsachen nur insofern und insoweit eingehen müssen, als „es nothwendig erschien zur Bezeichnung des Rechtsverhältnisses, um dessen Anerkennung gebeten wurde“. Erst mit dem Artikuliren erfolgt das Aufstellen der Klagthatsachen. So ist es Rechtens gewesen auf Grund römischer und kanonischer Vorschriften und des mittelalterlichen italienischen Processes. Strenge Substantiirung in der Klage, die nicht von vornherein als artikulirte eingebracht wird, fordert erst der § 34 des jüngsten Reichs-Abschieds, nach dem sogleich in der Klage „das Faktum kurtz und nervose, jedoch deutlich und distinkte“ verfasst und ausgeführt sein soll. So ist das Gebot der Substantiirung im gemeinrechtlichen Sinne nicht ein

*) Ueber den Begriff des Anspruchs in der CPO. vergl. mein Handbuch des Civilprocessrechts B. I 293 fg. Ueber den des Klaggrundes auch meine Abh. in den Beiträgen z. Erl. d. deutsch. Rechts Bd. XXXIII 1 fg. Ich habe die folgende Darstelluug im wesentlichen unverändert gelassen, obschon sich an dieselbe eingehende literarische Untersuchungen angeschlossen haben; denn wichtiges zu ändern, habe ich keinen Anlass, und für die Geschichte der Controverse erscheint mir die alte Fassung nicht gleichgültig. Ich verweise auf die Nachweise und die Ausführung bei R. Schmidt, Die Klagänderung, Leipzig 1888 S. 147 fg.

**) System des ordentlichen Civilprocesses 3. Aufl. 1878. S. 970.

Satz des materiellen Rechts, sondern eine reine Wirkung der Processform. Und so ist es auch jetzt keineswegs eine Frage des materiellen, sondern lediglich des Processrechts, wie weit in der Klageschrift der Klaggrund in die thatsächlichen Elemente aufzulösen ist, beispielsweise: ob für die Eigenthumsklage als Feststellungsklage oder Vindication, für die Negatorienklage die Berufung auf Eigenthum und grundlosen Besitz resp. grundlosen Eingriff des Beklagten genügt, oder ob der Erwerbsgrund genannt und in seine thatsächlichen Elemente zerlegt werden muss, ob für die Kaufklage die Bezugnahme auf ein individuelles Kaufgeschäft, verbunden mit der Behauptung, dass Beklagter aus demselben wegen Lieferung Tausend schulde, ausreicht, oder ob es erforderlich ist, in die thatbestandlichen Details des Kaufgeschäfts, die Geschichtserzählung näher einzutreten, ob es zulässig ist, mit den Ausdrücken „kaufen, darleihen, pachten, miethen" den Thatbestand juristisch zusammenzufassen unter Angabe der individualisirenden Momente (der Contrahenten, der Zeit, des Betrags u. s. w.), oder ob die Auflösung in die Substanz, den konkreten Vorgang erfolgen muss. Was zur Substantiirung resp. Individualisirung gehört, ist Frage des materiellen Rechts. Ob die Substantiirung in der Klageschrift erforderlich ist, oder ob die Individualisirung genügt, ist Frage des Processrechts. Das materielle Recht sagt uns, welche die klagebegründenden Thatsachen sind; das Processrecht, was vorerst in der Klage, was erst in späteren Momenten des Processes zur Klagebegründung vorzubringen ist. — Das gegen diejenigen Schriftsteller, welche die Frage der Substantiirung für eine materiellrechtliche erachten.

Die Meinungen derer nun, welche aus der Processordnung eine Beantwortung unserer Frage zu entnehmen suchen, sind getheilt, die Einen glauben, in Uebereinstimmung mit den Motiven, dass die CPO. die Substantiirung im gemeinrechtlichen Sinne fordere. So Struckmann-Koch, Puchelt, Wilmowski-Levy, Gaupp, Kleinschrodt, Dernburg, Planck u. a. m. Die Motive deuten „Grund des erhobenen Anspruchs" als Summe der „Klagthatsachen", d. i. „derjenigen Thatsachen, welche nach Maassgabe des bürgerlichen Rechts an sich geeignet sind, den erhobenen Anspruch als in der Person des Klägers entstanden und zugleich als durch den Beklagten verletzt erscheinen zu lassen — die rechtsbegründenden Thatsachen." Und wie unlogisch auch diese Ausdrucksweise ist (denn man kann wohl von rechtsverletzenden und damit anspruchерzeugenden, aber nimmer von anspruchverletzenden als rechtserzeugenden Thatsachen reden), immerhin zeigt sie deutlich, dass damit über die Individualisirung hinaus in die Thatbestandszergliederung und daher bei der Eigenthumsklage in den Erwerbsgrund eingetreten werden soll. *Narra mihi factum, narro tibi ius.* Dem gegenüber vertrat ich in der ersten Auflage dieser Vorträge die freiere Ansicht; und sie hat jetzt zahlreiche Anhänger (u. a. Petersen, Seuffert, Eccius, Fitting, Schmidt, Birkmeyer).

Die praktischen Folgen der verschiedenen Meinungen sind bedeutsam. Ist die individualisirte, aber nicht in die thatsächliche Substanz aufgelöste Klage keine Klage, so begründet sie keine Rechtshängigkeit, so kann sie nicht zum Processe führen, so ist also weder der Richter berechtigt, auf Grund ihrer den Beklagten zur Einlassung zu zwingen, noch dieser in der Lage, sich einzulassen, so giebt es kein wirksames Anerkenntniss, keinen wirksamen Verzicht bezüglich solcher Klage, kein der materiellen Rechtskraft fähiges Urtheil über sie. Ist die genügend individualisirte Klage eine Klage, so folgt überall das Gegentheil: dann ist Rechtshängigkeit und Nothwendigkeit des Eintritts in den Streit da; es kann auch beim Ausbleiben des Klägers im ersten Termin die Versäumnissfolge des § 295, beim Ausbleiben des Beklagten die des § 296 realisirt werden, letzteres unter der Voraussetzung, dass „das thatsächliche mündliche Vorbringen des Klägers" als das juristisch qualificirte, in Rechtsbegriffe zusammengefasste gedacht werden darf. Darüber werde ich mich in dem Vortrag über das Versäumnissverfahren eingehender äussern.

Steht fest, dass die Motive nicht Gesetz sind, dass sie dann, wenn sie dem im Gesetz verkörperten Gedanken nicht entsprechen, nicht einmal als Interpretationsmittel verwerthbar sind, so werden wir bei der vorliegenden Frage ein Doppeltes einräumen müssen: einmal, dass das Gesetz uns unmittelbar keine Entscheidung an die Hand gibt — wennschon die §§ 630 Nr. 3, 632, 574 eher für, als gegen die Individualisirungstheorie sprechen —, und zweitens, dass aus ihm mittelbar nur die freiere Ansicht, diejenige, welche sich mit der hinreichend individualisirten Klage begnügt, gewonnen werden kann.

„Grund des erhobenen Anspruchs" bedeutet nicht nothwendig, wie die Motive zu meinen scheinen, die Klagthatsachen. Wahrhaft Klaggrund ist das individualisirte rechtliche Verhältniss, aus welchem der Anspruch abfliesst. Dieses Verhältniss selbst erscheint als ideelles Resultat der reellen, thatsächlichen Vorgänge, welche wir den Thatbestand des Rechtsverhältnisses nennen können; es ist die juristische Qualificirung des Thatbestandes. Wir geben daher ebenso sehr den Grund des Anspruchs, wenn wir das Rechtsverhältniss individualisiren, als wenn wir uns auf die Zergliederung des Thatbestandes einlassen. Die causa petendi der Kaufklage ist das Kaufgeschäft. Ich begründe den Anspruch auf Zahlung des Preises, wenn ich anführe, dass zwischen dem Beklagten und mir ein Kaufgeschäft am 5. Juli 1878 abgeschlossen worden, aus welchem dieser für gelieferte Seidenwaaren tausend Mark schulde. Ich begründe ihn nur detaillirter, faktischer, wenn ich die thatsächlichen Vorgänge mittheile, welche den gesammten Inhalt des Kaufgeschäftes ausmachten. Die Eigenthumsklage begründe ich mit der Behauptung meines Eigenthums an bestimmter Sache und des beklagtischen widerrechtlichen Besitzes. Denn Alleineigenthum an einer Sache kann zu bestimmter Zeit nur einmal bestehen, gleichviel, aus welchem Grunde es hervorgegangen ist. Ich begründe nur faktischer, wenn ich die Eigenthumsthatsachen und die Vorgänge anführe, aus welchen der gegnerische Besitz entstanden, resp. aus denen auf dessen Bestand zu schliessen ist. In obiger allgemeinerer Weise ward die *bonae fidei actio* des römischen Formularprocesses individualisirt, ward die „*causa intentionis*" von den italienischen Juristen koncipirt*) und in den kanonischen Quellen aufgefasst**).

Die Lehre und Praxis der Italiener übertrug sich, wie schon angedeutet, in den deutschen, reichskammergerichtlichen und territorialen Process***). Und niemals ist ein fester Sprach-

---

*) Joan. Bassianus (zweite Hälfte des 12. Jahrhunderts), Summa quicunque vult: libellus autem iste commode ita concipietur: Deo et vobis consulibus Bononiae conqueror ego Johannes de Uberto Ermanni, qui CL Pisanorum mihi debet, quos ei mutuo dedi, unde supplico, ut mihi plenam iustitiam faciatis. — Si autem actionem in rem quis velit intendere, in haec verba commodissime poterit formare libellum; Deo et vobis Consulibus Bononiae conqueror ego Johannes de Uberto Ermanni qui iniuste detinet meum fundum Butrianum positum in curte Panicalis. — — Ex his ergo, quae dicta sunt, patet, quod in actione in rem sufficit, si dicat se dominum, etsi non exprimat dominii causam. (Vergl. Savigny, Geschichte, IV. S. 551 fg.). Diesem Vorbild folgen die Späteren, z. B. Pillius (Ende des 12. Jahrhunderts) de ord. iud. P. I. § 2 fg., Azo lect. ad l. 3 C. de edendo, Gl. ad h. l., ad l. 1. D. de edendo, Damasus (Anfang des 13. Jahrhunderts) summa de ord. iud. (ed. Wunderlich, Gotting. 1841) Tit. 3. Tit. 4; Bernardus Dorna (Anfang des 13. Jahrhunderts), Roffredus († 1243) ordo iud. (Lugd. 1561) P. IV. Rub. de rei vendic. f. 181 n. 5, Rub. de certi condict. ex mutuo f. 220 n. 11, Odofredus († 1265), de libellis formandis z. B. P. IV. Rub. de rei vindic., de certi condictione ex mutuo, Bonaguida [scr. a. 1249) summa de officio advoc. (ed. Wunderlich, Gotting. 1841) P. II. Tit. 11—17. Durantis spec. iud. lib. IV. P. I., de libell. conc. § 12 forma: Deo et vobis — — conqueror ego talis de tali a quo peto x certi condictione, quae oritur ex mutuo vel locato vel ex vendito, et sic in aliis personalibus. In realibus vero sic. Deo et vobis — conqueror ego talis de tali, qui iniuste possidet talem fundum de tali loco situm, cuius confines tales sunt, quem dico ad me pertinere ex causa emptionis et me dominum assero, unde fundum illum peto rei vindicatione vel quasi —; vgl. denselben l. c. § 4 n. 4, § 14 n. 8, woselbst er die Nothwendigkeit, den Erwerbsgrund des Eigenthums bei der rei vind. zu nennen, verneint, nam rei vindicationis causa non est alia, nisi dominium. — Die Belegstellen, welche aus der Doktrin, speciell aus der Formeljurisprudenz angeführt werden können, sind Legion. Vergl. noch Petrus de Ferrariis (scr. c. a. 1400) practica, Colon. 1590, forma libelli in actione reali und ad voc. iure dominii vel quasi) p. 18, und den Franzosen Petrus Jacobi (scr. a. 1311—1329) practica libellandi Ed. 1511. Fol. 6 fg.

**) Vergl. c. 3 X de libelli obl. IX. 13. Vergl. dazu Gl. significantibus ad. c. 2 X h. t.

***) Vergl. Andr. Gaill, Camerae imp. observ. I. obs. 61. Ulrich gebrauch eingebürgert worden (auch nicht, nachdem der jüngste Reichsabschied die individualisirte durch die substantiirte Klage verdrängte), nach welchem unter Klaggrund einzig und allein die „Klagthatsachen" zu verstehen wären. Man erwäge, dass es stets in der gemeinrechtlichen Doktrin eine Streitfrage blieb, ob die Angabe des Erwerbsgrundes zur Begründung der Eigenthumsklage erforderlich sei, und dass ganz allgemein für die Negatorienklage von der Anführung der thatsächlichen das Eigenthum begründenden Verhältnisse Abstand genommen ward. Und wo nicht die Natur des Verfahrens, die Herrschaft der Eventualmaxime den Kläger nöthigte, sofort in die Darlegung der thatsächlichen Momente einzutreten, da brach die allgemeine Bedeutung des „Klaggrundes" durch. So im sächsischen Bagatellprocess. Das Gesetz vom 16. Mai 1839 betr. das gerichtliche Verfahren in Streitigkeiten über ganz geringe Civilansprüche sagt im § 11:

> „wer Jemanden wegen eines ganz geringen Civilanspruchs belangen will, hat dem zuständigen Gericht mündlich oder schriftlich — — b) den **Grund** und Gegenstand des Anspruchs, mit deutlicher Bezeichnung desselben, auch mit genauer Angabe des Geldbetrages oder Werthes (z. B. 5 Thlr. — Dahrlehn, 6 Thlr. 8 gr. — Kaufgeld für Leinwand, 10 Thlr. 12 gr. — Miethzins) anzuzeigen und um Vorladung des Gegners zu bitten. Eine nähere Auseinandersetzung des Sachverhältnisses ist bei diesem Anbringen nicht erforderlich." (Vergl. auch § 13 n. 2.)

Ueber die nähere Substantiirung lässt sich § 18 dahin aus:

> „erscheint der Kläger, so hat derselbe, so weit es nicht bereits beim ersten Anbringen geschehen ist, die thatsächlichen Umstände anzugeben, auf welche er seinen Anspruch gründet. — — Die Klage wegen Unvoll-

Tengler, Layenspiegel ed. 1532. fol. 76 fg. (von manigerlay besonderen Clageformen sq.), Andr. Perneder, gerichtlicher Process (ed. 1545) Thl. 2, Rub. wie die Klagen ad libello vergriffen etc. Fol. 29b, Wilh. Hannetonius-Gobler, gerichtlicher Process. 1578. Fol. 16 fg. Vgl. Hinschius im Arch. f. civ. Praxis B. XLVII 101 fg.

ständigkeit oder Unschlüssigkeit des Vorbringens blos angebrachtermaassen abzuweisen, ist nicht gestattet."

Die freie Gestaltung, welche dieses Verfahren aufwies, schloss die Forderung der streng substantiirten Klage aus. Zu demselben Resultat hätte überall das mündliche Verfahren führen müssen, wenn nicht die Processordnungen ausdrücklich die Angabe der „Klagthatsachen" für nothwendig erklärt hätten*).

Wie steht das nun in der CPO.? Sie hat die Angabe der Klagthatsachen nur im § 121 n. 3 unter dem Gesichtspunkt der vorbereitenden Schrift und hier nur instruktionell erwähnt. Dem Geiste des Gesetzes, dem Grundgedanken, auf welchem das Verfahren ruht, scheint mir allein die Ansicht zu entsprechen, welche die Individualisirung, aber nicht die Substantiirung für essentielles Erforderniss der Klage hält.

Eine Klage ist unzweifelhaft vorhanden, wenn ein bestimmt bezeichneter Anspruch zwischen bestimmten Personen gerichtlich erhoben wird. Ueber sie ist Entscheidung möglich; sie kann durch Anerkenntniss oder Verzicht (CPO. §§ 277, 278) wirksam erledigt werden. Ja die Rechtskraft haftet nicht und kann nicht haften an den doch mehr oder weniger nebensächlichen konkreten Thatbestandsmomenten. Sie ergreift nur den Anspruch (§ 293) in seiner Eigenart. Die Erkennbarkeit derselben ist bei der persönlichen Klage ebensowenig abhängig von der Zergliederung des etwaigen klagbegründenden Rechtsgeschäfts in die faktischen Elemente, wie bei der dinglichen von der Darlegung des Erwerbsgrundes. Eine „Geschichtserzählung" kann nicht als wesentliches Merkmal des Klagbegriffs überhaupt, sondern nur aus Rücksichten auf die Vertheidigung des Beklagten und auf die richterliche Kognition geboten erscheinen. Aber das doch auch nur, wenn die Vertheidigung, wie im gemeinen Process, *sub poena confessi* resp. *praeclusi* eine detaillirte Beantwortung der Klagthatsachen in Verbindung mit den Einreden sein soll, und wenn

*) Hannover § 157, Braunschweig § 61, Baden § 257, Württemberg a. 318, Bayern a. 225.

weiter der Richter bei Passivität des Beklagten sofort mit Beweis-Interlokut vorgehen soll. Im jetzigen Reichsprocess sprechen beide Rücksichten nicht mit. Der Grundgedanke ist, dass die Vertheidigung im Schriftenwechsel vorbereitet, nicht vollzogen werden soll, dass dem Beklagten die völlige Freiheit der Bewegung in Beziehung auf sein Vertheidigungsmaterial in der mündlichen Verhandlung zustehen soll, dass die Klage zwar mit der Zustellung erhoben wird, aber erst in der mündlichen Verhandlung in ihrer thatsächlichen Basis zur vollen Entwickelung kommt. In Bezug auf die thatsächliche Substanz des Klaggrundes ist also die Klage einfacher vorbereitender Schriftsatz. Die die Identität des Streitgegenstandes bestimmenden Momente allein sind wesentlich. Das Gesetz verlangt eine Bestimmtheit des Anspruchs, welche ermessen lässt, ob eine Klagänderung in der mündlichen Verhandlung versucht wird (§ 235 n. 3, 240—242), und welche es ermöglicht, im Falle klägerischer Versäumniss ein Versäumnissurtheil gemäss § 295 erlassen zu können.

Beides ist unabhängig von der „Geschichtserzählung“. Wäre sie in die Klageschrift aufgenommen, so stände ihrer Berichtigung oder Ergänzung, ohne Aufopferung der Individualität, nach § 240 nichts entgegen*).

*) Und da ist eine Differenz zwischen dinglicher und persönlicher Klage nicht erfindlich. Jene ist genugsam individualisirt durch einfache Angabe des Eigenthums, wenn zugestanden wird, dass eine allgemeine richterliche Feststellung des Eigenthums oder Negation desselben ohne Rücksicht auf einen speciellen Erwerbsgrund denkbar ist. Und das muss zugestanden werden. Unbedenklich erfolgt solche Feststellung, wenn eine Eigenthumsklage *causa non expressa* angestellt ist und Beklagter in der mündlichen Verhandlung das Eigenthum einfach anerkennt (§ 278) oder etwa nur den Besitz bestreitet. Wer also die nicht durch den Erwerbsgrund näher substantiirte Vindication erhebt, deducirt alle denkbaren Erwerbsgründe in Judicium. Er ist nicht gehindert, den einen oder anderen im Process geltend zu machen. Es fragt sich nur, ob er successive den einen und andern geltend machen darf. Liegt im Wechsel des Erwerbsgrundes eine Klagänderung? Ich meine nicht. Bei einer Beschränkung der Klage auf einen bestimmten Erwerbsgrund, welche jedes Hineinziehen eines anderen Grundes ausschliesst, wirkt freilich die *res iudicata* nur für und wider die aus diesem Grunde abgeleitete Eigenthumsbehauptung. So ist es im

Es wird denn auch von der Seite, welche die Nothwendigkeit der Substantiirung lehrt, in augenfälligem Wider-

---

römischen Formularprocess, wenn in der Formel *expressa causa* agirt wird. So ist es gemeinrechtlich allemal, weil hier die *variatio causae* durch die Eventualmaxime ausgeschlossen ist. Wo es aber weder der Angabe der *causa* in der Klage mit präklusivischer Wirkung jedes nicht angegebenen Erwerbsgrundes in diesem Process bedarf, noch die Angabe der *causa* vor der Litiscontestation, wie im Formularprocess, den Process nothgedrungen auf diesen Erwerbsgrund beschränkt, lässt sich eine beschränkte Wirkung der Rechtskraft nicht deduciren. Klagänderung ist an sich im Wechsel des Erwerbsgrundes nicht gegeben. Wie nicht durch die eventuelle Häufung mehrerer Erwerbsgründe in der Klage eine Klagenhäufung entsteht, sondern nur eine verschiedenartige Motivirung einer und derselben Eigenthumsklage versucht wird, so wird nicht an Stelle der erhobenen eine *alia res* gesetzt, wenn an Stelle des Erwerbsgrundes des Kaufes und der Tradition die Berufung auf vollendete Ersitzung tritt. Daher kann denn auch dem Kläger, welcher in der mündlichen Verhandlung mit der *causa* wechselt, nicht der § 235 n. 3 der CPO. entgegengehalten werden. Damit aber kommt Savigny's Ansicht für die CPO. völlig zur Geltung (System VI S. 533). Eine Eigenthumsklage *causa non expressa* ist zulässig. Eine Eigenthumsklage *causa expressa* ist keine Beschränkung des *iudicium* auf diesen speciellen Erwerbsgrund. Nichts, auch nicht die eigene Erklärung des Klägers, nur auf diesen Grund in diesem Process die Klage stützen zu wollen, hindert ihn, sich im Laufe der mündlichen Verhandlung über weitere Erwerbsgründe zu verbreiten. Also muss geleugnet werden, dass der römische Grundsatz, beschränkte Wirkung der *res iudicata* bei *actio expressa causa*, für unser Recht nach der CPO. überhaupt noch Bedeutung habe.

Zur Unterstützung mag es verstattet sein, noch auf die Feststellungsklagen kurz einzugehen. Was von dinglicher Klage gilt, gilt von der Klage auf Feststellung der Existenz oder Nicht-Existenz des dinglichen Rechts. Bei der negativen Feststellungsklage (§ 231, 253) ist eine Substantiirung des angemaassten und vom Kläger geläugneten dinglichen Rechtes durch Angabe irgend welcher Erwerbsgründe undenkbar. Der Kläger läugnet das Recht schlechthin — aus welchem Grunde es auch abgeleitet werden sollte. Ebenso generell soll und muss die Rechtskraft wirken. Der Beklagte hat alle erdenklichen Erwerbsgründe zu seiner Vertheidigung ins Feld zu führen. Erfolgt die negative Feststellung, so ist sie Feststellung, dass Provokat aus keinem denkbaren Erwerbsgrund zur Zeit des Urtheils Berechtigter ist. Der Klaggrund ist das konkrete rechtliche Interesse an der alsbaldigen verneinenden Feststellung des gegnerisch behaupteten Rechts. — Bei der positiven Feststellungsklage ist eine Beschränkung auf einen bestimmten Erwerbsgrund mit der Wirkung der römischen *actio expressa* spruch mit dieser ihrer Lehre angenommen, dass der Beklagte aus dem Mangel der Substantiirung eine processhindernde s. g. *exceptio libelli inepti et obscuri* nicht ableiten könne und dass es Pflicht des Richters sei, die Substantiirung zu veranlassen. Man geht so weit, dagegen jede processualische Vertheidigung dem Beklagten zu versagen. Er müsse jedenfalls auf die Verhandlung der nun erst im Termin zu substantiirenden Klage eintreten. Eine Abweisung, wie angebracht, gebe es nicht. Damit ist die essentielle Bedeutung der Substantiirung für die Klageschrift negirt. Ja noch mehr — und hierin liegt eine Uebertreibung — man hat die essentielle Bedeutung der Individualisirung zu negiren versucht. Man hat behauptet, es müsste der Beklagte sich auch dann einlassen, wenn auf der Klageschrift, welche nicht einmal den Klagegrund enthält, Termin anberaumt, geladen, Beklagter erschienen ist und nun Kläger anfangen wollte, seinen Anspruch zu individualisiren *). Hier kann zwar Beklagter die nachträgliche Fixirung der noch ganz unbestimmten *res in iudicium deducta* gemäss CPO. § 240 zulassen. Dann wird die Klage eigentlich erst in der mündlichen Verhandlung erhoben,

---

causa nicht gut denkbar. Das Interesse an der alsbaldigen Feststellung des dinglichen Rechts ist nicht das Interesse, dass Eigenthum oder Servitut und dergl. auf Grund e i n e s b e s t i m m t e n E r w e r b s g r u n d e s festgestellt, sondern überhaupt gegenüber einer bestimmten Person festgestellt werde. Woher sollte der Kläger den Grund entnehmen, mit dem einen oder anderen Erwerbsgrund zurückzuhalten, — um ihn nachträglich in erneutem Process zum Angriff gegen denselben Beklagten ins Feld zu führen?

*) Es mag bei dieser Gelegenheit die Frage aufgeworfen werden, ob der Richter die Terminsanberaumung auf die Klageschrift unterlassen kann, wenn die Klage offensichtlich der Erfordernisse des § 230 gänzlich entbehrt, also gar keine Klage ist. Die CPO. schweigt. Das Gericht soll, so ist das Verfahren gedacht, im vorbereitenden Schriftenwechsel überhaupt eine materielle Kognition nicht üben, die Klageschrift also sachlich nicht prüfen. Damit kann aber unmöglich dem Gericht die Befugniss entzogen sein, formell zu prüfen, ob eine Klageschrift vorliegt, auf welche auszufertigen ist. Wird dem Richter an Stelle einer Klageschrift mit der Aufschrift „Klage“ ein Liebesbrief unterbreitet, oder wird ihm eine Klage ohne Nennung des Namens des Beklagten vorgelegt, so wird er den Termin zur mündlichen Verhandlung nicht anberaumen.

wennschon ihr, soweit möglich, *ex tunc* Rechtswirksamkeit nach dem Willen der Parteien zukommt. Der Beklagte kann aber auch unzweifelhaft Abweisung, nicht nur Vertagung fordern. Er kann damit sein Recht auf die korrekte Klagenerhebung und auf das vorbereitende Stadium des Schriftenwechsels zur Geltung bringen, welches ihm bei völlig indeterminirtem Anspruch entzogen wird. Er kann selbstverständlich ohne Gefahr der Kontumacirung ausbleiben. Das Gericht darf auf diese Klage hin, welche gar keine Klage ist, nicht einmal gemäss § 300 Vertagung aussprechen. Es muss einfach abweisen. Und diese Abweisung ist materiell inhaltlos; denn die Klage war ohne Gegenstand. Es kommt ihr also keine materielle Rechtskraft zu. Sie ist eine Process-, keine Sachentscheidung: eine Abweisung angebrachtermaassen.

Unsere Betrachtung über den essentiellen Gehalt der Klagschrift hat ergeben, dass zwar die Mittheilung des individualisirten Anspruchs, nicht seine thatsächliche Grundlage (Substantiirung) im vorbereitenden Schriftenwechsel obligatorisch ist. Sie hat uns aber auch deutlich gezeigt, dass es im eigensten Interesse der Partei liegt, die Substantiirung in der Klageschrift nicht zu unterlassen. Auf Klage ohne genügende Angabe der Klagthatsachen droht Vertagung und Kostenstrafe nach § 48 des Gerichtskostengesetzes. Das allein, so möchte man hoffen, wird hinreichen, um jeden gewissenhaften Anwalt zur Mittheilung der Klagthatsachen und damit zur guten Vorbereitung der mündlichen Verhandlung zu veranlassen. So scheint, da ja jene Kostenpression sich auch gegen den Beklagten in nachdrücklicher Weise richtet, für die wechselseitige Information der Parteien und nicht minder des Gerichts vor der mündlichen Verhandlung nicht übel gesorgt. Ich sage: „des Gerichts", denn auch dieses bedarf, und zwar in ganz erheblichem Maasse, der Information vor dem Termin. Nur wenn der Vorsitzende die vorbereitenden Schriftsätze und damit im Wesentlichen den zu erwartenden Inhalt des Parteivorbringens kennt, vermag er das Verfahren sicher zu leiten und zusammenzufassen (§ 127), vermag er zu beurtheilen, ob abweichende Behauptungen vorgebracht und daher gemäss § 270 festzustellen sind, ob Trennung der Verhandlung, vorläufige Beschränkung auf einen bestimmten Punkt (§§ 136, 137) wünschenswerth erscheint, vermag er mit Erfolg sein Fragerecht zu üben und auf die Aufklärung des Sachverhältnisses hinzuwirken (§ 130). Daher ist es wichtig, dass dem Gerichte die vorbereitenden Schriftsätze vor der mündlichen Verhandlung zukommen und zum mindesten vom Vorsitzenden, besser von zwei, am besten von allen Mitgliedern des Kollegiums gelesen werden. Dabei sehe ich an dieser Stelle ganz ab von der Wichtigkeit der Schriftsätze für die Beurkundung und die Urtheilsvorbereitung.

Die wünschenswerthe Vorbereitung des Gerichts soll gewahrt werden durch die Vorschrift des § 124:

> „die Parteien haben eine für das Processgericht bestimmte Abschrift ihrer vorbereitenden Schriftsätze und der Anlagen auf der Gerichtsschreiberei niederzulegen."

Der § 124 hat sich gegen alle doktrinären Angriffe in der Justizkommission mit starker Stimmenmehrheit behauptet und sich in der Praxis nicht übel bewährt. Für die Klageschrift ist die Partei schon um der unerlässlichen Terminsanberaumung willen zum Gehorsam gegen das Gesetz genöthigt. Im übrigen durfte man auf den guten Willen und die Einsicht in die Sachdienlichkeit der Vorschrift rechnen. Denn § 124 zwingt nicht; auch der Hochdruck der Kostenverurtheilung nach § 90 der CPO., resp. nach § 48 des Gerichtskostengesetzes versagt hier. Die gegentheilige Ansicht, welche manche Schriftsteller zu § 124 vertheidigen, und nach der eine etwaige aus ungenügender Information des Richters erwachsende Vertagung die Anwendbarkeit der angeführten §§ 90 beziehentlich 48 begründen soll, ist unmöglich. Allerdings scheinen die Motive zu § 123 (E. § 119) sie zu stützen. Aber daraus folgt nicht ihre Richtigkeit. Die mangelnde Vorbereitung durch Einsicht der zwischen den Parteien gewechselten Schriftsätze kann nie Vertagungsgrund sein. Die Parteien bringen den Streitstoff, der Richter kann aus seiner Ungelenkigkeit oder Hülflosigkeit zwar ein unkontrolirbares Motiv für die Officialvertagung des § 206 entnehmen, aber nimmermehr der Partei dafür, dass sie ihm nicht durch Niederlegung des Schriftsatzes auf der Gerichtsschreiberei zu Hülfe gekommen ist, die Kostennachtheile aufwälzen.

Wie dem aber auch sein mag und wie eifrig immer unsere Anwälte bemüht sein mögen, zur wechselseitigen und gerichtlichen Information Schriftsätze zu wechseln und niederzulegen, es wird damit dem Bedürfniss nicht genügt. Denn einmal wird es Fälle des Anwaltsprocesses geben, in welchen der ausreichende vorbereitende Schriftenwechsel unmöglich ist oder doch um der Herzenshärtigkeit oder sonstigen Unvollkommenheit der Menschen oder äusserer Umstände willen sich nicht vollzieht.

In Anwaltsprocessen schneidet den Schriftenwechsel die gesetzliche kurze Einladungsfrist der Wechsel-, Mess- und Marktsachen (§ 567 Abs. 2, § 234 Abs. 1) oder die richterliche Verkürzung der Einlassungsfrist gemäss § 204 ab. Dort ist selbstverständlich die Klagebeantwortung und weiteres schriftliches Verhandeln ausgeschlossen, hier wird im einzelnen Falle das Gericht nach § 123 und dem den § 123 beschränkenden § 245 zu ermessen haben, ob ein Schriftenwechsel möglich ist.

In der Berufungsinstanz der amtsgerichtlichen Sachen fehlt es nicht selten an der Vorbereitung.

In der ersten Instanz amtsgerichtlicher Sachen ist der vorbereitende Schriftenwechsel nicht geboten. Er ist zugelassen (§ 120 Abs. 2, § 463). Aber er fällt naturgemäss gewöhnlich aus. So immer, wenn die Partei unvertreten processirt; so häufig, wenn sie durch einen Anwalt streitet. Eine Gebühr empfängt der Anwalt für seinen Schriftsatz nicht. Kein Nachtheil droht der Partei. Wie also sollte der Anwalt zum Schriftenwechsel kommen, wenn er nicht sicher von ihm eine wesentliche und ihm werthvollere Verkürzung der mündlichen Verhandlung hoffte? Und wird sich auch nicht leugnen lassen, dass in amtsgerichtlichen Sachen die Vorbereitung der mündlichen Verhandlung durch Schriftsätze im Interesse der Koncentration der mündlichen Verhandlung wünschenswerth sein mag, so kann doch von ihrer Einführung nicht die Rede sein. Sie würde den Anwaltszwang im nothwendigen Gefolge haben und damit für die geringfügigen Sachen das kleinere durch ein grösseres Uebel ersetzen.

III.

Die processleitende Gewalt des Richters ist vor allem die Kraft, die den Streitstoff in der mündlichen Verhandlung zusammenfasst und zweckentsprechend sichtet und gliedert.

Hier kommt als Koncentrationsmittel die Kostenpression und die Souveränität des Gerichts zur Geltung. Der § 251 Abs. 2 gibt dem Gericht die Befugniss:

> „wenn durch das nachträgliche Vorbringen eines Angriffs- und Vertheidigungsmittels die Erledigung des Rechtsstreits verzögert wird, der obsiegenden Partei, welche nach freier richterlicher Ueberzeugung im Stande war, das Angriffs- und Vertheidigungsmittel zeitiger geltend zu machen, die Processkosten ganz oder theilweise aufzuerlegen".

Dem § 251 Abs. 2 ist § 256 Abs. 2 für das „nachträgliche Vorbringen von Beweismitteln und Beweiseinreden" angepasst. Beide Gesetze treffen nur den „obsiegenden" Theil. Der unterliegende triumphirt, da durch seine Verschleppungen nach dem schon berührten System der Gerichts- und Anwaltsgebühren regelmässig nicht einmal eine Steigerung der Kosten erwächst. Da soll der besprochene § 48 des Gerichtskostengesetzes wohlthätig ergänzend eingreifen. Er sagt ausdrücklich, dass die Kostenstrafe von zwei bis zehn Zehntheilen der Verhandlungsgebühr gegen diejenige Partei von Amtswegen verhängt werden könne, die „durch nachträgliches Vorbringen von Angriffs- oder Vertheidigungsmitteln, Beweismitteln oder Beweiseinreden, welches zeitiger erfolgen konnte, die Erledigung des Rechtsstreits verzögert." Und „nachträglich" ist alles vorgebracht, was nach seinem logischen Verhältniss zu anderen Rechtsbehelfen und der *bona fides* des processualen Rechtsverkehrs früher hätte gebracht werden sollen. „Nachträglich“ heisst nicht „später, als zulässig“, sondern „später, als redlich“. „Nachträglich“ gebracht ist also nicht, was im ersten Termin gebracht wird; „nachträglich“ nicht die Replik, welche erst nach der Einrede kommt, nicht die Einrede, welche der spät erhobenen Widerklage folgt. „Nachträglich“ dagegen ist die successive Einredevertheidigung, wo Eventualverbindung möglich war.

Das „nachträgliche Vorbringen“ wird nach den §§ 252, 502, 339, 367, 398 von noch schärferem Nachtheil begleitet, wenn der Richter das in diesen Bestimmungen eingeräumte Souveränitätsrecht gebraucht. Er hat es hinsichtlich des Behauptungsmaterials nur für die Vertheidigungsmittel des Beklagten, nicht für dessen Angriffsmittel, noch überhaupt gegenüber dem Kläger. Er hat es hinsichtlich des Beweismaterials gegenüber beiden Theilen. Die Souveränität bedeutet mit Rücksicht auf das Behauptungsmaterial die korrektionelle Processleitungsgewalt, kraft deren der Richter das grob schuldhaft (*dolo s. culpa lata*) nachträgliche verzögerliche Vorbringen von Vertheidigungsmitteln des Beklagten oder Widerbeklagten ohne Rücksicht auf den materiellen Werth auf Antrag für die Instanz zurückweisen darf. Nach freier Ueberzeugung befindet das Gericht über die Voraussetzungen dieser Präklusion. Eine Beweisaufnahme findet über sie nicht statt. Das scheint eine heilsame Schranke der Chikane und groben Nachlässigkeit. Nichts hindert den Richter, sie in der mündlichen Verhandlung in Aussicht zu stellen, indem er ankündigt, er werde, wenn die Partei ihre ihr bekannten Rechtsbehelfe zurückhielte, dieselben, falls der Gegner es beantragen sollte, als zum Verschleif der Sache dienend zurückweisen (s. auch unten S. 61 fg.). So zwingt er wie durch die Kostenpression zur Eventualbehandlung und er darf es beruhigt thun, da der Partei das Novenrecht in der Berufungsinstanz bleibt und Missbrauch oder Gedankenfaulheit keine Nachsicht verdienen. In diesem Sinne forderte ich Abhülfe gegenüber den Entwürfen der CPO., welche den § 252 nicht besassen*), und in diesem Sinne hoffte ich von der strengen Handhabung der besprochenen Bestimmung Segen für unser Rechtsleben, wenn ich mir auch nicht verhehlte, dass sie nicht ganz genügt. Die Thatsachen haben leider gezeigt, dass das Souveränitätsrecht des Gerichts praktisch fast bedeutungslos ist. Indem das Gesetz seinen Gebrauch vom Antrag abhängig machte, legte es dasselbe lahm; denn im Parteiprocess wissen die selbst streitenden Parteien nichts von diesem ihrem Recht und im Anwaltsprocess hält — von anderen Rücksichten, insbesondere der Befürchtung des Nachholens in der Berufungsinstanz abgesehen — die Kollegialität vom Antrag zurück. Mag nun auch die Erfahrung lehren, dass die Uebelstände, welche § 251 im Gefolge hat, erträglich sind, so wäre doch eine Erweiterung des Souveränitätsrechts im Sinne der Officialmaxime, wenn sein Gebrauch von vorheriger Androhung abhängig gemacht würde, der Koncentration des Verfahrens sicherlich nützlich.

Für die Beweisaufnahme hat das Gericht seine selbstständigen und an sich schon unzulänglichen Souveränitätsregeln. Der Umstand, dass § 252 noch im zweiten Entwurfe fehlte, dagegen sich die §§ 339, 367, 398 darin befanden, hat sich als nachtheilig erwiesen. Man hätte die §§ 339, 398 tilgen und den § 252 auf das nachträgliche schuldhaft verzögerliche Vorbringen von Beweismitteln beider Parteien erweitern sollen. Nunmehr ist Flickwerk daraus geworden. Zeugen und Sachverständige, Editionsanträge, welche grob schuldhaft und verzögerlich erst nach dem Beweisbeschluss gebracht werden, die soll der Richter auf Antrag des Gegners zurückweisen. Auch hier entscheidet die freie Ueberzeugung des Gerichts über die Voraussetzungen des Ausschlusses. Aber im Uebrigen weicht der Inhalt der §§ 339, 398 gar sehr vom Gedanken des § 252 ab. Hier darf, dort muss das Gericht dem Ausschlussantrag stattgeben. Hier ist eine Beschleunigungs-

*) Vergl. meine Kritik in der Münchener krit. Vierteljahrsschrift Bd. XV. S. 349.

vorschrift nur im Interesse des Klägers gegeben; dort, in den §§ 339, 398 sind beide Parteien gleichgestellt; im § 252 werden ausnahmslos alle zum Verschleife dienlichen Vertheidigungsmittel getroffen, in den §§ 339, 398 nur gewisse Arten von Beweismitteln und nur wenn sie für gewisse Beweisthemata verwerthet werden. Nicht getroffen werden Augenscheinsobjekte, nicht Urkunden, welche in eigenen oder Gegners Händen sind, nicht Beweismittel, welche für Thatsachen benannt werden, die der Beweisbeschluss als „streitige" (§ 324 n. 1) nicht bezeichnete. So ist in der richterlichen Souveränität kein Mittel gegeben gegen den Beklagten, welcher seine Einreden zwar rechtzeitig bringt, aber erst mit dem Beweisantritt herausrückt, nachdem über den Klaggrund Beweis erhoben ist, und auch dann erst successive eine Einrede nach der anderen zu beweisen unternimmt. Diese Halbheiten wurden bei der Entstehung des Gesetzes gerügt, aber nicht beachtet*). Im Uebrigen gilt das über die praktische Bewährung des § 252 oben Gesagte auch hier. Welche Gestalt die Souveränität des Gerichts in der Berufungsinstanz annimmt, darüber das Nähere bei der Rechtsmittellehre.

Eine immerhin nicht zu verachtende Ergänzung empfängt die richterliche Processleitungsgewalt in der Befugniss, die mündliche Verhandlung zu schliessen, sobald die Sache vollständig erörtert scheint (§ 127 Abs. 4). Die hinterhaltige Partei kann, wenn nicht objektiv ausreichende Gründe der Fortsetzung oder Vertagung der mündlichen Verhandlung vorliegen, durch den Schluss derselben überrascht und damit für die Instanz weiterer Rechtsbehelfe beraubt werden.

IV.

Die Koncentration ist der mündlichen Verhandlung unerlässlich. Aber des Guten kann zu viel geschehen. Es kann eine Eventualbehandlung und Zusammenfassung, eine Häufung des Processstoffs entstehen, welche die Klarheit und

---

*) Vergl. meine Kritik a. a. O.

Uebersicht raubt und eine Ueberlastung schafft. Der gemeinrechtliche Process, und was ihm nachgeartet ist, hilft hier durch die Gliederung des Verfahrens in stofflich gesonderte Abschnitte. Der Reichsprocess verschmäht dieses Hülfsmittel — denn die von der Verhandlung über die Hauptsache abgesonderte Feststellung der Processvoraussetznngen (§§ 247, 248, 465, 490 Abs. 2) will nicht viel bedeuten —, und doch ist der schriftliche Process niemals der Gefahr der Verwirrung im gleichen Maasse ausgesetzt, wie der mündliche. Das Reichsrecht sucht durch Stärkung der processleitenden Gewalt zu erreichen, was gemeinrechtlich der gesetzliche Mechanismus des Verfahrens leisten musste. Es gibt dem Gericht eine weitgreifende Befugniss, den Streitstoff zu theilen und durch Theil- oder Zwischen-Urtheile stückweise zu erledigen. Allerdings bedarf es nicht geringen Geschickes und grosser Vorsicht, um sich dieser Mittel mit Nutzen zu bedienen.

Den Process in einzelne selbstständig zu verhandelnde Stoffmassen zu spalten, gestatten die §§ 136 und 137:

> „Das Gericht kann anordnen, dass mehrere in einer Klage erhobene Ansprüche in getrennten Processen verhandelt werden. Dasselbe gilt, wenn der Beklagte eine Gegenforderung vorgebracht hat, welche mit der in der Klage geltend gemachten Forderung nicht in rechtlichem Zusammenhange steht."

Der Gebrauch dieses auch dem gemeinen Rechte wohl bekannten Trennungsrechtes hebt die durch Klage oder Widerklage geschaffene Klagenhäufung auf und führt daher zu vollkommener Isolirung der gehäuften, selbstständig verhandlungs- und entscheidungsfähigen Ansprüche in gesonderten Processen mit gesonderter Aburtheilung, während das Gleiche bei der „Trennung der Verhandlung", wie sie § 274 bei der nicht konnexen Kompensationseinrede zulässt, nicht gilt*). Anders wirkt § 137. Nach ihm kann das Gericht

> „anordnen, dass bei mehreren auf denselben Anspruch sich beziehenden selbstständigen Angriffs- oder

*) Siehe darüber unten den Vortrag über die richterlichen Dekrete.

Vertheidigungsmitteln (Klaggründen, Einreden, Repliken etc.) die Verhandlung zunächst auf eines oder einige dieser Angriffs- oder Vertheidigungsmittel zu beschränken sei".

Soweit also Elemente des Thatbestandes*) selbstständig erledigungsfähig, d. h. verhandlungsfähig sind, soweit reicht die Trennungsbefugniss. Diese Selbstständigkeit bestimmt sich allein nach dem Verhandlungszweck, nach der isolirten Verhandlungsfähigkeit, nicht nach isolirter Entscheidungsfähigkeit, also danach, ob der betreffende Streitpunkt einen relativ (d. h. mit Beziehung auf einen anderen Streitpunkt) selbstständigen Thatbestand bildet, wie das beispielsweise zutrifft bei dem einen Klaggrund im Verhältniss zum andern, dem Klaggrund gegenüber der Einrede, der einen Einrede gegenüber der anderen, der Replik gegenüber Klaggrund und Einrede und so fort; während es nicht zutrifft bei dem sogenannten indirekten Läugnen, d. h. dem Läugnen durch das Behaupten einer mit dem Klaggrund, oder einer Einrede, Replik unvereinbaren Thatsache (*negatio per positionem*). Zu den selbstständig verhandlungsfähigen Streitpunkten gehört selbstverständlich auch der Streit über die sogenannten Processvoraussetzungen — ja für sie trifft das Gesetz ausdrücklich Fürsorge (§§ 247, 248, 465 Abs. 3, 490 Abs. 2), — und über die den verfolgten Anspruch bedingenden Rechtsverhältnisse; es kann das Gericht über sie auch dann, wenn der Feststellungsantrag nach § 253 nicht gebracht wird, die abgesonderte Verhandlung innerhalb desselben Processes anordnen. Wo immer so kraft richterlicher Anordnung isolirte Behandlung eines Thatbestands-Elementes eintritt, da kann als weitere Folge sich bei selbstständiger Entscheidungsfähigkeit daran die Entscheidung in Form eines unwiderruflichen Zwischenurtheils anreihen (§ 275) und dadurch dieser Streitpunkt mit Präklusion aller weiteren auf ihn allein bezüglichen Angriffs- und Vertheidigungsmittel für die Instanz definitiv aus der Verhandlung herausgeschält

*) Dass Beweismittel, Beweiseinreden dem nicht gleichzustellen sind, darüber vgl. §§ 137, 275, 331.

werden. Aber wohl gemerkt! Die Beschränkung der Verhandlung auf das Thatbestands-Element ist nicht zugleich Beschränkung der Vertheidigungspflicht in dem Sinne, dass Versäumniss in der mündlichen Verhandlung nur als partielle Versäumniss gilt und ihr nur ein Versäumniss-Zwischenurtheil erwächst. Die mündliche Verhandlung bleibt der Beschränkung unerachtet für die ganze Sache bestimmt. Doch Näheres kann darüber erst später gesagt werden, wenn das Versäumnissverfahren selbst zur Darstellung gelangt.

Von hervorragender praktischer Wichtigkeit ist die Befugniss des Gerichts, den Streit über den Grund des Anspruchs zu trennen von dem über den Betrag, der nur durch selbstständige und vielleicht weitläufige Erörterungen und Beweise festgestellt werden kann. Sie ist nicht auf § 137, wohl aber auf § 276 zu gründen, wie entsprechend die Zulässigkeit der isolirten Verhandlung über den Zwischenstreit aus § 312 Abs. 2 folgt.

Aber auch ohne die Trennungsfunktion zu üben, kann das Gericht durch T h e i l- beziehungsweise Z w i s c h e n u r t h e i l über einen selbstständig entscheidungsfähigen und entscheidungsreifen kumulirten Anspruch oder Theil eines Anspruchs, oder über ein in angegebener Weise trennbares Stück des Thatbestandes urtheilen. Das vereinfacht und bereinigt den verwickelten Streitstoff und bringt in der Form des Theilurtheils alsbald noch heller zu beleuchtenden anderweiten Gewinn. Aber freilich nur dann, wenn das Gericht durch sorgfältigste Rechenschaft über die „Selbstständigkeit“ und „Entscheidungsreife“ voreilige, überflüssige, bindende, irrige Entscheidungen meidet.

V.

Mit allen bisherigen Erörterungen stehen wir erst auf halbem Wege angesichts der Frage, ob und wie der Mündlichkeitsgrundsatz der CPO. durchführbar ist. Zusammenfassung und Gliederung der mündlichen Verhandlung scheinen durch die Hülfsmittel des vorbereitenden Schriftenwechsels und der richterlichen processleitenden Gewalt nicht unerheblich gewährleistet. Wie aber steht es mit der schwerwiegenden Frage nach der Beurkundung des Processstoffs?

Die CPO. bietet in landgerichtlichen Sachen mehrfache und bei richtiger Benutzung ausreichende Mittel der Beurkundung: das Sitzungsprotokoll und den Thatbestand und zur Vervollständigung beider die vorbereitenden Schriftsätze, etwaige Recesse und Entscheidungen (§ 145—148, 269, 270). Zunächst erscheint die Beurkundung des Processstoffs verbürgt durch die Vorschrift des § 146 n. 3, 4, § 147, nach welcher der Inhalt der Beweisaufnahme in landgerichtlichen Sachen allemal zu protokolliren ist, und die Bestimmungen der § 269 und 270, nach welchen die Anträge nothwendig beurkundet sein müssen und doch alle wesentlichen Erklärungen, welche in den vorbereitenden Schriftsätzen fehlen, wie alle wesentlichen Abweichungen vom Inhalt solcher Schriftsätze, die Geständnisse, sowie die Erklärungen über Delation oder Relation des Eides auf Antrag durch dem Protokoll als Anlage beizufügende Recesse festgestellt werden. Die letztere Regel legt dem Anwalt, welcher einen auf die sichere Beurkundung bedachten Gegner vor sich hat, die Nöthigung auf, falls er in der mündlichen Verhandlung den Inhalt der Schriftsätze vervollständigen oder modificiren will, sogleich mit dem Recess gerüstet in der Sitzung zu erscheinen, weil andernfalls eine Vertagung auf seine Kosten sich vernothwendigen würde, ein weiteres Moment, welches zu möglichst erschöpfender Abfassung vorbereitender Schriftsätze von vornherein drängen könnte. Aber es muss erwähnt werden, dass die Anwälte — obschon sie nicht ermangeln, gelegentlich über ungenügende Beurkundung zu klagen, von dem Mittel des § 270 fast keinen Gebrauch machen. Das Gesetz, auf welches man nicht geringe Hoffnungen setzte, ist so zu sagen ausser Anwendung. Seine Bedeutung liegt nahezu nur noch darin, dass dem die Unvollständigkeit oder Unrichtigkeit des Thatbestandes anklagenden Anwalt mit gutem Grund entgegengehalten werden kann: weshalb nutztest du nicht dein gutes durch § 270 gewährleistetes Recht?

Der Thatbestand ist die richterliche gedrängte Darstellung des Sach- und Streitstandes. Er ist beurkundender Urtheilsbestandtheil, der nur durch das, soweit Vorlesung und Genehmigung nothwendig ist, vorgelesene und genehmigte Sitzungsprotokoll entkräftet wird (§§ 284, 285, 291). Er ist nicht Processgeschichte, sondern das Gerichtszeugniss über den Processstoff. Dieser Thatbestand relevirt als Beurkundungsmittel der Regel nach nicht für den Richter, welcher urtheilt, sondern für den Richter, welcher das Urtheil nachprüft. Für den urtheilenden Richter ist er wesentliches Beurkundungsmittel als Thatbestand der Zwischen- und Theil-Urtheile, mögen sie sogenannte kontradictorische oder nachträglich durch Einspruch beseitigte Versäumniss-Urtheile sein, — wennschon die eingeführten Formulare uns dahin gebracht haben, gesetzwidrig im Versäumnissurtheil kaum mehr als die Thatsache der Versäumniss zu beurkunden. Der Thatbestand des Zwischenurtheils ist für das Folgeverfahren festgestellter Processstoff; er ist festgestellt und damit für den Richter nothgedrungen beachtlich. Das gilt auch für dasjenige Vorbringen, welches, obgleich es für das Zwischenurtheil nicht eigentliche Urtheilsgrundlage war, dennoch Aufnahme in den Thatbestand gefunden hat. Nicht anders steht es bei Theil- und Versäumnissurtheilen. Der Einspruch vernichtet materiell, nicht formell das Urtheil. Das ist an anderer Stelle ausführlich zu zeigen. Jedenfalls vernichtet der Einspruch nur die subjektiven Bestandtheile des Urtheils, die Entscheidung, nicht die objektiven, von dem Faktum der Versäumniss unabhängigen und im Thatbestand darzustellenden processualischen Vorgänge. Die Beurkundung desselben im Thatbestande bleibt also, wenn auch die Beurtheilung und Entscheidung des Versäumnissverfahrens hinfällig werden sollte. Jene Beurkundung bleibt genau so, wie die vor dem Versäumnissurtheil aufgenommenen Sitzungsprotokolle das Einspruchsverfahren überdauern. Dazu gesellt sich die wichtige Erwägung, dass der Thatbestand von der Relevanzmeinung des Gerichts ganz unabhängig sein soll. Nicht nur was dem Richter wesentlich scheint und ihm als Stütze des Urtheils dient, sondern was bei irgend einer denkbaren Betrachtungsweise wesentlich sein könnte, der ganze „Sach- und Streitstand“ ist aufzunehmen. Sollte also auch der Richter die Klage abweisen, weil ihm der Klaggrund ungenügend oder nicht bewiesen scheint, oder eine Einrede liquide und nicht entkräftet ist, so darf er sich der Gesammtdarstellung alles übrigen eventuellen Vorbringens nicht entschlagen. Und so hoch auch die Anforderungen sein mögen, welche im Gegensatz zu einer einfachen Processgeschichte, die sich in chronologischer Aufzählung des gesammten Herganges des Rechtsstreites bewegt, eine solche „gedrängte Darstellung des Sach- und Streitstandes“ in ästhetischer, logischer und juristischer Beziehung an die Kraft des Richters stellt: die Vollständigkeit und Wahrheit ist bei einiger Aufmerksamkeit und Sorgfalt, bei Unterstützung des Gedächtnisses durch dem mündlichen Vortrag folgende Begleitnotizen leicht zu erreichen.

Hat sonach das Gesetz für die Beurkundung im landgerichtlichen Verfahren und damit auch in der Berufungsinstanz (§ 485) hinlänglich gesorgt, so scheint es desto übler im amtsgerichtlichen Process zu stehen. Aus der nicht grundlosen Scheu, es möchte sich dieser, ähnlich wie in Hannover, schriftlich gestalten, hat man es, abgesehen von den auch den Amtsrichter bindenden Bestimmungen der §§ 145, 146, dem Ermessen desselben überlassen, ob und wieviel von Anträgen und Erklärungen er protokolliren lassen will (§ 470 Abs. 1). Und darüber hinaus gestattet man ihm vor dem Schlusse „derjenigen mündlichen Verhandlung, auf welche das Urtheil oder ein Beweisbeschluss ergeht“, die Protokollirung ebensowenig, wie die Entgegennahme beurkundender Recesse. Solche können, wenn überhaupt — was ich nicht bezweifle —, so doch erst mit dem angegebenen Abschluss der mündlichen Verhandlung überreicht und zu Protokoll genommen werden. Erwäge man nun, dass hiernach in amtsgerichtlichen Sachen das thatsächliche Parteivorbringen nahezu überhaupt unprotokollirt bleibt und lediglich im Thatbestand beurkundet wird, dass schon wegen mangelnder vorbereitender Schriftsätze Vertagungen nicht selten sind und, wenn solche noch vor dem Beweisbeschluss eintreten, es an jeder Beurkundung des thatsächlichen

Parteivorbringens fehlt. Da scheint höchst unvollständige Beurkundung mit einem ganzen Gefolge von Uebelständen, den Uebelständen der Processverschleppung, der Ungenauigkeit der Urtheilsgrundlage, zahlreicher Berufungen unvermeidlich. Es sieht so aus, als könne man nur mit der Nöthigung der Partei, in jedem neuen Termin ihr Vorbringen zu wiederholen, zu einem befriedigenden Thatbestand gelangen. Denn wenn auch die Beweisaufnahmen, die Anerkenntnisse, Verzichte, Vergleiche sofort protokollirt werden müssen (§ 146, Nr. 1, 3, 4) und das Gleiche für Geständnisse, wie Annahme oder Relation des Eides gilt, falls die Partei die Niederschrift beantragt, so hat doch das Alles für die gesammte Sachdarstellung der Parteien keine Bedeutung. Das weckte von vornherein die ernstesten Befürchtungen. Aber es ist keine Uebertreibung, wenn ich behaupte, dass im Grossen und Ganzen die Beurkundung im amtsgerichtlichen Processe nicht wesentlich anders und nicht erheblich unsicherer von statten geht, als im Anwaltsprocess. Wie die Garantie des § 270 in diesem eitel geworden, habe ich schon erwähnt. Der wesentliche praktische Unterschied zwischen amts- und landgerichtlichem Verfahren ist allein der, dass das Kollegium auf den vorbereitenden Schriftsätzen (in der höheren Instanz auf den Akten) fussen kann, während dem Amtsrichter solche Stütze fehlt. Dafür aber gewährt ihm der leichte Verkehr mit den Parteien in viel höherem Grade, als die kollegialische Verhandlung, die Möglichkeit, dem Inhalt der Verhandlung mit Privatnotizen zu folgen. Er hat es ganz in der Hand, jeden Augenblick den zu schnellen Vortrag zu hemmen und durch Wiederholung und Resumé sich die Vollständigkeit und Richtigkeit seiner Auffassung und Niederschrift zu sichern.

VI.

Unsere Betrachtung über Schriftlichkeit und Mündlichkeit des Reichsprocesses hat es bewiesen, dass dieser nicht eine reine Verwirklichung des sogenannten Mündlichkeitsprincips ist, dass er vielmehr eine Mischform zeigt, welche aus dem Streben nach Befreiung vom Schlagwort und Doktrinarismus, aus dem Streben nach der zweckgemässesten Form der processualischen Handlungen hervorgeht. Nicht ganz ist das Ziel erreicht. „Es bleibt ein Erdenrest zu tragen peinlich." Immerhin gibt das Gesetz der gewissenhaften, geschickten Handhabung in seiner Procedurform die Garantie gerechter Rechtspflege. Die Schrift ist ausgiebiges Beurkundungsmittel im kollegialgerichtlichen Verfahren. Sie ist nicht nur Beurkundungs- und als solches Erinnerungsmittel, sie ist relevante Erscheinungsform der Urtheilsgrundlage in mehrfacher Beziehung. Sie ist es für die Klage; die Klage, wie sie in Schriften vorliegt, nicht wie sie mündlich vorgetragen wird, ist maassgebend; die Klagänderung ist ausgeschlossen; der nicht erscheinende Kläger wird kontumacirt (§ 295)*); sie ist es, wenn sich die Beweisaufnahme vor dem ersuchten oder beauftragten Richter (§§ 337, 340, 367, 441, 448 Abs. 2, 327—330) vollzogen hat. Sie ist relevante Erscheinungsform für die mündliche Verhandlung auf Grund des „vorbereitenden Verfahrens" in Rechnungssachen, Auseinandersetzungen und ähnlichen Processen" (§§ 313—319). Sie ist es theilweise in der Berufungsinstanz und noch mehr in der Revisionsinstanz. Bei der Besprechung derselben ist darauf einzugehen.

So hat man weise höheren Interessen die folgerichtige Durchführung des sogenannten Princips der Mündlichkeit geopfert. Und da gilt es nicht konsequenter sein zu wollen, als es das Gesetz ist, ihm nicht formalistische Folgerungen eines sogenannten Princips zu imputiren, welches kein Princip ist.

Aber unsere Betrachtung hat auch gezeigt, in wie hohem Grade das Gedeihen der Rechtspflege von der Loyalität der Parteien und der Gewissenhaftigkeit und dem Geschick des Richters abhängt. Und die Erfahrung lehrt, dass auch unabhängig von diesen Voraussetzungen das Leben dem mündlichen Verfahren Hemmnisse schafft, die vielen Anlass zu schweren Anklagen gegen diese Procedurform und zu lauten Rufen nach einer Rückbildung gegeben haben. Hierbei möchte ich zum Schlusse noch verweilen.

---

*) s. unten den Vortrag über das Versäumnissverfahren.

Es sind vor allem zwei Punkte, gegen welche sich die Angriffe richten: Die Processverschleppung und die Unsicherheit der Urtheilsgrundlage und ihrer Beurkundung.

Die erstere äussert sich in den zahlreichen Vertagungen und Umgehungen der Termine. Die Parteien erscheinen nicht — der Process ruht; oder es kommt nur die eine und erbittet Vertagung statt des ihr offen stehenden Versäumnissurtheils, oder sie verhandeln beide, aber neues Vorbringen nöthigt zur Vertagung, zu neuer Beweisaufnahme. Es ist Thatsache, dass oft Monate nach dem ersten Verhandlungstermin vergehen, bis eine erst- oder höherinstanzliche Sache wirklich verhandelt wird; es verstreichen drei, vier und mehr Termine nutzlos. Es ist Thatsache, dass nicht selten in derselben Instanz mehrere Beweisbeschlüsse erlassen werden. Dazu kommt die in vielen Fällen übermässig verschleppende landgerichtliche Einlassungsfrist. Kann man auch nicht läugnen, dass trotz alledem der Process im Vergleich gegen frühere Zustände ein beschleunigterer ist, so berechtigt uns das doch nicht, die Augen gegenüber vorhandenen Missständen zu schliessen und die Hände beruhigt in den Schooss zu legen.

Eine Verkürzung der Einlassungsfrist und das Anberaumen eines nahen ersten Verhandlungstermins zur Erledigung aller der erstinstanzlichen Sachen, in denen der Beklagte nicht streiten, vielmehr anerkennen oder sich kontumaciren lassen will, auch zur Streiterledigung bei völlig liquider Sache (z. B. im Urkundenprocess), zu Vergleichsverhandlungen und eventuell zu Fristanberaumungen für die das Kontradictorium vorbereitenden Schriften, wäre ohne Bedenken. Einen dahin gehenden Vorschlag solches Einlassungstermins habe ich bereits früher gemacht — und die österreichische Gesetzgebung hat ihn in etwas erweiterter Gestalt angenommen. Den Termin auszudehnen auf die Verhandlung processhindernder Einreden oder gar ihn zur Entlastung des Kollegiums vor ein Mitglied desselben zu verweisen, empfiehlt sich sicher nicht.

Es liegt auf der Hand, dass mit dem Einlassungstermin nicht nur von vornherein eine erhebliche Beschleunigung aller einfachen Sachen, sondern auch ein gedeihlicherer Fortgang der andern Processe gegeben sein wird. Schon die Einsicht in den Streitwillen der Parteien, in die doch auch bei flüchtiger Information des beklagtischen Anwalts anzudeutenden Streitpunkte ermöglicht eine angemessene Vertheilung der Sachen. Die Fristbestimmung für den vorbereitenden Schriftwechsel sichert denselben und erleichtert im Nothfall die Anwendung der Souveränität und der Kostenstrafen. Was aber das Wichtigste ist: der Einlassungstermin wird nicht, wie bisher, vollkommen zwecklos in den klaren Sachen und in den Versäumniss-Fällen hinausgezogen. Die Befürchtung, dass bis zum Termin die Anwaltsbestellung nicht erfolgen werde, ist grundlos. Man entschliesse sich nur, die Androhung des Kontumacialnachtheils in die Klage aufzunehmen, und man wird dem Beklagten die etwaige aus Unkenntniss erwachsende Indolenz schon austreiben.

Freilich dem Uebel der Umgehung der Termine wird damit noch nicht gesteuert. Und das kann auch nicht geschehen durch den unglücklichen Gedanken, die Folge der Klagzurücknahme an den zweiten oder dritten Fall zu knüpfen. Ebensowenig durch eine Einschränkung des Anwaltszwanges in dem Sinne, dass beim Ausbleiben der Anwälte, aber beim Erscheinen der Parteien mit diesen verhandelt werden könne und sie nach zweimaliger Vertagung oder Terminsversäumniss des Anwalts zur Tagfahrt geladen werden sollen; denn erstens würden die Parteien, welche einmal ihre Anwälte mit der Sache betraut haben, sich auf ein persönliches Verhandeln nur in den seltensten Fällen einlassen, und zweitens würde, wenn sie es dennoch thäten, ein unleidliches Durcheinander entstehen; die Partei weiss nicht, was der Anwalt vorgebracht hat, und folgt ihrer Verhandlung wieder ein Anwaltstermin, so weiss wiederum der Anwalt nicht, was in seiner Abwesenheit geschehen. Will man den Anwaltszwang derart durchbrechen, so muss man ihn gänzlich beseitigen, und zwar ebenso für die Berufungsinstanz wie für die erste; denn dort sind die Terminsumgehungen nicht minder häufig und lästig, als hier. Der bekämpfte Vorschlag ruht auf der unleugbaren Thatsache, dass keineswegs die Saumsal der Anwälte, sondern landläufig irgend ein wirkliches Hinderniss sie vom Erscheinen zurückhält. Ist dieses in den Verhältnissen der Parteien: in schwebenden Vergleichsverhandlungen, in ihrem Wunsch, die Sache einstweilen ruhen zu lassen, in ihrem Bedürfniss nach Aufklärung des Sachverhalts u. dergl. gelegen, so ist alles in Ordnung. Nur wenn in den Personen der Anwälte der Grund der Verschleppung liegt, dann zeigt sich der Schaden des Gesetzes. Das ist nun an den grösseren Gerichten, bei viel beschäftigten Anwälten begreiflicherweise nicht selten der Fall; auch mag in den geringfügigen Sachen die Gleichgültigkeit gegen die lästige, uneinträgliche Aufgabe ein weitverbreitetes Leitmotiv sein. Dazu kommt die übel angebrachte Kollegialität, welche die Pflicht gegenüber der Partei vergisst und nach dem Gesetz verfährt: clericus clericum non decimat. Da wird von dem erschienenen Anwalt gegen den säumigen das Versäumnissurtheil nicht erbeten, vielmehr Vertagung beantragt und, wenn das Gericht in seiner Noth sie verweigert, erklärt, man „gebe sich nicht an", „verhandele nicht". Das Gewissen wird beschwichtigt mit dem leidigen Trost: „das Versäumnissurtheil nützt nichts, denn es kommt der Einspruch". Wie ist da zu helfen? Man könnte an die Beseitigung des Anwaltszwanges wenigstens für die amtsgerichtlichen Sachen in der Berufungsinstanz denken. Ich zweifle nicht an der Durchführbarkeit, aber am günstigen Erfolg. Die Parteien werden in den meisten Fällen doch zum Anwalt laufen und ihm die Führung der Sache ganz überlassen. Und was ist dann gewonnen? Und was ist in den landgerichtlichen Sachen zu thun? Ein zu gleichen Theilen aufzuerlegender und jedesmal durch Officialinsinuation der Parteien zu eröffnender Kostennachtheil wäre sicherlich nicht ohne nachdrückliche Wirkung. Der fleissige Theil würde selbstverständlich dann in die Circumduktion nur willigen, wenn der Gegner freiwillig die gesammte Kostenfolge auf sich nähme. Liegen sachliche Gründe vor, welche die Vertagung berechtigt erscheinen lassen, so wäre die zu erbitten. Das Korrelat dieser Neuerung müsste die Einschränkung des Rechtes der Partei sein, im Falle des § 300, die Vertagung zu f o r d e r n. Vertagung sollte nur aus nachgewiesenen sachlichen Gründen nach dem Ermessen des Gerichts gewährt werden. Und das auch trotz des Einverständnisses der Anwälte. Die im folgenden Vortrag zu besprechende Herrschaft der Parteien über den Process soll unangetastet bleiben. Ihr Interesse soll nach wie vor entscheidender Grund für die Vertagung, auch für das Ruhen des Verfahrens sein. Wie die Vereinbarung desselben, muss sein Herbeiführen durch Versäumniss ohne Kostennachtheil bleiben, wenn das Parteiinteresse nachgewiesen wird. Dieses aber darf im Allgemeinen als gegeben angenommen werden schon mit dem Nachweis des wirklichen Parteiwillens, dagegen nicht mit dem Anwaltswillen. Denn dieser ist jenem gegensätzlich, wenn die Interessen des Anwalts seine Handlungen bestimmen. Daher darf auch die allgemeine Vollmacht, in Vertagungen, Circumduktionen zu willigen, den Anwalt nicht decken, ja darf ohne weiteres noch ein Schritt weiter gegangen und die Circumduktionsgebühr dem Anwalt aufgebürdet werden, wenn er die Billigung seines Verhaltens durch die Partei nicht nachweist. — Nun ist freilich möglich und wahrscheinlich, dass in vielen Fällen die Partei aus Rücksicht auf ihren Vertreter sein Verhalten auch da billigen wird, wo es ihrem Interesse nicht entspricht. Nun gut: habeat sibi. Einen Grund, über Processverschleppung und Vertheuerung zu klagen, hat sie dann nicht mehr.

Ein zweifellos sachlicher und nicht leicht zu tragender Grund der Vertagungen und Processverzögerung liegt in dem besprochenen Recht der Partei, mit neuen Thatsachen und Beweismitteln zu kommen bis zum Schluss der mündlichen Verhandlung. Die Koncentrationsmittel des Gesetzes haben wir kennen gelernt. Dass sie nicht ausreichen, muss zugestanden werden. Auf Kosten der Mündlichkeit, der Beweglichkeit des Verfahrens wollen wir sie nicht vermehren. Von formalen Ordnungsprincipien, von Eventualmaxime und Beweistrennung wollen wir ein für allemal nichts mehr wissen. Auch verhehlen wir uns nicht, dass die Vertagung und die wiederholte Beweisaufnahme an sich noch keineswegs ein Uebel ist. Nicht die Fixigkeit, sondern die Gerechtigkeit ist das erste, ja das wahre Ziel des Processes. Aber wenn wir uns auch vor allen Uebertreibungen hüten, müssen wir doch zugestehen, dass eine straffere Zusammenfassung des Streitstoffs wünschenswerth ist. Manches liesse sich hier durch eine energischere Handhabung der Gesetze, insbesondere der CPO. §§ 92 Abs. 2, 251, und GKG. § 48 erreichen. Einigen Verschärfungen des Souveränitätsrechts des Richters redete ich bereits das Wort (oben S. 35). Dasselbe müsste freilich auf die erste Instanz beschränkt sein und würde die Gefahr noch ausgiebigeren Gebrauchs der Berufung und des Novenrechts in sich bergen. Aber der erste und wichtigste Erfolg bliebe doch die grössere Aufmerksamkeit und Sorgfalt in der ersten Instanz.

Der zweite Vorwurf gegen die Form des geltenden Verfahrens trifft die Unsicherheit der Urtheilsgrundlage und ihrer Beurkundung. So weit ihm das Zerfliessen der mündlichen Verhandlung, ihre Auflösung in mehrere weit auseinanderliegende Termine und der unzurechnende Wechsel der vorbereitenden Schriftsätze Nahrung giebt, würde bereits durch die vorstehend angeregten Neuerungen wichtige Abhülfe geschaffen werden. Damit wäre dem Richter das Festhalten des Thatbestandes und seine Beurkundung wesentlich erleichtert. Soweit diese selbst als eine übermässige Zumuthung an die Geistes- und Arbeitskräfte des Richters beanstandet wird, muss entschieden widersprochen werden. Gewiss, einen schönen, wohlgeordneten, knappen, gut dargestellten Thatbestand abzufassen, ist nicht jedermanns Sache. Wer seine Muttersprache nicht sicher handhabt und die Gabe der Darstellung nicht besitzt, wird einen ästhetisch vollendeten Thatbestand nie leisten.

Immerhin kann er Brauchbares und Zuverlässiges liefern. Freilich bleibt die Abfassung des Thatbestandes bei stoffhaltigem Process und verwickelter Sachlage eine mühevolle Aufgabe. Aber Arbeitsscheu ist kein berechtigtes Motiv der Gesetzesreform. So ist allein in Frage, ob solche Urtheilsgrundlage, die doch bei aller Fürsorge für die Geschlossenheit der Verhandlung sich auch zukünftig oft über mehrere Termine vertheilt, wirklich für den Durchschnittsmenschen festzuhalten ist: und das auch dann, wenn ihm, wie im Amtsgericht, die Krücke der vorbereitenden Schriftsätze fehlt. Man bezweifelt es noch immer und die neueste österreichische Gesetzgebung hat sich dadurch weit nach der Seite des Protokollverfahrens hinüberziehen lassen. Aber, wie ich schon anderweit wiederholt ausgesprochen und durch reichliche eigene und fremde Erfahrung begründet habe, diese Sorgen sind eitel. Unsere Thatbestände genügen. Klagen über die Schwierigkeit der Abfassung werden verwechselt mit der Sicherheit der Feststellung. Klagen von Anwälten über Ungenauigkeiten werden kurzweg als baare Münze genommen und die gewissenhaften erdrückenden Zeugnisse über das korrekte Funktioniren des Thatbestandes hintenangestellt. Aber will man stärkere Garantieen — weil unbestreitbar das jetzige Berichtigungsverfahren nicht genügt, — so lasse man den Thatbestand einige Tage vor der Publikation auf der Gerichtsschreiberei ausliegen um, wenn gegen ihn Einsprache erhoben wird, die Verhandlung noch einmal zu eröffnen. Zwar verspreche ich mir davon nicht viel; die Parteien und selbst die Anwälte werden selten von ihrem Rechte Gebrauch machen; — hier und da wird zwecklose Verzögerung entstehen; aber immerhin wäre die Nöthigung, den Thatbestand vor der Publikation abzufassen und das Gefühl der Kontrole nützlich; auch wäre der Klage über die Unrichtigkeit des Thatbestandes das Wort entzogen. Die praktische Durchführbarkeit liegt auf der Hand.

Wichtiger als alles das ist die Garantie, welche wir in der Person des Richters und in angemessener Geschäftsvertheilung suchen müssen. In der Frage der Ausbildung des Richterstandes wurden Gedanken von verschiedenen Seiten laut, die sich unter einander anklagen oder entschuldigen. Das mündliche Verfahren als solches verantwortlich zu machen, als eine Quelle des Rückganges des Richterstandes, ist eine Thorheit. Die Schulung muss dem Verfahren und nicht dieses jener angepasst werden. Der allgemeine Bildungsstand und die Fähigkeit unseres deutschen Richterstandes ist jeder Anforderung der Civilprocessordnung gewachsen. Auch die Klagen über den Unfleiss und die ungenügende Vorbildung unserer jungen Juristen auf der Hochschule sind theils übertrieben, theils grundlos. Die Universität leistet, was beim jetzigen System des Unterrichts und des Vorbereitungsdienstes ihr zu leisten obliegt. Das System ist verbesserungsfähig; in viel höherem Grade aber ist es der Vorbereitungsdienst. In seinem schroffen Gegensatz zum akademischen Unterricht, in der grösstentheils ganz mechanischen Beschäftigung des jungen Juristen, ja seiner Ausnutzung als Ersatz des Gerichtsschreibers, in seiner unpädagogischen Behandlung liegt die Hauptquelle des Uebels. So wird es zur Zufälligkeit, ob die reichen Bildungsmittel der Praxis wirklich dem Einzelnen ausreichend zu Nutze kommen. Die Justizverwaltung hat hier noch ein grosses und verantwortungsreiches Gebiet der Thätigkeit. — Und dazu kommt noch ein Anderes. So lange die Justizverwaltung nicht überall für eine ausreichende Vermehrung der Einzelnrichterstellen sorgt, so lange sie Amtsrichter nöthigt, vierzig und mehr Sachen auf einen Terminstag zu setzen, kann die Rechtspflege nicht gedeihen. Man spricht jetzt von einer Erhöhung der amtsrichterlichen Kompetenz. Sollten dabei finanzielle Motive, Ersparung von Richtern in den Kollegialgerichten u. dergl. treibend sein, so ist von solcher Maassregel nur Schlimmes zu gewärtigen. Die Geldfrage soll und muss auf diesem Gebiet zurückgedrängt werden. Es muss dafür gesorgt werden, dass der Amtsrichter der einzelnen Sache die nöthige Zeit und Sorgfalt widmen kann. Dann werden viele Klagen über die Praxis verstummen und viele Berufungen vermieden werden. Im Amtsgericht liegt die Basis unserer Justiz.

Das Verhältniss des Richters zu den Parteien.

Der Civilprocess ist staatliche Privatrechtspflege, die Gewährung des Rechtsschutzes für Mein und Dein. Die Streitsache ist ein dem Staate fremdes, individuelles Interesse. Daher sind die Streittheile, der Kläger und der Beklagte, nicht Staatsorgane. Daher ist das Staatsorgan im Process, der Richter, in unparteiischer Stellung. Seine Aufgabe ist frei von Allem, was Anspruchsverfolgung oder Anspruchsbekämpfung bedeutet. Sie ist beschränkt auf die von jedem Sachinteresse gereinigte Wahrung der Gerechtigkeit.

Das Verhältniss des Richters zu den Parteien ist nicht in einem Wort beschlossen, nicht einem einfachen Principe unterstellt. Privat- und Officialinteresse wirken gleich bestimmend. Das Streitverhältniss, der Process, ist öffentliches Rechtsverhältniss: ein Verhältniss zwischen dem Recht pflegenden Staat und den Recht suchenden Streittheilen. Die Streitsache ist rein privatrechtlicher Natur: ein Rechtsverhältniss allein zwischen Kläger und Beklagtem. Die Disposition der Parteien muss den Process beeinflussen. Aber sie kann ihn nur in den Grenzen beeinflussen, welche das Officialinteresse des Staates erträgt. Für die Konstruktion des Processes ist diese Grenzbestimmung, die weise Abwägung des privaten und öffentlichen Interesses, von entscheidender Bedeutung. Weder darf der Richter zum Alleinherrscher im Process erhoben und die Partei aus der Stellung des Subjekts zum Objekt und Wahrheitserforschungsmittel herabgedrückt, noch umgekehrt der Richter zur Marionette des Parteiwillens erniedrigt werden; weder darf man ihn in die unmögliche Lage eines Parteianwalts bringen, noch vergessen, dass er der Wahrheit und Gerechtigkeit zum Siege verhelfen soll.

Da die Anspruchs-Verfolgung und -Bekämpfung Parteisache, so ergibt sich unabweisbar eine Parteiherrschaft über das Streitverhältniss, den Beginn, die Fortführung und den Inhalt des Processes. Diese Herrschaft wird richtig nur negativ dahin bestimmt: kein Processbeginn ohne Antrag, keine Processfortsetzung wider den Willen der Parteien, keine Octroyirung processualer oder materieller Vortheile, keine Officialbeschaffung von Processstoff. Das ist der Inhalt der in der Rechtslehre sogenannten Verhandlungsmaxime. Sie ist der Grundsatz der staatlichen Interesselosigkeit an der Streitsache und des Processbetriebs durch die Interessenten. Ihm steht gegenüber das Gemeininteresse an der geordneten Rechtspflege, am Ausschluss des Missbrauchs, an der verständnissvollen, eindringenden, gerechten Würdigung des Streitwillens und Streitmaterials. Eine Unterordnung des Gerichts und der Processordnung unter Parteiwillkür hat auch bei der Civilrechtsverfolgung keine Stätte. Es muss Vorschriften geben darüber, was die Parteien dürfen und nicht dürfen, auch nicht dürfen, obschon sie es sich wechselseitig zu gestatten bereit sind. Die Voraussetzungen der Richterpflicht, der einzelnen processualischen Handlungen müssen der Willkür der Parteien enthoben sein. Ein Konventionalprocess ist unzulässig. Und der ganze Rechtsweg soll sein Licht empfangen von dem Streben nach der Gerechtigkeit. Chikane und zweckwidriges Verhalten sind nicht zu dulden.

Eine verkehrte gemeinrechtliche Doktrin hat die Erkenntniss dieser einfachen und allein wahren Gesichtspunkte getrübt und die Verhandlungsmaxime auf Kosten des Officialinteresses ungesund erweitert. Die Schriftlichkeit des Processes leistete ihr Vorschub. Sie benahm dem Richter die natürlichen Hülfsmittel für die Aufklärung des Sachverhalts und die freie und straffe Handhabung seiner processkorrektionellen Gewalt. So entartete in Lehre und Gerichtsgebrauch der allein richtige Gedanke der durch den privatrechtlichen Charakter der Streitsache bedingten Parteiherrschaft über Eintritt, Fortdauer und Inhalt des Streitverhältnisses. Hier nahte die CPO. als Befreier. Sie entfesselte die richterliche Processleitung. Aber das ist Vielen nicht genug. Im Kampf gegen ein falsches „laisser aller“ lässt man sich fortführen zu einer Politik der Bevormundung. Der Richter, welcher nicht das seelen- und willenlose Werkzeug der Parteien sein soll, wird zu deren Vorsehung und zu ihrem Patron gemacht, der die Wahrheit erforscht und den Schwachen, ja vielleicht Muth- und Thatlosen selbstthätig schützt. Das edle Motiv der Gerechtigkeit gibt den Fürsprechern solcher Processpolitik herzgewinnende Wärme und treibt dazu, womöglich schon dem Gesetz unterzulegen, was man wünscht. Der allgemeine und so berechtigte Ruf nach dem Schutz des Schwachen muss auch hier übertriebenen, ungesunden Forderungen dienen.

I.

Die Civilprocessordnung hat sich mit gutem Grund allgemeiner grundsätzlicher Aussprache über das Verhältniss der Parteien zum Richter enthalten. Aber es konnte nicht anders sein: auf der Verhandlungsmaxime musste der Reichsprocess erbaut werden. Wenige Worte beweisen, dass es geschehen ist.

1. Die Klage ist des Processes Beginn. Ohne Kläger kein Richter; ohne Klage kein Urtheil. *Ne procedat iudex ex officio**). Das erhellt nicht nur aus der processbegründenden Eigenschaft der Klage (§ 230 fg.), sondern nicht minder aus den Vorschriften über die Klagerweiterung (§ 240), Klagände-

*) Die Klage ist die zugestellte schriftliche Klage, sie ist nicht die mündlich wiederholte Klage. Dass die Zustellung die Klageerhebung ist, steht nach dem Gesetz ausser Zweifel (§§ 230, 235 bis 239). Sie wirkt die Rechtshängigkeit, sie ist nothwendige (§ 300), aber auch ausreichende Voraussetzung des Versäumnissurtheils. Die Versäumnissfolge des § 295 (definitive Abweisung der Klage) wird lediglich auf Grund der zugestellten Klage verwirklicht. Eine Ausnahme von der Regel gilt für die zugelassene Klagänderung (CPO. § 241), für die Incidentfeststellungsklage und überhaupt für die Widerklage §§ 253, 254. „Die Rechtshängigkeit eines erst im Laufe des Processes erhobenen Anspruchs tritt mit dem Zeitpunkte ein, in welchem der Anspruch in der mündlichen Ver-

rung (§ 241), über die Widerklage und Incidentfeststellungsklage (§ 253). Ueberall bestimmt der Parteiwille, dass und worüber procedirt werde.

2. Und was vom Beginn gilt, gilt von der Fortsetzung und dem Ende des Verfahrens. Der Parteiwille ist das Agens. Er ist es in höherem Grade, als im früheren gemeinen Recht. Hier wirken die Form des Verfahrens und der hochgespannte Grundsatz des sogenannten Processbetriebs durch die Parteien zusammen.

Die Parteien verfügen über den Fortgang des Processes. Sie können ihn jederzeit hemmen, zur Ruhe bringen, beendigen. Sie können durch zwingende Vereinbarung jeden Termin, nicht nur den Termin zur mündlichen Verhandlung, sondern ebenso den zur Beweisaufnahme oder zur Publikation, und das ohne Unterschied, ob er vor dem Processgericht oder einem beauftragten oder ersuchten Richter anberaumt

---

handlung geltend gemacht wird." Hier ist die relevante Erscheinungsform der Klage der Vortrag in der mündlichen Verhandlung; denn die Rechtshängigkeit ist vom Gesetz gedacht als die Wirkung der Klagerhebung und entleert von der Wirkung fällt der Begriff. Die Folgerungen dieses Satzes sind bedeutend und bedeutender, als man sie sich bei seiner Abfassung vorgestellt haben mag. Wird der im Laufe des Processes erhobene Anspruch erst mit dem Augenblick erhoben, in welchem er in der mündlichen Verhandlung auftaucht, so gibt es keine Möglichkeit, ein Versäumnissurtheil betreffs eines in dem vorbereitenden Schriftenwechsel erhobenen Anspruchs gegen den von Anfang passiv bleibenden Gegner zu erlangen. Wird also erst im vorbereitenden Schriftenwechsel das den eingeklagten Anspruch bedingende Rechtsverhältniss bestritten und in Folge dessen replikando die definitive Feststellung im Schriftsatz beantragt, so kann, falls der Beklagte ausbleibt, das Versäumnissurtheil nur über die ursprüngliche Klage, nicht über deren Erweiterung durch Incidentfeststellungsanspruch ergehen. Erhebt der Beklagte in seiner vorbereitenden Vernehmlassung Widerklage, so mag er zusehen, ob sein Gegner sich in der mündlichen Verhandlung stellt und ihm Gelegenheit gibt, seine Widerklage mündlich zu wiederholen. Bleibt er aus, so kann wohl aus § 295, aber nicht wegen der Widerklage aus § 296 Versäumnissurtheil erlangt werden. Erscheint er zwar, spricht aber den Verzicht auf die Instanz aus, so ist die Widerklage unmöglich. Vgl. § 33 mit 254. Vgl. mein Programm: Präclusion und Contumaz, Leipzig 1879 S. 10, Note. Das Vorstehende ist lebhaft bestritten und in der Praxis des Reichsgerichts abgelehnt.

ist, aufheben (§ 205 Abs. 1). Der Vereinbarung steht die Zustimmung zum Antrag auf Terminsverlegung gleich (§§ 205 Abs. 2, 202), wenn auch selbstverständlich ein bestimmter Tag dem Gericht nicht aufgenöthigt werden kann. Folgerichtig erzwingen die Parteien durch ihre Willensübereinstimmung die Vertagung, wie im Versäumnissfall sie der fleissige Theil durch seinen Antrag unweigerlich fordern kann (§ 300). Das alles ist beschlossen in dem allgemeinen Princip, dass wenn die Parteien nicht handeln, während doch ihr Handeln die Voraussetzung für den Fortgang des Processes ist und es ihrem Belieben überlassen bleiben muss, ob sie ihr Recht betreiben wollen, der Rechtsstreit zur Ruhe kommt.

CPO. § 228 sagt:

> „Die Parteien können vereinbaren, dass das Verfahren ruhen soll. Die Vereinbarung hat auf den Lauf der Nothfristen keinen Einfluss."
>
> „Erscheinen in einem Termin zur mündlichen Verhandlung beide Theile nicht, so ruht das Verfahren, bis eine Partei eine neue Ladung zustellen lässt":

ein Satz, der auf den Beweis- und Publikationstermin nur deswegen keine Anwendung leidet, weil in ihm eine essentielle Thätigkeit der Parteien nicht entwickelt wird, während der gleiche Gedanke — in umgekehrter Anwendung — dafür entscheidet, dass in diesem Stück der Termin im vorbereitenden Protokollverfahren (CPO. § 313 fg.) dem Termin zur mündlichen Verhandlung vor dem Processgericht gleichzustellen ist. So weit ein Parteibetrieb des Processes gilt, soweit kann Unthätigkeit das Verfahren thatsächlich lahm legen. Man stellt das Urtheil nicht zu, man ladet nicht nach vorangegangener Umgehung des Termins (§ 228) oder Versäumniss des anderen Theils (§ 300): — ein Punkt, der in anderem Gedankenzusammenhang noch eingehend erwogen werden wird.

Wie ausgiebig von diesen Vorschriften Gebrauch gemacht wird, davon habe ich im ersten Vortrag gehandelt. Die Anwälte üben unbeschränkt (CPO. § 77) und maasslos diese Herrschaft über den Processfortgang. Gewiss, der Staat drängt der Partei den Process und seine Fortsetzung nicht auf. Aber wir wissen, dass bei dem im grössten Styl geübten Verschleppen der Parteiwille nicht mitspricht, und auch wenn dem so wäre, wöge alle Folgerichtigkeit und alle Doktrin federleicht gegenüber dem Schaden, der der Rechtspflege überhaupt durch das bisherige System zugefügt wird. Auch hier soll das Gericht nicht der Spielball der Parteilaunen sein; wer Termine erbittet, der soll sie wahren. Es ist unerträglich, wenn — wie es geschieht — das Gericht stundenlang der Parteien, richtiger gesagt, der Anwälte gewärtig unthätig verharrt, um wohl gar unverrichteter Dinge von dannen zu gehen. Das ist Missachtung der Staatsthätigkeit. Hier muss energisch durchgegriffen werden zum Wohl des Staates und — wir dürfen es getrost hinzufügen — der Recht suchenden Parteien.

3. Die Parteien bestimmen den Processgegenstand; sie bestimmen und ändern ihn nach ihrer Willkür (§ 241), soweit nicht der Klagänderung eine gesetzliche Schranke gezogen ist (§ 489).

Nicht mehr, noch etwas Anderes kann dem Kläger zuerkannt werden, als er erbeten hat (§ 279): *Ne eat iudex ultra petita partium.* Die gemeinrechtliche Kontroverse, ob Früchte, Zinsen und andere Nebenforderungen als stillschweigend miterbeten gelten, ob sie, wenn sie nicht zuerkannt werden, aberkannt sind, ist zu Gunsten der verneinenden Meinung entschieden.

Ich sagte: nicht ein Anderes ist Entscheidungsgegenstand, als was beantragt wurde. Was ein „Anderes" ist, beantwortet sich nicht nur nach den Kriterien der Klagänderung, sondern danach, ob das Entschiedene sich mit dem geltend gemachten Rechtsschutzanspruch deckt oder doch in ihm eingeschlossen ist. Das gilt sowohl vom Schutzobjekt, als von dem Inhalt, der Art und dem Maass des geforderten Schutzes. Ist Verurtheilung zur Leistung erbeten, so darf nicht auf Feststellung erkannt, also nicht etwa die Schuld als betagte festgestellt werden; die Urkundenklage darf nicht von amtswegen in die ordentliche verwandelt werden, geschweige denn diese in jene. An Stelle der begehrten Naturalerfüllung darf der Richter nicht ohne Antrag die Ersatzleistung, an Stelle der generischen nicht die individuelle Leistung, an Stelle des geforderten Individuums ein anderes, an Stelle der beantragten Scheidung der Ehe ihre Ungültigkeitserklärung setzen. Und was von der Verurtheilung gilt, gilt von der Abweisung. Unterwirft sich der Beklagte der zulässigen Klage, so kann sie nicht abgewiesen werden; beschränkt er seinen Abweisungsantrag auf einen Theil des Anspruchs, so kann der Richter nur über diesen zu seinen Gunsten sprechen, während allerdings die dilatorische Motivirung die endgültige Abweisung nicht ausschliesst.

Das Gericht darf nicht mehr zu- oder ab-erkennen, als erbeten. Diese quantitative Begrenzung ist in der Bezifferung dann nicht zu finden, wenn in ihr nur ein unmaassgeblicher Vorschlag für das angerufene richterliche Ermessen liegen soll. Aber das Mehr oder Weniger ist überhaupt nicht nur quantitativ zu denken. Es liegt in jeder Erweiterung oder Beschränkung des Erbetenen. Auf „weniger" wird erkannt z. B. wenn statt beantragter glatter Verurtheilung diese lautet auf Leistung gegen Gegenleistung, auf Zahlung gegen Aushändigung eines Schuldscheins oder Wechsels und dergleichen oder unter Aufnahme einer „facultas alternativa" für den Beklagten. Das Mehr andererseits finden wir, wie in der Erweiterung des Gegenstandes so in dem Setzen nicht erbetener günstiger Modalitäten. Und das alles gleichermaassen für die Feststellungs- wie für die Leistungsklage.

Mit der vorstehenden Erörterung hängt die Frage, ob die den nicht individualisirten Theil eines Anspruchs verneinende Entscheidung mit dem Theil zugleich das Ganze verneine, insoweit zusammen, als sie die Frage ist, ob mit jenem behaupteten Theil das Ganze zur Entscheidung verstellt ist für den Fall, dass es jenen sogenannten Theil nicht übersteigt. Doch kann das nur im Zusammenhang mit der Lehre von der Rechtskraft erledigt werden.

Die bewegende und maassgebende Kraft des Parteiwillens führt zu dem allgemeinen Satz, dass weder materielle noch processuale Vortheile durch den Richter aufgedrängt werden dürfen.

In der Rechtsmittelinstanz wird das erörterte Princip in die Form gekleidet:

§ 487. „Vor dem Berufungsgerichte wird der Rechtsstreit in den durch die Anträge bestimmten Grenzen von neuem verhandelt.“

§ 498. „Das Urtheil erster Instanz darf nur insoweit abgeändert werden, als eine Abänderung beantragt ist.“

§ 522. „Der Prüfung des Revisionsgerichts unterliegen nur die von den Parteien gestellten Anträge.“

Die Doktrin nennt das Ausschluss der *reformatio in peius*. Begnügt sich der Berufungsbeklagte mit der Bekämpfung des gegnerischen Berufungsantrags, so gibt er sich mit dem Erkenntniss, insoweit es zu seinem Theil beschwerend ist, zufrieden. Er verschweigt sein Anfechtungsrecht. Das Gericht hat keinen Beruf, von Amtswegen zu seinen Gunsten zu ändern, da die Aenderung erbeten werden konnte, innerhalb der dazu gewährten Zeit nicht erbeten wurde und nicht aufgezwungen werden darf. Ein Officialinteresse aber, dass in bestimmter Weise das strittige Rechtsverhältniss entschieden werde, besteht nicht. In welchem Maasse das Princip hier zu Folge der Logik des Processes eine Abwandlung zu erfahren hat, darüber das Nähere in dem Vortrag über die Rechtsmittelinstanz.

Liegen Einredethatsachen unbestritten im Streitmaterial, die *ipso iure* den Klaganspruch ergreifen, die m. a. W. rechtshindernd oder rechtsvernichtend wirken, so sind sie freilich beachtlich; der Klaganspruch existirt nicht; wie kann verurtheilt werden? Sind dagegen rechtsunwirksam machende Thatsachen, beispielsweise die zur Einrede des nicht erfüllten Vertrags, zur Redhibition, zur Kompensation oder Retention berechtigenden Momente angeführt, aber nicht zur Vertheidigung benutzt, so darf auf sie die Klagabweisung nicht gestützt werden. So kann nach der Bedeutung, welche das sächsische bürgerliche Gesetzbuch der Verjährung und der Einrede der Verjährung beilegt (§ 153), nicht zweifelhaft sein, dass ohne beklagtisches Vorbringen die Verjährungsthatsachen die richterliche Entscheidung nicht bestimmen dürfen. Dass die richterliche Frage dem verhüllten oder zu Folge der Rechtsunkenntniss unentwickelten Parteiwillen zu Hülfe kommen darf, soll später nachgewiesen werden.

Auch der processuale Vortheil ist unerbeten nicht zuzusprechen. Allerdings kann der Satz in solcher Allgemeinheit nicht Platz greifen. Der processuale Nachtheil des Einen ist der Vortheil des Anderen; allemal ist er die Folge einer Versäumniss oder eines fehlerhaften unvortheilhaften Handelns. Die Versäumniss wirkt mit Nothwendigkeit, ohne Antrag, günstig für den Gegner, wenn sie sich als Rechtsversäumniss charakterisirt. Ihre Folge ist Ausschluss, „Präklusion“ des Rechtsbehelfs, den rechtzeitig zu gebrauchen man versäumt. Eine sogenannte *accusatio contumaciae*, ein Ausschlussantrag, wie ihn auch in dieser Anwendung gemeinrechtliche Wissenschaft lehrte, ist zwecklos, ja sinnlos. Der Ausschlussvortheil ist lediglich negativ. Er ist der Gewinn, dass die präkludirten Rechtsbehelfe nicht mehr behauptet werden können; ob der säumige Theil in der That solche besass oder gebrauchen wollte, steht ganz dahin. Die Rechtsausübung ist Willkürakt, der Rechtsausschluss die selbstverständliche Folge des Processfortschritts. Daher lässt denn auch die CPO. wie ohne vorgängige Androhung des Versäumnissnachtheils, so ohne vorgängigen Antrag die Ausschlussfolge mit dem Zeitablauf eintreten. Alle Fristen sind an sich präklusivisch (§ 209). Ebenso ist alle Ladung, wie man sagt, arktatorisch und der Terminsablauf schneidet alle Handlungen ab, welche der Rechtsausübung des Säumigen hätten dienen können. Freilich sind die Ausschlussfolgen der ersten Instanz nicht definitiv. Doch ist das ein Punkt, auf welchen später, bei Gelegenheit der „Berufung“, zurückzukommen sein wird.

Es soll hier die Frage nicht ausgetragen werden, ob es Pflichten der Partei zum Handeln gibt, welche ihr im Interesse des Gegners auferlegt sind. Aber wenn es solche gibt, so muss ihre Versäumniss entweder die zwangsweise Realisirung, oder an deren Stelle Rechtsnachtheile wirken, welche dem Berechtigten Genüge leisten und deren Eintritt von dem Antrag desselben abhängig gestellt werden. Wie dem auch sei, es ist Thatsache, dass die CPO. in weitgehender Weise Versäumnissfolgen vom Antrag abhängig macht. So überall da, wo ein Versäumnissurtheil die Form sein soll, in der sie zum Ausdruck kommen (§§ 295, 296 fg. vgl. mit §§ 144, 312, 318, 504, 529, 563 Abs. 3, 578, 639, 430). Andererseits lässt sie den Rechtsnachtheil unterbliebener Erklärung (§§ 129 Abs. 2, 404 Abs. 3, 417 Abs. 2, 429 Abs. 2), die sogenannte *poena confessi*, ohne weiteres eintreten. Man wird letzteres nicht missbilligen, zumal den Parteien es offen steht, dieses Ergebniss nach Willkür zu beseitigen. Man wird auch — von allen doktrinären Konstruktionen abgesehen — zugeben müssen, dass Versäumnissurtheile überall da, wo ein Handeln der fleissigen Partei deren Voraussetzung bildet, auf ihren Antrag abgestellt werden; aber man wird in Zweifel ziehen dürfen, ob die Form des Versäumnisszwischenurtheils überhaupt am Platze ist im Falle der Versäumniss des Eidestermins (§ 430). Darüber werde ich mich später verbreiten. Dagegen ist hier noch einmal darauf hinzuweisen, dass das Gesetz die Verhandlungsmaxime übertreibt, wenn es die Präklusionsfolgen der §§ 252, 302, 339, 367, 398, welche dazu bestimmt sind der Verschleppung zu steuern, vom Antrag abhängig macht. In welchem Maasse hier das öffentliche Interesse betheiligt ist und darauf hinweist, die processleitende Gewalt des Richters gegenüber der Lässigkeit und kollegialischen Konnivenz der Anwälte zu stärken, ist im ersten Vortrag (S. 34 fg.) eingehend dargelegt worden.

Eine unabweisbare Folge der privatrechtlichen Natur der Streitsache ist, dass der Richter den gesammten thatsächlichen Streitstoff von den Parteien empfängt, dass er weder Thatsachen amtlich ergänzen, noch Beweismittel in den Process einführen kann. Er urtheilt *secundum allegata et probata partium,* nicht *secundum suam conscientiam.* Die thatsächliche Behauptung ist feststellungsbedürftig, sie sei denn offenkundig; festgestellt aber wird sie nur durch Geständniss oder Versäumnisspräjudiz, oder durch Parteibeweis*).

---

*) Ungenau die frühere Fassung: „alles Unbestrittene ist dem Rich-

II.

Die vorstehende kurze Charakteristik der Parteiherrschaft im Reichsprocess war erforderlich, um den Gegensatz, die Bedeutung der Officialmaxime zu würdigen. Darauf kommt es mir hier an; denn nur durch die Entfesselung und den verständnissvollen Gebrauch der richterlichen Processleitung kann der Rechtsgang vor einer ungesunden doktrinären Mechanisirung bewahrt werden.

Das Officialinteresse des Staates an der geordneten und gerechten Rechtsverfolgung wird, abgesehen von der hier nicht interessirenden richterlichen Disciplinargewalt, wahrgenommen durch die richterliche Processleitung und die Urtheilsfunktion. Letztere ist die Prüfung und Aburtheilung des vorhandenen Processstoffes, jene ist die Mitwirkung bei der Entwickelung des Processes. Die Rechtsprechung, das „Urtheil", ist und bleibt die oberste Aufgabe des Richters. *Narra mihi factum, narro tibi ius.* Hierin ist eingeschlossen die Pflicht, der Partei nicht nur das Recht zu sprechen, sondern auch das Recht zu weisen, ihr Einsicht in die Rechtslage zu geben, ihre unrichtigen juristischen Auffassungen zu berichtigen und die Rechtsfolgen ihres Verhaltens, ihres Angriffs und ihrer Vertheidigung klar zu machen. Und das sowohl in Nachachtung des processualen, wie des materiellen Rechts. Ein solches Heraustreten aus der kühlen Reserve entspricht den später zu beleuchtenden Vorschriften über die Fragepflicht und enthält nichts Advokatisches. Auch die Aufgabe, auf die gütliche Beilegung des Rechtsstreits hinzuweisen (§ 268), lässt sich erfolgreich nicht üben ohne ein Beleuchten der der einzelnen Partei günstigen und ungünstigen Umstände. Wir müssen es als einen hohen Gewinn der Mündlichkeit an-

ter zweifellos", unrichtig die oft gehörte Lehre, die Behauptung werde erst durch Bestreiten beweisbedürftig. Sie ist es an sich; wird sie zulässigerweise mit „nicht Wissen" beantwortet, so wird sie nicht bestritten, bleibt aber beweisbedürftig (CPO. § 129 Abs. 3). Das sogenannte fingirte Geständniss (s. CPO. § 129, 296) ist Versäumnissfolge. — Die Unglaubwürdigkeit der Behauptung an sich wird praktisch auch beim Betrug (StgB. § 263). Der Richter darf ohne Beweis nicht glauben. — Vgl. auch CPO. § 555.

sehen, dass jederzeit der Richter das Recht durch seinen Mund zur Partei reden lassen und dadurch Nichtigkeiten und Zweckloses vermeiden und für eine wohlgeordnete Behandlung der Sache seinen Einfluss geltend machen kann. Diese Gedanken in Verbindung mit einer verständigen, der Ueberlieferung entsprechenden Auffassung der formellen Processleitung bestimmen die Handlungsweise des Richters.

Man hat vom römisch-kanonischen Standpunkte aus dafür gehalten, dass zwar die richterliche Fortleitung des Rechtsstreits (die sogenannte formelle Processleitung) dem Parteiwillen untersteht, aber keineswegs Voraussetzung zu jedwedem Schritt des Richters der Parteiantrag ist. Mit Recht nahm man an, dass in dem Ansuchen um Process auch liegt das Ansuchen um die Fortleitung des Verfahrens und dass in der richterlichen Befugniss zu einer Anordnung, in der richterlichen Befehlsgewalt, auch liegt die Befugniss zur Exekutive, zur Ausführung der eigenen Anordnung.

Eine überaus aufgesteifte Auffassung der Verhandlungsmaxime und der Richteraufgabe hat im Gegensatz dazu in Frankreich das Dogma von der „Reinhaltung des richterlichen Amtes" hervorgerufen, nach welcher Lehre der gesammte Processbetrieb Parteisache und der Richter nur Urtheiler und aller processleitenden Funktion baar sein soll. Die CPO. hat sich diese principielle Anschauung nicht zu eigen gemacht. Das französische Desaisirungssystem hat keine Aufnahme gefunden. Die richterliche formelle Processleitung wurde so wenig beseitigt, dass sie vielmehr gekräftigt aus der Processordnung hervorging. Nur in Bezug auf Zustellungen, Ladungen und Vollstreckung haben wir uns das französische System des Parteibetriebs des Processes, aber auch hier keineswegs ausnahmslos, angeeignet.

Man sucht Geschäfts-Entlastung des Gerichts, nicht grundsätzliche „Reinhaltung des Richteramtes". Die ganze Sache ist technischer Natur; aber sie greift tief in das Processleben ein.

Es mag verstattet sein, bei ihr etwas eingehender zu verweilen, um ihrer grossen praktischen Bedeutung und der neueren daran angeschlossenen Reformbestrebungen willen.

Die Zustellung ist Parteisache. Der sie ausführende Gerichtsvollzieher ist unmittelbarer oder mittelbarer Mandatar der Partei (§ 152). Vermittelt wird der Auftrag im Parteiprocess durch den Gerichtsschreiber (§§ 152, 155, 458, 463). Die Zustellung ist möglich durch die Post, deren Beauftragung der Gerichtsvollzieher oder Gerichtsschreiber besorgt (§§ 176, 177, 179). Sie ist möglich von Anwalt zu Anwalt (§ 181). Der Zustellungsadressat, die Form, der Ort, die Zeit, die Beurkundung der Zustellung, regelt das Gesetz nach genauen Vorschriften. Aber die Zustellung ist auch nach der Processordnung nicht nur Parteisache. Das Gesetz kennt eine amtliche Zustellung, also eine solche, deren Subjekt das Gericht ist, für welche also auch dieses die ausschliessliche Vorsorge und Verantwortung trägt. Jede Zustellung ist die relevante Erklärung eines Schriftinhalts. Erst durch sie wird die betreffende Handlung dem Destinatiär gegenüber existent. Daher bedarf es der Zustellung nicht, wenn ein richterliches Dekret unmittelbar eröffnet, publicirt wird*); und andrerseits ist es angemessen, dass richterliche, nicht verkündete Akte (Beschlüsse, Verfügungen) amtlich durch das Gericht zugestellt werden; denn wer handeln will, muss vollständig handeln, also auch zustellen; will das Gericht handeln, so muss es beiden Parteien gegenüber wirksam handeln, also beiden seine Dekrete zustellen. Das ist im Wesentlichen das System des Gesetzes. Die Parteischriften sind sämmtlich durch die Partei zuzustellen; die verkündigten Dekrete bedürfen an sich der Zustellung nicht (§ 294 Abs. 3, § 283); die nicht verkündeten stellt amtlich das Gericht zu.

Einer selbstständigen Betrachtung bedarf die Ladung. Sie ist Willenserklärung, die Aufforderung im Termine zu er-

---

*) Wenn sie dennoch gefordert wird neben der Publikation, so geschieht es, um die Nothfrist in den Lauf zu setzen (§§ 304, 477, 514, 540), die in gewissem Sinne doch auch eine Deliberationsfrist ist und die Kenntniss des vollen Urtheilsinhalts (§ 286) erfordert, oder um die Vollstreckung einzuleiten (§ 671 Abs. 1).

scheinen; sie bindet; sie ist ein Akt der processualischen Zwangsgewalt. Das Gesetz kann sie in die Hand der Partei legen. Das that das römische Recht mit seiner *in ius vocatio*, das germanische mit seiner *mannitio*. Das Gleiche thut das französische Recht und jetzt in beschränktem Maasse das Reichsrecht. Die Ladung ist nach der CPO. theils Parteiakt, theils Richterakt: ersteres, wenn sie im Parteiinteresse zwecks der Rechtsverfolgung bewirkt werden soll, letzteres, wenn sie eine ausschliesslich richterliche Handlung, die Beweisaufnahme bezweckt. Hier ist sie Ladung der Zeugen und Sachverständigen (§§ 342, 367), dort ist sie Ladung der Parteien oder etwaiger dritter (§§ 191, 300, 73, 68 Abs. 3 u. öfter). Aber es greift Officialladung auch überall ein, wenn nach den Regeln der Zustellung die Officialinsinuation stattfinden muss und der zu insinuirende Akt allein oder zugleich Terminsanberaumung ist. So ist es mit der Ladung zu einem in nicht verkündeter Verfügung von Amtswegen anberaumten Termin (§ 294 Abs. 3), so speciell mit der Ladung seitens des ersuchten oder beauftragten Richters (§§ 314, 326, 327, 441) oder mit der Ladung vor das Processgericht nach dem Verfahren vor dem Richterkommissar (§§ 317, 331, 335, 354 Abs. 2 u. a. m.), wobei es lediglich als eine untergeordnete, freilich bestrittene Formalfrage erscheint, ob die Mittheilung der Terminsanberaumung genügt (§§ 317, 331, 335), oder ob es überdies ausdrücklicher Ladung (§ 354 Abs. 2) bedarf. Dass letztere angesichts eines durch das Gericht kundgegebenen Termins nicht essentiell sein kann, versteht sich von selbst (arg. § 195).

Dieser Processbetrieb durch die Partei mit ihrer weitgreifenden Zustellungs- und Ladungsthätigkeit hat vielseitiges Missfallen erregt und energische Abänderungsvorschläge hervorgerufen im Reichstag und ausserhalb desselben. Dass das Zustellungswesen der Vereinfachung fähig und bedürftig ist, kann keinem Zweifel unterliegen. Jede überflüssige Beschwerniss auf diesem Gebiet ist mit ernsten Gefahren verbunden; denn an ihr kann das gute Recht zu Grunde gehen oder sie wird zum mindesten müssige, lästige Schreibereien, Formelkram, Kostenbelastung zur Folge haben. Aber will man reformiren, so hat man Dreierlei scharf zu scheiden: den Satz des Processbetriebs, welcher die Partei (Parteibetrieb) oder den Richter (Officialbetrieb) zum Subjekt des Zustellungsaktes macht, die Art und Weise, in welcher das Staatsorgan der Partei bei ihrem Processbetrieb zur Verfügung gestellt wird, und endlich die Zustellungsform selbst *).

Der Parteibetrieb bedeutet, dass der Zustellungsakt Willensakt der Partei ist, sie also für seine Gültigkeit die volle Verantwortlichkeit trägt. Das Maass, in welchem CPO. den Betrieb des Processes der Partei überlässt, ist mit dessen Logik kaum vereinbar; folgerichtig sollte das Subjekt des Willensaktes auch das Subjekt seiner Erklärung (Zustellung) sein. Richterliche Urtheile sind Willensakte des Gerichts, sie werden denn auch durch dieses publicirt, also *inter praesentes* erklärt. Wie rechtfertigt es sich, dass sie zu ihrer Vollwirksamkeit der Zustellung der Partei bedürfen? Welchen Sinn hat es, von ihrer Willkür abhängig zu machen, wann die Rechtsmittelfrist beginnen, ja ob überhaupt das Urtheil die Rechtskraft beschreiten soll? — Aehnlich steht's mit der Ansetzung der Tagfahrt. Im Grunde genommen hat heute die Ladung in den Termin keinen anderen Sinn, als den der Insinuation desselben. Dass die Partei den Process betreiben will, spricht sie hinlänglich aus mit dem Erbitten des Termins; weshalb will man ihr noch einmal die Freiheit der Entschliessung gönnen darüber, ob sie in die Tagfahrt laden oder lieber solches unterlassen und damit den selbst beantragten Termin vereiteln will? Einer formellen Ladung bedarf es nicht. Die Mittheilung des Termins genügt, und diese sollte beim Richter sein, dessen Willensakt die Ansetzung des Termins ist. — Wird aber eine Parteischrift mit der Ladung verbunden, z. B. die Klage oder die Berufung, so hat der Schriftakt und dessen Zustellung einen gemischten

*) Nichts hat hiermit zu thun die Ediktalinsinuation (§§ 187, 188, 189), denn sie ist nur Form und Mittel der Zustellung und sagt nichts darüber aus, ob die durch sie vollzogene Erklärung im festgehaltenen Sinn Partei- oder Richterakt ist; sie kann dieses oder jenes sein ganz so, wie die Zustellung durch den Gerichtsschreiber (§§ 458, 462 vgl. mit § 342).

Charakter; es handelt sich um Willensäusserung der Partei und des Gerichts. Daher liesse sich sowohl der Parteibetrieb wie der Officialbetrieb vertheidigen. Darin liegt: folgerichtig wäre es allein, die reinen Richterhandlungen (Urtheile, Beschlüsse u. s. w. einschliesslich aller nackten Terminsdekrete) dem Officialbetrieb, die reinen Parteischriften (z. B. die vorbereitenden Schriftsätze, mit welchen kein Terminsdekret verbunden) dem Parteibetrieb zu unterstellen, während die gemischten Schriftakte so oder so behandelt werden könnten. Wollte man hiernach verfahren, so müsste die Processordnung umfassend umgearbeitet werden. Aber in ihren Grundfesten würde sie nicht erschüttert. Ihre Form liesse sich unschwer durchführen und das Logische würde sich voraussichtlich auch als das Heilsame bewähren. Ja es würde sich empfehlen, auch die sogenannten gemischten Akte (Parteischriftsätze mit Ladung) dem amtlichen Betrieb zu unterwerfen, — alles unter gänzlicher Ausscheidung des Vollstreckungsbetriebes, der später selbstständig zu besprechen ist. Es entstünde ein klarer, leicht zu handhabender Mechanismus. Vor dem jetzigen System hätte er einen doppelten, grossen Vorzug: die grössere Sicherheit und die Beschleunigung des Rechtsgangs. Dabei lege ich auf die Entlastung des Publikums keinen entscheidenden Werth. Sie ist im Parteiprocess bereits jetzt durch das Hülfsorgan des Gerichtsschreibers gegeben, und scheint mir im Anwaltsprocess kaum ein Bedürfniss, da der geschulte Anwalt die Last des Processbetriebs ebensowohl zu tragen vermag, wie der Richter. Ich sage, ein Gewinn wäre die Sicherheit des Verfahrens. Ist es nicht widersinnig und höchst schädlich, dass dem Gerichte heutigen Tags der Fortgang des Processes nicht offen liegt, dass es nicht wissen kann, ob zu seinem Termin überhaupt oder doch rechtzeitig geladen ist, ob ein Urtheil die Rechtskraft beschritten hat? Die Gültigkeit des Termins hängt von der korrekten Zustellung der Ladung ab. Im Versäumnissfall, der nicht im verkündeten Termin eintritt, tappt der Richter völlig im Dunkeln darüber, ob der Ausgebliebene säumig ist, bis ihm die rechtzeitige Ladung nachgewiesen wird. Nie kann er wissen, ob sein

Terminsdekret überhaupt wird beachtet, oder im Papierkorb begraben werden, — wenn er nicht selbst die Zustellung besorgt. In der Rechtsmittelinstanz beraumt er geduldig Termine über Termine an, hält sie ab und harrt vergeblich der Parteien, weil vielleicht das Urtheil oder der Rechtsmittelschriftsatz noch gar nicht zugestellt oder das Rechtsmittel zurückgenommen worden oder das Urtheil bereits längst rechtskräftig ist. Hat der Richter ein Zwischenurtheil erlassen, auf welchem das ganze folgende Verfahren fusst, so kann er erleben, dass dasselbe nicht zugestellt wird und sonach der Process im weiteren Verlaufe in der Luft schwebt. Das ist völlig zwecklos, ein Hohn auf die Justiz. Das macht auf anderem Gebiete das Gericht in viel höherem Grade zum Spielball der Parteilaunen, als die frühere gemeinrechtliche Uebertreibung der Verhandlungsmaxime. — Und nun die Beschleunigung des Verfahrens! Erst der geltende Parteibetrieb unterstellt, wie gezeigt, recht eigentlich den Rechtsgang der Allmacht der Partei, leistet der Saumsal und der Bequemlichkeit der Anwälte unzulässigen Vorschub. Können sie doch immer wieder laden, wennschon sie das Terminsdekret unverwerthet gelassen haben sollten, und Urtheile beliebig liegen lassen, wenn es ihnen zur Zeit nicht passt, die Sache zu betreiben. Wie theuer aber die Partei demzufolge die Ehre zu bezahlen hat, das Subjekt des Processbetriebs zu sein, braucht um so weniger geschildert zu werden, als sie überdies auch noch allen den Gefahren der inkorrekten Zustellung und Ladung ausgesetzt bleibt.

Will man sich zu der vorgeschlagenen Erweiterung des Offizialbetriebs nicht erheben, so würde immerhin sehr viel gewonnen, wenn man in höherem Grade als bisher die mittelbare Zustellung, d. h. die Zustellung durch Vermittlung des Gerichtsschreibers begünstigte. Ich denke daran, dass der amtsgerichtliche Betrieb der Zustellung durch den Gerichtsschreiber (CPO. §§ 154, 458, 462) generalisirt, also auf das landgerichtliche Verfahren ausgedehnt, ja zur einzig zulässigen Form der Zustellung gemacht und damit die Vorschrift verbunden werden könnte, dass über ihre Ausführung der Gerichtsschreiber eine amtliche Registratur zu den Akten zu bringen hätte. Damit würde annähernd ein ähnliches Resultat erzielt, wie durch den erweiterten Officialbetrieb. Man hätte Klarheit über den Fortgang des Prozesses, die Registratur würde *prima facie* als Beweis der Zustellung, ihr Fehlen als Beweis, dass diese unterblieben, gelten können. — Und wollte man sich damit nicht begnügen, so könnte man dem Gerichtsschreiber zur Pflicht machen, die Zustellungsurkunde selbst in Abschrift zu den Akten zu bringen. Es bliebe dann nur noch die Entschliessung darüber, ob zuzustellen oder nicht, bei der Partei, ein Punkt, welcher bei Handlungen der Parteien um deswillen wenig zu bedeuten hätte, weil gemäss CPO. §§ 458, 462 das Schweigen als Auftrag gelten würde. Sonach wäre voraussichtlich der Betriebswille der Partei nur bei der Zustellung der Urtheile noch von praktischer Erheblichkeit.

Von all dem ist zu scheiden eine Reform des Zustellungswesens in seinen Formalitäten, in den Vorschriften über die wesentliche Form der Beurkundung (CPO. § 173 fg.), über den Zustellungsempfänger (CPO. § 162 fg.) u. drgl. Hier ist, wie längst erkannt worden, manches Kaptiöse und Ueberflüssige. Da kann und muss gebessert werden. Aber näher auf diese ausschliesslich technischen Fragen einzugehen, ist hier nicht am Platz.

Und nun zurück zur richterlichen Processleitung.

In der Hand des Gerichts liegt die ganze Leitung des Processes durch Zeitbestimmungen (Terminsanberaumung, Officialvertagung, Fristbestimmung), durch Leitung der mündlichen Verhandlung (Eröffnung und Schluss derselben, Geben und Entziehen des Wortes, Sorge für geordneten Vortrag), durch Aufforderung zu den erforderlichen processualischen Handlungen (zur Antwort, zur Beweisantretung), durch Vergewisserung über den Streitwillen und den Inhalt des Streitmaterials (Uebung des Fragerechts, Beweismittelproduktion), durch Verbindung nicht kumulirter, durch Trennung kumulirter Streitigkeiten, durch Trennung der Verhandlung über die isolirungsfähigen Angriffs- und Vertheidigungsmittel, durch Aussetzen des Streits mit Rücksicht auf eine bevorstehende präjudicielle Entscheidung, durch Abschneiden alles Ungehörigen, durch Ausschluss der chikanösen, verschleppenden Angriffs- und Vertheidigungshandlungen.

Nichts grundsätzlich Neues ist in dieser processleitenden Gewalt gegeben. Das gemeine Recht erkannte sie *in thesi* nahezu in gleichem Umfang an. Aber die Schriftlichkeit des Processes legte sie in Banden. Aus ihnen hat sie die CPO. befreit. Im schriftlichen Processe leistete sie wenig oder nichts, jetzt ist sie zum eigentlichen Triebrad des Processes geworden.

Das gesunde Fortschreiten des Verfahrens, die feste Gliederung desselben, welche im schriftlichen Processe die präklusivischen Stadien und die Eventualmaxime verbürgten, schafft im mündlichen die richterliche Processleitung. Ich habe diesen Punkt schon im ersten Vortrag gestreift. Es wurde darauf hingewiesen, wie starke Mittel das Gesetz zur Koncentration und zur Gliederung der Verhandlung dem Richter zur Verfügung stellt (S. 33 fg.). Aber diese hochwichtigen Mittel sind nur ausnahmsweise zu verwerthen. Das tägliche Leben in der mündlichen Verhandlung wird vor allem bestimmt durch die Geschicklichkeit und Energie, mit welcher sie überhaupt geleitet wird.

Hier springen zunächst in die Augen die Bestimmungen der §§ 127, 142, 143. Der Vorsitzende ertheilt, nachdem er die mündliche Verhandlung eröffnet hat, das Wort und kann es demjenigen entziehen, der seinen Anordnungen nicht Folge leistet. Das ist Processleitung, nicht Sitzungspolizei; es trifft die Gestaltung der mündlichen Verhandlung und die darauf bezüglichen Anordnungen, nicht die Aufrechterhaltung der äussern Ordnung. Jene Funktion des Vorsitzenden hat generelle Bedeutung, ohne Unterschied, ob die Partei selbst, ob ein Anwalt plädirt, ob dieser Anwalt Berufsanwalt ist oder nicht ist. Auch der Rechtsanwalt ist den Anordnungen des Vorsitzenden unterworfen und, wenn er nicht Folge leistet, der Entziehung des Wortes ausgesetzt. Damit ist die Befugniss gegeben, den Rechtsanwalt, welcher nicht zur Sache spricht, sich in weitläufige und überflüssige Rechtsausführungen verliert, zu bedeuten, er habe sich kürzer zu fassen und eventuell die Entziehung des Wortes zu gewärtigen. So kann und sollte dem, welcher der Anordnung, mündlich vorzutragen, nicht nachkommt (§ 128), das Wort entzogen werden. Dem Berufsanwalt gegenüber ist das Gericht nur insoweit beengt, als es ihm wegen mangelnder Fähigkeit zum Vortrag diesen nicht untersagen darf (§ 143 Abs. 4), wogegen zu dieser Maassregel gegenüber der unfähigen Partei und dem nicht berufsmässigen unfähigen Anwalt nach Ermessen des Gerichts verschritten werden kann. Der „Winkeladvokat“ darf zurückgewiesen werden, wennschon ihm die Fähigkeit zum geeigneten Vortrag keineswegs mangelt (§ 143 Abs. 2). Diese Untersagung des Vortrags und die Entziehung des Worts sind sorgfältig zu scheiden. Die letztere ist nicht ein Zurückweisen vom Vortrag überhaupt, sondern ein Untersagen des Weitersprechens; es wird dadurch nicht ausgeschlossen, dass derselben Person im Laufe der mündlichen Verhandlung wieder das Wort gegeben werde; es ist die Folge der Wortentziehung nicht, dass der davon Betroffene als nicht erschienen oder nicht verhandelnd gilt; es kann unmöglich gegen ihn wegen der Wortentziehung die Versäumnissfolge der §§ 298, 299 eintreten*), während sie gegen denjenigen, welchem wegen Unfähigkeit oder Winkeladvokatur überhaupt der Vortrag versagt wird, dann zulässig ist, wenn der Zurückgewiesene oder Unfähige abermals in dem zur mündlichen Verhandlung erneut anberaumten Termine erscheint (§ 144). Ein Versäumnissurtheil ist gegen denjenigen, welchem das Wort entzogen worden, nur zulässig, wenn ohnedies der Wille, nicht zu verhandeln, deutlich ist. Ein Beispiel mag das illustriren. Wird dem Beklagten das Wort entzogen, weil er sich endlos über processhindernde, offenbar grundlose Behauptungen weitläufig verbreitet, so muss nach sofortiger Verwerfung der Einreden und ausdrücklicher

*) A. M. Endemann zu § 127, I. S. 466 Note 3. Seuffert § 127 Nr. 3 lit 6. Gaupp § 127 III. Nur das Nicht-Verhandeln, nicht das Entziehen des Wortes motivirt das Versäumnissurtheil; aber es kann das Wort entzogen werden, weil die Partei nicht verhandelt, d. h. nicht zur Sache verhandelt und das in einer Form, die von CPO. § 127 Abs. 2 getroffen wird.

Versagung des Suspensiveffekts etwaigen Rechtsmittels (§ 248 Abs. 2) dem Beklagten wiederum das Wort zur Hauptsache gegeben werden; erneut sich hier die Nothwendigkeit der Wortentziehung, ohne dass Klarheit über die etwaige Streitabsicht des Beklagten bisher gewonnen werden konnte, so ist letztere durch Frage festzustellen (§ 130), aber ein weiteres Reden ist nicht zu gestatten. Und ebenso, wenn die Partei überhaupt nicht zur Sache spricht.

Der Vorsitzende schliesst die mündliche Verhandlung,

> „wenn nach Ansicht des Gerichts die Sache vollständig erörtert ist.

Sobald diese Ansicht feststeht, wird darauf, ob die Parteien noch etwas vorbringen wollen, keine Rücksicht genommen. Sie steht fest, sobald das Gericht der Ueberzeugung lebt, weiteres Vorbringen könne nur zur Verschleppung, nicht zur weiteren Aufklärung des Sachverhalts dienen. Der § 127 Abs. 4 gibt keine „Souveränität“. So darf der Schluss wohl erfolgen, wenn der Meinung des Gerichts nach nicht zur Sache gehörige Angriffs- oder Vertheidigungsmittel vorgebracht oder eine schon gewonnene Ueberzeugung nur noch durch weitere Beweisantretungen befestigt werden soll; dagegen darf nicht geschlossen werden, falls die Entkräftung einer schon gewonnenen Ueberzeugung durch Gegenbeweise, welche *prima facie* nicht aussichtslos sind, versucht wird. — Der Schluss der mündlichen Verhandlung ist die Präklusion aller processualischen Handlungen, welche, um rechtzeitig zu erfolgen, in der mündlichen Verhandlung hätten vorgebracht werden müssen.

Das wirksamste Mittel richterlicher Processleitung gewährt die CPO. §§ 130, 464, 465 Abs. 2, 468 im Fragerecht. Es soll vorzüglich dazu dienen, den Richter über den vorhandenen Streitwillen und das Streitmaterial, die Parteien über die Rechtsauffassung des Gerichtes aufzuklären. Es ist nicht nur Recht, sondern zugleich Pflicht des Richters*). Aber es ist Informations-, nicht Inquisitionspflicht.

---

*) Eine Pflicht, deren Verletzung zweifellos Revisionsgrund sein kann und zwar in viel grösserem Umfang, als von Manchen (vgl. z. B.

Das Fragerecht ist das Recht nicht nur die Partei zu fragen, sondern überhaupt zu ihr zu sprechen. Es dient als Hülfsmittel, um den unbeholfenen und unklaren Ausdruck des Parteiwillens klar zu stellen, die Substantiirung unsubstantiirter Anträge, die Beweisantretung beweisloser und beweisbedürftiger Behauptungen herbeizuführen. Das ist nicht Verletzung der Verhandlungsmaxime, sondern Ausübung der Richterpflicht; es ist Darlegen der Rechtslage, Hinweisen der Partei auf die rechtliche Bedeutung ihres Vorbringens. Der Richter soll urtheilen auf Grund des Parteivorbringens. Da muss ihm verstattet sein, der Partei zu erklären: Dein Vorbringen ist unvollständig, in dem und dem Stücke unverständlich, unbewiesen; vervollständige, erläutere, beweise, wenn Du siegen willst. Nicht der Richter soll vervollständigen und beweisen. Er soll der Partei die Gelegenheit geben, es zu thun. Hier hüte man sich vor ängstlichem Formalismus. Man erkenne, dass schon das gemeine Recht überall die principielle Zulässigkeit solchen richterlichen Vorgehens anerkannte, dass es das Fragerecht frei zuliess, dass es dem Richter verstattete, die Klageschrift zur besseren Substantiirung zurückzugeben, dass es den Richter im Beweisinterlokut ausdrücklich anwies, die Parteien aufzuklären darüber, welche ihrer Behauptungen beweisbedürftig und wer für sie beweispflichtig sei, dass es dem Richter die Anordnung des Notheides in die Hand gab, durch die er erklärt, dass der Schwur ihm die Gewissheit gewähren würde, deren er bisher noch ermangele. Ueberall tritt die Richteraufgabe heraus, die Rechtslage auch im Laufe des Processes den Parteien klar zu stellen. So ist denn auch anstandslos zulässig die Frage an die Partei, ob sie auf Grund ihrer Einredethatsachen einen Antrag stellen wolle, die Bemerkung gegenüber dem Kläger, dass seine Klage nicht genugsam begründet sei und er hiermit aufgefordert werde, weitere That-

---

Seuffert § 130 Nr. 3) angenommen wird und in den Motiven der CPO. § 130 („Der Vorsitzende oder das Gericht — sind verpflichtet, die Frage zu stellen, wenngleich die Unterlassung den Parteien keinen Grund zur Beschwerde giebt") Unterstützung findet.

sachen zur Motivirung anzugeben. Eine Abweisung angebrachter Maassen könnte sich hiernach nur dann ergeben, wenn der Kläger bei der ungenügenden Individualisirung beharrt*).

Dies und nichts anderes drücken die §§ 130 und 464 aus. Die Abweichung des letzteren vom § 130 ist lediglich durch den voraussichtlichen Umstand motivirt, dass im Parteiprocess die Streittheile der Regel nach des Rechtsbeistandes entbehren und daher die richterliche Sachleitung speciell auch auf die sachdienlichen Anträge zu richten sei.

Eine rechtliche Verpflichtung der Partei, auf die Fragen des Richters zu antworten, besteht nicht. Die Nichtbeantwor-

---

*) Die verbreitete Ansicht, es gebe eine Abweisung angebrachter Maassen überhaupt nicht mehr, beruht auf ungenügender Unterscheidung. Ist der Klaganspruch nicht individualisirt, so kann in der Sache nicht entschieden werden, denn es ist keine konkrete Sache anhängig; also ist die Klagabweisung nur Processentscheidung *(absolutio ab instantia)*; ist dagegen ersichtlich, auf Grund welches Thatbestandes ein Anspruch bestimmter Art geltend gemacht werden soll, so wird die mangelhafte sogenannte Schlüssigkeit nicht auf ungenügendes Wollen, sondern auf ungenügendes Können zurückzuführen sein, nämlich angenommen werden müssen, dass der Kläger Anderes nicht anzuführen habe: *quod non est in actis, non est in mundo;* also wird dahin zu entscheiden sein, dass überhaupt ein Anspruch auf Grund der fraglichen Vorgänge nicht bestehe, er in den Rechten nicht begründet sei. Hier fehlt der Anspruch, dort der zu beurtheilende Thatbestand. Daher hier wirkliche Anspruchsentscheidung als Verneinung des behaupteteten Rechts, dort Unmöglichkeit einer solchen, weil ein entscheidungsfähiger Anspruch nicht behauptet ist; daher hier wahre materielle Rechtskraft, dort nicht. Dabei beachte man: die etwaige beklagtische Zulassung der Klagänderung durch Aufforderung zur Individualisirung (§ 235 N. 3) bedeutet keinen Zwang zu solcher, d. h. der Beklagte kann nicht angesichts eines ohne „Klaggrund" behaupteten Anspruchs durch die Aufforderung, der Kläger solle doch den Grund angegeben, erreichen, dass nunmehr der klägerische Anspruch schlechthin, d. h. aus jedwedem denkbaren Grunde verneint werde, also eine objektiv absolute Rechtskraftswirkung entstehe. Denn es muss dem Kläger anheimgegeben sein, ob er seine Klage ändern, m. a. W., was er *in iudicium* deduciren will. Eine andere, hier nicht zu erörternde Frage ist, ob etwa widerklageweise die negative Feststellung, dass Beklagter dem Kläger überhaupt nichts schulde, wirksam beantragt werden könne (CPO. § 253) — Unrichtig handhabt den Begriff der Abweisung angebrachter Maassen Planck Lehrbuch des deutschen CPR. I 266 fg. 269.

tung — wohl zu unterscheiden vom Schweigen gegenüber der richterlichen Aufforderung zur Erklärung gegenüber den gegnerischen Behauptungen — ist ohne positiven Rechtsnachtheil*). Die Partei hat die Antwortspflicht gegenüber den gegnerischen Behauptungen (§ 129), nicht gegenüber den richterlichen Fragen. Es muss als Missbrauch und Verirrung gekennzeichnet werden, wenn das Schweigen auf eine Frage oder die Weigerung der Antwort als nachtheiliges Jndiz oder gar als stillschweigendes Zugeständniss behandelt wird.

Es liegt auf der Hand, dass das richterliche Fragerecht eine starke Versuchung zum Missbrauch, zur Verletzung der Verhandlungsmaxime in sich birgt. Es kann geschehen, dass durch Suggestivfragen Vertheidigungs- oder Angriffsmittel suppeditirt werden, oder die Frage in ein inquisitorisches Verhör ausartet. Der Schutz, den § 131 bietet, ist ziemlich illusorisch. Die Frage, welche beanstandet wird, ist als solche heraus, und hat sie einen Rechtsbehelf an die Hand gegeben, so wird dieser von der Partei gebraucht werden, auch wenn die Frage selbst nachträglich für unzulässig erklärt werden sollte. — Aber wir sind damit nicht gefährdet. Eher ist zu besorgen, dass vom Fragerecht ein zu geringer, als ein zu ausgiebiger Gebrauch gemacht wird.

Nicht ohne Bedeutung dafür ist der § 132, welcher das Gericht berechtigt, die Erscheinung einer Partei zwecks Aufklärung des Sachverhalts anzuordnen. Freilich hat die An-

---

*) Die sogenannte *poena confessi*, welche die Württembergische CPO. a. 203 im Anschluss an den Hannöverschen Entwurf (1866) § 139 Abs. 1 aufstellte, hatte offenbar nur die Tendenz, die Erklärungspflicht gegenüber der in die Richterfrage aufgenommenen Parteibehauptung zu realisiren, nicht eine Verhörsgewalt des Richters zu schaffen. Es geht das schon daraus hervor, dass diese Gesetzesarbeiten ähnlich wie die Hannöversche CPO. §§ 110, 111 und Badische CPO. § 276—281 eine dem §§ 129 CPO. entsprechende Bestimmung nicht haben, vielmehr die hier geordnete Erklärungspflicht in die Vorschriften über das richterliche Fragerecht impliciren. Vgl. auch Motive zur Württ. CPO. a. 199—203: „deshalb ist eine inquisitorische Ermittelung der Wahrheit nicht zulässig und darf, was zur Aufklärung des Sachverhalts von Seiten des Richters geschehen soll, nicht zu einer richterlichen Ergänzung der Parteithätigkeit führen.“

ordnung keine zwingende Kraft. Es knüpft sich an das Nichterscheinen weder direkter Zwang, noch sonstiger Rechtsnachtheil. Selbst ein ungünstiger Wahrscheinlichkeitsschluss nach CPO. § 259 (Beweisnachtheil) ist unzulässig. Das Ausbleiben beraubt nur der Vortheile, welche möglicherweise Erscheinen und Sprechen hätten verschaffen können. Die Meinung, das Gericht könne CPO. § 90 gegen den nicht erscheinenden Theil anwenden, ist irrig. Es gibt nach CPO. keine Erscheinungspflicht als solche. Immerhin aber erreicht das Gericht in vielen Fällen durch freiwillige Befolgung des Erscheinungsgebotes seinen Zweck *).

Alles Vorstehende ist gesagt für das Gebiet, in welchem der Parteiwille schaltet; anders, wo das Officialinteresse in den Vordergrund tritt: bei der Ermittelung der absoluten Voraussetzungen des Processes überhaupt, oder des Termins, der Instanz, der Gültigkeit einzelner Processhandlungen; aber auch dann, wenn es sich um die Wahl des richterlichen Eides und demnach um die Glaubwürdigkeit der Partei handelt **), ja überall, wo es gilt, die Processchikane und das frivole Läugnen auszumerzen. Hier darf in der That der Richter der Partei mit Fragen scharf zusetzen und ihr in's Gewissen rücken, dass Treu und Glauben auch im Rechtsgang herrschen sollen, man nicht Behauptungen aus der Luft greifen oder nur um der Verschleppung willen läugnen dürfe. Inwieweit sich das mit dem Standpunkt unseres Gesetzes, welches eine Wahrheitspflicht der Partei nicht kennt, und mit dem faktisch berechtigten Bestreiten verträgt, werde ich bei der Beweislehre erörtern.

III.

Das Fragerecht dient der Aufhellung des Sachverhalts, der Information des Richters über den Streitwillen und das Streit-

---

*) Die Ablehnung der Erscheinungspflicht tritt klar und scharf in den Berathungen der RJK. zu Tage: Prot. S. 52 fg., 526 fg.

**) Vgl. unten den Vortrag über das Beweissystem.

material. Den gleichen Zweck erfüllt all' das, was wir Beweisaufnahme nennen. Die Beweisaufnahme ist Richterakt. Sie ist das Aufdecken der im Beweismaterial liegenden Ueberzeugungsgründe. Das Beweismaterial empfängt der Richter durch die Parteien. Er empfängt es durch die Beweisantretung. Die Beweisaufnahme bewirkt das Gericht (§§ 323 fg., 332, 333, 337, 342, 367). *Judici fit probatio.*

Diesem Kapitel gehören an die vielfach missverstandenen Vorschriften der §§ 133—135, 337.

„Das Gericht kann die Einnahme des Augenscheins, wie die Begutachtung durch Sachverständige anordnen." Damit ist ihm nicht, wie ich gelegentlich ausgeführt habe*), das Recht gegeben, beliebig Augenscheinsobjekte als Beweismittel in den Process einzuführen und auf diesem Wege zu brechen mit dem processualischen Princip der Parteibeschaffung des Beweismaterials. Die „Einnahme des Augenscheins" ist Beweisaufnahme (CPO. § 337), nicht Einführung des Beweismittels in den Process, Beweisantretung. Diese bleibt der Partei. Was würden wir sagen, wenn bei einem Streit über die Probemässigkeit einer Weinlieferung der Richter sich einfallen liesse, die Weinprobe *ex officio* zu veranstalten? Was würden wir sagen, wenn der Richter der Partei, welche durch Eidesdelation beweisen will, diesen Weg dadurch abschnitte, dass er sich auf langwierige und kostspielige Official-Inspection etwa vorhandener, aber von den Parteien nicht in das Beweismaterial einbezogener Augenscheinsobjekte einliesse? Wir würden eine gröbliche Verkennung der Richterpflicht konstatiren, ein Verfälschen des Civilprocesses mit inquisitorischen Elementen. Aber freilich — und das ist die Meinung des § 135 — wie immer die Parteien ihren Willen, das Augenscheinsobjekt als Ueberzeugungsmittel zu benutzen, im Process bekundet haben, allemal kann der Richter die Beweisaufnahme, den „Augenschein", d. h. die sinnliche eigene Wahrnehmung anordnen. Eines ausdrücklichen, formell darauf gerichteten „Antrags" bedarf es nicht.

*) Kritische Vierteljahrsschr. Bd. XIV. S. 333 fg.

Die „Begutachtung durch Sachverständige" ist nicht Beschaffen von Beweismaterial. Sie bringt den Inhalt des Beweisstoffes zur Evidenz, nicht zur Existenz. Sie ist allemal als „Begutachtung" ein Urtheilen, welches in die dem Richter obliegende gesammte Urtheilsthätigkeit Glieder einfügt, — Obersätze, Sätze der Wissenschaft, Technik, Erfahrung und dergleichen, oder notorische Thatsachen*), — die der Richter nicht kennt und doch kennen muss um zu entscheiden. Der Sachverständige, wohl zu sondern vom sachverständigen Zeugen, ist nie Beweismittel, sondern Gehülfe des Richters. So ersetzt der Sachverständige die mangelnde Fachkenntniss des Richters und ermöglicht ihm die Erfüllung der Zumuthung, den unterbreiteten Processstoff in allen relevanten Stücken richtig zu beurtheilen. Er ist das Auge und Ohr des Richters, wenn es sich darum handelt, zwecks der Beurtheilung vorerst sachverständigen Augenschein einzunehmen. Er ergänzt die mangelnde richterliche Wissenschaft, indem er die ausserhalb der pflichtmässigen Kenntniss des Richters liegenden allgemeinen Obersätze suppeditirt, welche die Schlussfolgerung auf das konkrete Beweisthema ergeben. Die CPO. steht durchaus auf diesem Standpunkt, indem sie die Zuziehung und Auswahl von Sachverständigen, die Ueberzeugungskraft ihrer Gutachten ganz dem Richter anheimstellt**). Zwar können die Parteien auf Sachverständigen-Gutachten antragen. Sie können, wie das Gesetz sagt, „den Beweis durch Sachverständige durch die Bezeichnung der zu begutachtenden Punkte antreten". Aber ob überhaupt darauf einzugehen, hängt lediglich davon ab, ob

---

*) Auch notorische Thatsachen (s. unten den Vortrag über das Beweissystem) z. B. historische, statistisch festgestellte Thatsachen; der Experte ist hier vergleichbar dem Buch, welches der Richter aufschlägt zu seiner Information. Er ist nicht Zeuge: er hat nicht wahrgenommen (§ 379), bezeugt nicht vom Hörensagen, sondern giebt die Resultate vielseitig bekannter wissenschaftlicher Feststellung.

**) Vgl. §§ 135, 337, 3, 133 Abs. 3, 260, 407, GVG. § 168, 187 Abs. 2. Näheres bei Stein, Das private Wissen des Richters S. 79 fg. Von den Ausnahmen in der CPO. §§ 598, 599, 617, Abs. 3 und in Sondervorschriften gilt: *„exceptio firmat regulam"*.

das Gericht sich selbst nicht urtheilsfähig glaubt, oder doch meint, fremde Meinung hören zu sollen. Dass nach dem Gesetz (§ 369 Abs. 4) die Einigung der Parteien über bestimmte Sachverständige das Gericht nöthigt, falls es überhaupt Gutachten hören will, die vereinbarten Personen zu wählen, ist eine durch die Reichsjustizkommission dem Gericht gezogene, principwidrige Schranke. Dagegen ist die Eigenschaft des Sachverständigen als fungibeler Urtheilsperson dadurch gewahrt, dass er, nicht der sachverständige Zeuge, ablehnbar ist nach den Grundsätzen, nach welchen der Richter abgelehnt werden kann (§§ 371, 379).

Die §§ 133—135 haben ebensowenig, wie die Vorschriften über das Fragerecht eine grundsätzliche Bedeutung und sind am allerwenigsten dazu bestimmt, die sogenannten Verhandlungsmaxime zu durchlöchern. Das wird bestätigt durch die Geschichte dieser Gesetzesstellen, wie durch den sonstigen Inhalt der Processordnung*).

*) Die §§ 133—135 sind ohne Veränderung durch die RJK. in der Fassung des Entwurfs angenommen. Die Motive, welche von dem Fragerecht ausdrücklich hervorheben, dass es die Verhandlungsmaxime nicht verletze, sagen zu jenen Gesetzesstellen, sie zielten darauf ab, „in gleicher Weise, wie das Fragerecht dem Gerichte die für seine Entscheidung nothwendige Grundlage zu verschaffen“. Das kann nur heissen: zu verschaffen im Sinne der Aufklärung über den durch die Parteien eingeführten, nicht durch den Richter zu beschaffenden Processstoff. Dafür § 133 Abs. 1 verba: „auf welche sie sich bezogen“, § 134 verba: „welche die Verhandlung — betreffen“. Hierzu charakteristisch das Schicksal des Bähr'schen Antrags, dem § 134 hinzuzufügen — „desgleichen dass Gerichtsakten, auf welche die Parteien Bezug genommen, eingezogen und der Verhandlung zu Grunde gelegt werden“. Der Antrag fiel auf den Einwand von Amsbergs, dass vom Partei-Antrag abzusehen (§ 397) dem „Principe“ des Processes nicht entspräche. — Die Motive der CPO. konstatiren die Uebereinstimmung mit den PO. von Württemberg, Bayern, den Entwürfen. Bei der Württembergischen CPO. a. 204 ist aber völlig klar, dass sie in unserem Sinn verstanden werden muss. Die Ständeversammlung ging ausdrücklich von der Voraussetzung aus, dass Akten nur beim Urtheil benutzt werden dürften, wenn und soweit die Parteien auf sie Bezug nehmen. Die richterliche Thätigkeit ist lediglich eine erleichternde für die Parteien, keine Stoff sammelnde (vgl. Kommissionsbericht zu a. 202).

Die Stellung des Rechtsanwalts.

Die Stellung der Partei zum Gericht ist zugleich das Verhältniss des Vertreters der Partei zum Gericht. Aber es erschöpft sich in diesen Allgemeinheiten die Stellung des Anwalts nicht. Um sie und die Aufgabe zu begreifen, welche die CPO. dem Anwalte stellt, bedarf es eines tieferen Eingehens auf dessen Verhältniss zur Partei und zum Richter. Bei der grossen praktischen Bedeutung des Gegenstandes bedarf seine Besprechung keiner näheren Rechtfertigung.

I.

Processualisch handeln kann nur die processfähige Partei. Processfähigkeit ist nicht Parteifähigkeit.

Parteifähigkeit ist die Fähigkeit, Rechte und rechtliche Verpflichtungen zu haben; sie ist die Rechtssubjektivität, sie ist die Fähigkeit, aktives oder passives Subjekt der *res in iudicium deducta* zu sein. Die Parteifähigkeit ist unabhängig von der Handlungsfähigkeit. Auch der Wahnsinnige kann im Civilprocess klagendes oder verklagtes Rechtssubjekt sein.

Processfähigkeit ist die processualische Handlungsfähigkeit, die Fähigkeit, Willensakte im Process mit rechtlicher Wirksamkeit vorzunehmen. Sie ist die Fähigkeit, die processualischen Rechtsgeschäfte zu vollziehen. Sie kommt nicht dem

Rechtssubjekt als solchem, sondern nur dem willensfähigen Rechtssubjekt zu und zwar, der Natur des Processes nach, demjenigen, welches mit Beziehung auf den konkreten Streitgegenstand dispositionsfähig ist. Das Gesetz (CPO. § 51) bestimmt das näher dahin:

> „Eine Person ist insoweit processfähig, als sie sich durch Verträge verpflichten kann."

Die Processfähigkeit der handelnden Personen ist absolute processualische Voraussetzung. Sie ist *ex officio* zu konstatiren. Processunfähigkeit zieht Nichtigkeit des Verfahrens nach sich (§§ 54, 513 n. 5, 542 n. 4).

Der Processunfähige bedarf der gesetzlichen Vertretung. Der Processfähige kann selbst oder durch gewillkürte Vertreter handeln. Aber die CPO. beschneidet dieses Recht. Sie engt die Alternative ein auf das Gebiet des Parteiprocesses, d. h. des amtsgerichtlichen Verfahrens erster Instanz. In allen landgerichtlichen und handelsgerichtlichen Sachen erster Instanz, sowie in allen höheren Instanzen, mit einem Worte: in allem kollegialgerichtlichen Verfahren mit Ausnahme der Handlungen vor dem beauftragten oder ersuchten Richter oder dem Gerichtsschreiber herrscht Anwaltszwang (§ 74). Hier glaubte man der in der Rechtskunde und Redegewandtheit liegenden Garantie des schnellen und geordneten Verlaufs des Verfahrens zu bedürfen. Im amtsgerichtlichen Process hielt man nicht nur den Anwaltszwang für undurchführbar, sondern ging so weit, jede processfähige Person zur Stellvertretung zuzulassen (§ 75).

Durch den Anwaltszwang wird die Partei nicht für processunfähig erklärt. Der gewillkürte Anwalt ergänzt auch im Anwaltsprocesse nicht die mangelnde Handlungsfähigkeit. Die Partei ist es, die durch ihn handelt. Wie sie ihn bestellt und ihm das Mandat entziehen kann, kann sie ihm Anweisungen zu bestimmtem Handeln geben. Der Anwaltszwang liegt auf dem Gebiet der Postulationsfähigkeit: d. h. der Fähigkeit, dem processualischen Handeln die angemessene Form zu geben*).

*) Vgl. mein Handbuch des CPR. I 606.

Sie wird im Allgemeinen — soweit das Gesetz nicht Ausnahmen anerkennt — im Anwaltsprocess nur dem gestellten Rechtsanwalt zugestanden. Daher muss sich seiner die Partei bedienen. Doch — und das ist solche Ausnahme — darf sie neben ihm im Processe das Wort nehmen (§ 128) und seinen Erklärungen und Geständnissen widersprechen (§ 81); ja diese ihre Erklärungen gehen denen des Vertreters nach § 81 unbedingt vor. Aber mehr als die thatsächliche Erklärung ist ihr nicht gestattet. Und dieser Anschluss des selbstthätigen Handelns erstreckt sich nicht nur auf die mündliche Verhandlung, sondern ebenso auf die Schriftakte; denn die Meinung, dass die Partei Schriftsätze im Anwaltsprocess wirksam abfassen und mit ihrer Unterschrift ausgehen lassen könne, ist unhaltbar. Allerdings spricht für die abgelehnte Ansicht Folgendes: nur instruktionell, wie man gern sagt, fordert der § 121 n. 6, dass der Schriftsatz die Unterschrift des Anwalts enthalte; auch die §§ 230, 479, 480, 515, 516, 550, 551 erklären für die Klage resp. die Rechtsmitteleinlegungen die Anwaltsunterschrift nicht für wesentlich. Aber des unerachtet ist jene Ansicht irrig. Die Ausdrucksweise des § 121 n. 6 beweist nichts für sie; das Gesetz sagt, richtig verstanden, dass im Anwaltsprocess der Schriftsatz Anwaltsschrift sein müsse. Und bedeutet auch der Anwaltszwang nicht schlechthin Verneinen der Postulationsfähigkeit, so bedeutet er doch, dass die Partei nicht anders als durch den oder doch mit dem Berufsanwalt handeln kann. Sie ist im Termin nicht gegenwärtig, wenn sie ohne Anwalt erscheint, sie handelt nicht, wenn der Anwalt nicht handelt. Davon können die Schriftsätze, auch die vorbereitenden, keine Ausnahme machen. Die Klageschrift ist processualische Handlung. Sie existirt weder für das Gericht, noch für den Beklagten, wenn sie im Anwaltsprocess lediglich als Handlung der Partei erscheint. Wie auf sie hin ein Termin nicht anberaumt werden sollte*), so kann, wenn es dennoch geschieht, auf sie hin kein Versäumnissverfahren eintreten. Weder kann

*) Siehe darüber oben S. 29, Note.

der erscheinende Beklagte das Versäumnissurtheil des § 295, noch der erscheinende klägerische Anwalt das Versäumnissurtheil des § 296 beantragen. Selbst dann, wenn beide Theile angemessen vertreten erscheinen, kann dem Beklagten nicht versagt sein, zu rügen, dass die Klage nicht vom Anwalt unterzeichnet, also als Klage nicht anzusehen sei*).

Der Staat, welcher den Anwaltszwang aufstellt, übernimmt in gewissem Grade die Verantwortlichkeit für die Tüchtigkeit des Personenkreises, an welchen er die Parteien verweist. Und von dieser moralischen Verbindlichkeit abgesehen, welche die staatliche Fürsorge für das Gedeihen des Anwaltsstandes fordert, muss der eminente Einfluss, den der Anwalt auf das mündliche Verfahren ausübt, ihm die grösste Beachtung zuwenden. So gewiss unter schlechter richterlicher Processleitung die Rechtspflege entartet, so gewiss kann sie nur gedeihen, wenn sie von einem tüchtigen Anwaltsstande getragen wird.

II.

Das Repräsentationsverhältniss ist, um dieses vorweg zu nehmen, möglichst weitherzig geregelt. Die Processvollmacht ergreift nicht nur die eigentlichen processualischen Handlungen, einschliesslich der Verhandlung über die Hauptintervention, des Arrestes, der einstweiligen Verfügungen und der Zwangsvollstreckung, sondern auch die Substitutionsbefugniss, die Befugniss zur Ernennung eines Anwalts in der Rechtsmittelinstanz, die Dispositionsakte des Vergleichs, Verzichts, der Anerkennung. Nur hinsichtlich dieser letzteren Akte gilt eine Beschränkung der Vollmacht dem Gegner gegenüber (§§ 77—79). Ist der Anwalt erster Instanz zugleich bei dem Rechtsmittelgerichte zugelassen, so umfasst nach dem Vorstehenden seine Vollmacht zweifellos auch die Rechtsmittelinstanz. Ist er nicht zugelassen, so kann er das Rechtsmittel nicht einmal wirksam einlegen; denn die Einlegung erfolgt

*) Vgl. dazu mein Handbuch I 610 fg.

beim Rechtsmittelgericht. Wohl aber kann er den Anwalt des Rechtsmittelgerichts bevollmächtigen.

Sehr bedeutsam erscheint die Bestimmung, dass die Processvollmacht die Zwangsvollstreckung ergreift. Das bedeutet, da alle Zustellung nur an den Processbevollmächtigten zu geschehen hat (§ 162), für die Partei nicht unwesentliche Gefahr. Man erwäge, dass die Vollstreckung der Regel nach im Bezirk des „Vollstreckungsgerichts“, d. h. des Gerichtes der Zwangsgewalt, in unmittelbarem Auftrag der Partei und ohne vorgängigen Zahlungsbefehl durch den Gerichtsvollzieher vor sich geht, dass dagegen die der Zwangsvollstreckung vorausgehende oder gleichzeitig mit ihr gebotene Insinuation des vollstreckbaren Urtheils (§ 671) resp. der im § 671 Abs. 2 genannten Urkunden an den Processbevollmächtigten der ersten Instanz geschieht. Wie leicht kann in Folge dessen die Vollstreckung der Partei der Art über den Hals kommen, dass sie ihr wirksam entgegenzutreten nicht mehr im Stande ist.

Die Aufgabe des Anwalts wird gegenüber dem bisherigen schriftlichen Verfahren wesentlich erweitert und erschwert durch den Parteibetrieb des Processes. Die ganze damit verbundene Last fällt auf den Anwalt. Er hat die ausschliessliche Fürsorge für Ladung, Zustellung, Vollstreckung.

Und ebenso steigert die Mündlichkeit des Verfahrens die Anforderungen an seine Zeit und Gewandtheit. Sachgemässe Abfassung der Schriftsätze mit Beschränkung auf die wesentlichen Thatsachen und unter Beiseitelassen aller Rechtsausführungen, klares, eindrucksvolles Plädiren mit präcisem Herauskehren der einschneidenden rechtlichen Gesichtspunkte, Geistesgegenwart in der sofortigen Erwiderung eines unerwarteten Angriffs des Gegners, schnelles Stellungnehmen zu Anordnungen des Gerichts innerhalb der mündlichen Verhandlung: das Alles ist eine Kunst, welche gelernt und geübt sein soll.

Dazu kommen noch mancherlei Zumuthungen in Folge des Geschäftsgangs, welche die Anwaltslage nicht bequemer machen. Ich rechne unter Anderem dahin die stete Präsenz an den Sitzungstagen, für welche der Anwalt Termin hat.

Obschon das Gesetz das Rollensystem nicht kennt, kennt es doch keine Terminsstunde, freilich ohne sie zu verbieten. Die Ladung erfolgt korrekt auf den Beginn der Sitzung. Wie bald die Sache, wenn sie nicht die erste ist, an die Reihe kommen wird, lässt sich nicht voraussagen. Die vorstehenden Sachen können Stunden in Anspruch nehmen, sie können wegen Ausbleibens, Vertagungsantrags ihre schnellste Erledigung finden. So muss der Anwalt, wenn auch nicht während der ganzen Sitzungsdauer bis zum Aufruf seiner Sache (§ 197) gegenwärtig, oder doch über den Sitzungsverlauf unterrichtet und jederzeit zum Eintritt in die mündliche Verhandlung bereit sein. Thatsache ist, dass nicht nur — wie im ersten Vortrag erörtert — das Gericht, sondern auch der Anwalt durch die Unsicherheit, wie sich der Geschäftsgang abspielen werde, erheblich leidet. Zwar haben die Anwälte die Macht, nicht zu verhandeln, — und wie oft sie zum Schaden der Sache davon Gebrauch machen, ist bekannt. Aber sie haben doch auch die Pflicht und das Interesse der baldigen Streiterledigung. Da wäre mit kleinen Mitteln vieles zu bessern: so, wenn die Anwälte, welche am Sitzungstage betheiligt sind, sich vor dem Beginn der Sitzung über die Reihenfolge der Sachen, die Kontumacialfälle, die sofort zu erbittenden Vertagungen regelmässig verständigen wollten; so, wenn seitens des Gerichts möglichst vermieden würde, gleichzeitig in verschiedenen Kammern Sitzung zu halten; wenn die Anwälte für rechtzeitige Substitution sorgten.

Dem angegebenen Umfang der Anwaltsaufgabe gemäss ruht das ganze Verfahren, wo immer die Parteien nicht selbst plädiren, auf den Schultern der Anwälte, abhängig von ihrer Geschicklichkeit, von ihrem verständigen Eingehen in den Geist des Gesetzes, ihrer Ehrlichkeit und Gewissenhaftigkeit, welche die Schlupfwinkel der Chikane und Processverschleppung unbenutzt lässt. Es ist daher die Pflicht des Staates, diesem hochwichtigen Stand, seiner Ausbildung, Lebensstellung und Organisation die grösste Aufmerksamkeit zuzuwenden.

III.

Die Ausbildung des Anwalts ist die des Richters. Das Richterexamen öffnet die Thür zur Anwaltschaft.

Ueber die Lebensstellung des Anwalts ist kein Urtheil zu fällen ohne Vergegenwärtigung der Organisation der Rechtsanwaltschaft. Sie ist in der Rechtsanwaltsordnung niedergelegt. Es genügt, sie mit folgenden knappen Zügen zu zeichnen. Sie ruht auf dem Grundsatz der sogenannten Freiheit der Rechtsanwaltschaft, der Lokalisirung des Anwalts-Zwanges und der Domicilirungs- und Residenzpflicht.

Der Rechtsanwalt ist nicht Staatsbeamter, er hat überhaupt kein öffentliches Amt. Er wird nicht vom Staate ernannt; er wird zur Rechtsanwaltschaft zugelassen. Er muss im Bundesstaat seines Richterexamens zugelassen werden, wenn er befähigt ist und die wenigen disciplinarischen Momente der Rechtsanwaltsordnung §§ 5 und 6 nicht hemmend entgegenstehen. Aber die Zulassung erfolgt bei einem bestimmten Gericht und zwar der Regel nach nur bei einem Gericht. So hat man den Gedanken des Anwaltszwanges ausgebaut. In allem Verfahren, in welchem der Anwaltszwang gilt, sind die beim Processgericht zugelassenen Anwälte im ausschliesslichen Besitze der Praxis. Im amtsgerichtlichen Verfahren kann jeder Rechtsanwalt Deutschlands vor jedem Gericht die Stellvertretung führen, im kollegialgerichtlichen hingegen nur die Substitution durch den processbevollmächtigten Anwalt dem am Processgericht nicht immatrikulirten die Stellvertretung ermöglichen. Die Doppelzulassung zu mehreren Gerichten eröffnet das Gesetz (§§ 9—12) in nicht unbedeutendem Umfange. Aber es bricht ihr sogleich ein gut Theil ihrer Bedeutung ab durch die Domicilirungs- und Residenzpflicht und durch den Satz:

> „die Mehrkosten, welche bei der Vertretung einer Partei vor einem Kollegialgerichte durch einen bei demselben zugelassenen Rechtsanwalt dadurch entstehen, dass der Letztere seinen Wohnsitz nicht am

Orte des Gerichts hat, ist die Gegenpartei zu erstatten nicht verpflichtet (§ 18 Abs. 5).

Nun muss der beim Landgericht und zugleich beim Amtsgericht zugelassene Rechtsanwalt seine Wohnung beim Amtsgericht nehmen. Die Folge ist, dass er beim Landgericht eines anderen Ortes ohne Praxis ist, gleichviel, ob man ihn dort zuliess. Allerdings ist er berechtigt, landgerichtliche Sachen in erster Instanz zu übernehmen und seine amtsgerichtlichen Sachen in die höhere Instanz zu verfolgen. Aber der § 18 Abs. 5 und der Umstand, dass das mündliche Verfahren die Präsenz erheischt, macht diese Berechtigung zur Illusion. Uebereinstimmend sprachen sich die Anwaltskammern für Rheinprovinz und Hannover gutachtlich dahin aus, „dass das Betreiben des Processes durch nicht am Sitze des Gerichts wohnhafte Anwälte kaum denkbar ist“ (Motive zur RAO. S. 31). Hieraus und aus einigen andern sogleich näher zu berührenden Gründen ergab sich die von mir im Jahre 1879 geäusserte Befürchtung, dass wir eine Rechtsanwaltschaft bei den Amtsgerichten, ausserhalb der landgerichtlichen Orte, nur vereinzelt in Deutschland besitzen würden.

Die Faktoren, mit denen ich rechnete, waren folgende:

1. Die sachliche Kompetenzbegrenzung der Amts- und Landgerichte; die Werthabscheidung von 300 M, welche alle höherwerthigen Sachen, von den Specialbestimmungen des Gerichtsverfassungsgesetzes § 23 und der Prorogation abgesehen, den Amtsgerichten entzieht;

2. die Beschränkung des Anwaltszwanges auf die Landgerichte und Handelskammern der Landgerichte; die Parteien können unmittelbar selbst processualisch handeln, sie können sich irgend eines Winkeladvokaten bedienen, wenn das Gericht nicht gegen letzteren die Remedur des § 143 übt;

3. die Stellung, welche in amtsgerichtlichen Sachen das Gesetz dem Gerichtsschreiber giebt. Das Gesetz verpflichtet ihn, den Parteien in ausgedehntestem Maasse durch Abfassen von Schriftsätzen, Entgegennahme von Anträgen

und Erklärungen zu Protokoll, Vermittelung der Zustellung, Ladung, ja Vollstreckung den Parteien hülfreich zur Hand zn gehen. Er hat im amtsgerichtlichen Process die Klage zu Protokoll zu nehmen und zuzustellen (§ 457), sonstige Anträge und Erklärungen, auf welche die Partei ohne vorgängige Mittheilung voraussichtlich eine Erklärung in einer mündlichen Verhandlung nicht abzugeben vermag, protokollarisch aufzunehmen und dem Gegner mitzutheilen (§ 463). So können die Parteien den ganzen vorbereitenden Schriftenwechsel, soweit sie sich auf solchen einlassen wollen, durch dieses Organ besorgen lassen. Alle Anträge, welche im Laufe des Processes erhoben werden und mit Ladung zu verbinden sind, können in gleicher Weise dem Gerichtsschreiber zufallen (§ 462). Zahlreiche Incidentgesuche muss er selbst im landgerichtlichen Verfahren zu Protokoll nehmen, so das Ablehnungsgesuch (§§ 44, 371 Abs. 2), das Gesuch zur Feststellung des Kostenerstattungsbetrags (§ 98), das Gesuch um Armenrecht (§ 109), um Aussetzung des Verfahrens (§ 225), zur Sicherung des Beweises (§ 448), die Beschwerden nach §§ 532, 536, die Entmündigungsanträge (§§ 596, 617, 621, 625), das Arrestgesuch (§ 800), Gesuche um Erlass einstweiliger Verfügungen (§ 815), den Antrag auf Eröffnung des Aufgebotsverfahrens. Dazu tritt die hochwichtige Thätigkeit im Konkursprocess: der Antrag auf Konkurseröffnung (K. O. §§ 64, 95 fg.), die Anmeldungen der Gläubigerforderungen (K. O. §§ 127, 128), die Akkordanträge u. dergl. (§§ 161—165). Ueberall erscheint hier der Gerichtsschreiber als Rechtsbeistand der Partei. Er soll nicht eine gerichtliche Handlung beurkunden, sondern eine Parteihandlung gestalten helfen. Der Vortrag der betreffenden Klage, des Gesuchs u. dergl. zu Protokoll ist nicht die wesentliche Erscheinungsform des betreffenden Rechtsaktes. Die Klageabfassung ist interner Parteiakt. So kommt hier der Gerichtsschreiber mit seiner Gewandtheit und Rechtskenntniss der ungeschickten, unberathenen Partei zu Hülfe. Er ertheilt ihr Rath, macht sie aufmerksam auf die Erfordernisse der betreffenden Processhandlung, an deren Zustandebringen gearbeitet wird. Seine Fürsorge muss dahin gehen, dass er nicht etwas

Unbrauchbares, sondern etwas Nützliches, Gesetzmässiges zu Stande bringt. Und der Gerichtsschreiber wird um so eifriger dieser Sorge obliegen, als ihm bei grober Vernachlässigung derselben die Strafe der CPO. § 97 droht:

> „Gerichtsschreiber — — können durch das Processgericht auch von Amtswegen zur Tragung derjenigen Kosten verurtheilt werden, welche sie durch grobes Verschulden veranlasst haben."

Nun nehmen wir hinzu, dass alle die genannten Handlungen vom Gerichtsschreiber der Partei ohne jeden Entgelt geleistet werden. Die Motive zum § 41 des Entwurfs des Gerichtskostengesetzes (§ 47 des Gesetzes) sagen darüber (S. 61):

> „es bedarf ferner keiner Ausführung, dass für einzelne Handlungen im Rechtsstreit, welche nicht einen der als gebührenpflichtig bezeichneten Akte darstellen, wie für die protokollarische Aufnahme von Gesuchen, Beschwerden und Erklärungen, die Vermittelung des Gerichtsschreibers zur Beauftragung eines Gerichtsvollziehers, Erhebung und Bescheinigung des Widerspruchs im Strafverfahren und die Mittheilung desselben an den Kläger, für Benachrichtigungen und Anzeigen keine Gebühren zum Ansatze kommen."

So durfte erwartet werden, dass dem Anwalt im Gerichtsschreiber ein gefährlicher Konkurrent entstehen werde.

4. Kaum bedarf es noch einer besonderen Betonung der Grundsätze der Gebühren-Ordnung für die Rechtsanwälte, um den obigen Schluss begründet zu finden, dass die Processpraxis bei den Amtsgerichten ihren Mann nicht nähren kann.

Die Gebührenordnung ist auf folgende drei Grundgedanken aufgebaut: den Grundsatz der festen Bauschquanta, den Grundsatz der progressiven Werthklassen, den Grundsatz der eventuellen Vertragsfreiheit. Der letztere interessirt uns hier nicht. Er ist praktisch von untergeordneter Bedeutung, so viel auch über ihn verhandelt und gesprochen worden ist.

Die Sätze der Gebührenordnung sind Bauschsätze, nicht Stücklohn: es werden einzelne Abschnitte des Processes, nicht die einzelnen processualischen Handlungen bezahlt. Diese Sätze sind fest, nicht relativ nach dem Maass der Arbeit, der Ausdehnung des betreffenden Abschnitts bemessen. Der fleissige Anwalt wird für die einzelne Sache nicht besser bezahlt, als der träge; die umfangreiche und schwierige Sache nicht besser, als die einfache und leichte, wenn nur in beiden Fällen die gleichen Processabschnitte vorkommen. Materiell interessirt sind die Rechtsanwälte sonach einmal an der Vermehrung der Processabschnitte und zweitens an möglichster Verkürzung derselben. Dass es überhaupt zur kontradiktorischen mündlichen Verhandlung und nicht sofort zum Kontumacialurtheil kommt, ist Werthinteresse der Anwälte; dass die mündliche Verhandlung über einen Termin sich hinauszieht, ist nicht ihr Interesse; dass es zum Beweise nicht blos durch schlanke Urkundenproduktion kommt, ist für den Anwalt werthvoll; dass wiederholte Beweisaufnahmen stattfinden, ist für ihn zeitraubend und ohne jeden Gewinn. Darin liegt ein Druck zur Koncentration, aber auch eine nicht unbedeutende Versuchung zur oberflächlichen Behandlung der Dinge. Das Gesagte wird begreiflich durch folgende nähere Bemerkungen über die Bauschgebühr. Sie wird als „volle Gebühr" je einmal erhoben unter den Firmen: „Processgebühr" für den Geschäftsbetrieb einschliesslich der Information, „Verhandlungsgebühr" für die mündliche kontradiktorische Verhandlung, „Vergleichsgebühr" für die Mitwirkung bei einem processerledigenden Vergleichsabschluss*). Als Beweisgebühr für die Beweisaufnahme, welcher der Anwalt beiwohnt und welche nicht nur einfache Urkundenvorlage seitens der Partei ist, beträgt die Gebühr fünf Zehntheile und ihr wächst noch ein Halb respektive ein Viertel zu, wenn nach der Beweisaufnahme eine Fortsetzung der mündlichen Verhandlung stattfindet. Im Versäumnissfalle wird die halbe Verhandlungsgebühr erhoben, vorausgesetzt, dass nicht der § 297 Platz greift. Die Vollstreckungsgebühr besteht in $^3/_{10}$ der Gebühr für jede selbstständige Vollstreckungsmaassregel. Sowohl die Process-, wie die Verhandlungs-, Vergleichs-, Be-

*) S. jedoch GO. f. RA. § 18.

weisgebühr wird nur zu sechs Zehntheilen im Urkunden- und Wechselprocess erhoben.

Jede dieser Gebühren ist Instanzgebühr, d. h. kann innerhalb derselben Instanz nur einmal gefordert werden.

Die volle Gebühr bemisst sich nach dem Werthe des Streitgegenstandes verschieden. Die Abstufung der Werthklassen ist nach oben hin eine endlose. Nur die niedrigsten interessiren uns hier. Die Gebühr in der untersten, d. h. in Sachen bis zu 20 M einschliesslich beträgt 2 M, sie steigt in Sachen über 20 M bis 60 M auf 3 M, in Sachen von über 60 M bis 120 M auf 4 M, in Sachen über 120 M bis 200 M auf 7 M, in Sachen über 200 bis 300 M auf 10 M. Das sind die amtsgerichtlichen Sätze. Weiter in Sachen von über 300 M bis 450 M ist die Gebühr 14 M, in Sachen von über 450 bis 650 M ist sie 19 M und geht es schrittweise fort bis ins Unendliche.

Man mag diese Sätze als zu niedrig, man mag sie als ungerecht tadeln, man mag darauf hinweisen, dass gerade in den niedrigen Werthklassen die neue Taxordnung dem deutschen Anwaltsstande wesentliche Verschlechterung gebracht hat. Die bagatellen Sachen dulden eine Gebühren-Belastung nicht, welche dem auf sie beschränkten Anwaltsstande die Existenzgewähr bietet. Die Bagatell-Anwaltschaft ist zum Anwaltsproletariat prädestinirt.

Jene Zahlen ergeben für eine Sache über 20 bis 60 M bei vollständiger kontradiktorischer mündlicher Verhandlung, Beweisaufnahme und mündlicher Schlussverhandlung 9 M, in Sachen von über 60 bis 120 M entsprechend 12 M; in Sachen von über 120 bis 200 M die Taxe von 21 M. Dazu kann eine Erhöhung durch Vollstreckungsgebühr, durch anderweite Komplikationen des Verfahrens, durch Schreibgebühr treten. In sehr vielen Fällen aber wird die Gebühr nicht die angegebene Höhe erreichen, sei es, dass Versäumniss eintritt, sei es, dass die Beweisaufnahme ausfällt. Nehmen wir hiernach den Durchschnittsverdienst des Amtsanwalts beim Process etwa auf 10 M an, so ist das beträchtlich, ja vielleicht zu hoch. Denn die bei weitem grösste Masse der amtsgerichtlichen Sachen bleibt unter M 150. In Sachsen beispielsweise waren im Jahre 1874 von 82,653 Sachen nur 7462 zwischen 150 bis 300 M, im Jahre 1875 von 86,985 nur 8785 im gleichen Betrage, im Jahre 1876 von 98,878 Sachen nur 10,438. Aehnlich hatte Preussen im Jahre 1875 im Geltungsbereich der Verordnung vom 2. Januar 1849 Civilprocesse im Werthe von 150 M ohne die durch bedingten Zahlungsbefehl erledigten Sachen 398,457. Dagegen Sachen von mehr als 150 M bis 300 M nur 89,909. Bei dem angenommenen sehr hohen Durchschnittssatz von 10 M würde der auf Processpraxis angewiesene Anwalt beim Amtsgericht bei 500 Streitsachen erst eine Bruttoeinnahme von 5000 M erzielen. Das ist durchaus unzulänglich. Denn einmal verschlingen die Bureaukosten einen nicht unwesentlichen Procentsatz, sodann aber dürfen wir nie vergessen, dass um der Unsicherheit der Existenz, um des Ausschlusses jedes Aufsteigens, um der Nothwendigkeit des Sparens willen für die Zeiten der Arbeitsunfähigkeit das Einkommen des Anwaltes nur dann ein angemessenes ist, wenn es beträchtlich das des Richters übersteigt. Und man darf uns nicht entgegenhalten, dass auch nach früherem System in manchen Theilen Deutschlands in Bagatellsachen nicht mehr verdient wurde, denn da wog die Einnahme in den höherwerthigen Sachen den Nachtheil auf.

Nach all' dem stand nicht zu erwarten, dass sich bei den Amtsgerichten ausserhalb der grossen Städte ein tüchtiger Anwaltsstand würde halten können. Der an sich nicht abzuläugnende Zug zum grösseren Ort, zum weiteren und ergiebigeren Arbeitsfeld musste die besseren Kräfte an die Landgerichtssitze locken, bei den Amtsgerichten der zu leicht befundene Theil des Anwaltsstandes sich sammeln, welcher den Kampf ums Dasein beim Landgerichte nicht zu bestehen vermochte. Ja, es war vorauszusehen, dass es an Anwälten bei vielen Amtsgerichten ganz fehlen werde. Und das muss zum Schaden des Rechtslebens führen. Auch die Motive zur Rechtsanwaltsordnung konstatiren, dass „dem Bedürfnisse des Publikums nicht genügend entsprochen würde, wenn nur an den Sitzen der Kollegialgerichte Rechtsanwälte in ausreichender Zahl zu finden wären" etc. Die Motive sagen: „Die vor den Amtsgerichten zu verhandelnden bürgerlichen Rechtsstreitigkeiten können unter Umständen der Vorbereitung und Führung durch einen Rechtskundigen ebenso bedürftig sein, als die zur Zuständigkeit des Landgerichts gehörigen." „Auch abgesehen von den vor den Amts-, beziehentlich Schöffengerichten zu verhandelnden Processsachen und Untersuchungen bedürfen die Gerichtseingesessenen auch in anderen gerichtlichen Sachen, z. B. in Konkurssachen, Subhastationssachen, Vormundschafts-, Grundrechts- (Hypotheken-) Angelegenheiten u. s. w., in Sachen, die vor anderen Behörden, namentlich den Organen der Verwaltungsjustiz zu verhandeln sind, endlich auch die blossen Privat- und Familienangelegenheiten oft des Rathes und Beistandes eines Rechtsanwalts." „Wären nun aber nur am Sitze der Kollegialgerichte Rechtsanwälte ausreichend vorhanden, so würden die Eingesessenen vielfach genöthigt sein, sich an sogenannte Winkelkonsulenten zu wenden, ein Auskunftsmittel, welches sicherlich nicht im Interesse eines gesunden Rechtsverkehrs liegt."

Diese Befürchtungen schienen sich anfänglich voll zu bewahrheiten. Im Jahre 1880 waren von 4122 Rechtsanwälten nur 173 allein bei Amtsgerichten zugelassen. Das hat sich freilich stetig gebessert. Wir haben eine konstante Zunahme zu verzeichnen. Im Jahr 1883 betrug die Zahl der amtsgerichtlichen Rechtsanwälte 430, während es anwaltlose Amtsgerichte 967 gab. Im Jahr 1894 ist jene Zahl auf 1159 gestiegen, diese auf 875 gesunken. So hat allgemach der Druck der Verhältnisse eine gewisse Ausgleichung herbeigeführt. Und sie würde noch völliger werden, wenn die Kompetenz der Amtsgerichte erhöht werden sollte.

Für die Rechtsanwaltschaft am Landgericht bleibt zwar die Taxordnung in den niederen Werthklassen hinter berechtigten Forderungen des Anwaltsstandes zurück, während sie mit ihrem unbegrenzten Steigen der Gebühr nach dem Werth des Objektes zu Härten und sinnlos hohen Honoraren führt, aber es hat sich herausgestellt, dass dem seiner Aufgabe gewachsenen kollegialgerichtlichen Anwalt ein befriedigender

Arbeitsertrag gesichert ist. Daher — und um des durch Ueberfüllung erheblich verlangsamten Fortkommens in der Staatslaufbahn willen — stehen wir vor einer grossen und vielfach beängstigenden Vermehrung der Anwälte. Vor 15 Jahren zählten wir deren wenig über 4000, 1894 bereits 5743. Naturgemäss fällt der Löwenantheil auf Berlin mit seinem gewaltigen Wachsthum der Bevölkerung, mit seiner Aufstauung der Volkskraft und dem schroffen Gegensatz zwischen dem früheren System und der jetzigen Freiheit der Anwaltschaft Hier hat sich die Zahl mehr als verdoppelt. In den anderen grossen Städten ist — von wenigen abgesehen — die Zunahme kaum auffallend. Der für den starken Aufschwung der Gesammtziffer vor allem entscheidende Faktor ist die an sich befriedigende Vermehrung der Anwälte bei den Amtsgerichten, während für einige Oberlandesbezirke — und zwar gerade solche, denen die freie Advokatur von früher her eigen war — eine Abnahme des Anwaltsstandes auf den Eintritt des Sättigungspunktes hinweist. — Es kann daher von einer aus der ungesunden Zunahme dieses Standes hervorgehenden allgemeinen Kalamität schlechterdings nicht die Rede sein. Aber die Berliner Zustände haben eine reaktionäre Bewegung veranlasst, welche auf Mittel sinnt, wie der entfesselte freie Wettbewerb mit seinen nicht abzuleugnenden üblen Folgen dem Eindringen schlechter Elemente zurückgeschraubt werden könne. Man hat von hoher Stelle eine Enquête veranstaltet, welche auf weitgehender Annahme thatsächlicher Uebelstände fusst, die theils durch die Ueberfülle, theils durch die ungenügende Vorbereitung der jungen Anwälte herbeigeführt sein sollen. Als Heilmittel wurden zur Erwägung gestellt: der „*numerus clausus*", erweiterte Vorbereitung, ein Aufsteigen vom amtsgerichtlichen zum kollegialgerichtlichen Anwalt, die Ausdehnung der diskretionären Zulassung beim Reichsgericht auf die Oberlandesgerichte, eine Einschränkung des § 27 der RAO. — Was soll der „*numerus clausus*"? Den jeweiligen Bestand festlegen? Dem Zufall nach dem Satze: „*prior tempore potior iure*" zur Herrschaft verhelfen? Den Tüchtigeren zu Gunsten des prävenirenden Schlechteren ausschliessen? Bei der Freiheit der Advokatur giebt es verständigerweise nur eine Klausur: und das ist die, welche sich durch die natürliche Selektion und die Sättigung des Bedürfnisses vollzieht. — Die bessere Vorbereitung! Ist sie die längere? Ist es nicht kläglich, einzugestehen, dass ein vierjähriger Vorbereitungsdienst nach vorgängigem mehrjährigem Universitätsstudium nicht genügt? Wo liegt der Schaden? Wahrhaftig nicht in der Ueberhastung, wohl aber in der Vernachlässigung. Wer in sieben bis acht Jahren nicht ausreichend vorgeschult werden kann, ist überhaupt unbrauchbar. Aber freilich: Schulung wird nicht erreicht in mechanischem Schreiberdienst oder in gleichgültigem „*laisser aller*". Hier bleibt, wie schon oben bemerkt, der Justizverwaltung eine grosse Aufgabe. So lange sie sich der Lösung derselben nicht energischer, wie bisher annimmt, sie sich nicht eine gut durchdachte und gut gepflegte Organisation der Vorbereitung des Referendars angelegen sein lässt, fallen die Klagen über die ungenügende Vorbereitung des Anwalts zum Theil auf sie zurück. — Und nun die Vorstufe des Amtsgerichtsanwalts? Was soll das? Glaubt man, dass der Anwalt im Amtsgericht mustergiltige Schriftsätze fertigen lernen werde? Will man die Amtsgerichte dazu verurtheilen, mit lauter Anfängern der Anwaltspraxis sich herumzuplagen? Garantirt man solchem Anfänger eine Geschäftspraxis im Amtsgericht? Glaubt man denn die Rechtssache beim Einzelrichter als „*corpus vile*" dem unzulänglichen Können, welches man doch offenbar bei dem jungen Assessor voraussetzt, preisgeben zu dürfen? Es ist nicht nöthig, dem unglücklichen Gedanken jener Vorstufe weiter nachzudenken. Er hat bisher in Deutschland fast allgemeine Ablehnung erfahren. — Aehnliches lässt sich von den beiden letzten — überdies an sich schon ziemlich bedeutungslosen — Heilmitteln sagen. Aber damit ist das Thema nicht erledigt.

Es ist ein Verdienst der Justizverwaltung, die Frage gestellt zu haben, wie man unsere Rechtsanwaltschaft vor der Entartung bewahren könne. Zweierlei thut noth: den Stand von unlauteren Elementen rein zu halten und in ihm das richtige Verständniss für seine Pflicht zu stärken. Die Rechtsanwaltsordnung § 5 ist kein ausreichender Schutz gegen dies Eindringen schädlicher Subjekte. Es handelt sich vorzüglich um die Nr. 5; sie stellt ab auf ein Verhalten, welches die Ausschliessung von der Rechtsanwaltschaft bedingen würde, und will unter Voraussetzung derselben die Zulassung versagen. Das ist selbstverständlich, genügt aber nicht. Denn es ist ein anderes die Ausschliessung und die Verweigerung der Aufnahme. Jene ist Verzicht der Existenz, diese hindert die neue Lebensstellung. Wenn auch beide den Stand rein zu erhalten bezwecken, so werden doch naturgemäss die Kriterien hier und dort verschiedene sein. Man wird sich nur im flagrantesten Fall zum Ausschluss entschliessen; die Erfahrung beweist es. Aber man sollte schon dort die Aufnahme versagen, wo überhaupt die „gewissenhafte Ausübung der Berufsthätigkeit“ fraglich ist und die volle Achtungswürdigkeit (RAO. § 28) fehlt. Es soll niemand in diesen Beruf hinein, nach dessen Vorleben man sich der Anwendung auch nur der minderen Disciplinarstrafen, der Warnung, des Verweises, der Geldstrafen zu gewärtigen hätte. Dabei ist auf die Eigenart dieses Berufs zu achten. Mit Recht hat man gesagt, dass die Missliebigkeit und Disciplinirung des Staatsbeamten ihn keineswegs nothwendig für den Anwaltsstand, der kein Beamtenstand ist, ungeeignet macht. Aber er darf nicht die Zufluchtsstätte nicht makelloser, unsauberer und gefährlicher Individuen werden. Die Hauptsache wird sein und bleiben, dass der Anwaltsstand selbst, sich seiner hohen Aufgabe bewusst, seine Ehre und Würde wahrt und die in seine Hand gelegten Zuchtmittel ohne Schwäche handhabt. Aber man muss ihm die Mittel in die Hand geben, sich von vornherein vor Ansteckung und innerem Verderb zu schützen. Man hat sich gefragt, ob nicht auch § 5 Nr. 4 einer Ergänzung bedürfe, ob man nicht die Beschäftigungen näher bezeichnen solle, welche mit Beruf und Würde der Rechtsanwaltschaft unvereinbar sind. Dabei ist vorzüglich an Geschäftsvermittelung, Häuserverwaltung, leitende Stellungen in Erwerbsgesellschaften und dergleichen gedacht. Doch wäre damit weder dem Publikum, noch dem Anwaltsstande gedient. Rechtsbeistandschaft im ausserprocessualen Verkehr ist eine nicht minder wichtige und heilsame Thätigkeit, als die Advokatur. Im Rechtsstreit, in der Vergleichsverhandlung die wirthschaftlichen Interessen des Klienten zu wahren, ist löblich und nützlich. Ist die ausserprocessuale Fürsorge für das Vermögen des Klienten durch guten Beirath, angemessene Vermögensverwaltung, Formgebung von Rechtsgeschäften weniger würdig? Man übertreibe nicht und belebe nicht alte Vorurtheile aus bureaukratischer Zeit.

Die richterlichen Dekrete.

Die richterlichen Handlungen lassen sich gruppiren als Wahrnehmungen, Beurkundungen und Willenserklärungen. Der Richter nimmt wahr den von den Streittheilen in der Form von Anträgen, Behauptungen, Beweisen vorgebrachten Processstoff. Er hört die Parteien und Zeugen, er sieht die Augenscheinsobjekte, das Gebahren der Streittheile. Der Richter beurkundet, indem er das Protokoll unterzeichnet und den Thatbestand abfasst. Der Richter verfügt, indem er kraft seines autoritativen, normgebenden Willens Anordnungen, Dekrete, sei es in der Sache selbst, sei es mit Beziehung auf die Fortführung und Reinhaltung des Processes, sei es als Entscheidung, sei es als Akt der Exekutive oder Disciplin, erlässt. Niemals liegt im richterlichen Dekret blos die Bekundung des Wissens, des richterlichen Sachverstandes; niemals ist es ein blosses „Erkennen", sondern immer ist es zugleich ein Gebieten, ein autoritatives, weil unter der Autorität der Staatsgewalt sich vollziehendes Wollen. Unser Richter ist niemals blos Urtheiler; er ist zugleich Richter, die Person, deren Willensäusserung Richtschnur, Norm ist. Der Richter „urtheilt", „erkennt", sofern er den speciellen Thatbestand unter das Gesetz subsumirt, in ihm die Norm des Gesetzes aufdeckt; damit erfindet er nicht Recht, sondern findet er das vorhandene Recht; damit bringt er nicht die specielle Berechtigung oder Rechtspflicht, welche er feststellt, zur Existenz, sondern zur Evidenz. Aber er thut das als Organ der Staatsgewalt. Das Gesetz spricht durch seinen Mund. Deshalb spricht er autoritativ. Seine Qualität als Staatsorgan ist es, die dem Dekret, speciell dem Urtheil die Rechtskraft verleiht*).

Die richterlichen Verfügungen sondert man doktrinär in processleitende, decisive und exekutivische. Dort, bei der Processleitung, handelt es sich um die Gestaltung des Processthatbestandes, da gibt das Gesetz weiten Spielraum für das richterliche Ermessen. Bei dem decisiven Dekret pflegt es nur darauf anzukommen, die Decisive des Gesetzes zu entdecken, um sie als Streitentscheidung des Falles auszusprechen. Doch gibt es Ermessen auch hier und allemal dann, wenn der Richter als *arbiter* schaltet, wenn er beispielsweise zu schätzen oder zu theilen und auseinanderzusetzen hat. Die ausführenden, vollstreckenden Verfügungen haben einen Anspruch auf selbstständige Bedeutung dem Begriffe nach nicht. Ihr Werth und ihre Existenzberechtigung besteht nur in jener Beziehung auf die auszuführende Verfügung und in der etwaigen Anordnung der hierzu erforderlichen Maassnahmen.

Es liegt in der Natur der Sache, dass die drei verschiedenen Arten von richterlichen Verfügungen sich durch ihre Wirkungen tiefgreifend unterscheiden. Als solche kommen in Frage 1. die Abänderlichkeit oder Unabänderlichkeit für den dekretirenden Richter; 2. die selbständige Anfechtbarkeit oder Unanfechtbarkeit durch Rechtsmittel; 3. die Fähigkeit zur materiellen Rechtskraft, d. h. zur Bindung der Parteien und der

---

*) Der Staat darf das Urtheil so behandeln und es zur unumstösslichen Norm des speciellen Verhältnisses werden lassen, weil er den Parteien die ausgiebige Gelegenheit zum Gebrauch ihrer Angriffs- und Vertheidigungsmittel gewährt. Er muss es so behandeln, weil er weder Richterpflicht, noch Defensionspflicht unbegrenzt aufstellen, noch im Interesse der Rechtssicherheit eine beliebige Wiederaufnahme des Processes gestatten kann. Diesen letzteren Momenten trägt Bülow in seinen feinen Bemerkungen zur Lehre von der Rechtskraft (Civ. Archiv Bd. LXII 92 fg.) nicht ausreichend Rechnung. Er lässt es unerklärt, wie es kommt, dass das auf erschöpfende Wahrung aller Parteirechte und vollständige Stoffsammlung gegründete falsche Endurtheil rechtskräftig wird. — Dass Rechtskraft nicht Gesetzeskraft, darüber s. mein Handbuch der CPR. Bd. I. S. 7.

ihnen hier gleichgestellten Personen in diesem und in jedem anderen Process; 4. die Vollstreckbarkeit.

Die materielle Rechtskraft wird den processleitenden und vollstreckenden Verfügungen begriffsmässig nicht zukommen. Jene sind nur für die einzelne processualische Handlung bestimmt und wurzeln im richterlichen Ermessen. Sie können durch dasselbe wie gegeben, so modificirt werden. Die Vollstreckungsverfügungen, als reine Ausführungsakte, haben ihre Norm im vorangegangenen Dekret. Zur materiellen Rechtskraft sind begrifflich nur qualificirt die Entscheidungen über die Streitsache, den Rechtsschutzanspruch, über das materielle, nicht über das processuale Rechtsverhältniss. Denn dieses entsteht und vergeht mit dem Process. Die für ihn gegebene specielle Norm ist für keinen anderen Process gegeben. Ein Wirken des reinen Processurtheils (im Gegensatz zum Sachurtheil) über den Process hinaus findet nicht statt. Daher kann beispielsweise die formell rechtskräftige Klagabweisung wegen Unzuständigkeit des Gerichts nicht ein anderes Gericht binden, sofern nicht das Gesetz ausnahmsweise anderes vorschreibt*). In welchem Umfange man der Sachentscheidung die materielle Rechtskraft beimessen will, ist eine legislativ politische Frage.

Scharf zu scheiden von dieser materiellen ist die sogenannte formelle Rechtskraft, die in der bindenden Kraft für den gegenwärtigen Process liegt**), in der Unabänderlichkeit für den dekretirenden und den höheren Richter. Man spricht von ihr mit Vorliebe dort, wo Anfechtbarkeit durch Rechtsmittel oder Einspruch statt hatte und nunmehr wegen unterlassener Anfechtung oder Erschöpfung der Instanzen die Unanfechtbarkeit eingetreten ist. Doch liegt kein Grund vor, nicht jeder unabänderlichen und unanfechtbaren Entscheidung die Eigenschaft formeller Rechtskraft beizumessen, sie etwa zu beschränken auf Urtheile oder gar nur auf die mit Be-

---

*) Wie es der Fall ist in CPO. §§ 11, 249, 460, 467.

**) Der „gegenwärtige“ Process gedacht, sowohl im Gegensatz gegen jeden anderen selbstständigen über dieselbe oder eine andere Sache, wie zum Wiederaufnahme-Verfahren: CPO. § 541.

rufung, Revision oder Einspruch angreifbaren Urtheile*). Dass materielle Rechtskraft nicht ohne die Unanfechtbarkeit ist, versteht sich nach Obigem von selbst — aber diese bedeutet zugleich jene nur, wenn das endgültige Dekret die immutable Normirung des materiellen Rechtsverhältnisses ist.

Die Abänderlichkeit oder Unabänderlichkeit für den dekretirenden Richter ist begrifflich keineswegs das Korrelat der selbstständigen Unanfechtbarkeit oder Anfechtbarkeit der Art, dass nur, wo der Unterrichter nichts ändern kann, man den Oberrichter anrufen dürfe, andernfalls nicht. Man wird überall die Selbstkorrektur gestatten können, wo es sich nur um incidente, nicht mit der Tendenz der gänzlichen oder theilweisen Processbeendigung auftretenden Dekrete handelt. Ob man so weit gehen, ob man die Grenze vielleicht formell bestimmen soll, steht hier nicht zur Frage.

Die Vollstreckbarkeit des Dekrets umfasst im weiteren übertragenen Sinn die gesammte gegenwärtige Rechtswirksamkeit — die Kraft, seinen Willensinhalt alsbald ins Leben umzusetzen; in einem engeren, der Ausdrucksweise der CPO. entsprechenden Sinn die Eigenschaft des Dekretes als eines Vollstreckungstitels. Als solcher wird vor allem das Urtheil wichtig — und es mag gleich hier gesagt werden, dass die Vollstreckbarkeit keineswegs eine Funktion der Rechtskraft ist. Sie kommt ohne diese vor und kann selbst bei rechtskräftiger dem Beklagten ungünstiger Entscheidung fehlen**).

I.

Um die Grundsätze der CPO. über die richterliche Dekretur klar zu legen, bedarf es vorerst einiger kurzer Bemerkungen über die Ausdrucksweise des Gesetzes.

Die CPO. spricht von Entscheidungen, Anordnungen, Befehlen, Verfügungen, Beschlüssen, Urtheilen. Die Terminologie schwankt.

*) Vgl. dazu CPO. § 68 Abs. 3 § 355, 352.

**) Z. B. dem Feststellungsurtheil.

Aeusserst allgemein braucht das Gesetz den Ausdruck Entscheidung. Dem Wortsinn nach möchte man darunter allein das Decisivdekret processualischen oder materiellen Inhalts verstehen. Nicht so das Gesetz. Die CPO. verwendet den Ausdruck wohl der Regel nach zur Bezeichnung der eigentlichen Entscheidung eines Streitpunktes*), aber bezeichnet damit auch rein processleitende Verfügungen. So in den §§ 203, 225, 229. Hier wird geredet von Entscheidung über einen Antrag, über ein Gesuch um Verlängerung oder Verkürzung von Fristen, um Aussetzung des Verfahrens. In CPO. § 146 n. 5 werden Urtheile, Beschlüsse, Verfügungen als Unterarten des Begriffs Entscheidung genannt,

> „Durch Aufnahme in das Protokoll sind festzustellen:
>
> — — — — — — — — — — — — — — —
>
> 5. die Entscheidungen (Urtheile, Beschlüsse und Verfügungen) des Gerichts, sofern sie nicht dem Protokolle schriftlich beigefügt sind“,

dagegen denkt das GVG. § 202 Entscheidung und Verfügung im Gegensatz, indem es bestimmt, dass nur in Feriensachen Termine gehalten und „Entscheidungen“ erlassen werden sollen, während processleitende Verfügungen einer zeitlichen Beschränkung nicht unterliegen. Das Schwanken im Begriffe lässt ein Kriterium für die annähernd präcise Feststellung desselben überhaupt nicht, auch nicht aus der Art des „entscheidenden“ Faktors entnehmen. Wo wir dem Worte „Entscheidung“ begegnen, ist wohl der Regel nach nicht an Handlungen des Vorsitzenden, sondern des Gerichts gedacht. Aber das Gesetz kennt auch „Entscheidungen“ des Vorsitzenden, des beauftragten und ersuchten Richters. So ist im § 365 von den vorläufigen Entscheidungen des beauftragten Richters gesprochen und im § 822 dem Vorsitzenden das Recht gegeben, in dringenden Fällen über Arrestgesuche u. dergl. anstatt des Gerichts zu „entscheiden“**). Auch die „Entscheidungen“ des § 530

---

*) Vgl. z. B. CPO. §§ 61—63, 69, 94, 97, 105, 215, 289, 292, 293, 308, 309, 331.

**) Vgl. CPO. § 669 Abs. 2, 4; GVG. § 183 mit 182, wo die in § 182 erwähnten „Entscheidungen“ auch dem „einzelnen“ Richter übertragen werden.

werden allgemein sowohl auf die Verfügungen des Vorsitzenden, wie auf die Beschlüsse des Gerichts bezogen werden müssen; ja, CPO. § 539 spricht allgemein von Aenderung einer „Entscheidung des beauftragten oder ersuchten Richters oder des Gerichtsschreibers".

„Anordnen" und „Anordnungen" sind ähnlich weitherzige Begriffe, wie Entscheidung. Man denkt bei ihnen an processleitende Verfügungen, an eine im Verfahren zu beobachtende richterliche Vorschrift, insbesondere auch an Dekrete in der Vollstreckungsinstanz, und für Derartiges verwendet auch das Gesetz diese Bezeichnungen mit besondrer Vorliebe. Aber, wie Entscheidungen vorkommen, welche rein processleitend sind, finden sich Anordnungen, die decisiv sind. Ich verweise, um Anderes zu geschweigen, auf die §§ 390, 392. Sie handeln von Dekreten, welche im incidenten Editionsstreit ergehen, von der Anordnung der Vorlage einer Urkunde oder der Leistung eines Eides. Das sind recht eigentlich Decisivdekrete, welche den Editionszwischenstreit erledigen. Hieraus ergibt sich, dass eine technische Bedeutung dem Worte „Anordnen" in der CPO. nicht zukommt.

Des Ausdruckes Befehl bedient sich das Gesetz ganz vereinzelt, und in technischem Sinn in den Verbindungen Zahlungsbefehl, Vollstreckungsbefehl, Arrestbefehl.

Verfügungen*) und Beschlüsse**) stellt die CPO. in Gegensatz zu den Urtheilen und scheidet sie (§ 294) im Allgemeinen so, dass Verfügungen die Akte des Vorsitzenden des Gerichts, des beauftragten oder ersuchten Richters, Beschlüsse Dekrete des Gerichts selbst sind. Es wird aber auch dieser Unterschied nicht durchgeführt. Die „einstweilige Verfügung" (CPO. § 814 fg.) ist ein Akt des Kollegiums. Der § 146 n. 5 redet von Beschlüssen, Verfügungen des Gerichts; promiskue werden beide Ausdrücke in den §§ 294, 365, 345, 355 gebraucht***). Beide Arten der Dekrete sind

*) Vgl. CPO. § 146 n. 5, §§ 330, 78, 814—820, 584, 613, 618.

**) Vgl. CPO. §§ 37, 46, 118, 127, 132, 141, 143, 146, 160, 187, 203, 257, 271, 290—293, 301, 304, 314—320, 329, 345, 371, 374, 426.

***) In § 294 Abs. 1 sind unter den „Beschlüssen" auch die Verwesentlich processleitender Natur. Doch finden wir Beschlüsse, welche über processualische Rechte und Pflichten der Parteien oder Dritter aburtheilen. So sind ihrem Inhalt nach decisiv die Beschlüsse der §§ 37, 46, 115, 290, 291, 345, 355, 371, 374, 426, sind processleitend die der §§ 320, 323 fg., 160, 203, 304. Dass oft Entscheidung und Beschluss gleichbedeutend genommen wird (z. B. §§ 97, 99, 118, 290, 813 Abs. 4, 815) kann nach Obigem nicht Wunder nehmen.

Bei allem Schwanken ist die Terminologie ein Wegweiser für die Lösung der wichtigen Frage, wie sich das Verhältniss des Vorsitzenden zum Gerichte bestimmt und die Funktionen des Einen und Andern geschieden werden müssen. Die CPO. lässt uns hier, wie in manchen andern Fragen ohne unmittelbare Antwort. Eine feste principmässige Abgrenzung dessen, was der Vorsitzende, und dessen, was das Gericht zu thun hat, suchen wir vergeblich. Das Gericht greift processleitend nicht nur bei entstehender Streitfrage, sondern von vornherein ein. Das Gericht ist es, welches anordnet, dass eine Partei persönlich erscheinen soll (§ 132), dass Beweismittel, „Akten (§ 134), Urkunden, auf welche die Partei sich bezogen hat, Stammbäume, Pläne, Risse und sonstige Zeichnungen“ vorgelegt werden (§ 133 Abs. 1), dass diese Schriftstücke während gerichtlich zu bestimmender Zeit auf der Gerichtsschreiberei bleiben, dass in fremder Sprache verfasste Urkunden durch einen beeidigten Dolmetscher übersetzt werden (§ 133 Abs. 2, 2), dass Augenschein eingenommen, Sachverständige vernommen werden (§ 135). Das Gericht ist es, welches verbundene Processe trennt, getrennte vereinigt, schwebende Processe aussetzt (§§ 136, 138, 139, 140, 141), welches anordnet, dass eine Separation der mündlichen Verhandlung hinsichtlich der selbstständig verhandlungsfähigen Angriffs- und Vertheidigungsmittel stattfinden solle (§§ 137, 248, 465). Das Gericht ist

---

fügungen gedacht (vgl. § 314, 326). Der § 365 spricht von „gesetzlichen Verfügungen“ und meint damit u. a. auch die „Beschlüsse“ der §§ 345, 355. Vgl. auch „Verfügung“ des Vollstreckungsgerichts CPO. § 681.

es, welches den Parteien den Vortrag untersagt (§ 143) und die Souveränität übt (§ 252, 256). Dem Vorsitzenden verbleiben die rein äusserlichen processleitenden Akte.

Er hat die Zeitbestimmungen (§§ 193, 204 Abs. 3, 206, 127, Abs. 3) und auch diese nicht unbeschränkt.

Die Abkürzung oder Verlängerung der richterlichen oder gesetzlichen Fristen im Sinne der §§ 202, 203 die Verlegung der Termine, die Vertagung der Verhandlung ist Sache des Gerichts. So wird auch ausdrücklich die Verlängerung der öffentlichen Zustellungsfrist vom Processgericht erwartet (§§ 189, 304), während freilich die Frist zur Urkundeneinsicht (§ 125 Abs. 2) vom Vorsitzenden verlängert oder abgekürzt wird und auch er über die Einlassungs- und Ladungsfrist bei Bestimmung des Termins zur mündlichen Verhandlung verfügt. Das Gericht bestimmt nach § 245 Abs. 2 die Fristen, wenn in Rücksicht auf die Vervollständigung des vorbereitenden Schriftenwechsels eine Vertagung der mündlichen Verhandlung sich vernothwendigt. Es setzt für die Sicherheitsleistung die Frist an, nach deren Ablauf wegen nicht geleisteter Sicherheit die Klage als zurückgenommen gilt, das Rechtsmittel zu verwerfen ist (§ 105). Wir folgern daraus, dass auch die Fristen für die Beibringung der mangelnden Legitimation des Vertreters (§ 85 Abs. 1, § 54 Abs. 2) gerichtliche sind, denn sie betreffen genau so eine Processvoraussetzung wie die Kautionsfrist und ihr Ablauf hat ganz wie der Ablauf der letzteren die Folge der Zurückweisung der Klage. Es wird daher auch die provisorische Zulassung des noch nicht legitimirten Vertreters (des Geschäfsführers ohne Auftrag oder des noch nicht legitimirten Bevollmächtigten) durch das Gericht, nicht durch den Vorsitzenden verfügt. Das Processgericht fixirt die Frist des § 396, innerhalb welcher die Erledigung des Editionsantrags gegen einen Dritten erfolgen muss. So ist auch die Befristung der Beweisaufnahme wegen ihr entgegenstehender Hindernisse gemäss

> § 321. „Steht der Aufnahme des Beweises ein Hinderniss von ungewisser Dauer entgegen, so ist auf Antrag eine Frist zu bestimmen, nach deren fruchtlosem Ab-

laufe das Beweismittel nur benutzt werden kann, wenn dadurch das Verfahren nicht verzögert wird",

durch's Gericht anzuordnen. Denn beide Fristen, die des § 321 wie des § 396 haben durchaus die gleiche Tendenz der präklusivischen Zeitbegrenzung für den Gebrauch von Beweismitteln. Dass die Frist des § 329 Abs. 3 eine „gerichtliche" ist, folgt schon aus ihrer Eigenschaft als Bestandtheil des Beweisbeschlusses. Das Processgericht bestimmt die Frist für die Erhebung der Hauptklage nach vorgängigem Arrestbefehl (§ 806). Nach alledem werden wir nicht irre gehen, wenn wir im Allgemeinen die „richterlichen" Fristen der CPO. für gerichtliche, nicht für Fristen des Vorsitzenden erklären und lediglich in den Fällen diesem die Fristbestimmung gestatten, wo sie ihm ausdrücklich beigelegt wird.

Der Vorsitzende ist, wenn er im Kollegium erscheint, dessen Repräsentant, nicht ein ihm koordinirtes selbstständiges Organ. Er spricht und handelt für dasselbe als „*primus inter pares*". So leitet er die mündliche Verhandlung. Er eröffnet sie, schliesst sie, gibt und entzieht das Wort, sorgt für die erschöpfende Erörterung der Sache, übt das Fragerecht. Und das geschieht theilweise unter Kontrole des Gerichts, theilweise unabhängig: ersteres soweit es sich um die Gesetzmässigkeit der Anordnung handelt, letzteres sofern deren Zweckmässigkeit in Frage ist. Denn es entscheidet das Gericht nur, wenn eine auf die Sachleitung bezügliche Anordnung des Vorsitzenden oder eine von ihm gestellte Frage von einer bei der Verhandlung betheiligten Person als unzulässig, nicht etwa blos als unzweckmässig, beanstandet wird (§ 131). Eine völlig selbstständige Stellung — so zu sagen aus dem Kollegium herausgehoben, ihm koordinirt — nimmt der Vorsitzende ein bei Verfügungen, die auch ausserhalb der mündlichen Verhandlung ihm ausschliesslich zustehen*). Kein Wort braucht verloren zu werden über das Gewicht, welches die CPO. in die Präsidialfunktion legt. In ihr ruht vor allem die Gestaltung der mündlichen Verhandlung. Die Sorgfalt des

*) Vgl. darüber mein Handbuch I 327.

Vorsitzenden, sein Geschick, seine Initiative, seine Energie bestimmen zum grossen Theil das Geschick des Processes.

II.

Das wichtigste aller richterlichen Dekrete ist das Urtheil. Es ist selbstverständlich immer decisiver Natur, eine gerichtliche Entscheidung über einen Streitpunkt processualer oder materieller Art (Process- oder Sachurtheil). Die CPO. kennt Endurtheile, Theilurtheile, Zwischenurtheile, und diese Urtheile werden, wenn sie auf einseitiges Verfahren, gegen die abwesende Partei ergehen, Versäumnissurtheile genannt. Von ihnen ist ausführlich im Zusammenhang mit dem Versäumnissverfahren zu handeln.

Das Endurtheil erledigt entweder die Streitsache und damit den Process, oder nur das Processrechtsverhältniss — und zwar entweder endgültig oder nur für die Instanz. Es erledigt, wie die Römer sagen, die *res in iudicium deducta* durch Verurtheilung oder Absolution in der Sache selbst oder durch theilweise Verurtheilung und theilweise Abweisung, und das thut es entweder bedingt oder unbedingt. Es erledigt die Streitsache auch dann, wenn es als rein deklaratorische Sentenz gemäss dem Anerkenntniss verurtheilt (§ 278) oder gemäss dem klägerischen Verzichte die Abweisung ausspricht (§ 277). Es erledigt nur den Process (das *iudicium*) oder besser gesagt die processualische Frage der Berechtigung bezw. Verpflichtung der betheiligten Subjekte zum Eintritt in die Sachverhandlung zwecks Sachentscheidung, wenn es die Klage wegen Mangels processualischer Voraussetzungen oder wesentlicher Eigenschaften abweist. Freilich wird die Abweisung angebrachtermaassen für die Zukunft nur noch eine untergeordnete Rolle spielen, da, wie schon früher berührt, ihr die reichliche Quelle der mangelnden Substantiirung versiegt. Aber immerhin gibt es noch der Gründe genug, aus denen die Abweisung der Klage ohne Entscheidung in der Sache selbst sich vernothwendigt. So, wenn es an der richterlichen Zuständigkeit mangelt (§ 247 n. 1), wenn der Rechtsweg unzulässig (§ 247 n. 2) ist, wenn die Einrede der Rechtshängigkeit wirksam vorgeschützt wird, mit einem Worte, wenn processhindernde Einreden durchschlagen oder richterliche Officialprüfung den processualischen Mangel konstatirt*). Hierher gehört auch das Urtheil, welches auf die Benennung des Besitzers durch den Inhaber (die *laudatio auctoris*) den letzteren nach Maassgabe des § 73 Abs. 4 „von der Klage entbindet". Es ist nicht der Ausspruch, dass der Kläger mit dem Klaganspruch gegenüber dem Detentor abgewiesen werde, vielmehr wird der Anspruch durch das demnächstige Urtheil gegenüber dem *dominus* rechtskräftig auch für den in seinem Namen Besitzenden entschieden werden (§ 73 Abs. 4). Es ist jene „Entbindung von der Klage" reine Processentscheidung: der Ausspruch, dass der Belangte nicht verpflichtet ist, sich zu vertheidigen, in die Sachverhandlung einzutreten. Das besorgt der Auktor und zwar besorgt er es als die passiv vollständig legitimirte, alleinige Partei, nicht als Stellvertreter des Detentor**), nicht als dessen Streitgenoss oder streitgenössischer Nebenintervenient. Die Handlungen des Benannten allein sind Processhandlungen, seine Versäumnisse allein releviren; was der streitentlassene Inhaber thut oder versäumt, ist gleichgültig. Der Umstand, dass das Urtheil auch gegen ihn wirkt, erhält ihn ebenso wenig in der Parteirolle — die er wirksam durch Verweigerung der Einlassung von sich ab und auf den Auctor überwälzte —, als dieser Umstand den

---

*) S. auch oben S. 74.

**) Nicht als *procurator in rem suam* desselben, wie Wetzell a. a. O. S. 57 annimmt. Dabei ist die Geschichte der *laudatio auctoris*, ihre germanische Wurzel, ausser Acht gelassen und auch darauf nicht gerücksichtigt, dass der juristische Besitzer der dinglichen Klage ebenso gut passiv legitimirt ist, als der Detentor. Nach Wetzell auch Struckmann-Koch zu § 73 n. 7, die aus der Wirkung gegen den Detentor schlussfolgern — mit Unrecht, denn bekanntlich gab es aus dem Urteil gegen den *procurator in rem suam* keine *actio iudicati* (Keller-Wach, Röm. CP. 6. Aufl. S. 261). Auch ist unbegreiflich wie er Partei bleiben soll, obschon er auch nach der Ansicht dieser Schriftsteller durch Endurtheil des Streits entbunden wird.

Singularsuccessor in die erhobene *actio* oder *res litigiosa* (§ 236, 237) um deswillen zur Partei macht, weil das Urtheil gegen ihn „wirksam und vollstreckbar“ ist oder als die sonstige Ausdehnung der Rechtskraft für oder gegen nicht im Process betheiligte Dritte diese zu Parteien stempelt.

Eine eigenthümliche Erledigung der processualischen Frage der Defensionspflicht ist das Urtheil, welches im Falle des § 72 den Schuldner des Streites entlässt. Es spottet nahezu der juristischen Konstruktion. Es ist nicht Freisprechung in der Sache selbst, denn der Beklagte ist schuldig und bejaht seine Schuld und Zahlungsbereitschaft dem ungewissen Gläubiger gegenüber; ob seine Deposition Erfüllung ist, ist Frage des materiellen Rechts. Aber es ist auch nicht verurtheilende, das Anerkenntniss deklarirende Sentenz. Die Deposition ist einerseits mehr und andererseits weniger als Anerkenntniss. Der Beklagte, welcher nicht das Opfer des Streites der beiden sich wechselseitig bekämpfenden Forderungsprätendenten werden will, erklärt hiermit dem Sieger im Feststellungsstreit leisten zu wollen*). Keiner von beiden Prätendenten ist in der Lage die Agnitoria des § 278 zu extrahiren. Dazu kommt, dass die im Prätendentenstreit ergehende Entscheidung noch eine

---

*) Der Process, welcher sich zwischen den Forderungsprätendenten erhebt, ist ein Feststellungsstreit. Der zweite Prätendent klagt gegen den ersten auf Feststellung der Existenz seines ausschliesslichen Forderungsrechtes. Aber er will zugleich Befriedigung vom Schuldner, und zwar mit Ausschluss des bisherigen Klägers. Er greift um dieser Befriedigung willen — auf Grund der Streitverkündung oder ohne dies (aber dann in strenger Klageform CPO. § 61) — die beiden Streittheile des Hauptprocesses an. Es ist die durch § 72 nur formell abgewandelte Processfigur der Hauptintervention. Der Intervenient erhebt eine Doppelklage: gerichtet gegen den bisherigen Beklagten, von dem er Leistung begehrt, und gegen den bisherigen Kläger, dem gegenüber er Feststellung seines Rechtes fordert. Das ist die einzig mögliche dogmatische Auffassung, der auch neuerdings das Reichsgericht sich angeschlossen hat (Entsch. Bd. XXXIV 403). Dass die Interventionsklage nur in Gestalt eines einfachen Antrags („tritt in den Streit ein“) auftritt, berührt ihr Wesen nicht, haftet ganz am Aeusserlichen. Sie ist um deswillen nicht weniger Klage, als die Incident-Feststellungsklage (§ 253) oder die Widerklage — obschon auch diese der Schriftform des § 230 entbehren.

Verurtheilung des unterliegenden Theils in Kosten gegenüber dem Forderungsbeklagten aussprechen kann. Daraus folgt, dass dieser durch die gerichtliche Hinterlegung gegenüber dem ungewissen Gläubiger nicht aus der Parteirolle ausscheidet, dass die „Streitentlassung“ nicht Entbindung von der Klage, nicht Aufheben des processualischen Rechtsverhältnisses zwischen dem Beklagten und den Forderungsprätendenten sein kann. Die Streitentlassung ist nicht das Endurtheil gegenüber dem hinterlegenden Beklagten; dieses erfolgt im Anerkennungsstreit, in dessen Entscheidung der hinterlegte Betrag zuerkannt und damit ausgesprochen wird, welchem Prätendenten gegenüber der Beklagte gezahlt hat resp. zu zahlen schuldig ist, Die Streitentlassung erscheint ungeachtet der Kostenverurtheilung als Zwischenurtheil, das den Beklagten ausser Kampf stellt, ihm die weitere Wahrung der Parteirechte, jede Verpflichtung zum processualischen Handeln im Interesse der Gegner und demnach die Gefahr einer Pflichtversäumniss abnimmt*).

Nach dieser kleinen Abschweifung kehren wir zur Besprechung der Urtheilsarten zurück.

Das Endurtheil kann Theilurtheil sein. Es ist von dieser wichtigen Kategorie schon früher gehandelt**). Das Theilurtheil ist ein theilweises Endurtheil. Es erledigt einen der selbstständig entscheidungsfähigen, klageweise oder widerklageweise verbundenen Ansprüche oder einen trennungsfähigen Theil des Streitgegenstandes (§ 272, 273). Es kann auch sein, dass es die Hauptforderung entscheidet unter Vorbehalt der einredeweise geltend gemachten, mit ihr nicht konnexen Gegenforderung (§ 274)***). Nicht kann durch Theilurtheil

*) Es ist ähnlich, wie im Falle des Anerkenntnisses oder Verzichtes (CPO. § 277, 278). Da giebt es nichts mehr zu streiten — die Urtheilsgrundlage steht fest, ein Versäumnissurtheil ist ausgeschlossen (vgl. meine Abhandl. in den Beiträgen z. Erl. d. deutsch. Rechts Bd. XXXVI 20 fg.).

**) S. oben S. 37.

***) Das ist nicht Spaltung des einheitlichen Rechtsstreits in getrennte Processe. Eine solche liegt nie im Theilurtheil. Dieses ist nicht Trennungsdekret im Sinne des § 136. Am allerwenigsten wäre es berechtigt, derartige Trennung im Falle des § 274 mit der Wirkung zu gestatten, vorerst die Einrede und dann die Hauptforderung entschieden werden; denn jene ist nur unter Voraussetzung dieser gedacht. Das Theilurtheil kann ergehen, muss nicht ergehen (§ 273 Abs. 2). Allein in den Fällen der §§ 277, 278 und 318, d. h. bei theilweisem Verzicht oder Anerkenntniss*), tritt eine Ausnahme ein. In allen anderen Fällen wird äusserste Vorsicht den Richter beim Erlasse des Theilurtheils leiten müssen. Denn was er thut, ist hoch verantwortlich. Er muss stets im Auge behalten, dass das Theilurtheil selbstständig berufungs- bezw. revisionsfähig ist, dass im Berufungsfall neben dem fortlaufenden erstinstanzlichen Process das Berufungsverfahren beginnt, dass das in der höheren Instanz ergehende Urtheil möglicherweise das ganze weitere erstinstanzliche Verfahren überflüssig machen kann, so beispielsweise, wenn die Präjudicialfrage (§ 253)**) zu Ungunsten des Klägers entschieden wird, während der Unter-

---

dass dadurch der Beklagte seines Kompensationsrechtes beraubt oder gar auf wunderthätige Weise seine separirte Einrede in eine Klage verwandelt würde. Die vom Gesetz gewollte „Trennung der Verhandlungen" kann nicht sein ein Aufhören der Verhandlung über die Kompensationseinrede, ein Ausscheiden derselben aus dem Process. Ein solches Verweisen *ad separatum* kennt die Processordnung nicht. Das Theilurtheil nimmt die Entscheidung über die Hauptforderung vorweg und erwartet seine Ergänzung durch das Urtheil über die zur Aufrechnung verstellte Gegenforderung. Daher entscheidet es nicht endgültig über den einen und alleinigen Klagantrag, sondern nur über den durch ihn verfolgten Anspruch an sich, vorbehaltlich der Entscheidung über den Gegenanspruch. Das führte mit Nothwendigkeit auf die Analogie der Vorbehalturtheile CPO. § 502, 503, 563, wie das Reichsgericht verein. CS. richtig erkannt hat (Entsch. Bd. XXXI 1 fg.). Dagegen beweist nichts der Nordd. Entw. §§ 316 Abs. 2, 421, Prot. der nordd. Komm. 1964 fg.; denn da ist von getrennten Processen die Rede. — Die vorstehend behandelte Frage hat nichts zu thun mit der anderen, ob die Kompensationseinrede die Rechtshängigkeit der Gegenforderung begründe.

*) Der § 277 erwähnt im Gegensatz zum § 278 nicht die Theildisposition, den Theilverzicht, wie § 278 das Theilanerkenntniss, — aber die Analogie ist mit Händen zu greifen. Vgl. auch Seuffert a. a. O. § 273 n. 3.

**) Sie kann durch „Erweiterung des Klagantrags" oder durch Widerklage selbstständig entscheidungsbedürftig geworden sein (§ 253). Zu eng CPO. § 273 verba: „in einer Klage".

richter sie zu Gunsten desselben beantwortete. Dazu kommt: das Theilurtheil beraubt möglicherweise die Partei der Revisionsinstanz; es spaltet die Streitsache und beschränkt die Revisionssumme auf den selbstständig entschiedenen Theil. Dazu gesellt sich der Kostenpunkt und mancher andere, nicht weiter zu verfolgende Nebengrund, welcher die Bedenklichkeit gegen den Gebrauch des Theilurtheils verstärkt.

Will das Gericht zum Theilurtheil verschreiten, so muss vorher die mündliche Verhandlung über den zu entscheidenden Theil geschlossen werden.

Das Endurtheil und speciell auch das Theilurtheil kann bedingt oder unbedingt lauten. Bedingt kann es nur sein durch Eidesleistung (§§ 425, 439 Abs. 3). Was als anderweite Bedingung erscheint, z. B. Vorleistung, Sicherheitsleistung (§§ 650, 652, 671), ist nicht Bedingung der Verurtheilung, sondern der Vollstreckung. Nicht die Entstehung der unbedingten Verurtheilung hängt von der Vor- oder Sicherheitsleistung ab; es wird, wenn sie erfolgt, nicht eine purificirende Sentenz im Sinne des § 427 Abs. 2 erlassen. Die an sich unbedingte Verurtheilung ist nur in ihrer Vollstreckbarkeit gehemmt*).

III.

Die eigenthümlichste und vielleicht in ihrer dogmatischen Konstruktion schwierigste Kategorie der Urtheile bildet das Zwischenurtheil. Davon in Folgendem das Nähere.

Die CPO. § 275 bestimmt:

> „ist ein einzelnes selbstsändiges Angriffs- oder Vertheidigungsmittel oder ein Zwischenstreit zur Entscheidung reif, so kann die Entscheidung durch Zwischenurtheil erfolgen."

Es dient das Zwischenurtheil der Erledigung eines processualen Zwischenstreites oder eines selbstständig entschei-

---

*) Ueber den Gegensatz des Feststellungsurtheils und der Verurtheilung im engeren Sinne, — über betagte Urtheile ist unten bei der Lehre von der Vollstreckung zu sprechen.

dungsfähigen materiellen Angriffs- und Vertheidigungsmittels. Die „Selbstständigkeit" des § 275 ist nicht die gleiche wie in § 137, von dem bereits früher die Rede war (s. oben S. 38). Der Begriff ist relativ. Im § 275 handelt es sich um die Isolirungsfähigkeit gegenüber dem Endurtheil, um die selbstständige Entscheidungsfähigkeit gegenüber dem Anspruch (§ 293), dort, in § 137, um die selbstständige Verhandlungsfähigkeit*).

*) Vgl. darüber Näheres in meinem Handbuch I 291 fg. — Selbstständig verhandlungsfähig ist wohl der Klaggrund im Verhältniss zur Einrede; über jenen kann man unter Vorbehalt der Einrede, zunächst gemäss § 137 verhandeln, aber — von §§ 274 Abs. 2, 502, 562 abgesehen — nicht durch ein Vorurtheil, Zwischenurtheil entscheiden. Die Entscheidung über den Klaggrund kann nur Endurtheil sein. Die abweichende Ansicht des Reichsgerichts (Beiträge Bd. XXVIII 1146 fg.), die manche Schriftsteller theilen, ist unrichtig. Sie würde folgerichtig zur unbegrenzten Zulassung von Vorbehaltsurtheilen führen. Unrichtig auch, dass ein Klaggrund im Verhältniss zum anderen bei Einheit des Beanspruchten, also im Fall der Klagenkonkurrenz, selbstständig durch Zwischenurtheil entscheidungsfähig sei (CPO. § 137). Das Gegentheil wird fast allgemein in der Literatur angenommen. Aber man denke: die Klage wird gestützt in erster Linie auf Darlehn, eventuell auf ungerechtfertigte Bereicherung. Hier soll die Bereicherungsklage durch nicht selbstständig angreifbares Zwischenurtheil abgewiesen werden können, während wenn nach § 276 nur über den Grund vorab entschieden würde — Berufung zulässig wäre? Ist nicht solche Häufung von Klaggründen eine wahrhafte eventuelle Klagenhäufung? Ist sie nicht unter Umständen Klagänderung? Ist etwa die rechtskräftige Entscheidung über den Anspruch als Darlehnsanspruch Vorentscheidung für das Urtheil über den Bereicherungsanspruch? Sind nicht beide ganz unabhängig von einander, — obschon nur einmal gefordert werden kann? Hier könnte also nur durch Theilurtheil, welches die Klage, soweit sie sich auf den einen Klaggrund stützte, abweist (CPO. § 273) isolirt entschieden werden. Solch Theilurtheil ist unvermeidlich, wenn für die eine Klage die *absolutio ab instantia* eintreten muss, z. B. wegen Unzuständigkeit (vgl. Petersen in Zeitschr. f. deutsch. Civilproc., Bd. XVI 498), während über die gehäufte Klage in der Sache zu verhandeln und zu urtheilen ist. — Abschliessend kann dieser Gegenstand nur in einer Gesammtdarstellung der Lehre von der Klagenhäufung erledigt werden. In der Literatur mancherlei Widerspruchsvolles und Unklares. — Dass CPO. § 137 den Fall der Einheit des Beanspruchten bei Mehrheit der Klaggründe nicht trifft, darüber mein Handbuch I 496. Aus dem dort über § 232 Gesagten darf nicht abgeleitet werden, dass in solchem Fall keine Klagenhäufung; § 232 Abs. 2 deckt auch die Verbin-

Ein Zwischenstreit wird zwischen der Partei und Dritten*) oder zwischen den Parteien geführt. Eigenartige Fälle des Zwischenurtheils sind die Vorentscheidung über die Existenz des Anspruchs vorbehaltlich der Entscheidung über den Betrag (§ 276), die Entscheidung in der Berufungsinstanz unter Vorbehalt der weiteren Verhandlung und Aburtheilung der illiquiden Rechtsbehelfe (§ 502), das Vorbehalturtheil im Urkunden- und Wechselprocess (§ 562), das Versäumniss-Zwischenurtheil des § 430. — Das sind die Anwendungsfälle des Zwischenurtheils.

Das Zwischenurtheil ist niemals Theilurtheil, noch überhaupt Endurtheil, auch dann nicht, wenn es bedingt ergeht. Es ist Vorentscheidung, nicht Endentscheidung, m. a. W. es ist eine Entscheidung, auf welche immer noch die endgültige Aburtheilung folgen soll. Dieser Begriff ist schlechthin festzuhalten. Die sogenannten Vorbehalturtheile sind Entscheidungen über den geltend gemachten Anspruch in der Totalität, aber sie schliessen den Rechtsstreit nicht ab. „Er bleibt anhängig.“ Das Urtheil des § 276 ist unfertig, weil nicht die Feststellung des noch zu quantificirenden Anspruchs, sondern die Verurtheilung in den quantificirten der Processzweck ist. Um deswillen ist es Zwischenurtheil, obschon es den Klaganspruch — nicht einen einredeweisen Gegenanspruch — vorbehaltlich der Frage seiner Höhe bejaht, also über den gesammten Thatbestand, abgesehen von den die Betragsfrage betreffenden Momenten entscheidet. Noch soll die „Verurtheilung“ folgen, — und auch die Klagabweisung ist nicht ausgeschlossen, so in dem Fall des nachträglichen Anspruchsverzichts oder der Versäumniss des Klägers. Ueber das eigenartige Zwischenurtheil des § 72 habe ich mich oben S. 109 fg. verbreitet. reines Zwischenurtheil erscheint das Eideszwischenurtheil des § 426. Diese Bestimmung stellt neben einander als Formen des Eidesproduktions-Dekrets den Beweisbeschluss und das

---

dung der Spolienklage mit der Vindikation, obschon auch hier Einheit des Beanspruchten im Sinne der geforderten Herausgabe.

*) Ob sich auch hierauf CPO. § 275 beziehe, ist bestritten.

bedingte Zwischenurtheil. Letzteres ist bedingte Vorentscheidung, es entscheidet unter der Bedingung der Eidesleistung über ein einzelnes Angriffs- oder Vertheidigungsmittel. Ist beispielsweise über eine Einrede der Eid angetragen und angenommen, so verwirft das Zwischenurtheil dieselbe oder erkennt sie an unter der Voraussetzung der Leistung oder Nichtleistung des Eides. Geschworen wird erst, wenn nachträglich durch rechtskräftiges bedingtes Endurtheil feststeht, dass es darauf noch ankommt, dass also die betreffende Einredethatsache wegen des Beweises des Klaggrundes und des misslungenen Beweises konkurrirender Einreden noch wesentlich ist.

Mit dem Gesagten ist wohl das Gebiet des Zwischenurtheils angedeutet, nicht genau begrenzt, und doch ist es von hoher Wichtigkeit, zu wissen, wann die Urtheilsform und wann die des Beschlusses, der Verfügung zu wählen ist. Denn nicht nur in der Form, auch in der Sache ist die Wahl von erheblicher Wirkung.

Vorerst fragen wir: wann ist das Zwischenurtheil obligatorisch, wann fakultativ? Kraft ausdrücklicher Vorschrift des Gesetzes muss der Richter ein Zwischenurtheil abgeben in folgenden Zwischenstreitigkeiten der Parteien und Dritter: in Interventionsfragen (§ 68), ferner, wenn der Rechtsanwalt zur unverzüglichen Rückgabe der ihm behändigten Urkunden nach § 126 verurtheilt werden soll, endlich in den Fällen der Entscheidung über Zeugen- oder Sachverständigenweigerung (§§ 352, 367). Zwischenurtheil zwischen den Parteien muss ergehen, wenn auf Grund processhindernder Einreden die Verhandlung zur Hauptsache zulässiger Weise verweigert wird oder das Gericht auf Antrag oder von amtswegen die abgesonderte Verhandlung anordnet (§§ 248, 465), oder wenn die Voraussetzungen des Vorbehaltsurtheils nach §§ 502, 562 oder der Streitentlassung des § 72 vorliegen. Darüber hinaus wird mit gutem Grund das Zwischenurtheil in allen Zwischenstreiten für obligatorisch erachtet werden müssen, in denen die Entscheidung nicht bis zum Endurtheil aufgeschoben werden kann und ihr denkbares Korrelat in einem Endurtheil hat. Damit soll Folgendes gesagt sein: es giebt Zwischenstreitigkeiten, die entweder mit einem Endurtheil oder einer Zwischenentscheidung endigen; hierher rechne ich den Streit über die Zulässigkeit der Succession in den Process (§§ 73, 237, 217). Die Frage, ob die Succession statthaft ist, muss entschieden werden, wenn sie bestritten ist und daher der Eintritt des Dritten erzwungen bezw. die Streitentlassung verweigert werden soll. Die Entscheidung, welche nach § 73 den Detentor von der Klage entbindet, ist Endurtheil (*absolutio ab instantia*)*), die, welche die beantragte Entlassung, also den Wechsel der Processsubjekte ablehnt, nothwendig Zwischenurtheil. Aehnlich weist ein Endurtheil den Antrag auf Processübernahme durch den dritten angeblichen Universal- oder Singularsuccessor (§§ 217, 237) zurück, — denn es beendigt diesem gegenüber den Process**) —, dagegen giebt das Zwischenurtheil dem bestrittenen Antrag Folge***). — Das Alles wird unten noch näher beleuchtet. Zur Nothwendigkeit wird das Zwischenurtheil — in abstracto erwogen — überhaupt dann werden, wenn eine Zwischenentscheidung unentbehrlich ist — und ihr Gegenstand die Urtheilsform erheischt. Wann ist das der Fall?†) Dieser Punkt fordert eine genauere Untersuchung.

1. Soll über ein isolirungsfähiges Angriffs- oder Vertheidigungsmittel selbstständig und vorweg, also nicht erst im Endurtheil entschieden werden, so kann es nur durch Zwischenurtheil geschehen. Die Wahlfreiheit des § 275 ist nicht Wahlfreiheit zwischen Zwischenurtheil und Beschluss,

---

*) S. oben S. 108.

**) Das ist der entscheidende Grund — nicht weil sein Gegenstand die *legitimatio ad causam* ist.

***) Freilich ein Zwischenurtheil, welches zugleich und insoweit Endurtheil ist, als es die bisherige Partei des Streites entlässt. Das trifft zu in der Situation des § 237. Diese Streitentlassung ist Endurtheil im Verhältniss des Ausgeschiedenen zu seinem Gegner.

†) Wer annimmt, dass die in die untere Instanz zurückverweisenden Berufungsurtheile (CPO. §§ 500, 501) und dem entsprechend doch auch die zurückverweisenden Revisionsurtheile (§ 528) Zwischenurtheile seien (vgl. Seuffert a. a. O. § 500 Nr. c, § 501 Nr. 5), hat damit eine grosse Gruppe obligatorischer Zwischenurtheile. Darüber unten der Vortrag über das Rechtsmittelsystem.

sie ist Wahlfreiheit zwischen selbstständiger Entscheidung oder Nichtentscheidung. Es ist zwecklos, ja unmöglich, dass über eine Einrede, Replik durch „Beschluss“ entschieden werde, obschon die CPO. sehr wohl ein „Entscheiden“ durch Beschluss kennt. Es handelt sich hier um einen anticipirten Bestandtheil des Endurtheils als Sachurtheil, welcher in einfachem processleitendem, abänderlichem Bescheid nicht zu denken ist. Daher muss auch das den Eid über ein einzelnes Angriffs- und Vertheidigungsmittel anordnende Dekret immer die Urtheilsform haben, wenn es nicht nur die Eidesleistung anordnen, sondern auch deren Folgen entscheidend feststellen will. Das Gleiche gilt von der Entscheidung über den Grund des Anspruchs (§ 276). Ob solche zu erlassen, steht im Ermessen des Gerichts; aber ihre Form kann immer nur Urtheil sein, das Urtheil, welches den Anspruch seinem Grunde nach feststellt, oder als Endurtheil die Klage abweist. Dass es nicht Entscheidung ist über selbstständiges Angriffs- oder Vertheidigungsmittel, wurde schon berührt.

2. Der Zwischenstreit zwischen den Parteien „kann“ durch Zwischenurtheil entschieden werden (§ 275). Es sind folgende Fragen zu erledigen: was ist Zwischenstreit? Bedeutet die Wahlfreiheit des Richters Wahlfreiheit zwischen selbstständiger Entscheidung oder Nichtentscheidung und zwischen Entscheidung durch Zwischenurtheil oder Beschluss?

a. Was Zwischenstreit sei, lässt das Gesetz unbestimmt. Nur folgende Anhaltepunkte bietet es für die Definition. „Zwischenstreit“ ist „Streit“, dessen Entscheidung durch Urtheil möglich sein soll. Schon daraus folgt, dass er sich in mündlicher Verhandlung vollzieht, also überall dort, wo ohne solche entschieden werden kann, der Begriff unanwendbar ist*). Ich sage „entschieden werden kann“, nehme also an, dass auch die angeordnete, aber fakultative mündliche Verhandlung

*) Z. B. CPO. §§ 37, 46, 49, 97 (obschon hier „verurtheilt“ wird), 99 (obschon damit über die Quantificirung der Kostenersatzpflicht entschieden wird), 117, 160, 187, 203, 205, 225, 290 u. öft. Es ist ein völliges Arkanum, weshalb z. B. im Fall § 97 die mündliche Verhandlung nicht obligatorisch und die Beschlussform genügend ist.

den Streit nicht zum Zwischenstreit macht. — „Zwischenstreit“ ist Incidentstreit, ein in den Lauf des Verfahrens fallender, ihm angehöriger Streit; nicht ein selbstständiges Verfahren, wie das zur Sicherung der Beweise (CPO. § 447 fg.) oder der Arrestprocess (§ 795 fg.). — Zwischenstreit im Sinne des § 275 ist nicht der Streit über die „Hauptsache“ (§ 191 Abs. 1, 462), über materielle „Angriffs- oder Vertheidigungsmittel“ (vergl. § 275 mit §§ 137, 426 Abs. 2, 312, 123 Abs. 2); denn beides wird im Gesetz in Gegensatz zu einander gestellt. Zwischenstreit soll nach der Aeusserung der Motive unter Umständen sein die Verhandlungen über die Edition von Urkunden, über die Zulässigkeit eines Beweismittels, über eine Beweiseinrede, über die Echtheit von Urkunden, über Eides-Delation und -Relation, über die Eidesabnahme. Wir dürfen verallgemeinern und, wie schon früher geschehen, den Begriff dahin bestimmen: Zwischenstreit ist jeder Parteistreit über processualische Rechte und Pflichten (§ 331), über die Voraussetzungen der einzelnen processualischen Handlungen. Hierher zählen wir die Streitigkeiten über die Zulässigkeit der Rechtsmittel, des Einspruchs, der Wiedereinsetzung, der Klageänderung; aber auch die oben erörterten Incidentstreite über die Zulässigkeit der Succession in den Process, den Reassumtionsstreit (§ 217), den Wechsel der Processsubjekte nach §§ 73, 237, die Zulässigkeit der Streitentlassung nach § 72. Die Zwischenurtheile, welche die Rechtsmittel, den Einspruch, die Wiedereinsetzung zulassen oder welche die Succession gestatten oder erzwingen (z. B. §§ 217, 237), entscheiden nicht über ein „selbstständiges Angriffs- oder Vertheidigungsmittel“, entscheiden als Successionsurtheile nicht rechtskräftig über die Sachlegitimation, obschon diese die Voraussetzung der Succession ist, sind also nicht anticipirte Bestandtheile des Sachurtheils, sondern haben es nur zu thun mit dem processualen Rechtsverhältniss, der Fortsetzung desselben in der höheren Instanz oder seiner Wandelung durch Wechsel der Subjekte. Sie entbehren der selbstständigen Anfechtbarkeit und können nicht als Eideszwischenurtheile nach § 426 Abs. 2 auftreten. Aber freilich, soweit sie für den ausscheidenden Theil (im Falle der Succession) den Process beendigen (s. oben S. 116), sind sie Endurtheile und ganz nach deren Regeln zu behandeln.

Unwesentlich ist für die Charakteristik des Streites als Zwischenstreit, ob in ihm Officialprüfung oder die Verhandlungsmaxime Platz greift. Und unrichtig wäre es, annehmen zu wollen, dass überall, wo Zwischenurtheile zulässig, auch Zwischenstreit, wenn nicht Streit über selbstständige Angriffs- oder Vertheidigungsmittel vorliege. Dafür bilden einen schlagenden Beleg die oben besprochenen Zwischenurtheile der §§ 276, 502, 562 und des § 430 (s. unten S. 182). Wir werfen die Frage auf: ist der Streit über die processhindernden Einreden (§ 247) Zwischenstreit? Nach obigen Darlegungen spricht nicht für die Bejahung, dass das Urtheil, welches auf die processablehnende Vertheidigung ergeht, „Zwischenurtheil" (§ 248) heisst und im Sinne des § 275 nicht über ein selbstständiges (materielles) Vertheidigungsmittel entscheidet.

Für die Verneinung spricht, dass der Streit über die Processvoraussetzungen in den §§ 247, 250, 465, 490 selbstständig und begrifflich nur gezwungen ein Incidentstreit genannt werden kann. Führt doch die begründete Processeinrede allemal zur Klagabweisung und ihre Verwerfung erst zum Sachstreit. Es handelt sich also um die Zulässigkeit des Processes im Sinne des Iudicium überhaupt. Eine praktische Bedeutung kommt der Frage nur im Hinblick auf die Anwendbarkeit des § 312 Abs. 2, § 426 Abs. 1 zu. In beiden Beziehungen bestehen nicht geringe Unklarheiten. Zunächst Einiges über das Versäumnisszwischenurtheil des § 312 Abs. 2. Es wird später nachzuweisen sein, dass das Versäumnissurtheil des § 295 fg. Sachurtheil, nicht Processurtheil ist, dass es m. a. W. unanwendbar ist auf die Frage der Processvoraussetzungen, welche selbst Voraussetzungen jeder Versäumniss und demnach jedes Versäumnissurtheils sind. Ein Schluss von der Existenz des Zwischenstreites auf die Zulässigkeit des Versäumnisszwischenurtheils wäre ebenso falsch, wie der von der Zulässigkeit des Versäumnisszwischenurtheils auf die Existenz des Zwischenstreits (vgl. CPO. § 430). — Und was die Frage der Anwendbarkeit des § 426 auf den Streit über die Processvoraussetzungen anbetrifft, so ist zu konstatiren, dass wenn er Zwischenstreit wäre, aus dem Abs. 2 dieses Gesetzes folgen würde, dass in demselben ein bedingtes Zwischenurtheil nicht ergehen dürfte. Denn die Eidesleistung kann im Zwischenstreit niemals durch ein solches, sondern nur durch Beweisbeschluss angeordnet werden*). Das folgt unwiderleglich aus dem Wortlaut des Gesetzes, wie aus dessen Zweck. Nun wird aber allgemein — und mit Recht — angenommen, dass das Zwischenurtheil des § 248 als bedingtes ergehen könne, — und damit auch in diesem Punkt der Charakter des Zwischenstreites preisgegeben. Wenn endlich die Meinung weit verbreitet ist, dass dann, wenn die Voraussetzungen des § 248 Abs. 1 (Einrede und Verweigerung der Einlassung oder Officialseparation der Verhandlung) bezw. § 465 Schlusssatz (abgesonderte Verh.) nicht zuträfen, der Streit über die processhindernde Einrede den reinen Charakter des Zwischenstreites nach § 275 annehme und die verwerfende Entscheidung nicht dem § 248 zu unterstellen sei, so beruht diese Lehre nicht minder auf einer ungenügenden Würdigung der Materialien des Gesetzes, wie seines Inhalts**).

---

*) Wie ich in der ersten Aufl. S. 90 nachgewiesen habe und heute auch von solchen zugegeben wird, die den Streit über die Processvoraussetzungen für einen Zwischenstreit erklären.

**) Dass diese u. a. vom Reichsgericht (Entsch. XV 399 fg. u. öfters) vertretene Lehre Gleiches ungleich behandelt und deshalb in das Gesetz Widersprüche hineinträgt, ist leicht zu zeigen. Es versteht sich von selbst, dass ein die „Einrede“ verwerfendes Zwischenurtheil nicht ergehen wird, wenn solche nicht vorgebracht wird und dass anderweite auf der Annahme der Processvoraussetzung ruhende Zwischenurtheile (s. RG. Entsch. Bd. XI 390) um dieser Annahme willen nicht solche des § 248 sind. Aber es ist völlig einerlei, ob die Eventualeinlassung das Gericht zur ausdrücklichen Absonderung der Verhandlung über die Einrede veranlasste, oder ob das nicht geschah. Liegt Spruchreife der Hauptsache noch nicht vor, wohl aber ein guter Grund, vor der weiteren Verhandlung über sie die processhindernde Einrede zu erledigen, so separirt das diese betreffende Zwischenurtheil. Es kann doch unmöglich in die Willkür des Gerichts gestellt sein, in amtsgerichtlichen Sachen dem Beklagten die Berufung gegen das Zwischenurtheil zu verlegen. — Die sogenannten Materialien der CPO., auf welche sich das RG. und Schriftsteller stützen, beweisen eher gegen als für sie: so bes.

b. Die Frage, ob der Richter die Wahl hat, den Zwischenstreit selbstständig oder erst mit dem Endurtheil zu erledigen, beantwortet sich je nach der Verschiedenheit der Sachlage und richterlichem Ermessen. Selbstverständlich ist es, dass der Streit über die Zulässigkeit der Eidesdelation, über die Editionspflicht, kurz und gut über noch im Processverlauf zu benutzende Beweismittel nicht bis zum Endurtheil unerledigt bleiben kann. So kann auch die Versäumniss der Partei das Versäumnisszwischenurtheil (§ 312) erheischen. Dagegen hindert Nichts, die Zulässigkeit eines Einspruchs (§ 306), der Berufung (§ 497), der Revision (§ 529), wie in besonderem Zwischenurtheil so erst im Endurtheil zu bejahen.

c. Es fragt sich endlich, kann das Zwischenurtheil wahlweise mit dem Beschluss Platz greifen, oder giebt es feste Kriterien für die Anwendung des einen oder anderen?

Viele wollen das Gebiet des Zwischenurtheils gegen das des Beschlusses scharf abgrenzen. „Streitpunkte, die durch Beschluss oder Verfügung erledigt werden können, sind“ — so lehrt man — „nicht Gegenstand eines Zwischenstreits.“ Ich halte das für unrichtig. CPO. § 275 sagt keineswegs, dass, wo Zwischenstreit auch selbstständige Entscheidungsmöglichkeit nur durch Urtheil sei; die Worte: es „könne die Entscheidung durch Zwischenurtheil erfolgen“ bedeuten nicht, sie könne nur so erfolgen. Für das Gegentheil giebt es nicht eine Spur des Beweises, wohl aber findet meine Ansicht Bestätigung im Folgenden.

Hann. E. § 244 (Protok. dazu S 3553 fg.), wo die „abgesonderte Verhandlung“ besonders betont ist und die Schlussworte der CPO. § 248 fehlen, deren Mangel gerade jenes „abgesonderte“ motivirte. Der Nordd. E. § 413 fg. 768 beweist nichts, weil diese seine Vorschriften nicht für CPO. grundlegend sind; vgl. auch Nordd. E. § 423 mit CPO. § 276. Beide Gesetzeswerke folgen hier ganz verschiedenen Erwägungen. Dass die Eventualeinlassung des Beklagten an sich das Zwischenurtheil des § 248 nicht hindert, ist ausdrücklich im Gesetz §§ 248, 465 anerkannt — denn das Separationsdekret ruht auf ihrer Voraussetzung. — Vgl. auch v. Wilmowski-Levy § 248 Anm. 5.

Zunächst spricht kein innerer Grund gegen eine elektive Konkurrenz von Beschluss und Zwischenurtheil im Zwischenstreit. Das Isolirungsbedürfniss ergiebt sich hier, wie bereits bemerkt, aus der Sachlage und findet ausreichende Befriedignng durch den Beschluss und den auf ihm basirenden Fortgang des Verfahrens. Ist beispielsweise die Frage streitig, ob ein Zeuge beeidigt werden dürfe — die eine Partei beantragt die Beeidigung, die andere widerspricht ihr aus Rechtsgründen — und der Beschluss ordnet die Beeidiguug an, so ist der Erfolg ganz der gleiche, als wenn Zwischenurtheil ergangen wäre; es wird geschworen und der Streitpunkt ist abgethan. Oder: der Delat bestreitet die Zulässigkeit der Eideszuschiebung über ein bestimmtes selbstständiges Vertheidigungsmittel; das Gericht ordnet die Eidesleistung an durch Beweisbeschluss (§ 426) der Eid wird geleistet — basta. — Die belastende Form des Zwischenurtheils (s. unten S. 124) und das darin liegende grössere Gewicht kann nicht für seine ausschliessliche Zulässigkeit im Zwischenstreit sprechen. Das Gesetz ist in diesem Punkt von maassloser Willkür. Die einschneidendsten Dinge werden dem Beschluss überlassen oder können wohl auch ohne jede Zwischenentscheidung, so zu sagen stillschweigend, abgethan werden, bis im Endurtheil die Meinung des Gerichts zu Tage tritt. Man beachte wohl: Die Zulässigkeit der Rechtsmittel, des Einspruchs, kann, auch wenn sie bestritten ist, stillschweigend oder durch eine einfache mündliche Erklärung des Vorsitzenden bejaht werden — um dann im Endurtheil ihre Rechtfertigung zu finden. Sollte es nicht auch gestattet sein, sie in formulirtem „Beschluss" auszusprechen? Welcher vernünftige Grund stünde dem entgegen? Ist doch die Erklärung des Vorsitzenden: „der Gerichtshof ist der Ansicht, dass das Rechtsmittel statthaft, frist- und formgerecht eingelegt ist, daher haben die Parteien zur Sache zu verhandeln", im Grunde genommen nichts anderes, als ein Beschluss.

Unentschieden lässt die CPO. §§ 390, 406 Abs. 3, in welcher Form die Anordnung der Urkunden-Vorlage zu erfolgen hat. Die Wahl steht offen; es kann Zwischenurtheil, es kann Beschluss ergehen. Die vielfach behauptete Nothwendigkeit des ersteren ist unerweislich. Für unzulässig halte ich es als Form der Anordnung des Editionseides. Nicht nur greift die allgemeine Regel des § 426 ein, welche im Zwischenstreit das bedingte Eides-Zwischenurtheil ausschliesst, es deutet auch das Gesetz durch § 392 an, dass es dem Gerichte die Freiheit der Entscheidung darüber lassen will, welche Folgen an die Eidesweigerung geknüpft werden sollen. „Es können die Behauptungen des Beweisführers über die Beschaffenheit und den Inhalt der Urkunde als bewiesen angenommen werden"; es muss nicht geschehen. Möglich, dass das weitere Verfahren in dieser Beziehung Aufklärung bietet; dieser Chance hat sich der Richter durch bedingte Feststellung der Relevanz und Ueberzeugungskraft der zurückgehaltenen oder abhanden gebrachten Urkunde nicht zwecklos zu begeben.

Suchen wir nach einer allgemeinen Regel, welche die Abgrenzung des Zwischenurtheils und Beschlusses in ihrem Anwendungsgebiet feststellen soll, so können wir nur sagen: überall dort, wo nicht entweder das Gesetz den Beschluss oder das Zwischenurtheil als die ausschliessliche Form des Interlokuts vorschreibt, ist im Zwischenstreit dem Richter die Wahl zwischen beiden Formen des Dekrets offen gelassen.

Und nun ein Schlusswort zu dieser Materie. Ihre Unklarheit und Verworrenheit ist durch das Gesetz verschuldet. Die Klarheit, welche die Doktrin durch zum Theil nicht haltbare Thesen zu schaffen sucht, ist vom Uebel. Die Praxis lehnt das Zwischenurtheil mit seinem ganzen an ungesunde Scholastik streifenden Anhängsel von Streitfragen möglichst von sich ab, indem sie sich auf ein Minimum der Anwendung dieses äusserst bedenklichen Instituts beschränkt. Wahrhaft lebendig sind nur die Zwischenurtheile der §§ 248, 276, 562; die krankhafte Schöpfung des § 430, auf welche später noch einzugehen, fristet ein nothgedrungenes Dasein. Im Uebrigen kann ein viel beschäftigter Praktiker Jahre lang ohne sonstige Zwischenurtheile existiren.

IV.

Im Folgenden sollen Form und Wirkungen der richterlichen Dekrete uns beschäftigen.

Die Verfügungen und Beschlüsse sind aller Form entbunden. Sie haben weder Thatbestand, noch Entscheidungsgründe und von ihnen gesonderte Urtheilsformel. Sie können Gründe enthalten. Besondere Vorschriften sind nur für den Beweisbeschluss (§ 324) gegeben.

Für alle Urtheile gilt ausnahmslos die strenge Form des § 284. Ihre wesentlichen Bestandtheile sind: Thatbestand, Entscheidungsgründe, gesonderte Urtheilsformel. Der Thatbestand, dieser ganz objektive Theil des Urtheils, dessen grosse Bedeutung für die Beurkundung schon früher betont ward, ist mit den Gründen, der Beurtheilung des Thatbestandes nicht zu vermischen. Aber immerhin verliert eine thatsächliche Anführung in den Gründen durch solche äusserliche Vermischung ihre wesentliche Bedeutung nicht. Ebenso wenig kann ich die Formenvorschrift des gesonderten Tenors für der Art essentiell halten, dass eine Entscheidung um deswillen nicht die Rechtskraft beschreiten könnte, weil sie sich in den Gründen findet. Doch dafür den Beweis bei anderer Gelegenheit.

Welche Reihenfolge der Urtheilsbestandtheile zu beobachten ist, überlässt das Gesetz dem Gerichtsgebrauch. Es steht beim Richter, ob er mit dem Tenor beginnen und Thatbestand und Gründe folgen lassen, oder ob er den Thatbestand an die Spitze setzen und daran Urtheil und Gründe reihen, oder ob er gar lieber das Urtheil aus den vorangegangenen Gründen ableiten will. Ja selbst die Form des sog. inserirten Urtheils, welche „in Erwägung“ der vorentwickelten Motive den Tenor in ungetrenntem Satze folgen lässt, wird durch die Forderung des Gesetzes, dass die Urtheilsformel von der Darstellung des Thatbestandes und von den Entscheidungsgründen „äusserlich zu sondern“ sei, nicht ausgeschlossen. Ebenso überlässt das Gesetz die Formulirung des Urtheils ganz dem Richter. Nur geringen Anhalt bietet ihm der Wortlaut des Gesetzes in allen diesen Beziehungen. Die Praxis zeigt nicht geringe Verschiedenheiten — aber zugleich die immer stärker hervortretende Neigung nach Einfachheit. Man „weist“ die Klage ab; man weist sie nicht „zur Zeit“, „allhier“, „als unbegründet“ ab. Man lässt vom Tenor gesondert den Thatbestand und dann die Gründe folgen. Das ist folgerichtig und klar.

Das Urtheil wird durch Verlesen der Urtheilsformel verkündet (§ 282). Diese also muss schriftlich vor der Publikation abgesetzt sein. Eine Ausnahme macht allein das Versäumnissurtheil, nicht das Zwischenurtheil als solches. Die Gründe können ihrem wesentlichen Inhalt nach beim Publikationsakt mündlich mitgetheilt werden. Ihre Abfassung, wie die des Thatbestandes kann später erfolgen. Es bedarf keiner Bemerkung, dass die Beobachtung dieses Modus nicht ohne Gefahr ist. Bei nachträglichem sorgfältigem Durchdenken und Niederschreiben der Gründe kann die Sentenz und ihre Motivirung sich als haltlos erweisen. Die Gefahr wird vermieden, wenn in schwierigeren Sachen die Licenz der Aussetzung des Urtheils (§ 281) benutzt und auf ausreichend vorbereiteten Urtheilsentwurf nebst Gründen des Referenten hin berathen und entschieden wird.

Das Urtheil ist von sämmtlichen bei der Entscheidung mitwirkenden Richtern zu unterschreiben. Diese Unterzeichnung geschieht nicht sofort bei Absetzung der Urtheilsformel, aus welcher vorbehaltlich der vollständigen Abfassung des Urtheils der Vorsitzende nach § 284 publicirt; sie geschieht auch nicht sofort im Protokoll, welchem die Urtheilsformel inserirt oder schriftlich beigefügt wird; sie geschieht erst in dem „in vollständiger Form“ (§ 286 Abs. 2) abgefassten Urtheil. Allerdings ist der vor vollständiger Abfassung des Urtheils publicirte Tenor das Urtheil. Aber die wesentliche Erscheinungsform ist die Publikation und so wenig für sie bereits ein unterschriebenes Schriftstück vorzuliegen braucht, so wenig bedarf es der nachträglichen Unterzeichnung im Sinne des § 286, wenn die Einverleibung ins Protokoll erfolgt. Hier genügt die Unterzeichnung des Protokolls nach § 149 durch den Vorsitzenden und den Gerichtsschreiber. Das Unterschreiben des Urtheils hat den guten Sinn, dass sämmtliche betheiligte Richter für den ganzen Inhalt des Urtheils eintreten, nicht nur für den Tenor, sondern auch für den Thatbestand und für die Entscheidungsgründe.

Zu dem Genannten kommen noch einige Formenvorschriften für die Urtheile hinzu: so über die Nothwendigkeit der Aufnahme ins Urtheilsverzeichniss und in den Aushang desselben in der Gerichtsschreiberei, über die Ausfertigungen und Auszüge der Urtheile u. a. m.

Wie alle erwähnten Formalien lediglich auf Urtheile und nicht auf Beschlüsse und Verfügungen Anwendung finden, so beschränkt sich auch nur auf sie, was das Gesetz über Berichtigung des Thatbestandes und Urtheils und über die Ergänzung des letzteren bestimmt (§§ 290—292). Da, wie sich zeigen wird, Beschlüsse und Verfügungen den dekretirenden Richter nicht binden, bedurfte es hier derartiger Vorschriften nicht.

Es ist klar, wie bedeutsam die Freiheit der Bewegung für den Richter ist, wenn ihm das Gesetz die Auswahl zwischen der Urtheilsform und der Form des Beschlusses lässt. Vollends erhellt das durch die Betrachtung der materiellen Verschiedenheiten der Arten richterlicher Dekrete.

V.

Die materiellen Verschiedenheiten der richterlichen Dekrete fanden wir in der Abänderlichkeit oder Unabänderlichkeit für den dekretirenden Richter, in der selbstständigen Anfechtbarkeit oder Unanfechtbarkeit mit Rechtsmitteln, in der Fähigkeit oder Unfähigkeit zur Rechtskraft.

1. Es soll uns vorerst die Frage der Abänderlichkeit beschäftigen.

Sie ist in der CPO. folgendermaassen gelöst. Unabänderlich für den erlassenden Richter sind alle Entscheidungen, welche er in Urtheilen ausspricht. Alles andere ist abänderlich.

§ 289. Das Gericht ist an die Entscheidung, welche in den von ihm erlassenen End- und Zwischenurtheilen enthalten ist, gebunden*).

Abänderlich sind alle „Anordnungen", „Beschlüsse", „Verfügungen", gleichviel ob sie entscheiden, oder nicht entscheiden. Abänderlich ist alles, was nicht Entscheidung im Urtheil ist; es kann unabänderlich werden nur durch den Fortgang des Verfahrens. So kann vor allem das Gericht frei zurück von seinem Beweisbeschluss. Es bindet sich nicht an die indirekt in solchem liegende Relevanzerklärung, selbst wenn es den Eid angeordnet hätte. Während die Entscheidung selbst durch die sog. Berichtigung des § 290 nicht geändert, sondern nur ihr unrichtiger Ausdruck dem wahren Urtheilswillen gemäss berichtigt wird, so sind Gründe und Thatbestand des Urtheils der Modification im eigentlichen Sinne unterworfen. Das mit folgender näherer Bestimmung. Die nur mündlich publicirten oder verlesenen Gründe (CPO. § 282) können bei der Urtheilsabfassung beliebig geändert werden. Erst die in vollständiger Abfassung dem Gerichtsschreiber übergebenen Gründe sind nunmehr immutabel. Aber die in ihnen niedergelegte Rechtsansicht bindet auch den urtheilenden Richter nicht. Er kann z. B. die Gründe, welche ihn bei einem Zwischenurtheil leiteten, im Endurtheil verlassen, wenn er nur die Entscheidung festhält. — Aehnliches ist vom Thatbestand zu sagen. Seine etwa bei der Publication gegebene Darstellung unterliegt der Abänderung; ja selbst der fertige und zugestellte Irrthum ist in diesem Stück noch nicht bindend. Was falsch oder unvollständig beurkundet ist, m u s s anders beurkundet werden können, wenn das Gericht sich von seinem Urtheil nachträglich überzeugt. Aber der Berichtigungsantrag des § 291 ist dazu die nothwendige Voraussetzung. Der § 291 deutet an, dass die sonst bei den nicht bindenden Bestandtheilen eines Urtheils zulässige Officialänderung hier ausgeschlossen sein soll, durch die Bezugnahme auf § 290. In letzterem wird die

*) Ob und in welchem Maasse diese Bestimmung eine Einschränkung im Versäumnissverfahren erleidet, wird anlässlich desselben erörtert werden.

erwähnte Berichtigung jederzeit auch von Amtswegen verstattet. In § 291 wird die Berichtigung auf rechtzeitigen Antrag zugelassen mit Beziehung auf Unrichtigkeiten, welche nicht unter die Bestimmung der vorstehenden Paragraphen fallen, d. h. nicht von Amtswegen geändert werden können. Das ist unabweisbar, obschon das Resultat übel sein kann, nicht so sehr wegen etwaiger denkbarer, aber praktisch unerheblicher falscher Beurkundungen im Thatbestande des Zwischenurtheils und Versäumnissurtheils bei nachträglicher besserer Erkenntniss, sondern wegen der Möglichkeit des Thatbestandsirrthums im Endurtheil und der naheliegenden Präklusion des Berichtigungsantrags. Die Berichtigungsfrist läuft eine Woche lang vom Aushange des Urtheilsverzeichnisses ab. Die Partei nimmt von dem aushängenden Thatbestande häufig nicht Notiz. Da steht nun der Irrthum unangreifbar. Aber gerade diese Präklusion beweist die Unzulässigkeit jeder Officialberechtigung.

„Beschlüsse" des Gerichts werden für dasselbe dadurch unabänderlich, dass die dagegen zulässige „sofortige" Beschwerde gebraucht wird. Das sagt der § 540 ausdrücklich. Wird die Beschwerde eingelegt, so devolvirt damit die an sich vorhandene Befugniss zur Abänderung an den höheren Richter. Das Gleiche gilt nicht für die anderen Beschlüsse. Hier hemmt selbst die eingelegte Beschwerde nicht die Abänderlichkeit (§ 534).

In der bindenden Kraft des Zwischenurtheils ist die Erledigung der in ihm entschiedenen Streitpunkte für die Instanz gegeben. Darauf wurde wiederholt hingewiesen, um die Brauchbarkeit des Zwischenurtheils zur Gliederung des Processes zu zeigen. Aber die Unabänderlichkeit des Zwischenurtheils bedeutet nicht die Rechtserheblichkeit des in ihm Entschiedenen. Der Richter kann bei veränderter Relevanzmeinung nachträglich das Interlokut unbeachtet lassen. Hat er eine beklagtische Behauptung durch Zwischenurtheil bejaht, weil er sie für eine zu beachtende Einredethatsache hielt, so kann er später anderer Ueberzeugung werden. Er tritt dadurch nicht in Widerspruch mit sich selbst. So erklärt sich die schon wiederholt berührte

Bestimmung des § 426, nach welcher der im Zwischenurtheil angeordnete Eid erst geschworen werden soll, wenn das Endurtheil rechtskräftig ausspricht, dass es darauf für die Endentscheidung ankomme. Weitere Konsequenzen für den Versäumnissfall werden sich bei Betrachtung desselben ergeben.

2. Ungleich wichtiger als die Frage der Abänderlichkeit ist die der selbstständigen Anfechtbarkeit der Dekrete. Sie ist im gemeinrechtlichen Verfahren der Urquell unabsehbarer Verschleppungen gewesen. Aber so lästig und nachtheilig die Zwischenappellationen waren, immerhin waren sie erträglich, weil nach ihrer Erledigung das Verfahren der ersten Instanz genau an dem Punkte wieder aufgenommen und fortgesetzt werden konnte, an dem es stehen geblieben war. Daran ist im mündlichen Processe nicht zu denken. Zwischenberufungen, denen der Suspensiveffekt zukäme, würden die mündliche Verhandlung völlig auseinandersprengen. Daher will die CPO., zumal sie eine Sonderung der mündlichen Verhandlung und des Beweisverfahrens als exklusive Abschnitte nicht kennt, vielmehr letzteres nur einen Incidentpunkt in der mündlichen Verhandlung sein lässt, grundsätzlich allein die Endurtheile als berufungsfähig behandeln, die „Endurtheile" sowohl als Process- wie als Sachurtheile, als Voll-Urtheile wie als Theil-Urtheile, als bedingte oder unbedingte. Von den Versäumnissurtheilen ist hier nicht die Rede. Sie folgen ihren eigenen Regeln (§§ 474, 303). Zwischenurtheilen wird nur ausnahmsweise die Anfechtbarkeit beigelegt. Die Ausnahmen sind die die processhindernde Einrede verwerfende Entscheidung (§ 248), das über die Existenz, nicht den Betrag des Anspruchs ergehende Urtheil (§ 276), die so zu sagen summarische Aburtheilung in der Berufungsinstanz (§ 502) und das Urtheil im Urkunden- und Wechselprocess (§ 562). Von allen diesen Fällen kann nur der erste Bedenken erregen, weil hier eine Hemmung der mündlichen Verhandlung droht, und hier stellt ausdrücklich das Gesetz die hemmende Wirkung der Berufung in das Ermessen des Richters *). Ist er der Grundlosigkeit

*) Und dieser Punkt ist es, den man im Auge behalten muss —

der Berufung gewiss, so mag er unbeirrt den Beklagten zwingen, in die Verhandlung zur Hauptsache einzutreten. Täuscht er sich, so ist allerdings die Lage für ihn übel; denn dann kommt von oben herunter die Entscheidung, dass es an den Processvoraussetzungen gebricht, und sein Verfahren ist null und nichtig, ja selbst dann null und nichtig, wenn das Endurtheil formell rechtskräftig geworden sein sollte. Setzt der Beklagte, seiner Sache sicher, dem Unterrichter passiven Widerstand entgegen, d. h. verhandelt er seiner Anordnung zuwider nicht, so hat dieser auf Versäumnissantrag hin (§ 296) die mündliche Verhandlung zu schliessen und, soweit es § 281 gestattet (!), abzuwarten, welches Resultat die Berufung ergibt. Führt sie zur Verwerfung der processhindernden Einrede, so publicirt nunmehr der Richter auf Grund der stattgefundenen Versäumniss das Versäumnissurtheil, wie er es auch zu thun hat, wenn er das Berufungsurtheil nicht abwarten kann oder will; führt sie zur Bestätigung, so ist damit ohnedies der Process erledigt.

Die nicht selbstständig berufungsfähigen Zwischenurtheile, wie die Beschlüsse und Verfügungen sind nur mit dem Endurtheil anfechtbar, sofern sie nicht überhaupt unanfechtbar oder mit der Beschwerde angreifbar sind (§ 473)*). Wir müssen danach in der Masse der nicht selbstständig berufungsfähigen Dekrete folgende Gruppen sondern:

a) Die erste bilden solche, welche „unanfechtbar", d. h. durch Rechtsmittel weder selbstständig, noch mit dem Endurtheil anfechtbar und daher für den Oberrichter unabänderlich sind.

Hierher gehört u. a. das Dekret, welches das zuständige Gericht bestimmt (§ 37), dem Ablehnungsgesuch gegen Richter, Gerichtsschreiber oder Sachverständige deferirt (§§ 46 Abs. 2, 49, 371 Abs. 5), das Armenrecht gewährt (§ 118), der Partei oder ihrem Vertreter oder ihren Beiständen wegen mangelnder

---

von anderen abgesehen — wenn man das Verhältniss des § 248 zu den gesetzgeberischen Vorarbeiten — s. oben S. 120 Note ** — verstehen will.

*) Hier zeigt sich die Wichtigkeit der Frage, ob ein Urtheil End- oder Zwischenurtheil ist.

Fähigkeit zum Vortrag oder geschäftsmässigen Betreiben der Anwaltschaft resp. Beistandschaft den weiteren Vortrag untersagt resp. sie zurückweist (§ 143), die Nothwendigkeit der Bestellung eines Zustellungsbevollmächtigten anordnet (§ 160 Abs. 1), ein Fristverlängerungsgesuch oder den Antrag auf Terminsverlegung abweist (§§ 203, 205 Abs. 2)*), die Einrede der Klageänderung verwirft (§ 242), den Berichtigungsantrag nach § 290 zurückweist, über die Thatbestandsberichtigung entscheidet (§ 291), eine kommissarische Beweisaufnahme anordnet (§ 320), dem Gesuch um Beweisaufnahme zum ewigen Gedächtniss willfahrt (§ 451), eine vorläufige Vollstreckbarkeit nach § 496 ausspricht, ein Gesuch um Erlass eines bedingten Zahlungsbefehls zurückweist (§ 631), über die vorläufige Vollstreckbarkeit in der Berufungsinstanz entscheidet (§§ 656 Abs. 3, 689, 690).

b) Die zweite Kategorie bilden die Dekrete, welche zwar nicht berufungsfähig, aber mit der Beschwerde anfechtbar sind und daher, mögen sie selbstständig angefochten werden oder nicht, der Anfechtung mit der Berufung gegen das Endurtheil nicht mehr unterliegen.

Die Beschwerde ist der Ersatz der gemeinrechtlichen Zwischenappellation. Sie ist nicht beschränkt auf die Aufgabe der gemeinrechtlichen einfachen Querel, welche sich gegen die rein processleitenden oder disciplinarischen Verfügungen des Richters wendet. Sie dient zur Anfechtung zahlreicher decisiver, wenn auch nicht in die Sache selbst eingreifender Dekrete. Dabei ist sie devolutiv und hat, abgesehen von einigen wenigen Fällen oder abweichender richterlicher Anordnung, der Regel nach keinen Suspensiveffekt (§ 535).

Die Fälle, in denen die Beschwerde zulässig ist, hat das Gesetz einzeln, nicht nach allgemeinen Gesichtspunkten bestimmt. Wo das Rechtsmittel nicht ausdrücklich zugelassen ist, ist es versagt und nur die eine allgemeine Regel findet

---

*) Ist die Ablehnung des Vertagungsantrags (§ 206) unanfechtbar? Im Fall § 300? Nein: Beschwerde, so RG. Entsch. XXIII 368 — arg. § 530.

sich, dass allemal Beschwerde erhoben werden kann, wenn das eine mündliche Verhandlung nicht erfordernde Dekret „ein das Verfahren betreffendes Gesuch zurückweist" (§ 530). Hier ist sie zulässig, gleichviel ob eine mündliche Verhandlung stattfand oder nicht stattfand. Nicht ist sie zulässig, wenn entweder die mündliche Verhandlung stattfinden musste, oder das Dekret deferirend ausfällt. Der Grundgedanke ist: die ganze Substanz der mündlichen Verhandlung, alles was auf ihrem Grunde ruht, muss dem Berufungsrichter mitgetheilt und ungeschmälert zur Nachprüfung unterbreitet werden.

Ins Einzelne die im Gesetz genannten und zahlreichen Fälle fakultativer mündlicher Verhandlung und dadurch bedingter Anfechtbarkeit eines ablehnenden Beschlusses zu verfolgen, würde zwecklos sein*). Es genüge, die Bedeutung der Sache an einzelnen Beispielen zu illustriren.

Der Beweisbeschluss ist unangreifbar. Ebenso das Zwischenurtheil des § 426, welches den Eid auferlegt. Gegen die Entscheidung, welche über den Editionsantrag (§§ 390, 391) als Zwischenurtheil oder Beschluss ergeht, gibt es kein selbstständiges Rechtsmittel. Alle Zwischenurtheile, welche zwischen den Parteien ergehen, sind der Beschwerde entzogen. Und daran wird nichts geändert durch die Gesetzesvorschriften, welche die Beschwerde ausdrücklich gestatten (§ 530). Denn in ihnen vorkommende beschwerdefähige Zwischenurtheile sind lediglich Zwischenurtheile zwischen den Parteien und Dritten.

Hiernach kann es vorkommen, dass Beweise erhoben und Eide geleistet werden über völlig unwesentliche Thatsachen und ohne dass der Partei die Möglichkeit bleibt, die betreffenden Anordnungen zu bekämpfen. Wird die Vorlage einer Urkunde angeordnet, so bleibt der Partei nichts übrig, als zu gehorchen. Verweigert sie die Edition und den Editionseid, so thut sie es auf die freilich durch Berufung korrigible Gefahr des Präjudizes des § 392. Die nachträgliche Vorlegung

*) Vgl. CPO. §§ 37, 46, 49, 97, 99, 117, 160, 187, 203, 204, 205 Abs. 2, 225, 290, 304 Abs. 2, 371 Abs. 4, 451, 536 Abs. 1, 647, 657, 666 Abs. 2, 668, 669 Abs. 2, 684, 688 Abs. 3, 690, 696, 776, 801, 813, 816, 820, 824.

wird im Falle der Bestätigung der unterrichterlichen Anordnung anstandslos zuzulassen sein. Mögen in diesen und ähnlichen Fällen Belästigungen der Partei, Kostenvermehrung, überflüssige Eide gelegentlich herauskommen, der durch den Ausschluss des störenden, incidenten Rechtsmittelverfahrens erzielte Gewinn überwiegt den etwaigen Nachtheil augenfällig. Die Remedur muss die Anfechtung des Endurtheils bringen.

2. Es erübrigt die Betrachtung der Rechtskraft richterlicher Dekrete, nicht der formellen (s. oben S. 100), sondern der materiellen.

Die materielle Rechtskraft ist die Unabänderlichkeit des Dekrets für den dekretirenden und jeden anderen Richter; sie ist die bindende Kraft des Urtheilsinhalts für die betheiligten Processsubjekte in aller Zukunft. Nicht ist sie Feststellung einer Thatsache, unwiderlegliche Liquidität, das Bewiesen-Sein einer thatsächlichen Behauptung. Ueber solche kann im neuen Process zwischen denselben Parteien immer wieder von neuem gestritten werden. Sie ist wahr oder nicht wahr und die subjektive Ueberzeugung des Richters über sie kann nie zur Wahrheit machen, was nicht Wahrheit ist. Keine Macht in Himmel und Erde ändert etwas an der Wahrheit der Thatsachen. Hier hat die Rechtskraft nicht Sinn, noch Zweck. Der Zweck des Processes ist Rechtsschutz, die Feststellung von Rechtsverhältnissen. Nur sie kann bindend werden. Nur in ihr kann die autoritative Kraft der Staatsgewalt dem Ausspruche des Richters jenes „Etwas“ zusetzen, was die Unbestreitbarkeit schafft. Rechtsverhältnisse sind ideel und wandelbar. Das bestehende Rechtsverhältniss ist beliebig veränderlich, daher nicht unwandelbar durch die Thatsache selbst wie eine Thatsache bestimmt. So ist ein Urtheil auf Grund des vorhandenen Processstoffs und nach Maassgabe der processualischen und civilistischen Regeln möglich, welches dem wahren Sachverhalte nicht entspricht und dennoch bindet*). Und diese Unwahrheit des Urtheils hat ihren Grund

*) Vgl. oben S. 99 Anmerkung. Wer das Wesen der Rechtskraft erkennen will, muss Civil- und Strafprocess und das Verfahren in Ver-

entweder in der Unvollständigkeit resp. Unwahrheit der Urtheilsgrundlage oder in der Unrichtigkeit der Beurtheilung derselben. Nur der in dem Process von den Parteien eingeführte Streitstoff ist die Grundlage des Urtheils. Ist er unvollständig und sind unwahre Behauptungen nach den processualischen Regeln als wahr zu behandeln, so kann das Urtheil thatsächlich Rechte geben, wo keine Rechte waren, und Rechte nehmen, wo solche waren. Aber auch dann ist es seinem Begriffe nach Rechtsanwendung, nicht Rechtsschöpfung. Das in den Process nicht eingeführte thatsächliche Material existirt für den Richter nicht und das eingeführte nur nach Maassgabe des Processgesetzes; er beurtheilt es für die Frage des als bestehend behaupteten und bestrittenen Anspruchs. Das ist möglich, weil die Parteien über die Streitsache und das Streitmaterial herrschen. So zieht das Civilurtheil seine Kraft nicht aus seiner Ueberzeugungskraft, aus seiner materiellen Wahrheit, sondern aus der vernünftigen Zweckbestimmung des Processes, den staatlichen Rechtsschutz zu gewähren auf Grund des von den Parteien beigebrachten Streitmaterials und geäus-

waltungsstreitsachen gleichmässig betrachten. Es wird sich ihm ergeben, dass die Verschiedenartigkeit der Streitsache verschiedene Voraussetzungen der Rechtskraft fordert, dass aber aus ihr allein die letztere nicht zu begreifen ist. Nicht weil im Civilprocess die Verhandlungsmaxime gilt, auch nicht, weil hier die Parteien ausgiebige Gelegenheit bekommen, ihre Angriffs- und Vertheidigungsmittel zu gebrauchen, ist im Civilprocesse überhaupt Rechtskraft. Aus jenem Umstande folgt nur, dass trotz der Unvollständigkeit der Urtheilsgrundlage Rechtskraft ohne grobe Ungerechtigkeit sein kann. Die rechtliche Nothwendigkeit der Rechtskraft an sich folgt, wie schon oben gesagt, aus dem Processzweck und aus der Staatsraison, welche immer erneute Verhandlung derselben Sache unzulässig erscheinen lässt. Daher gibt es auch im Strafprocess Rechtskraft. Sie tritt ein trotz evident irriger Beurtheilung des Streitstoffs; sie tritt ein trotz Unvollständigkeit der Urtheilsgrundlage. Und das geschieht nicht allein, weil die Processsubjekte ausgiebige Gelegenheit gehabt haben, den Thatbestand vollständig herzustellen, wie schon die verschiedene Behandlung der Wiederaufnahme des Verfahrens gegen rechtskräftiges Urtheil beweist, welche das Gesetz bei der verurtheilenden und der freisprechenden, auf unvollständiger Urtheilsgrundlage ruhenden Sentenz zulässt.

serten Streitwillens. Sollte aber bei der Beurtheilung des Rechtsstoffes ein Irrthum unterlaufen, so wird doch die Rechtskraft auch der falschen Entscheidung dann eintreten müssen, wenn die Mittel ihrer Anfechtung erschöpft sind. Der Staat kann unmöglich eine stets erneute Wiederaufnahme des Processes gestatten. Es muss für Richterpflicht und Defensionspflicht eine Grenze geben. *Ne bis in idem**).

Nun lässt sich freilich der Umfang, in welchem durch das Urtheil Rechtsverhältnisse rechtskräftig festgestellt werden, verschieden bemessen. Es fragt sich, ob nur rechtskräftig entschieden wird der geltend gemachte Anspruch in dem geltend gemachten Umfang, oder auch alles und jedes, was mit seiner Aburtheilung entschieden werden muss: m. a. W. ob man die Rechtskraft gegenständlich zu bestimmen hat nach dem Rechtsschutzzweck, der durch die Klage begrenzt wird, oder durch die Logik. Wer sie nach dieser bemisst, übersieht, dass „erkennen“ und „entscheiden“ nicht ist „urtheilen“ im Sinne des normirenden Richterspruchs. Das ist die bekannte Frage nach der sog. Rechtskraft der Entscheidungsgründe.

Die CPO. nimmt zur Lehre der Rechtskraft folgende klare und einfache Stellung ein. Sie kennt keine Rechtskraft thatsächlicher Feststellung**). Nur die Entscheidungen über Ansprüche sind der Rechtskraft fähig, und auch diese nur in dem Umfang, in welchem sie in diesem Process durchgesetzt werden sollen (§ 293). Es gibt keine Rechtskraft der Entscheidungsgründe. Nicht werden rechtskräftig die Entscheidungen über die bedingenden Rechtsverhältnisse, über Präjudicialpunkte, es sei denn bezüglich ihrer ein selbstständiger Feststellungsanspruch klage- oder widerklageweise erhoben (§ 253).

Ohne annähernd die Fülle der hiermit verknüpften Fragen im Folgenden beantworten oder auch nur stellen zu wollen, mögen einige Bemerkungen zur Illustration des Rechtssatzes gestattet sein.

---

*) Alle Rechtskraft im Civilprocess ist relativ, — beschränkt auf bestimmte Personen (*inter partes* etc.), bestimmte Sache (*eadem res*), bestimmte Zeit und Sachlage (CPO. § 686).

**) Eine Ausnahme ist die Echtheitsfeststellung der Urkunde in § 231.

Der Inhalt dessen, was die Parteien „beanspruchen", wofür sie den staatlichen Rechtsschutz fordern, ergibt die objektive Grenze der Rechtskraft. Wir unterscheiden den Anspruch auf Leistung im weitesten Sinne des Wortes (Zahlen, sonstiges Handeln, Dulden, Unterlassen) und den Feststellungsanspruch. Die rechtskräftige Entscheidung des letzteren ist noch nicht die rechtskräftige Entscheidung des aus dem festgestellten Recht abfliessenden Leistungsanspruchs. Umgekehrt ist die rechtskräftige Bejahung des letzteren mit Nothwendigkeit die Bejahung des Rechtsverhältnisses, dessen völlige oder theilweise Verwirklichung Inhalt des Anspruchs ist. Niemals kann das Urtheil nur das abstrakte Petitum bejahen. Es muss zugleich das Recht, dessen Ausfluss das Petitum ist, im Umfang desselben feststellen. Der Anspruch, welchen ich mit der Eigenthumsklage verfolge, ist nicht die abstrakte Restitutionsforderung, sondern der Eigenthumsanspruch; die Bejahung der Verpflichtung zur Herausgabe ist die Bejahung des Eigenthums. Die Verurtheilung zum Leisten von Hundert ist die Feststellung der die Obligation individualisirenden *causa*. Andrerseits ist die Verneinung eines Anspruchs nicht nothwendig die Verneinung des Rechtes, um dessen Geltendmachung es sich handelt. Sie kann es sein; sie kann aber auch sein die Verneinung des zu dem an sich bestehenden Recht hinzutretenden klagveranlassenden, rechtswidrigen, verletzenden oder gefährdenden Verhaltens (des Schutzgrundes), so des Besitzes bei der Eigenthumsklage, des *facere* bei der Klage aus der *obligatio in non faciendo*, des das rechtliche Interesse an der alsbaldigen Feststellung und demnach den Feststellungsanspruch begründenden Gebahrens. Ist dem so, dann schafft das abweisende Urtheil unter keinen Umständen Rechtskraft bezüglich der Existenz des Rechts, selbst dann nicht, wenn es die Existenz ausspricht. Die Entscheidung des Rechtsstreits ist anspruchverneinend; die nebenher gehende Bejahung klägerischen Rechts ist unwesentlich für die Absolutoria und nicht Entscheidung des Anspruchs. Wie gegen sie dem siegenden Beklagten wegen mangelnden Berufsinteresses keine Berufung verstattet werden kann, so kann sie niemals die Rechtskraft beschreiten. In der Erhebung des Leistungsanspruchs liegt nicht zugleich die Erhebung eines Feststellungsanspruchs und dieser kann nur unter Voraussetzung des begründeten Feststellungsinteresses zu rechtskräftiger Feststellung führen.

Dass nach CPO. die incidente Bejahung oder Verneinung des bedingenden Rechtsverhältnisses nicht Rechtskraft schaffen soll, es sei denn der Feststellungsanspruch (§ 253) erhoben worden, dass also die Erhebung eines solchen weder an sich in angriffs- oder vertheidigungsweiser Berufung auf jenes Rechtsverhältniss liegt, ist ausser jedem Streit. Und ebenso sicher ist gleichgültig die Form, in welcher das Gericht solche incidente nicht klage- oder widerklageweise beantragte Feststellung ausspricht. Auch wenn in selbstständigem Zwischenurtheil darüber entschieden sein sollte oder wenn im Tenor des Endurtheils sich die Feststellung fände, sie bliebe immer nur Entscheidungsgrund. Es fragt sich nun weiter: lässt sich dieser Gedanke verallgemeinern und behaupten, dass überhaupt und niemals in der Vertheidigung die Feststellung als genugsam erbeten anzusehen sei, oder auch, dass die Entscheidung über die beklagtischen Rechtsbehauptungen nie die Rechtskraft beschreiten könne?

Die Frage ist nur zu stellen, falls ein Gegenrecht, sei es als Läugnen des Klaggrundes, sei es einredeweise, geltend gemacht, nicht blos eine Thatsache behauptet wird. Denn dass die Entscheidung über thatsächliche Behauptungen niemals die Rechtskraft beschreitet, ist jedem Zweifel enthoben. Als in Betracht kommende Beispiele denke man folgende: der Beklagte setzt der Eigenthumsklage die Behauptung seines Eigenthums an der Sache entgegen, oder er behauptet (im Prätendentenstreit) selbst Subjekt der Forderung zu sein, die der Kläger sich zuschreibt, oder er nimmt für sich das Recht in Anspruch, welches der Kläger mit der negativen Feststellungsklage verneint wissen will. In allen diesen Fällen handelt es sich oder kann es sich doch handeln um das Läugnen des Klaggrundes durch Behauptung eines mit demselben unvereinbaren Thatbestandes — und handelt sich jedenfalls um das beklagtische Behaupten eines mit dem klägerischen unvereinbaren Rechtes. — Und ferner erwäge man Beispiele der „rechtsverfolgenden" einredeweisen Vertheidigung: der Beklagte opponirt der Kaufklage auf Zahlung der Kaufgelder die Einrede des nicht erfüllten Vertrages oder der Eigenthumsklage ein Recht an der Sache (Niessbrauch, Pfandrecht und dergl.), oder der Forderungsklage die Einrede der Aufrechnung. Für den letzteren Fall hat die CPO. die Entscheidung getroffen. Ueber die Einrede wird bis zum Betrag, mit welchem aufgerechnet werden soll, rechtskräftig entschieden (§ 293 Abs. 2). Hier ist die einredeweise Vertheidigung nicht nur Feststellungsantrag, sondern zugleich Antrag zur Realisirung des Gegenrechts in Form der Aufrechnung. Sollte daraus nicht geschlossen werden können, dass zum mindesten im Vorbringen anderer „rechtsverfolgenden" Einreden, überhaupt im vertheidigungsweisen Vorbringen des Gegenrechts ein Feststellungsantrag zu finden sei, oder dass doch die Bejahung oder Verneinung dieses Gegenrechtes als Grund der Klagabweisung oder Verurtheilung rechtskräftig werde? Man wird unterscheiden müssen.

Wird die negative Feststellungsklage abgewiesen, weil das Rechtsverhältniss, dessen Verneinung die Klage will, besteht, so ist diese positive Feststellung der Rechtskraft fähig. Der Grund ist augenfällig. Im Processe macht der Kläger ein Rechtsverhältniss zum Gegenstand der Sachverhandlung und Sachentscheidung, indem er es bejaht (positive Klage, Leistungs- oder Feststellungsklage), oder verneint wissen will (negative Feststellungsklage). Immer macht er es zum Entscheidungsgegenstand. Im ersteren Falle läugnet der Beklagte das Recht, im anderen behauptet er es. Darüber ist zu urtheilen. Daraus folgt, dass die Abweisung der positiven Klage wegen Rechtsverneinung das endgültige Aberkennen des Rechts ist, dagegen die Abweisung der negativen Klage wegen Rechtsbejahung dieses Recht des Beklagten rechtskräftig feststellt.

Anders in allen übrigen Fällen der Vertheidigung durch Rechtsbehauptung. Der Entscheidungsgegenstand ist und bleibt, wie auch der Beklagte sich vertheidige, nur das klägerische Recht — und dessen Verneinung ist, selbst wenn sie thatsächlich auf Grund der Bejahung beklagtischen Rechts erfolgt, doch ohne positiven Gehalt. Soll dieser resultiren, so muss die Incidentfeststellungsklage oder die Widerklage erhoben werden*). Wird freilich der Beklagte verurtheilt, so ist damit sein behauptetes collidirendes Recht rechtskräftig verneint; denn die Position des klägerischen Rechts ist undenkbar ohne die Negation des beklagtischen. Diese ist in jener enthalten**). Im ersteren Fall ist die Existenz des beklagtischen Rechts Entscheidungsgrund für die Abweisung, im letzteren die Nichtexistenz Inhalt der Verurtheilung.

Ganz so steht es mit der Einrede***). Ob die Vertheidigung als solche oder als Läugnen des Klaggrundes anzusehen ist, hat Bedeutung für die Beweislast, nicht für die vorliegende Frage. Das erhellt hinlänglich aus der Thatsache, dass dasselbe Gegenrecht durch ganz geringe Verschiebungen der Sachlage die eine oder die andere Eigenschaft gewinnt. Im Prätendentenstreit, mag er dingliche oder persönliche Rechte betreffen, ist die Behauptung des Gegenrechts dann Einrede, wenn der Beklagte dasselbe ableitet vom Kläger, also sagt, das entstandene Recht desselben sei durch seine Succession untergegangen, hingegen dann Läugnen des Klaggrundes, wenn der Kläger sein Recht vom Beklagten ableitet und dieser die Successionsthatsache bestreitet.

---

*) Dafür die Motive zu § 293. — Gerade die Aufstellung des § 253 beweist, dass ohne Feststellungsantrag keine positive Entscheidung zu Gunsten des Beklagten, d. h. keine Verurtheilung des Klägers möglich sein soll. — Irrig Bähr, Urtheile des Reichsgerichts, 1883 S. 163, der den allgemeinen Satz formulirt, dass, wenn das klägerische Recht verneint werde wegen des gegenüberstehenden Rechts des Beklagten, die Abweisung zugleich eine rechtskräftige Feststellung dieses Rechts enthalte.

**) Vgl. hierzu die von den Motiven zu § 293 herangezogene und gebilligte Aeusserung Ungers, österr. Privatr. Bd. II 639 fg.: „einen Ausspruch über Recht und Ansprüche des Beklagten kann das Urtheil enthalten, wenn und insoweit in der Anerkennung des Klagerechts nothwendig zugleich eine Aberkennung der Ansprüche des Beklagten liegt."

***) A. M. Bähr in der Krit. Vierteljahrsschr. Bd. XXV 547: „der im Wege der Klage oder Widerklage erhobene Anspruch soll die Rechtskraft begrenzen. Innerhalb dieses Anspruchs werden aber auch die Aussprüche des Richters über Einreden und Repliken rechtskräftig!"

Fassen wir zunächst die Klagabweisung wegen begründeter rechtsbehauptender Einrede ins Auge, so ist darauf zurückzukommen, dass nach CPO. § 293 Abs. 2 der Abweisungsgrund der *compensando* geltend gemachten Gegenforderung diese bis zur Höhe der Aufrechnung rechtskräftig bejaht. Darin liegt keine Ausnahme, sondern eine Folge der betonten Eigenart dieser Einrede, ihrer Tendenz auf Realisirung des Gegenrechts durch Aufrechnung. Auch das ist nicht Widerklage, sondern Vertheidigung, aber eine solche, die ohne Rechtskraft erfolgreich nicht denkbar ist*). — Freilich afficirt jede rechtsbehauptende Einrede den Anspruch, und der Richter, welcher um ihrer willen denselben abweist, spricht aus, dass dem Anspruch gegenüber ein paralysirendes Gegenrecht bestehe. Wenn auf die *exceptio non adimpleti contractus* hin**) die Abweisung der Klage oder gar die Verurtheilung zur Leistung gegen Gegenleistung erfolgt, so möchte man das Recht auf Gegenleistung damit ebenso rechtskräftig anerkannt finden, als mit der Feststellung der beklagtischen *compensando* erhobenen Gegenforderung diese. Weshalb soll nur hier und nicht auch dort in der Einrede der Feststellungsanspruch sich bergen? Die Antwort ist, weil andernfalls überhaupt die ganze Tendenz des Gesetzes, die sog. Rechtskraft der Entscheidungsgründe, „der Elemente" des Urtheils abzulehnen, vereitelt würde. Sollte die „rechtsverfolgende" Einrede als solche schon den Anspruch auf Feststellung der Existenz des Rechts erheben, so wäre es nur konsequent, auch die Behauptung, welche das die Klage bedingende Rechtsverhältniss leugnet, als Antrag auf Feststellung der Nichtexistenz des Rechtsverhältnisses (§ 231) aufzufassen.

*) Ungenügend drücken diese Gedanken die Motive zu § 293 aus: „die dem nordd. Entw. § 359 Abs. 2 entnommene Vorschrift des § 283 Abs. 2 steht mit dem hinsichtlich der Rechtskraft maassgebenden Princip im Einklange. Wird die Einrede der Kompensation vorgeschützt, so muss es als Absicht der Parteien angenommen werden, dass das Bestehen oder Nichtbestehen der *compensando* geltend gemachten Gegenforderung *pro concurrente summa* unter ihnen festgestellt werden solle."

*) Hiermit soll in der Frage, ob gemeinrechtlich eine solche *exceptio* existire, nicht Stellung genommen werden. Ich wähle als positivrechtliche Basis das sächsische Recht, welches die Frage bejaht.

Denn hier wie dort wird über Rechtsverhältnisse eine Entscheidung veranlasst, welche den behaupteten gegnerischen Anspruch afficirt. Hier wie dort handelt es sich um einen Thatbestand, welcher einen Klaganspruch, eine positive und negative Feststellungsklage zu stützen vermag. Hier wie dort fragt es sich nur, ob schon das einfache vertheidigungsweise Verwerthen des Thatbestandes ausreichend ist, um die Rechtskraft der Entscheidung zu schaffen. Da nun, wie oben bemerkt, das hinsichtlich des bedingenden Rechtsverhältnisses unzweifelhaft nicht der Fall ist, da ferner die CPO. § 253 durchaus nicht nur die Präjudicialpunkte der Klage, sondern alle Rechtsverhältnisse trifft, welche nicht schon durch den Klagantrag zur rechtskräftigen Entscheidung verstellt werden und doch solche sind, „von deren Bestehen oder Nichtbestehen die Entscheidung des Rechtsstreits ganz oder zum Theil abhängt“, und da ferner das Gesetz dem Beklagten überhaupt die Widerklage zur Befriedigung seines konnexen Gegenrechts eröffnet, so werden wir für die Präjudicialfragen und die rechtsverfolgende Einrede gleichmässig die Widerklage voraussetzen müssen, damit rechtskräftig über sie geurtheilt werden könne.

Damit ist ein zwar formales, aber doch klares und bequemes Kriterium für die objektive Begrenzung der Rechtskraft gegeben. Wo kein Klagantrag, da keine Rechtskraft. Wo jener fehlt, darf nicht angenommen werden, dass die Parteien die definitive Erledigung dieses Punktes in diesem Processe wollen. Der Beklagte, der sich nur in der Form der Negation oder Einrede, kurz und gut durch einfache Behauptung vertheidigt, ohne die Widerklage zu erheben, intendirt nur die Entkräftung der Klage, nicht die rechtskräftige Entscheidung weiterer Rechtsverhältnisse. Und danach wird sich möglicherweise die Intensität seiner Vertheidigung wie die Beweislast bestimmen. — Daher ist das Urtheil, welches die Eigenthumsklage wegen Existenz eines exceptivisch verfolgten dinglichen Gegenrechtes abweist, nicht rechtskräftige Feststellung des letzteren, sondern nur rechtskräftige Feststellung der Hinfälligkeit der erhobenen Eigenthumsklage. Der Erneuerung derselben steht so lange die *exceptio rei iudicatae* entgegen, bis der Fortfall des Gegenrechtes dargethan wird; dagegen kann nicht auf jenes Urtheil gestützt der Beklagte etwa die Pfand- oder Servitutenklage seinem bisherigen Gegner gegenüber erheben mit der Wirkung, dass dieser die Existenz des Rechtes als unbestreitbar hinzunehmen habe. — Wird auf die Einrede des unerfüllten Vertrags der Beklagte zur Zahlung unter der Voraussetzung der Gegenleistung verurtheilt, so kann er zwar, wenn diese nicht erfolgt, nicht nur die Zahlung und Vollstreckung ablehnen, sondern auch den Spiess umkehren und, was er schon früher konnte, auf Gegenleistung unter Anerbieten der Zahlung klagen; aber er muss sich gefallen lassen, dass jetzt der Streit über die Existenz seiner Forderung von neuem beginnt*).

Das exceptivische Gegenrecht wird rechtskräftig verneint durch die Verurtheilung. Das ist, wie sich aus der folgerichtigen Durchführung der oben ausgesprochenen Gedanken ergibt, der nothwendige Inhalt der Bejahung des Anspruchs. Ein Zurückkommen auf solches Gegenrecht heisst den Streit über den Anspruch erneuern.

In dem Gesagten sind Anhaltspunkte zur Erledigung der Frage gegeben, ob die CPO. etwa ausser den erörterten objektiven Kriterien für die Begrenzung der Rechtskraft noch ein weiteres formales Kriterium kennt. Es handelt sich um die Erscheinungsform im Tenor des Urtheils. Ist sie wesentliche Voraussetzung für die Rechtskraft der Entscheidung? Viele bejahen, und ihr Hauptgrund ist, weil die Reichs-Justizkommission den im Entwurf enthaltenen dritten Absatz:

> „Der Eintritt der Rechtskraft ist nicht davon abhängig, dass die der Rechtskraft fähige Entscheidung in die Urtheilsformel aufgenommen ist“

gestrichen hat. Wollten wir zugeben, dass, was keineswegs offensichtlich ist, die Majorität die Rechtskraft auf die Urtheils-

*) Mit Argumentationen der Logik, wie sie von Manchen dagegen unternommen wird, ist nichts auszurichten. Denn die Rechtskraft ist ein positives Rechtsinstitut, welches den Zweck hat, den Rechtsschutz in den Grenzen des Rechtsschutzbegehrens mit der Vollwirkung des „*res iudicata*“ auszurüsten.

formel beschränken und nicht nur diese Frage unentschieden oder den Passus als selbstverständlich fallen lassen wollte**), so müsste doch mit aller Entschiedenheit betont werden, dass die Reichs-Justizkommission nicht Gesetzgeber war, ihr Wille nicht Gesetz ist und der Inhalt des Gesetzes aus diesem selbst, nicht aus Debatten einiger Kommissionsmitglieder zu entnehmen ist. Das Gesetz beschränkt mit keinem Worte die Rechtskraft

**) Die Protokolle enthalten zu Abs. 3 nur Folgendes: Der Abg. Bähr sagte, die Entscheidung müsse in der Urtheilsformel vereinigt sein sonst entstehe die grösste Unklarkeit und Unsicherheit. Dagegen erklärte Struckmann, den 3. Absatz des § 283 (des Entwurfs) verstehe er dahin, dass nur Entscheidungen über die dem Urtheil zu Grunde gelegten Rechtsverhältnisse, nicht aber Entscheidungen, die vielleicht ohne jede Veranlassung nebenher liefen, der Rechtskraft fähig seien (?). Gneist meinte, Abs. 3 sei ihm bedenklich, weil hiernach Vermengung des dispositiven Theils mit den Entscheidungsgründen vorkommen könne, die Unklarheiten im Gefolge habe, die Streichung würde diese Bedenken erledigen. Darauf Schwarze: Absatz 3 scheine ihm aus dem vom Vorredner angeführten Grunde bedenklich; entweder sei er überflüssig, weil er durch Absatz 1 schon gedeckt sei, oder er sage etwas Mehreres, nach der Fassung, und dann sei er gefährlich. Amsberg trat für Absatz 3 ein, welcher den Formalismus der räumlichen Begrenzung der Rechtskraft auf den Tenor abzuschneiden bezwecke. Darauf ward Absatz 3 abgelehnt. Die Debatte zeigt durchaus verschiedene Gründe. Bähr und Gneist wollen den Absatz 3 nicht, weil nur der Tenor die Entscheidung enthalten solle; sie wollen also die „räumliche Begrenzung der Rechtskraft". Daraus möchte auch jetzt noch, wenn auch nicht mit gleicher Sicherheit wie in früheren Auflagen seines Werkes L. Seuffert a. a. O. § 293 Note 3c schliessen, dass die der Rechtskraft fähige Entscheidung als Urtheilsformel ausgesprochen sein müsse". Dafür beruft er sich auf Zeugnisse von Struckmann und Gaupp in ihren Kommentaren und darauf, dass der § 293 der französischen und preussischen Praxis nach den Motiven habe folgen wollen, dass das Gesetz nicht, wie der Entwurf, das formale Kriterium abgelehnt habe, und endlich, dass nur dieses die Zweifel darüber beseitige, was das Gericht habe entscheiden wollen. — Ueber die sachlichen Gründe s. den Text. Gegen die von Seuffert angerufenen Zeugen führe ich an Schwarze, der offenbar die bekämpfte Ansicht nicht theilte, und Bähr, Urtheile S. 164, welcher bezeugt: der Abs. 3 sei in der RJK. gestrichen worden, nicht weil man seinen Gedanken für unrichtig hielt, sondern weil man befürchtete, dass sich an diesen Satz doch die falsche Theorie von der Rechtskraft der Entscheidungsgründe über den Umfang der Verurtheilung hinaus wieder anknüpfen möchte.

auf die Urtheilsformel. Es erklärt für rechtskräftig die Entscheidung über den Klaganspruch resp. die Kompensationseinrede im Urtheil. Im Urtheil steht die Entscheidung auch, wenn sie in den Gründen steht; denn das „Urtheil“ enthält nach § 284 n. 4 die Entscheidungsgründe. Die Sonderung von Urtheilsformel und Gründen ist eine Formvorschrift, welche die materielle Regel der Rechtskraft nicht berührt. In der „Urtheilsformel“ können und werden unbestrittenermaassen Bestandtheile vorkommen, welche nicht der materiellen Rechtskraft fähig sind, so beispielsweise Entscheidungen über processhindernde Einreden, Erklärung vorläufiger Vollstreckbarkeit. Andrerseits wird sich Niemand darüber täuschen können, dass die „todte“ Formel: „die Klage wird abgewiesen“ oder „der Beklagte wird verurtheilt zu zahlen“ über das, was dort rechtskräftig entschieden ist, keinen Aufschluss gibt. Die Abweisung kann sein eine *absolutia ab instantia* oder *ab actione*, und diese kann sich stützen auf die Einrede der Aufrechnung und dann sowohl die Entscheidung über die Haupt- wie über die Gegenforderung zur Basis haben; sie kann angesichts negativer Feststellungsklage ruhen auf der Negation des Feststellungsinteresses oder auf der Negation der klägerischen Negation des Rechts, also auf dessen Position u. dergl. Wer hier überall nur von einer „Interpretation“ der Urtheilsformel redet, missbraucht dies Wort und stellt gleich das Erfüllen der Form mit dem Inhalt und das Aufdecken des vorhandenen Inhalts. Und dieses Gedankenfehlers machen sich hier viele unserer Gegner schuldig. So gewiss der Klaggrund nicht den Klagantrag interpretirt, so gewiss sind die Gründe nicht nur Auslegung des Tenors. Immerhin muss zugegeben werden, dass die Formel in den erwähnten Fällen wenigstens äusserlich dem beabsichtigten und den Gründen zu entnehmenden Inhalt congruent ist, d. h. dass dieser in ihr Platz findet. — Wie, wenn dem nicht so? Wenn z. B. der Beklagte zum Theil „verurtheilt“ wird und der Richter es unterlässt, die ausweislich der Gründe gewollte theilweise Absolution in die Gründe aufzunehmen? Ist dann dieser „Theil“ „nicht erledigt“ (§ 292 Abs. 4), also bezüglich seiner noch das Ergänzungsurtheil des § 292 und eventuell ein neuer Process möglich? Gewiss nicht. Es ist entschieden, also eine „nachträgliche Entscheidung“ unmöglich. Nur eine Berichtigung der Urtheilsformel im Sinne der Vervollständigung, welche dem wirklichen Willensinhalt des Urtheils den formell korrekten Ausdruck gibt (§ 290), ist am Platz. Sie aber gibt nicht eine Fähigkeit zur Rechtskraft, welche bisher fehlte, sondern macht nur die schon vorhandene Fähigkeit resp. schon eingetretene Rechtskraft deutlich erkennbar*).

Es wird nunmehr Klarheit darüber zu gewinnen sein, welchen Arten von Urtheilen die Fähigkeit zur Rechtskraft zukommt. Hier ist keine Kongruenz mit der selbstständigen Anfechtbarkeit mit Rechtsmitteln, ja nicht einmal mit der Appellabilität.

Nach der erörterten objektiven Begrenzung der Rechtskraft erscheint sie an sich denkbar nur bei bedingten oder unbedingten Endurtheilen und denjenigen Zwischenurtheilen, welche über den Klaganspruch oder die Kompensationseinrede entscheiden. Es gibt solche Zwischenurtheile. Ueber die Kompensationseinrede kann nach § 275 separat erkannt werden. Ein Zwischenurtheil über den Klaganspruch eröffnet § 276: Das Urtheil, welches den Anspruch seinem Grunde nach, vorbehaltlich der Feststellung des Betrags, entscheidet. Das ist wahre Anspruchsentscheidung, nicht Aburtheilung einer Präjudicialfrage. Aber zur materiellen Rechtskraft sind die

---

*) Vgl. auch RG. Entsch. Bd. XXIV 403: „Das Reichsgericht hat seither in konstanter Rechtsprechung die Berichtigung derartiger offenbarer Unrichtigkeiten und Flüchtigkeitsversehen in allen Theilen eines gerichtlichen Urtheils auf Grund des § 290 CPO. zugelassen. So sind, um einige Beispiele anzuführen, in einer Reihe von Fällen, die in reichsgerichtlichen Urtheilen, sei es schon in den Urschriften der verkündeten Urtheile, sei es erst in den Urtheilsausfertigungen enthaltenen irrigen Bezeichnungen — — — berichtigt, es ist, wenn Auslassungen im Urtheilssatze, namentlich bezüglich des Kostenpunktes vorkamen, während nach den Entscheidungsgründen in bestimmter Weise hierüber erkannt werden sollte, das Urtheil selbst nachträglich vervollständigt worden. Diese Berichtigung hat sich nicht bloss auf einzelne Worte beschränkt, sondern auch auf ganze Sätze erstreckt.“

Entscheidungen weder des einen, noch des anderen Zwischenurtheils befähigt; denn sie schliessen die Rechtshängigkeit nicht ab und so lange eine Sache rechtshängig ist, kann sie in diesem Process nicht rechtskräftig entschieden sein. Sie sind nicht die endgültige, unwandelbare Entscheidung. Sie haben relative Sonderexistenz und Sonderberechtigung nur im Hinblick auf das folgende Endurtheil. So fallen sie in sich zusammen, wenn nach ihnen ein Versäumnissurtheil nach § 295 ergeht oder die Parteien sich in die Klagzurücknahme einigen. Da bleibt nichts übrig, was als Zwischenentscheidung rechtskräftig sein könnte. Ergeht aber das Endurtheil auf Grund des Zwischenurtheils, so ist erst damit die Einrede der Rechtskraft begründet.

Aehnlich steht es mit den Urtheilen, welche in der Berufungsinstanz oder im Urkunden- und Wechselprocess unter Vorbehalt der Rechte ergehen (§§ 502, 562). Sie können nur die Rechtskraft des *in summario* gefällten Urtheils besitzen, d. h. an sich nur provisorisch wirken. Sie unterliegen der Korrektur in dem mit dem Vorbehalt anhängig bleibenden Ordinarium. Das hier ergehende Urtheil stellt erst das Definitivum her.

So kommt denn auch den bedingten Endurtheilen die materielle Rechtskraft nicht zu. Erst die Purifikatoria stellt wahrhaft fest. Bis dahin ist unbestimmt, was Rechtens sei. Es giebt keine bedingte Rechtskraft.

Hierin zeigt sich denn allerdings deutlich, dass Berufungsfähigkeit und Fähigkeit zur Rechtskraft sich keineswegs decken, ein Satz, der auch durch § 248 bestätigt wird. Denn das hier genannte Zwischenurtheil ist wohl berufungsfähig, aber materiell rechtskräftig wird es nicht.

Das Versäumnissverfahren.

Das Versäumnissverfahren der CPO. war für den grössten Theil Deutschlands ein schroffer Bruch mit der Vergangenheit. Es ist eine der schwierigsten Partien des Gesetzes. Wenn ich im Folgenden von ihr zu handeln unternehme, so bestimme ich mein Thema näher dahin. Ich rede nicht von der Versäumniss einzelner processualischer Handlungen, nicht von der Versäumniss im Gebrauche einzelner Rechtsbehelfe, Einreden, Beweismittel, Rechtsmittel u. dergl., oder in der Erfüllung einzelner processualischer Pflichten, der Beantwortung einzelner gegnerischer Behauptungen, der Leistung des Offenbarungseides u. s. w. Diese Versäumniss hat ihre Wirkung in der Präklusion des Rechtsbehelfs, der unbenutzt blieb, oder in der Durchsetzung der Rechtspflicht gegen denjenigen, welcher ihr nicht nachkam. Ich spreche von der totalen Versäumniss, dem Nichthandeln des Beklagten und Klägers im Process und der totalen Versäumniss im Zwischenstreit, dessen isolirte Behandlung durch das Gericht angeordnet ist. Mein Thema ist *die Versäumniss mit der Folge des Versäumnissurtheils.*

Es lassen sich sehr verschiedene sog. Kontumacialsysteme im Civilprocess denken und die Geschichte des Rechts weist hier grosse und bemerkenswerthe Mannigfaltigkeit auf. Der bewegende Grundgedanke ist, dass für den Beklagten die Pflicht besteht, Recht zu geben, sich der Sachverhandlung und Sachentscheidung nicht zu entziehen, m. a. W. sich auf den Process einzulassen. Dieser Gedanke ist die unveränderte Basis des

Civilverfahrens zu allen Zeiten gewesen. Ohne ihn ist Rechtspflege und Rechtsschutz unmöglich. Aber sehr verschieden lässt sich die Form denken, in welcher die Einlassungspflicht sich verwirklichen soll. Ist der Process, wie der altrömische und mittelalterlich-kanonische, von Formenstrenge beherrscht und der processbegründende Akt unentbehrlicher Formalakt, so ist die Einlassungspflicht die Pflicht zur Vornahme dieses Aktes und das Versäumnissverfahren Anwendung von direktem oder indirektem Zwange, um die für die Rechtspflege unentbehrliche Handlung abzunöthigen. Man zwingt zum Erscheinen, bringt den Beklagten *obtorto collo* ins Gericht, die Ladung wird zur Vorführung, man wendet gegen den flüchtigen, latitirenden Theil Beschlagnahme des Vermögens oder andere Zwangsmittel (Bann und Acht) an. Streift der Process die Formenstrenge ab, bedarf es zu seiner Entstehung nicht mehr der Aktivität des Beklagten, so kann man ihm die Sachverhandlung in einseitigem Verfahren aufzwingen und damit den Nachtheil verknüpfen der Sachfälligkeit (Fiktion des Anerkenntnisses) oder sich auch begnügen mit der der Annahme des Zugeständnisses, der Klagthatsachen und dem Verluste der von ihm nicht gebrauchten Vertheidigungsbehelfe.

Für die Behandlung des Klägers ist es wesentlich, ob man in seiner Passivität vor der Einlassung Zurücknahme der Klage oder Ausharren im Process finden will und ob man für ihn mit der Einlassung des Beklagten die Verpflichtung entstehen lässt, in diesem Processe die Sache zur Entscheidung zu bringen. Ist dem so, dann kann der Kläger sich durch Passivität nicht aus dem Processe herausziehen, und man hat die Wahl, ob man als Folge derselben das einseitig durch den Beklagten zum Schluss getriebene Verfahren oder den Verlust des Klagerechts vorschreiben will.

Das gemeinrechtliche Kontumacialsystem war nun bekanntlich Folgendes. Blieb der Beklagte passiv, so ward der Kläger unter Präklusion der beklagtischen Defensionen zum einseitigen Beweis des Klaggrundes zugelassen (Verfahren *in eremodicio*). Dieses einseitige Verfahren fand umgekehrt gegen den Kläger Anwendung, welcher nach der Litiskontestation nicht handelte. Vor derselben galt seine Passivität als Verzicht auf die Instanz.

Vorherrschend, fast allgemein aber gelangte in den deutschen Partikular-Processen der Satz zur Geltung, dass der Beklagte, welcher die Klage unbeantwortet lässt, der Klagthatsachen geständig sei. Der säumige Kläger wurde verschieden behandelt.

Das Kontumacialsystem der CPO. ist charakterisirt durch folgende Sätze:

1. Das Nichthandeln im Termin zur mündlichen Verhandlung ist gleichwerthig, gleichviel ob der Termin der erste oder ein späterer, die Verhandlung fortsetzender ist;
2. die Versäumnissfolge ist für den Kläger Anspruchsverlust, für den Beklagten die sog. *poena confessi* der Klagthatsachen und je nach ihrem Inhalt Entscheidung zu seinen Gunsten oder Ungunsten;
3. die Versäumnissfolgen werden auf Antrag im Versäumnissurtheil ausgesprochen;
4. das Versäumnissurtheil unterliegt dem Einspruch;
5. diese Grundsätze gelten entsprechend im Rechtsmittelverfahren mit der Abwandlung, dass der Processstoff der unteren Instanz zugleich Processstoff der höheren Instanz ist.

Der erste Satz ist lehrhaft erfasst das Dogma der Einheit und Untheilbarkeit der mündlichen Verhandlung: die „vertagte“ und „fortgesetzte“ Verhandlung ist gleich der ersten; einheitlich und untheilbar gedacht, muss der ganze Processstoff in dem neuen Termine wiederholt werden; daher ist die Säumniss in ihm der Säumniss im ersten Termin gleichwerthig. Aber gerechtfertigt ist dieser Satz nicht durch jenes problematische Dogma, sondern durch praktische Erwägungen (s. oben S. 14). Der Satz Nr. 5 steht denn auch mit diesem Dogma in unlöslichem Widerspruch.

Die Versäumnissfolgen erklären sich nicht aus Verzichts- oder Geständnisswillen der Parteien. Der Anspruchsverlust folgt, weil die Passivität des Klägers nach der Klagenerhebung nicht ist Klagezurücknahme (§ 243 Abs. 2) und doch niemals zur Feststellung des Anspruchs führen kann. Die Behandlung des passiven Beklagten ist 1. das Aufzwingen der Sachverhandlung und Sachentscheidung: der Beklagte gilt als den Anspruch bestreitend; und 2. die Realisirung einer Beachtungs- oder Erklärungs-Pflicht gegenüber den gegnerischen Behauptungen: er gilt als der Klagthatsachen geständig.

Das Versäumnissurtheil hat einen zwiespältigen Charakter; es ist ein kontradiktorisches Urtheil für den nicht säumigen Theil und folgt hier den gewöhnlichen Regeln; es ist ein nicht kontradiktorisches für die säumige Partei und unterliegt als solches dem Einspruch, dem der *opposition* des französischen Processes nachgebildeten, materiell voraussetzungslosen Widerspruch. Sein Zweck ist — da er das Verfahren auf den *status quo ante* zurückwirft — die Vermeidung des schleppenden Restitutionsverfahrens.

Ein Urtheil kann sein eine Kombination von Versäumnissurtheil und kontradiktorischem Urtheil*). Nie ist das Versäumnissurtheil ein bedingtes.

Indem ich in die nähere Ausführung dieser allgemeinen Sätze eintrete, stelle ich die Fragen: was ist Versäumniss? was ist Versäumnissfolge? in welche Form kleidet sich die Versäumnissfolge? wie wird sie beseitigt?

I.

Was ist Versäumniss?

Versäumniss ist Nichthandeln „im Termin zur mündlichen Verhandlung". Nichthandeln ist totales Nichthandeln, nicht theilweises Handeln und Nichthandeln. Die Partei, welche verhandelt, „sich jedoch über Thatsachen, Urkunden oder Eideszuschiebungen nicht erklärt", versäumt allerdings Rechtsbehelfe oder die Erfüllung processualischer Pflichten und verfällt bestimmten Nachtheilen, aber nicht dem

*) So beispielsweise, wenn mit Beziehung auf die Klage theilweise der Verzicht (§ 277) oder das Anerkenntniss (§ 278) ausgesprochen, im Uebrigen vom Verzichtenden oder Anerkennenden nicht verhandelt wird.

Versäumnissurtheil (§ 299). Der Begriff des „Verhandelns" wird demnächst eingehend erörtert.

1. Versäumniss ist Nichterscheinen oder Erscheinen und Nichtverhandeln. Sie ist Nichterscheinen der Partei, beziehungsweise ihres gesetzlichen Vertreters, und in Anwaltsprocessen Ausbleiben des Anwalts*). Erscheinen heisst vor dem Schluss der mündlichen Verhandlung erscheinen (§ 197 Abs. 2). Den Schluss bestimmt der Vorsitzende (§ 127 Abs. 4); eine Kontumacirstunde ist dem Gesetz unbekannt**). Das Ge-

*) Nicht erschienen ist auch der Anwesende, welcher nach Aufruf der Sache erklärt, sich nicht anzugeben.

**) Es mag hier eine Bemerkung eingeschaltet werden, welche zugleich zur Begründung der oben S. 85 aufgestellten Behauptung dienen soll, dass das Gesetz, wie es nicht anders sein kann, keine Terminsstunde kennt, freilich ohne sie zu verbieten, die Ladung korrekt auf Beginn der Sitzung erfolgt. Dem gegenüber hat in der Reichsjustizkommission von Amsberg bemerkt: „regelmässig würden die Sachen vertheilt und für jede eine bestimmte Stunde angesetzt werden müssen, dass mit derselben die Kontumacialstunde zusammenfalle, verstehe sich von selbst". Diese Aeusserung des Regierungsvertreters ist Privatansicht. Das Gesetz kennt für den Beginn des Termins nicht die vom Vorsitzenden bestimmte Terminsstunde, sondern den Aufruf der Sache; ebenso als Moment der Kontumaz nicht jene Stunde, sondern den Schluss der mündlichen Verhandlung. Das Gesetz verbietet die Terminsstunde nicht, aber behandelt sie auch nicht als Regel. Das Gericht hat freie Hand. Hat es sie angesetzt, so kann selbstverständlich vor ihr nicht kontumacirt werden, wohl aber nach ihr. Die Selbstverständlichkeit, welche man vielfach im Interesse der Partei für die Terminsstunde als Regel in Anspruch genommen hat, lässt das Interesse des Gerichts und der Rechtspflege ausser Augen. Der Ausfall der Sachen führt bei fixen Zeitbestimmungen für den Anfang der Verhandlung unvermeidlichen Zeitverlust für das Gericht mit sich, wenn nicht die Terminsstunde nur eine Phrase sein soll. Sie ist es, falls für alle Sachen des Sitzungstags die Stunde des Beginns der Sitzung bestimmt ist. Will man nun, billig abwägend zwischen dem Interesse der Anwälte und des Gerichts, zur Erkenntniss darüber gelangen, ob der Vorsitzende gut thut, eine Terminsstunde zu bestimmen, so bedenke man: wie selten wird er in der Lage sein, der einlaufenden Klage anzusehen, ob sie mehr oder weniger Zeit in Anspruch nehmen wird; wie viel leichter ist es für den Anwalt, Schutzvorrichtungen zu treffen, damit er rechtzeitig am Platze sei und keine Zeit verliere, als es für das Richterkollegium (nur von diesem ist hier überhaupt die Rede) ist, die müssige, wegen Ausfall von Sachen unbesetzte Stunde angemessen zu verwerthen; wie viel wichtiger ist es richt kann die geschlossene Verhandlung, vorausgesetzt, dass der Antrag auf Versäumnissurtheil gestellt (arg. § 209 Abs. 2), nicht wieder eröffnen (§ 142). Das aber mit folgender Einschränkung. So wie aus den Gründen der §§ 300 und 302 der Schluss der mündlichen Verhandlung versagt werden konnte, kann er, da er nichts als processleitende Verfügung ist und das Recht der Partei auf Versäumnissurtheil nur dann besteht, wenn §§ 300 und 302 nicht zutreffen, aus diesen Gründen wieder aufgehoben und die Verhandlung fortgesetzt werden. Das Gegentheil anzunehmen wäre geradezu eine Unmöglichkeit, denn es würde das Gericht nöthigen, auch dann das Versäumnissurtheil zu erlassen, wenn seiner Ueberzeugung nach eine Versäumniss nicht vorliegt. In wiefern eine mündliche Verhandlung über die Existenz der Gründe der §§ 300 und 302 Platz zu greifen hat, werde ich später erörtern*).

Nichthandeln ist auch Erscheinen und Nichtverhandeln (§ 298). Der Begriff des Verhandelns ist relativ**). Hier bedeutet er die Verhandlung zum Terminsgegenstand im Sinne des durch Urtheil zwischen den Parteien entscheidungsbedürftigen „Streitgegenstandes", die „Sachverhandlung", nicht

für die Rechtspflege, dass die vorhandene Zeit des Sitzungstages zur völligen Abarbeitung der auf der Tagesordnung stehenden Sachen benutzt werde, als dass man dem Anwalt eine Unbequemlichkeit spart. Mir scheint es, wenn nun einmal einer von beiden, der Richter oder der Anwalt, warten muss, aus rein sachlichen Gründen nicht zweifelhaft, wem diese Rolle zuzutheilen ist. Das Kollegialgericht wird gut thun, keine Terminsstunden — von Beweisaufnahmen abgesehen — anzusetzen. Der Anfang des Sitzungstags steht als solcher geschäftsordnungsmässig fest. Die Reihenfolge der Sachen wird durch Aushang an der Gerichtsstelle bekannt gegeben und kann sich nach dem Erscheinen der Anwälte und ihrer Uebereinkunft frei gestalten. — Das alles hat nur Bezug auf die kollegialgerichtlichen Sachen. Der Amtsrichter kann jederzeit die ausfallende Stunde nützlich ausfüllen. Er richtet sich das seiner Individualität nach ein. Man vgl. zu dieser Frage auch Protok. des hannöver. Entwurfs S. 319 fg. und meine Enquête S. 59 fg. Für das Verfahren vor dem ersuchten oder beauftragten Richter ist die Terminsstunde selbstverständlich.

*) S. unten S. 165, 168 fg.

**) Ueber die Entwickelung der Praxis s. meine Enquête S. 62 fg.

die Verhandlung „zur Sache“ in dem weiteren Sinn, in welchem dieser Ausdruck sich in GVG. § 106 findet, geschweige denn ein „Verhandeln“ überhaupt*); denn, wie unten nachzuweisen sein wird, ist das Versäumnissurtheil der §§ 295, 296 immer Sachurtheil. Bei Theilbarkeit des Streitgegenstandes ist ein theilweises Verhandeln, ein theilweises Nichtverhandeln möglich: so, wenn beim Summenanspruch die Forderung zum Theil anerkannt und über den Rest die Verhandlung verweigert oder bei gehäuften Ansprüchen nur über den einen derselben verhandelt wird. Beschränkt sich nach Anordnung des Gerichts der Terminsgegenstand auf einen Zwischenstreit, so ist säumig, wer über seinen Inhalt nicht verhandelt (§ 312). Eine Singularität bildet der Versäumnissfall des § 430.

Der Beklagte, welcher processhindernde Einreden vorgeschützt hat, aber nicht der Anordnung des Amtsrichters (§ 465 Abs. 3) gemäss eventuell zur Hauptsache verhandelt, ist säumig; wie hier zu verfahren, wurde schon früher bemerkt (s. oben S. 129 fg.). Dagegen kann so lange von Versäumniss nicht die Rede sein, als formell berechtigt auf Grund processhindernder Vertheidigung die Sachverhandlung verweigert wird (§§ 247, 248).

Der wichtige, für die Zulässigkeit des Versäumnissurtheils entscheidende Gegensatz zwischen Nichtverhandeln und unvollständigem Verhandeln ist nicht durch ein äusserliches Kriterium zu bestimmen. Es ist ebenso unrichtig, zu sagen, mit dem Stellen der Anträge**) sei verhandelt, wie, die Verhandlung beginne erst, nachdem die Anträge gestellt worden. Der Beklagte, welcher den

---

*) Vgl. mein Handbuch Bd. I 288, 343, 366.

**) CPO. § 128 Abs. 1: „Die mündliche Verhandlung wird dadurch eingeleitet, dass die Parteien ihre Anträge stellen“; § 269: „Die Anträge müssen aus den vorbereitenden Schriftsätzen verlesen werden.“ Die in solchen nicht oder nicht in dieser Gestalt vorhandenen Anträge sind aus Recessen zu verlesen. Nicht verlesene Anträge sind „nicht zu berücksichtigen“. Nicht so im amtsgerichtlichen Process (§ 469). — Planck a. a. O. Bd. I 419 fg. will unterscheiden diese „sog. Antragstellung“ von dem eigentlichen „Stellen der Anträge“. Jene soll dieses nur „ankündigen“, während die Parteien erst „in der Verhandlung“ die angekündigten

Anspruch anerkennt (§ 278), ist nicht säumig, er verhandelt zur Hauptsache und doch stellt er keinen Abweisungsantrag. Und umgekehrt gibt es gegen den Kläger, der im Termin von vornherein auf den Anspruch verzichtet (§ 277), kein Versäumnissurtheil. Der Grund ist klar: in beiden Fällen hat die Parteierklärung die Urtheilsgrundlage hergestellt — und sie zu schaffen, ist der Zweck der Verhandlung. Dass aber Derartiges möglich ist, folgt aus der schriftlichen Klagerhebung, aus dem Umstand, dass durch sie bereits ein Anspruch geltend gemacht ist mit allen Wirkungen der Rechtshängigkeit, auf welchen „von vornherein" ohne Verlesung des Antrags und ohne Klagvortrag verzichtet und der nach einfacher Stellung des Klagantrags anerkannt, ja in Abwesenheit des Klägers durch Versäumnissurtheil (§ 295, s. unten S. 166) abgewiesen werden kann*). Ist es überhaupt zulässig gegen den Abwesenden, welcher als solcher keinen „Antrag stellt", ein Versäumnissurtheil zu erlassen, so erschliessen die Anträge nicht erst die Thür zur Verhandlung und zum Versäumnissurtheil. Damit ist zugleich gesagt, dass sie ein Stück der Verhandlung sind, und nicht nur das Verhandlungsthema proponiren**). Durch Stellen des Antrags verhandelt die Partei dann, wenn diese ihre Erklärung in etwaiger Verbindung mit den Rechtsfolgen partieller Versäumniss (§§ 129, 208) die Urtheilsgrundlage schafft. Dazu kann der nackte, abstrakte Klagantrag nie genügen;

Anträge selbst stellen und begründen. Diese Unterscheidung hat weder im Gesetz, noch im Rechtsleben einen Anhalt. — Nach Birkmeyer Rechtsfälle aus d. Praxis des Reichs-Civilprocesses, Wismar 1883 S. 163 sind die Anträge „kein Bestandtheil, kein Stück der Verhandlung, sondern die Anregung und Grundlage, die Einleitung und der Leitfaden für die Verhandlung". Die Verhandlung über den Rechtsstreit (S. 160) ist „die Erörterung und die faktische und juristische Begründung der gestellten Anträge.

*) Auf die abgeänderte Klage wird häufig verhandelt, ohne dass es eines Antrags bedarf; sie und die Vertheidigung gegen sie werden den alten Anträgen untergeschoben.

**) Vgl. Entscheidungen des Reichsgerichts in Civilsachen Bd. X 391 fg. Mit Unrecht nennen Struckmann-Koch a. a. O. § 298 n. 1 die Ansicht des RG. „gezwungen und undurchführbar".

durch ihn wird der Klaginhalt (Klaggrund, Klaggegenstand) nicht zum Verhandlungsinhalt gemacht und doch hat der Beklagte, der selbst verhandeln will, das Recht auf Entscheidung über ihn. Daher bekommt er gegenüber dem die Klage nicht vortragenden Gegner das auf die Klageschrift zurückgreifende Versäumnissurtheil. Anders beim Abweisungsantrag. Lässt derselbe freilich dunkel, ob der Beklagte nur die Processentscheidung (Abweisung wegen processhindernder Umstände, *absolutio ab instantia*), oder die Sachentscheidung fordert, so bietet er keine Urtheilsgrundlage; ist er aber bestimmter Sachantrag (z. B. Antrag: „die erhobene Klage als unbegründet abzuweisen"), dann ist er Verhandeln und die fernere Passivität nur ein sich Ergeben in die Sachdarstellung des Gegners (§ 129). Es ist so, als sagte der Beklagte: ich begnüge mich, die Schlussfolgerungen aus den gegnerischen Behauptungen abzulehnen und erbitte daher Klagabweisung. Das Urtheil wird kontradiktorisch; der Beklagte hat keinen Einspruch. Er konnte ja läugnen, excipiren; weshalb that er es nicht? — Das ist natürlich nicht denkbar, wenn ein bestimmter Anspruch, dessen Abweisung beantragt worden ist, noch nicht erhoben ist: so im Falle § 461 Abs. 1, so lange der Kläger seinen Antrag noch nicht begründet hat. Aber es ist ebenso denkbar gegenüber der schriftlich oder der im Laufe der mündlichen Verhandlung erhobenen Klage. Man denke: der Beklagte hat das den gegnerischen Anspruch bedingende Rechtsverhältniss bestritten und nun der Kläger die Feststellungsklage des § 253 erhoben; sollte da der Antrag, dieselbe als „unbegründet" abzuweisen, nicht Verhandeln sein? Oder: es ist an eine vom Kläger im Fundament bestrittene Kompensationseinrede die Widerklage auf den überschiessenden Theil der Forderung angeknüpft und diese lediglich mit dem Abweisungsantrag beantwortet. — Man hat also recht, wenn man es für eine Frage der jeweiligen Sachlage erklärt, ob das Stellen des Antrags bereits das Versäumnissurtheil ausschliesst, aber man hat Unrecht, wenn man sie für eine reine Thatfrage hält. Denn der Begriff des Verhandelns ist in der erörterten Anwendung ein fest bestimmbarer Rechtsbegriff.

Hieran mag noch die besondere Frage angeschlossen werden: welche Bedeutung es hat, wenn die Partei zwar erscheint, verhandelt, aber vor dem Schluss des Termins die Gerichtsstelle verlässt. Man antwortet zutreffend: es ist nicht anders, als wenn sie anwesend bleibt und nicht weiter verhandelt. Ist das Nichthandeln totale Versäumniss, so ist das Versäumnissurtheil am Platz, ist es nur Nichtbeantworten von irgend welchen Repliken, Rechtsausführungen nach vorgängiger Beantwortung der Klagthatsachen, so ist das Präjudiz des § 129 Abs. 2 möglich (§ 299), und es wird ein kontradiktorisches, kein Versäumnissurtheil erlassen. Allerdings widerstreitet diese Ansicht dem Dogma der Einheit und Untheilbarkeit der mündlichen Verhandlung und dem zweifellosen Satze, dass der Beklagte, welcher auf die Klage verhandelt hat, dennoch säumig sei, wenn er im neuen Termine nicht erscheint, in welchem der Kläger die Repliken bringt. Aber der Vorwurf der Inkonsequenz trifft nicht uns, sondern das Gesetz, welches jenes Dogma widerspruchsvoll gegenüber seinen sonstigen Bestimmungen*) aufgenommen hat.

Ist eine Partei resp. ihre Vertretung wegen Ungebühr unfreiwillig aus dem Gericht entfernt worden (§ 144) oder hat man ihr schon in einem früheren Termin *in derselben Sache* den weiteren Vortrag untersagt, beziehungsweise den Vertreter zurückgewiesen, so ist es *dem freien Ermessen* des Gerichts überlassen, ob es auf Antrag die Folgen der freiwilligen Entfernung oder etwa Vertagung eintreten lassen will. Das Gesetz sagt, es:

> „*kann* auf Antrag gegen sie (sc. die entfernte Person) in gleicher Weise verfahren werden, als wenn sie sich freiwillig entfernt hätte“.

Ich hebe das um deswillen ausdrücklich hervor, weil sowohl die Motive, wie die meisten Bearbeitungen des Gesetzes diesen bedeutsamen Gegensatz zwischen unfreiwilligem Entferntwerden und freiwilligem Sichentfernen verwischen. Die Motive zu §§ 143 und 144 sagen inkorrekt: „es ist die (ent-

---

*) Siehe darüber den ersten Vortrag S. 8 fg.

fernte) Partei als nicht erschienen anzusehen und demgemäss auf Antrag gegen sie ein Versäumnissurtheil zu erlassen*).

2. Das Nichthandeln ist aber nur dann relevante, das Versäumnissurtheil motivirende Vollversäumniss, wenn sie sich zuträgt im obligatorischen Verhandlungstermin vor dem Processgericht, welches bestimmt ist, durch das mündliche Verhandeln der Parteien die Urtheilsgrundlage in der Hauptsache (Klage oder Widerklage) oder in einem Zwischenstreit zwischen den Parteien (§ 312) herzustellen**).

Die Regel ist einfach; aber sie ist nicht ohne Ausnahme und ihre Durchführung nicht ohne Schwierigkeit.

a) Der „Verhandlungstermin", von dem ich spreche, soll die Urtheilsgrundlage durch Handeln, Verhan-

---

*) Richtig Gaupp a. a. O. § 144, I lit. a.

**) Die früher von mir vertheidigte abweichende Ansicht über die Anwendbarkeit des Versäumnisszwischenurtheils auf den Fall des Zwischenstreits zwischen der Partei und Dritten ist nicht haltbar. Es kann hier nur von Theilversäumniss die Rede sein; das etwa ergehende Urtheil ist ein kontradiktorisches für beide Theile. Eine Lücke im Gesetz ist nicht vorhanden. Ohne tiefer auf den Gegenstand eingehen zu wollen, bemerke ich kürzlich: 1. dass nicht überall für die richtige Auslegung des § 312 zutreffende Gründe angeführt werden — so der Grund (Gaupp a. a. O. Bd. I 631) —, im Zwischenstreit mit Dritten gebe es überhaupt keine Urtheile, also auch keine Versäumnisszwischenurtheile (vgl. dag. Gaupp a. a. O. S. 165, 559) —; 2. dass keineswegs in allen isolirt zu verhandelnden Zwischenstreitigkeiten (§ 312 Abs. 2) Versäumniss im relevanten Sinne mit der Folge des VZUs. möglich ist. Es kommen hier keine anderen Regeln zur Anwendung wie beim VU. in der Hauptsache; es kann also von einer „entsprechenden Anwendung" der §§ 295 fg. (§ 312) da nicht die Rede sein, wo den Gegenstand des Zwischenstreits eine von amtswegen zu prüfende und zu entscheidende, also eine der Official-, nicht der Verhandlungsmaxime unterstellte Frage bildet. Und das wird gewöhnlich der Fall sein. Vgl. oben S. 109 und unten S. 161. Seuffert a. a. O. § 312 N. 3 lit. c hat den richtigen Gedanken, giebt ihm aber nicht richtige Folge; seine Beispiele der Zwischenstreitigkeiten über die Zulässigkeit der Vernehmung oder Beeidigung des Zeugen sind unglücklich gewählt. Da giebt es keine relevante Versäumniss. Ein Beispiel des VZU. in CPO. § 217. Der § 430 betrifft keinen Zwischenstreit (vgl. oben S. 119). Ueber ihn unten S. 182 fg.

deln der Parteien schaffen. Daher keine Versäumniss im Publikationstermine (§ 281). Die Verkündung des Urtheils ist Willenserklärung des Gerichts; sie erfolgt nach dem Schluss der mündlichen Verhandlung, ist nicht ein Theil derselben. Ihre „Wirksamkeit ist von der Anwesenheit der Parteien nicht abhängig"; sie tritt auch derjenigen Partei gegenüber ein, „welche den Termin versäumt hat" (§ 283 Abs. 1). Daher keine Versäumniss im obligatorischen Termin zur mündlichen Verhandlung über die Thatbestandsberichtigung (§ 291), — denn hier gilt es nicht, den Stoff der Entscheidung, die überdies nur in Beschlussform ergeht, zu beschaffen, sondern das im Thatbestand liegende Gerichtszeugniss auf Grund der Erinnerung der Richter zu prüfen. Eine Beweisaufnahme findet nicht statt; nur die Richter, welche der thatbeständlich beurkundeten Verhandlung beigewohnt haben, entscheiden. Noch von anderem Gesichtswinkel betrachtet ergibt sich dasselbe Resultat (s. unten lit. b). — Daher keine Versäumniss im Termin zur Beweisaufnahme. Er ist als solcher nicht Verhandlungstermin. Die Beweisaufnahme ist Richterakt, nicht Parteiakt. „Den Parteien ist gestattet, der Beweisaufnahme beizuwohnen" (§ 322), ja in gewissen Grenzen sich bei ihr zu betheiligen (§ 362); aber das Ausbleiben des einen oder andern Theils hindert die Beweisaufnahme nicht, soweit sie nach Lage der Abwesenheit der Parteien geschehen kann (§ 332). Doch will der § 335, dass der Termin zur Beweisaufnahme vor dem Processgericht zugleich zur Fortsetung der mündlichen Verhandlung bestimmt sein soll. Das heisst nicht, es sei dem Processgerichte verboten, mit der Anberaumung des Beweisaufnahmetermins zugleich einen anderen Termin zur Fortsetzung der mündlichen Verhandlung anzusetzen oder den angesetzten Termin ausschliesslich auf die Beweisaufnahme zu beschränken, sondern es heisst, dass, wenn das nicht geschehen, der Beweisaufnahmetermin zugleich eventueller Verhandlungstermin sei. Für diesen ergeben sich folgende Kombinationen:

a) Die Beweisaufnahme kann nicht stattfinden; die geladenen Zeugen sind ausgeblieben (§ 345), aber auch die Parteien sind nicht erschienen; so ruht nicht etwa der Streit (§ 228), vielmehr greift § 333 ein*). Es wird ein neuer Termin zur Beweisaufnahme erforderlich. Der eventuelle Verhandlungstermin als solcher kommt nicht zur Geltung, da die principale Beweisaufnahme unerledigt bleibt. Aus diesem Grunde tritt keine Versäumniss ein, wenn eine von beiden Parteien in solchem Falle ausbleibt (§ 333).

β) Die Beweisaufnahme findet theilweise statt, wird aber nicht völlig erledigt; es macht sich ein neuer Beweisaufnahmetermin nothwendig. Die Konsequenzen sind beim Ausbleiben beider oder einer Partei genau dieselben wie im erstgenannten Falle.

γ) Die Beweisaufnahme ist erfolgt; es soll in die mündliche Verhandlung eingetreten werden. Sind beide Parteien nicht erschienen, dann ruht der Streit (§ 228). Ist nur eine erschienen, dann ist die andere säumig (§ 295 fg.).

So wird die Beweisaufnahme unabhängig gestellt von der Versäumniss und dem Einspruchsverfahren und es wird die Verzögerung und Vertheuerung des Processes vermieden, welche sich ergeben müsste, wenn man den Beweisaufnahmetermin als Verhandlungstermin behandelte**).

Durchaus eigenartig ist der Schwurtermin. Die Eidesleistung ist Beweisaufnahme, aber das Gesetz hält ihren Charakter nicht fest. Der § 430 bestimmt:

> „Erscheint der Schwurpflichtige in dem zur Eidesleistung bestimmten Termin nicht, so ist auf Antrag ein Versäumnissurtheil dahin zu erlassen, dass der Eid als verweigert anzusehen sei.“

---

*) Der § 333 lautet:

> „Wird ein neuer Termin zur Beweisaufnahme erforderlich, so ist dieser Termin, auch wenn der Beweisführer oder beide Parteien in dem früheren Termine nicht erschienen waren, von Amtswegen zu bestimmen.“

**) Freilich können auch nutzlose Beweisaufnahmen dadurch veranlasst werden, nämlich dann, wenn die Parteien den Process durch Versäumnissurtheil erledigen wollen, nach dem System des Gesetzes aber die nun einmal angeordnete Beweisaufnahme stattfinden muss.

Diese seltsame Vorschrift kann nur im Zusammenhang mit der des Eidesverfahrens überhaupt erfolgreich besprochen werden. Das soll am Schlusse dieses Abschnittes geschehen (s. unten S. 182 fg.). Da wird sich ergeben, dass auch in dem nur der Purifikation des Eidesurtheils dienenden Schlusstermin, obschon er ein Termin zur obligatorischen mündlichen Verhandlung ist, in folgerichtiger Durchführung des aufgestellten Grundsatzes eine relevante Versäumniss nicht eintreten, ein Versäumnissurtheil nicht erlassen werden kann. Es handelt sich hier nicht mehr um ein Schaffen der Urtheilsgrundlage, sondern nur um einen formalen Akt; den Ausspruch des in allen Prämissen bereits vorliegenden Urtheils. Die Gruppe ähnlicher Fälle ist viel grösser, als man anzunehmen pflegt. Hierher gehört, wenn die Urtheilsgrundlage bereits vollständig durch Anerkenntniss (§ 278) oder Verzicht (§ 277) hergestellt ist und nachträglich, in einem zur mündlichen Verhandlung zwecks Erlass des Anerkenntniss- oder Verzichtsurtheils geladen wird. Da versagt die Regel des § 297 den Dienst*); die alleinige, immutabele Urtheilsgrundlage liegt in der betonten Disposition über den Anspruch. Das Gesetz verwerthet ferner diesen Gedanken in der Vorschrift des § 318 Abs. 2, nach der die im vorbereitenden Protokollverfahren festgestellte Unbestrittenheit des Anspruchs nur noch ein kontradiktorisches Urtheil zulässt. — Ich zähle endlich hierher die Fälle, in denen processuale Dispositionen, die Zurücknahme der Klage, des Rechtsmittels des Einspruchs oder Unterbleiben der Sicherheitsleistung den Process erledigen und einer Versäumniss jeden Raum entziehen**).

---

*) Vgl. meine Abhandlung in den Beiträgen Bd. XXXVI 21 fg. und unten S. 179.

**) Vgl. die ang. Abhandlung S. 14 fg. CPO. §§ 243, 311, 476, 529, 105, HGB. a. 190a. — Es giebt kein Versäumnissurtheil, welches auf Grund der §§ 243, 311, 476, 529 die Klage oder den Einspruch oder das Rechtsmittel für zurückgenommen erklärt — denn nach § 243 erlischt die Rechtshängigkeit *ipso iure*, nach §§ 476, 529, 311 wirkt die Zurücknahme *ipso iure* den Verlust des Rechtsmittels bezw. des Einspruchs, wennschon dieser durch kontradiktorisches Urtheil zu deklariren ist. Gleicher Art sind die Urtheile auf Grund von CPO. § 105, HGB. a. 190a. — Unter

b) Verhandeln ist wesentliches, processgestaltendes Handeln der Partei. Von der Versäumniss kann dann nicht die Rede sein, wenn die zu entscheidende Frage der Disposition der Partei entzogen ist. Steht es nicht in der Macht der Partei, durch Erklärung die Folge auf sich zu nehmen, welche im Versäumnissurtheil an die Versäumniss geknüpft werden soll, so kann sie es auch nicht durch Versäumniss. Wie das Gericht — und hiervon wird noch weiter zu sprechen sein — die Versäumnissnachtheile des § 296 gegen den Beklagten, die des § 295 gegen den Kläger nicht aussprechen darf, wenn es an einer von Amtswegen zu berücksichtigenden Processvoraussetzung fehlt, z. B. die Sache nicht zum Civilrechtswege geeignet ist (§§ 300, 247), so muss es im Zwischenstreit trotz der Versäumniss der Partei von Amtswegen prüfen und entscheiden, wo das Officialinteresse maassgebend ist. Folgende Beispiele mögen das veranschaulichen. Der Probant tritt den Beweis mit Eidesdelation an. Der Delat bestreitet die Zulässigkeit derselben. Es wird darüber abgesondert mündlich verhandelt (§§ 331, 312). Der Delat bleibt aus, aber das Gericht verwirft wegen § 410 die Eideszuschiebung als unzulässig. — Es soll in eigens dazu bestimmtem Termin über die Zulässigkeit eines Rechtsmittels oder des Einspruchs, oder in der Berufungsinstanz darüber verhandelt werden, ob eine Klageänderung vorliegt. Hier wird von Amtswegen geprüft; die Abwesenheit der einen Partei hindert die Vorlage der erforderlichen Nachweise (Zustellungsurkunden), die Anordnung von Beweisaufnahmen (z. B. der Vernehmung eines Zeugen über das Datum der Zustellung) nicht. Nicht anders, wenn der Gegenstand des separat zu verhandelnden Zwischenstreits die Zulässigkeit der Vernehmung einer Person als Zeuge oder die Zulässigkeit ihrer Beeidigung ist. In allen

---

dem entwickelten Princip steht auch die Versäumniss im Offenbarungsverfahren § 782. Die Offenbarungspflicht ist liquid; ihr giebt das Gericht durch Haftbeschluss auch gegen den nicht erschienenen oder ohne Begründung den Eid weigernden Schuldner Nachdruck. Bestreitet er begründet, so kontradiktorisches Urtheil: § 781 Abs. 2; gegen den ausbleibenden Gläubiger nicht § 295.

diesen und ähnlichen Fällen ist der Wille der Partei ohnmächtig, kann weder ihr ausdrücklicher Verzicht, noch ihr Zugeständniss etwas ausrichten, sind also auch die Versäumnissfolgen der §§ 295 fg. unanwendbar*). — Auch der oben erörterte Fall der Thatbestandsberichtigung (§ 291) liesse sich hierher ziehen; denn bleibt der Gegner des Antragstellers aus, so wird nicht einfach der Behauptung des Letzteren gemäss berichtigt; das Gericht prüft von Amtswegen die Behauptungen, entspricht ihnen oder weist sie zurück, je nachdem es sie nach seiner Kenntniss vom Processstoff wahr oder unwahr findet. Es unterliegt eben der Thatbestand, welcher als solcher gerichtskundig ist, nicht der Disposition der Streittheile, und wie die falschen Zugeständnisse des Imploraten nicht das Gericht der Officialprüfung überheben, so nicht seine Versäumniss. Es wird mit einem Worte kein Versäumnissurtheil erlassen, welches mit Einspruch wieder beseitigt werden könnte. Steht das aber für den Fall des imploratischen Ausbleibens ausser Zweifel, so muss das Gleiche angenommen werden, wenn der Implorant ausbleibt. Ihn trifft das Präjudiz des § 208.

c) „Versäumniss" giebt es nur in der obligatorischen, nicht in der fakultativen mündlichen Verhandlung**). Diese ist nicht die relevante Form der Parteihandlung und richterlichen Wahrnehmung; das Gericht kann einseitige schriftliche Verhandlung zulassen und auf Grund von Schriftsätzen entscheiden. Die mündliche Verhandlung ist lediglich informatorisch; sie steht nicht unter dem Mündlichkeitsprincip. Sie wird nicht wesentlich dadurch, dass das Gericht sie anordnet. Wie

---

*) Das Versäumnisszwischenurtheil des § 312 ist, wie das Zwischenurtheil des § 275, ein wenig praktisches Institut — um deswillen, weil die abgesonderte Verhandlung nicht angeordnet wird. Die Vorschriften der §§ 315, 331, welche zu solcher Anordnung nöthigen könnten, haben geringe Bedeutung. Ist die isolirte terminliche Verhandlung nicht verfügt, so ist § 312 überhaupt unanwendbar. *In thesi* anwendbar würde er z. B. beim Editionsstreit, beim Streit über die Einrede der Klagänderung in erster Instanz sein.

**) Ueber die Fälle fakultativer mündlicher Verhandlung s. oben S. 132 Note.

es von vornherein berechtigt war, ohne mündliche Verhandlung zu entscheiden, so ist es auch jetzt. Das Ausbleiben des einen oder anderen Theils mag auf die Entscheidung bestimmend einwirken, kann sie aber nicht zum Versäumnissurtheil machen. Hier wird regelmässig überhaupt nicht „geurtheilt", sondern „beschlossen"; gegen Beschluss aber giebt es keinen Einspruch. So vollends, wenn das Gesetz nur vorgängiges rechtliches Gehör vorschreibt*). — Wenn beispielsweise das Gericht über das Armenrechtsgesuch mündlich verhandeln lässt (§ 117), so ist das Ausbleiben des Gesuchstellers nicht Rücknahme des Gesuchs, sondern nur Mangel seiner zu erwartenden Begründung; das Ausbleiben des Gegners wirkt nicht die Versäumnissfolge des § 296. Die etwa vorliegenden Materialien bilden, wenn und soweit das Informationsmittel der mündlichen Verhandlung versagt, die Grundlage der Entscheidung. Wenn das Gericht zur Verhandlung eines Kosten-Festsetzungsgesuchs mündliche Verhandlung anberaumt, so thut es etwas Ueberflüssiges; es könnte die Kosten festsetzen, ohne die Parteien zu hören; kommt der Gegner des Gesuchstellers nicht, so folgt daraus ebensowenig etwas zu seinem Nachtheil, als sich die Sache nothwendig zu seinem Vortheil gestaltet, wenn der Gesuchsteller ausbleibt (§ 99). Man kann nicht einmal sagen, dass letzterer dadurch sein Gesuch zurückgezogen habe. — Stecken Redaktionsfehler im Urtheil (§ 290), so mag immerhin das Gericht die nicht obligatorische mündliche Berichtigungsverhandlung anberaumen, berichtigen muss es „von Amtswegen" auch dann, wenn die Parteien nicht erschienen sind. Ganz so ist es mit der mündlichen Verhandlung in der Beschwerdeinstanz zu halten (§ 536), mit der, welche das Vollstreckungsgericht anberaumt vor dem Erlass seiner Entscheidungen (§ 684)**).

---

*) Vgl. CPO. §§ 97, 203, 743, 776.

**) Bestritten ist, ob das aufgestellte Princip lit. c. eine Ausnahme erleidet im Falle des § 802. Ohne den Punkt hier erledigen zu wollen, bemerke ich nur, dass die Schlussfolgerung aus dem „Endurtheil" (§ 802 Abs. 1) hier sowenig für das Versäumnissverfahren beweist, wie in § 781

d) Die Versäumniss vor dem beauftragten oder ersuchten Richter ist nie Versäumniss im rechtserheblichen Sinne des das Versäumnissurtheil begründenden Nichthandelns*). Der beauftragte oder ersuchte Richter ist nicht in der Lage, Versäumnissurtheile zu erlassen. Urtheilen kann allein das Processgericht**). Dieses wiederum kann nicht urtheilen auf Grund einer Verhandlung, welche nicht vor ihm stattgefunden hat (§ 280). Eine Nutzanwendung dieses Satzes wird sich alsbald für den Fall des § 430 ergeben; eine andere macht § 316. In dem vorbereitenden Verfahren in Rechnungssachen, Auseinandersetzungen und ähnlichen Verhältnissen vor dem beauftragten Richter (§§ 313 fg.) zieht die Versäumniss niemals das Versäumnissurtheil nach sich. Der Richter hat das Vorbringen des erschienenen Theils zu Protokoll zu bringen; dieses Protokoll ist dem Säumigen mitzutheilen er ist abermals zu laden; bleibt er wiederum aus, so tritt das Präjudiz des Zugeständnisses der gegnerischen Behauptungen ein, aber die eigentliche mündliche Verhandlung erfolgt nun erst vor dem Processgericht.

e) Verhandlungstermin ist jeder, auf den die mündliche Verhandlung im obigen Sinne anberaumt worden: der erste, wie der folgende, auf welchen die mündliche Verhandlung vertagt bezw. in welchem sie fortgesetzt wird (§ 297). Die Versäumniss im späteren Termin wird der im ersten gleich geachtet. Und das auch, wenn Beweisbeschlüsse ergangen, Beweisaufnahmen bewirkt sind. So giebt es keinen grundsätzlichen Unterschied vor und nach der Litiskontestation, vor und nach der Beweisaufnahme; früheres Verhandeln schliesst

---

Abs. 2 das „Urtheil“: Das „Endurtheil“ könnte als lediglich kontradiktorisches denkbar sein. Freilich ginge es dann doch in der Rechtsmittelinstanz ohne Anwendung der Versäumnissgrundsätze nicht ab. Aber auch das beweist nichts.

*) Dieser Satz ist nicht in lit. c. eingeschlossen, wie von Birkmeyer a. a. O. S. 2 Note 6 angenommen worden. Das zeigen §§ 313 fg.; denn das vorbereitende Protokollverfahren hat zum Inhalt den Stoff obligatorischer mündlicher Verhandlung, wenn es auch als solches nicht obligatorisch ist.

**) Vgl. dazu auch CPO. § 315, 331, 354.

späteres Nichtverhandeln nicht aus. Erbrachte Beweise hindern nicht die Annahme ihnen widersprechenden Versäumnisspräjudizes. Die letzte mündliche Verhandlung gilt der ersten gleich. — Aber das alles *cum grano salis.* Denn die „fortgesetzte" mündliche Verhandlung ist nicht die erste und das in jener Vorgebrachte bleibt insofern vorgebracht, als es von der anwesenden Partei nicht erneuert zu werden braucht*). Daraus ergiebt sich die doppelte wichtige Konsequenz: 1. dass die erschienene Partei verhandelt, wenn sie sich einfach auf ihr früheres Vorbringen zurückbezieht, erklärt, dass sie ihm nichts hinzuzufügen habe, und 2. dass gegenüber dem Säumigen das frühere Vorbringen des fleissigen Gegners des Versäumnisspräjudizes des § 296 theilhaftig werden kann. — Welche Bedeutung die in § 297 anerkannte Einheit und Untheilbarkeit der mündlichen Verhandlung für die im Laufe des Verfahrens ergangenen Urtheile hat, davon später.

3. Damit Versäumniss angenommen werden dürfe, muss der Process, die Instanz und der Termin gültig sein. Es muss die Klage den Anforderungen des Gesetzes entsprechen (§§ 230, 121 Nr. 6, 192); es müssen die Voraussetzungen ihrer Rechtswirksamkeit — die sog. Processvoraussetzungen —, es müssen die Existenzbedingungen der Instanz vorliegen. Nur dann ist die Sachentscheidung möglich und die Verhandlungspflicht gegeben. Das Gesetz (§ 300 Nr. 1) sagt: „Der Antrag auf Erlassung eines Versäumnissurtheils ist zurückzuweisen, — wenn die erschienene Partei die vom Gerichte wegen eines von Amtswegen zu berücksichtigenden Umstandes erforderte Nachweisung nicht zu beschaffen vermag." — Dazu gehört, wie die Existenzbedingung jeder Processhandlung, so auch die Gültigkeit des Termins. Doch lehnt CPO. § 300 Nr. 2 zum Ueberfluss ausdrücklich das Versäumnissurtheil ab: „wenn die nicht erschienene Partei nicht ordnungsmässig, insbesondere nicht rechtzeitig geladen war", ein Satz, der zu verallgemeinern und analog anzuwenden

*) Vgl. die Ausführungen S. 8 fg. S. 179 fg.

ist auch auf die Fälle, in denen es wegen Publikation oder Insuination des Termins der Ladung nicht bedarf.

Das Alles ist die logische Folge des freilich noch zu erweisenden Satzes, dass das Versäumnissurtheil der §§ 295, 296, 456, 504, 520 eine Sachentscheidung ist. Hierauf ist nunmehr einzugehen.

II.

Was ist Versäumnissfolge?

Die Versäumnissfolge ist verschieden für die beiden Parteien, verschieden für die verschiedenen Instanzen.

In der ersten Instanz ist sie für den Kläger Anspruchsverlust, für den Beklagten die Folge, dass gegen ihn in den Streit eingetreten und er der Klagthatsachen als geständig behandelt wird. Diese allgemeine Regel ergreift entsprechend die Versäumniss im Zwischenstreite (§ 312).

1. Ich handle zuerst von der Versäumniss des Klägers in der mündlichen Verhandlung zur Hauptsache, von dem Falle, wenn zwar der Beklagte in der mündlichen Verhandlung erscheint und verhandlungsbereit ist, dagegen der Kläger ausbleibt. Die Versäumnissfolge ist „die Abweisung der Klage" (§ 295). Der Ausdruck ist zweideutig. Aber sein zweifelloser Sinn ist*): Sachfälligkeit, Anspruchsverlust, definitive Abweisung, nicht Absolution des Beklagten von der Instanz. Das rechtfertigt sich nicht aus präsumirtem Verzichtswillen. Freilich sprechen von ihm die Motive des Gesetzes; auch widerspricht seiner Annahme nicht die Verfügungsfreiheit des Beklagten, sich den „Verzicht" durch den Antrag auf Versäumnissurtheil zu Nutze zu machen oder ihn durch Unterlassen des Antrags abzulehnen**). Ja selbst die Widerruflich-

*) Vgl. meine Abhandlung in den Beiträgen Bd. XXXVI 23 fg.

**) Obschon solche Auffassung den präsumirten Verzicht inkonsequent anders behandelt — als den ausdrücklichen, der als einseitiger Akt wirkt: § 277, 475.

keit durch Einspruch liesse sich damit begrifflich in Einklang setzen. Allein völlig versagt die Vermuthung, wenn der Kläger erscheint, ausspricht, dass er keineswegs verzichten und dennoch nicht verhandeln wolle. Hier bleibt nur noch die Fiktion des Verzichts, die unwiderlegliche Rechtsvermuthung als Ausweg übrig, um den Verzichtsstandpunkt zu halten. Woher in aller Welt aber nehmen wir das Recht, einen solchen vergewaltigenden Rechtssatz in das Gesetz hineinzutragen, während doch die durch und durch singuläre Fiktion nur durch positives Recht geschaffen werden kann? Der Verzichtsgedanke wäre nur zu gebrauchen zur Rechtfertigung einer *absolutio ab instantia*: denn nicht verhandeln wollen und doch die Klage nicht zurücknehmen ist innerer Widerspruch. Aber gerade dieses Präjudiz hat man bei der Schaffung des Gesetzes abgelehnt. — Die Sachfälligkeit des Klägers ist auch nicht zu erklären aus der Annahme einer *poena confessi* des Gegentheils der Klagthatsachen. Denn ein Bestreiten der letzteren durch den Beklagten findet nicht statt und ein Zugestehen derselben würde den Antrag auf Erlass des Versäumnissurtheils gemäss § 295 nicht ausschliessen. Der Anspruchsverlust motivirt sich allein von der Erwägung aus, dass ein Verhandeln zur Sache und damit eine Feststellung des Anspruchs in Abwesenheit des Klägers nach dem Willen des Gesetzgebers nicht zulässig sein soll und doch der Beklagte das Recht hat, zu fordern, dass der erhobene, nicht zurückgezogene und von ihm bestrittene Anspruch zur rechtlichen Entscheidung gebracht werde. Diese kann unter solchen Voraussetzungen nur Anspruchsverneinung sein. Das Versäumnissurtheil ist die Konsequenz der mit dem beklagtischen Abweisungsantrag entstandenen Processobligation des Klägers, seiner Verpflichtung, sich die Entscheidung der Streitsache in diesem Processe gefallen zu lassen.

Es sind nun folgende Möglichkeiten vorhanden. Der Kläger bleibt aus, aber es ermangeln die Essentialien der Klagenerhebung oder die Voraussetzungen des Processes oder des Termins. In keinem dieser Fälle kann ein Versäumnissurtheil des § 295 ergehen. Es fehlt nach obigen Ausführungen (S. 165) an der relevanten Versäumniss. Das sagt § 300 Nr. 1 mit aller wünschenswerthen Deutlichkeit: „der Antrag auf Erlassung eines Versäumnissurtheils ist zurückzuweisen.“ Aber was weiter? Kann das Gericht von Amtswegen oder auf Antrag *a limine* abweisen oder darf es nur den Antrag auf Erlass des Versäumnissurtheils zurückweisen? Kann der Beklagte allemal nach § 300 Abs. 1 Vertagung verlangen? Kann er durch Verlassen des Termins, ohne verhandelt zu haben, das Verfahren ruhen lassen? Das Letztere sicher; denn der § 228 Abs. 2 kennt keine Ausnahme. Einer eingehenderen Betrachtung bedürfen die anderen Fragen.

Das klagabweisende Versäumniss-Sachurtheil kann nur ergehen, wenn der erschienene Beklagte nachweist, dass die Klage zugestellt ist — denn nur dann ist eine Klage erhoben — und dass zum Termin geladen worden, denn nur dann ist der Termin als Verhandlungstermin existent*). Fehlt es daran,

*) Die Ladung kann ausgehen vom Kläger oder dem Beklagten. CPO. § 300 Nr. 2 spricht nur davon, dass „die nicht erschienene Partei nicht ordnungsmässig, insbesondere nicht rechtzeitig geladen war“. Von der Ladung der erschienenen Partei — also im Falle des § 295 des Beklagten — ist nicht die Rede. Aber es versteht sich von selbst, dass, wenn beispielsweise nach der Umgehung eines Termins der Kläger den Termin extrahirte, aber die Ladung nicht zustellte, der davon zufällig unterrichtete und erscheinende Beklagte nicht ein Versäumnissurtheil bekommen kann. Ist es anders, wenn er zwar geladen wurde, aber die Ladung ungültig war? Durfte der Kläger ausbleiben in der berechtigten Erwartung, dass das Gericht den nicht gültig erklärten Verhandlungswillen als ungültig behandeln werde, oder hatte er in dem Erscheinen des Geladenen die Heilung des Defektes (nach § 267) und auf Grund desselben das Versäumnissurtheil zu gewärtigen? Sicherlich letzteres, wenn der Fehler nur darin lag, dass die Ladungsfrist nicht eingehalten wurde; der Verhandlungswille des Ladenden ist an sich gültig erklärt und es steht allein dem Gegner das Recht zu, nicht zu verhandeln; dass er davon keinen Gebrauch mache, muss als Absicht des Ladenden angesehen werden. Anders, wenn die Ordnungswidrigkeit der Ladung gleichkommt der Nichtladung, z. B. die Ladung falsch zugestellt wurde. — Der allgemeine Schluss aus der Heilbarkeit eines Processfehlers auf die Zulässigkeit der Heilung in Abwesenheit des ihn verursachenden Gegners wäre zweifellos falsch: dann immer falsch, wenn das, was man Heilung nennt, Ersatzakt ist, nicht nur Unterbleiben der Mängelrüge, oder wenn dieses Unterbleiben

so ist die Officialabweisung, wie überhaupt die Klagabweisung unstatthaft. Von nicht erhobener Klage kann nicht, auch nicht *ab instantia* absolvirt werden; und die unterbliebene Ladung ist nur ein Mangel des Processbetriebs; sie kann nachgeholt werden. Hier wird also der Antrag auf Erlass des Versäumnissurtheils durch Beschluss zurückgewiesen*).

Anders, wenn es an den Voraussetzungen der Rechtswirksamkeit der erhobenen Klage fehlt und deshalb über den Anspruch nicht geurtheilt werden kann. Da hat man sich gegenwärtig zu halten den Unterschied zwischen den von Amtswegen zu berücksichtigenden unheilbaren oder heilbaren Mängeln und den sog. verzichtbaren, der Disposition des Beklagten anheimgestellten. Hier handelt es sich lediglich um seine Bindung durch die Klage, um einen processualen Vertheidigungsgrund, dessen Gebrauch ganz in des Beklagten Belieben steht, z. B. um sein Recht, die Sachentscheidung abzulehnen, weil die Sicherheit für die Processkosten nicht geleistet ist (§ 247 Nr. 4), oder die Kosten des früheren Rechtsstreits über dieselbe Sache ihm noch nicht ersetzt sind (§ 247 Nr. 5). Dort handelt es sich um Umstände, welche die Gültigkeit des Processes afficiren, ihn schlechthin nichtig machen (so, wenn die Sache nicht zum Rechtsweg geeignet ist oder die Unzuständigkeit durch Prorogation nicht beseitigt werden kann, § 248 Nr. 2, Nr. 1 § 40) oder ihn doch in den fatalen

---

seine Vollkraft aus der Mitwirkung des anderen Theiles zieht, also jede von beiden Parteien in der Lage gewesen wäre, den Mangel geltend zu machen.

*) Wohl zu scheiden von dem Mangel der Ladung schlechthin ist der Mangel derselben in der Klage (§ 230 Nr. 3). Davon handelt das interessante Urtheil des Reichsgerichts Entsch. Bd. XIII 334 fg. Die Frage ist: bildet die Ladung in der Klage einen essentiellen Bestandtheil derselben der Art, dass ohne sie eine gültige, rechtswirksame Klage überhaupt nicht erhoben ist, oder ist sie auch hier nur Akt des Processbetriebs? Die analoge Frage erhebt sich betreffs der sog. Rechtsmittelklage. Ich will sie hier nicht zu entscheiden versuchen und nur bemerken, dass der höchste Gerichtshof das Erstere annimmt und daher die wegen Mangel der Ladung nicht erhobene, aber in der mündlichen Verhandlung aufrecht erhaltene Klage abweist.

Schwebezustand versetzen, dem nur der unberechenbare Heilungsakt abhelfen kann (vgl. §§ 248 Nr. 1, 88, 248 Nr. 6, 54, 513 Nr. 5). Es bedarf keiner Erörterung, dass die sog. verzichtbaren Vertheidigungsgründe das Versäumnissurtheil so wenig, wie die Vertagung hindern. Ebenso zweifellos, wenn auch nicht unbestritten, gilt für die unheilbaren amtlich zu berücksichtigenden Processmängel das Gegentheil.

Wer in Beziehung auf sie die Berechtigung des Gerichts zur Officialabweisung verneint, kann es nur thun, weil er im Gesetz keine Bestimmung findet, welche sie im Versäumnissfalle zulässt. Der Grund trifft nicht, da auch für den Fall der kontradiktorischen Verhandlung solche Bestimmung nicht getroffen ist und sie doch hier als selbstverständlich zugegeben werden muss. Und dagegen ist kein Gegengrund die Verschiedenheit des Versäumnissfalles und der kontradiktorischen Verhandlung. Denn gerade für unsere Frage kommt diese Verschiedenheit nicht in Betracht. Die Versäumniss ist als Grundlage der Entscheidung nur gedacht, wenn in der Sache selbst entschieden werden soll. Die Versäumnissfolge kann nicht eintreten, wo die Versäumniss an sich, begrifflich, einflusslos bleiben muss. Und das ist selbstverständlich allemal dann der Fall, wenn es sich um von Amtswegen zu prüfende, durch Parteithätigkeit nicht zu beseitigende Mängel in den Existenzbedingungen des Processes handelt. Hier gibt es keine rechtserhebliche Versäumniss. So gut im kontradiktorischen Process jederzeit solcher Mangel gerügt werden kann (§ 248 Abs. 3), ist er im Versäumnissfalle für das Gericht an sich beachtlich. Der § 300 Nr. 1 bejaht das für die Frage der Zurückweisung des Antrags auf Erlass des Versäumnissurtheils. Er verneint es damit nicht für die Frage der Officialabweisung der unstatthaften Klage. Wollte man dagegen an § 300 Abs. 1 und die daselbst erwähnte Berechtigung der Partei auf Vertagung erinnern und behaupten, in ihr sei der hier einzuschlagende Ausweg gewiesen, so wäre zu erwidern: die Vertagung ist hier völlig zwecklos, denn sie führt nie zu einer Beseitigung des liquiden Mangels. Und nun vergegenwärtige man sich die praktische Konsequenz der

Ansicht, welche dem Gerichte die Officialweisung abstreitet. Es wäre in vielen Fällen unmöglich, den Process zu beendigen. Beispielsweise: der Kläger hat sich in der Wahl des Gerichts vergriffen, er geht einen Richter an, der auch durch Prorogation nicht zuständig werden kann; nach Erkenntniss des Fehlers zieht es der Kläger vor, in der mündlichen Verhandlung nicht zu erscheinen; in der Sache selbst kann das Gericht nicht sprechen, m. a. W. § 295 findet keine Anwendung; als unstatthaft darf das Gericht die Klage nicht zurückweisen. Was nun? Der Process bleibt rechtshängig bis in alle Ewigkeit: ein Resultat, welches sich durch Erhebung der negativen Feststellungsklage beim unzuständigen Gericht und hartnäckige Versäumniss trefflich vom Kläger ausnutzen liesse, um dem anderen Theil die Rechtsverfolgung unmöglich zu machen. Wer, um diesen Uebelstand zu beseitigen, wenigstens auf beklagtischen Antrag die Abweisung der unstatthaften Klage zugestände, der hätte damit auch die Officialabweisung eingeräumt. Denn er hätte zugestanden, dass die §§ 295, 296, 300 unsere Frage nicht treffen, dass hier eine scheinbare Lücke im Gesetz ist, welche durch Schlussfolgerung aus den sonstigen Grundstäzen auszufüllen ist. Diese aber gestatten nicht zu unterscheiden, ob die von Amtswegen zu berücksichtigenden Existenzbedingungen durch Initiative des Gerichts oder des Beklagten zur Geltung kommen. Dabei versteht es sich von selbst, dass die Officialabweisung die völlige Liquidität des Processmangels zur Voraussetzung hat.

Aus all' dem ergibt sich, dass im Falle klägerischer Versäumniss in jedem Stadium des Processes von Amtswegen das Gericht die Klage als unstatthaft abweisen muss, wenn die Möglichkeit nicht vorliegt, durch Parteiakt den Mangel zu beseitigen, und weiter, dass das abweisende Urtheil nicht Versäumnissurtheil, weil nicht aus der Versäumniss geschöpftes Urtheil (§§ 295, 296) ist, dass es also auch nicht durch Einspruch, sondern nur durch Rechtsmittel anfechtbar ist.

Nicht ganz zu den gleichen Sätzen gelangen wir, wenn der processualische Mangel durch die Partei gehoben werden kann. Zunächst wird der Vertagungsantrag im Hinblick auf die nachträgliche mögliche Heilung des Defekts zu entsprechen sein. Dann aber ist zu unterscheiden, in wessen Hand diese gelegt ist. Steht sie beim Beklagten, so bekommt er das Versäumnissurtheil nach § 295, wenn er den Mangel hebt. Das thut er beispielsweise bei Unzuständigkeit des Gerichts im prorogirbaren Fall durch die Prorogationserklärung —, welche in Abwesenheit des Gegners abzugeben er nicht behindert sein kann. Ob solche schon im Antrag auf Erlass des Versäumnissurtheils liegt, ist bestritten. Verneint man, so muss man dem Gericht das Recht der Officialabweisung wegen Inkompetenz einräumen; bejaht man*), so hat man damit noch nicht entschieden, ob nicht die Prorogation als resolutiv — nämlich durch den Einspruch resolutiv bedingt zu denken sei. Und so wird sie vielfach gedacht. — Aehnlich kann im Versäumnissfall die jetzt gehobene bisherige Processunfähigkeit des Beklagten und die dadurch herbeigeführte Nichtigkeit der Klagenerhebung geheilt werden durch Ratihabition. Unterbleibt aber solche Sanirung, so ist auch in allen derartigen Fällen von Amtswegen *ab instantia* zu absolviren.

Jede Vertagung, welche Vertagung auf Antrag hin oder nach Zurückweisung des Urtheilsantrags ist, ist Vertagung der mündlichen Verhandlung (§ 300 Abs. 1). Es fragt sich: ist das im Falle des § 302 ebenso?**). Tilgt die Ver-

*) Für die Bejahung spricht, dass der Antrag auf Erlass des VU. ein Verhandeln zur Hauptsache ist. So auch Seuffert § 302 Nr. 2 a. b. vergl. mit § 295 Nr. 4.

**) CPO. § 302: „Das Gericht kann von Amtswegen die Verhandlung über den Antrag auf Erlassung des Versäumnissurtheils vertagen, wenn es dafür hält, dass die von dem Vorsitzenden bestimmte Einlassungs- oder Ladungsfrist zu kurz bemessen, oder dass die Partei durch Naturereignisse oder durch andere unabwendbare Zufälle am Erscheinen verhindert worden sei. Die nicht erschienene Partei ist zu dem neuen Termine zu laden." — Das „kann" ist zugleich ein „soll". In der That ist die unbillige Verkürzung der Einlassungs- oder Ladungsfrist hiermit der pflichtmässigen Korrektur des Gerichts unterworfen und die force majeure als Ausschlussgrund der Versäumniss behandelt. (Darüber treffend Kohler Processrechtliche Forschungen, Berlin 1889, S. 57.) — Dass des unerachtet die Ladung „ordnungsmässig" und „rechtzeitig" sein kann, folgt 1. aus dem Verhältniss von § 300 Nr. 2 und § 302, und 2. aus der Vortagung auch hier die Versäumniss? Wird durch sie der Antrag auf Erlass des Versäumnissurtheils wie in § 300 zurückgewiesen, oder die Verhandlung über diesen Antrag mit der eventuellen Verhandlung zur Sache selbst vertagt? Für die erste Alternative spricht, dass es nicht gut denkbar erscheint, in Anwesenheit des säumig Gewesenen, jetzt Erschienenen darüber zu verhandeln, ob Versäumniss stattgefunden habe und nunmehr das Versäumnissurtheil zu erlassen sei. Auch überlässt § 302 die Feststellung der Voraussetzungen der Vertagung ganz dem freien Ermessen des Gerichts. Es scheint also dadurch eine Beweiserhebung gegen die Vertagung ausgeschlossen. Viele wollen denn auch (§ 302) im vertagten Termin ohne weiteres in der Sache selbst verhandeln lassen. Dem aber steht der Wortlaut des § 302 und guter Sinn entgegen. Der § 302 sagt ausdrücklich, dass „die Verhandlung über den Antrag auf Erlassung des Versäumnissurtheils“ vertagt werde. Und das hat guten Sinn; denn es kann die nicht säumige Partei ein wesentliches Interesse an der Konstatirung der Versäumniss und an dem Erlass des Versäumnissurtheils haben. Man erwäge nur, dass es sich vielleicht um die wiederholte Versäumniss handelt, deren Folge durch Einspruch nicht wieder zu beseitigen ist (§ 310), und dass dem Versäumnissurtheil gegen den Beklagten entweder nach § 648 n. 3 ohne Antrag oder nach § 650 auf Antrag die vorläufige Vollstreckbarkeit beigelegt werden kann. Wer den nicht säumigen Theil nöthigt, im Vertagungsfall des § 302 in die Verhandlung zur Hauptsache mit dem erscheinenden Gegner einzutreten, beraubt ihn dieser hochwichtigen, möglicherweise die definitive Erledigung des Streits in sich bergenden Chancen. Daher muss im Termin vorerst über den noch nicht erledigten Antrag auf Erlass des Versäumnissurtheils mündlich verhandelt werden*). Ergiebt die Ver-

schrift des § 302, dass nicht der Antrag auf Erlass des Versäumnissurtheils zurückgewiesen, sondern nur die Verhandlung über diesen Antrag vertagt wird.

*) Vgl. auch die Motive zu § 302: „während im letztgenannten Falle (§ 302) die Entscheidung über den Antrag auf Erlass des Versäum-

handlung, dass die Versäumniss in der That vorgelegen hat, also die Voraussetzungen des § 302 ermangelten, so ist nach Schluss der mündlichen Verhandlung das Versäumnissurtheil zu erlassen, welches je nachdem vorläufig vollstreckbar und durch Einspruch unanfechtbar ausfallen kann.

Nehmen wir nun aber an, dass es an den processualischen Voraussetzungen des Processes und des Termins nicht fehlt, also auch die §§ 300 und 302 keine Anwendung leiden, dann hat bei Versäumniss des Klägers der Beklagte die Wahl, — ob er das Urtheil des § 295 oder eine Vertagung erbitten oder das Verfahren ruhen lassen will. Zweifelhaft kann nur sein, ob er sich mit einem Versäumniss-Theilurtheil begnügen und im Uebrigen zur Vertagung greifen resp. das Verfahren ruhen lassen darf. Unbedenklich bejahe ich. Denken wir uns gehäufte Ansprüche (§ 273); weshalb soll es unzulässig sein, für den einen Anspruch, von dessen Grundlosigkeit man überzeugt ist, das Versäumnissurtheil zu fordern, für den anderen dem Gegner noch Gelegenheit zur Verhandlung zu geben? Wird doch auch das Gericht bei Klagenhäufung häufig in die Lage kommen, sondern zu müssen. Ist die Verhandlung des einen Anspruchs unstatthaft, die des anderen nicht, so wird es jenen *a limine* abweisen, diesen auf Antrag durch Versäumnissurtheil aberkennen. Klage und Widerklage müssen bei

---

nissurtheils noch aussteht, wird in den Fällen des § 290 (§ 300) der Partei das Versäumnissurtheil abgesprochen". — Seuffert § 302 meint, es sei die Verhandlung über den Versäumnissantrag Verhandeln zur Hauptsache und daher diese noch nicht abgeschlossen. — Ich frage: hält Seuffert es für undenkbar, dass die Partei, welche die Verhandlung zur Hauptsache verweigert und deshalb „als nicht erschienen anzusehen ist" — wie sich geschmackvoll die CPO. § 298 sich ausdrückt —, verhandelt über die Unzulässigkeit des Versäumnissurtheils? Thut sie das nicht, wenn sie im Partei- oder Anwaltsprocess unter Vorbringen processhindernder Einrede erklärt, die Verhandlung zur Hauptsache zu verweigern, — oder wenn sie die Ordnungsmässigkeit der Ladung bestreitet und gerade deshalb nicht verhandeln will? Der Streit über die Thatsache der Versäumniss und deshalb über die Zulässigkeit der Versäumnissfolge ist reiner Processstreit — nicht Verhandeln zur Hauptsache. Vgl. auch das Beschwerdeverfahren des § 301 und die dort geordnete schroffe Wahrung des Rechtes der Partei auf Erlass des Versäumnissurtheils!

der Säumniss des Klägers verschieden behandelt werden, wenn für die Klage § 295 angewendet werden soll, dagegen vielleicht für die Widerklage aus Gründen der §§ 300, 302 der Antrag auf Erlass des Versäumnissurtheils zurückgewiesen werden muss. Und selbstverständlich ergibt sich ein Versäumnisstheilurtheil, wenn in Folge rechtskräftigen, kontradiktorischen Theilurtheils (§§ 273, 274) nur noch ein Theil des Streitgegenstandes entscheidungsbedürftig ist.

2. Wir kommen zur Versäumniss des Beklagten in der mündlichen Verhandlung über die Hauptsache. Die Versäumnissfolge ist das auf Antrag des Gegners anzunehmende Geständniss der Klagthatsachen und die selbstverständliche Präklusion der Vertheidigung (§ 296). Das ist nicht Sachfälligkeit, nicht Annahme des Anerkenntnisses des Klaganspruchs; dieser gilt als bestritten. Es ist nicht präsumirter Verzicht auf die Vertheidigung. Denn von solchem Verzichtswillen ist nichts erweislich und die Folge tritt ein, auch wenn das Gegentheil erweislich ist. Dem Beklagten wird der Process in der Sache selbst aufgenöthigt und gleichzeitig zur Verwirklichung der von ihm versäumten Erklärungspflicht hinsichtlich der Klagthatsachen (§ 129) angenommen, dass er dieselben zugestehe*). Man sagt, das sei einfache logische Folge: denn das nicht Bestrittene sei nicht beweisbedürftig. Aber man verkennt, dass dieser Gedanke der Partialversäumniss nur anwendbar ist, wenn der Beklagte verhandelt. Auch schiebt der also Argumentirende dem Schweigen

*) Ich verweise für diese theoretische Auffassung auf meinen Aufsatz in Grünhut's Zeitschrift Bd. VII (Abdruck des Programms über Präklusion und Kontumaz). Nach § 129 wird allerdings die sog. *poena confessi* nicht angenommen, wenn die Absicht zu leugnen ersichtlich ist; damit ist aber nicht an sich die Erklärungspflicht negirt, sondern nur die Erklärung von der Form entbunden; sie kann auch konkludent geschehen. Wird aber Nichts erklärt, oder mit Nichtwissen geantwortet, wo Wissen zugemuthet werden kann, so tritt die *poena confessi* ein. Und diese ist nicht „Präsumtion" im Gegensatz zur „Fiktion", sondern letztere. — Wollte man aber sagen: die Klagthatsachen werden erst beweisbedürftig durch das Bestreiten, so würde man damit die Sache auf den Kopf stellen (vgl. auch CPO. § 261 fg., 555).

ein Wollen — den Willen, nicht zu bestreiten, unter. Wir stehen aber im Versäumnissfall vor der reinen Negative. Dieses Nichts kann nicht logisch, sondern nur positiv-rechtlich ausgefüllt werden. Und dieser positive, logisch nicht deducirbare Gehalt des Versäumnisspräjudizes wird besonders klar, wenn die Versäumniss in einem Termin zur Fortsetzung der mündlichen Verhandlung sich zuträgt (s. unten S. 178). Die rechtlichen Schlussfolgerungen aus den als zugestanden zu behandelnden Klagthatsachen zieht das Gericht; es urtheilt, es spricht nicht nur, wie im Falle des § 295, ein Präjudiz der Sachfälligkeit aus. Daher kann es kommen, dass der Kläger der beklagtischen Versäumniss unerachtet definitiv mit der Klage abgewiesen wird:

> § 296 Abs. 2: „Soweit (das thatsächliche mündliche Vorbringen des Klägers) den Klagantrag rechtfertigt, ist nach dem Antrage zu erkennen; soweit dies nicht der Fall, ist die Klage abzuweisen."

Als „thatsächliches mündliches Vorbringen" erscheint alles zur Fundirung der Klage vorgebrachte thatsächliche Material, gleichviel ob es im ersten Termin zur mündlichen Verhandlung oder erst später vorgebracht worden ist. „Thatsächlich" nehmen wir dabei nicht im Sinne der Gegensätzlichkeit aller rechtlichen Qualificirung der Behauptung, nicht in dem Sinne, in welchem man fordert, dass das Beweisthema des gemeinrechtlichen Beweisinterlokuts in die thatsächlichen Momente zerlegt sei. Wir nehmen es im Sinne des Gegensatzes von Klaggrund und Klaganspruch. Was den Inhalt des ersteren bildet, also durch den Kläger zu behaupten ist, damit die Klage individualisirt sei, muss als Unterlage auch des Versäumnissurtheils ausreichen*). Es kann nicht sein, dass eine Klage, die den Anforderungen des § 230 genügt, im Versäumnissfall abgewiesen wird, weil sie nicht genügend „substanziirt" ist. Der Gegensatz zwischen Anerkenntniss und Geständniss führt zur vollen Klarheit über diesen Punkt. Der

---

*) Die früher an dieser Stelle vertheidigte gegentheilige Ansicht kann ich nicht aufrecht erhalten; s. oben S. 19 fg.

§ 296 will, dass der Anspruch als bestritten, nicht als anerkannt, dagegen ein behaupteter Grund als zugestanden gelte. Das Geständniss aber ergreift ebensowohl juristisch qualificirte Thatbestände (Darleihen, Miethen, Kaufen) und reine Rechtsverhältnisse (z. B. Eigenthum, Ehe, Handelsgesellschaft u. s. w.) wie nackte Thatsachen*). Freilich wird denkbarer Weise dadurch dem Richter ein falsches juristisches Urtheil untergeschoben und die Erkenntniss des wahren Sachverhalts unmöglich; aber das kann bewirkt werden auch durch falsche thatsächliche Behauptung und ist auf keine Weise schlechthin zu vermeiden. Die Kontrole liegt beim Beklagten. Ihr dient das Nachstehende.

Die Geständnissfolge kann nur eintreten bezüglich der Thatsachen, welche dem Beklagten rechtzeitig und ordnungsmässig mitgetheilt sind. Das Gesetz sagt, der Antrag auf Erlassung eines Versäumnissurtheils sei zurückzuweisen,

> § 300 Nr. 3 „wenn der nicht erschienenen Partei ein thatsächliches mündliches Vorbringen oder ein Antrag nicht rechtzeitig mittelst Schriftsatzes mitgetheilt war".

Das ist verständig. Denn man darf nicht Thatsachen um des Nichterscheinens willen als zugestanden behandeln, welche dem Erscheinungspflichtigen nicht bekannt geworden sind, und man darf ihn nicht überrumpeln mit Anträgen, die ihm nicht angekündigt sind. Allein der § 300 Nr. 3 ist jedenfalls zu eng gefasst. Er sagt ein Doppeltes: einmal, dass das im Schriftsatz vor der mündlichen Verhandlung überhaupt

*) Die Behauptung der Höhe des Schadens, des Interesses ist rein thatsächlicher Natur (cf. CPO. § 276, 312 Abs. 1). Doch kann nicht mehr als zugestanden gelten, als behauptet worden. Sofern also der Kläger sich nur auf dem Gebiete der Schlussfolgerung der Auslegung oder des Rechnungsergebnisses auf Grund der von ihm behaupteten Thatsachen und Rechnungsfaktoren bewegte, ist die richterliche Nachprüfung frei. — Und weiter: alles Zugestehen und auch alle Fiktion des Geständnisses geht nur bis zur Grenze des Möglichen. Wie weit diese zu ziehen, darüber unten in dem Vortrag über die Beweislehre das Nähere.

nicht oder nicht rechtzeitig Mitgetheilte nicht der Versäumnissfolge unterliege, wenn der Beklagte nicht erscheint; und zweitens, dass, wenn er erscheint und nicht verhandelt, diese Beschränkung nicht maassgebend ist. Daraus aber folgt, dass, wenn er erschienen ist und nun nachträglich im Termin zur Fortsetzung der mündlichen Verhandlung ausbleibt, nicht nur das „im Schriftsatz rechtzeitig Mitgetheilte“, sondern auch das vorgängig mündlich Mitgetheilte — mag es „Thatsache“ *) oder auch „Antrag“ (Widerklage, Klagerweiterung u. dergl.) sein — vom Versäumnisspräjudiz des § 296 mit ergriffen wird. Das Vorbringen ist unzweifelhaft Processstoff geworden; es ist dem Beklagten als gegnerische Behauptung bekannt; also wird es gedeckt von der *Ratio legio* (§ 300 Nr. 3) **). Und das selbst dann, wenn dieses mündliche in Gegenwart des Gegners geschehene Vorbringen nicht durch Recess beurkundet sein sollte; denn nicht als Beurkundungsmittel, sondern als Mittheilungsmittel an den Beklagten ist der Schriftsatz gedacht.

Was oben (S. 169 fg.) über die Officialabweisung im Falle der Versäumniss des Klägers gesagt wurde, gilt auch für den Fall des § 296. Nur ist offensichtlich, dass auf etwaige sog. „verzichtbare“ processhindernde Einreden des Beklagten weder von Amtswegen, noch dann zu rücksichtigen ist, wenn er sie zwar vorgebracht hat, aber vor ihrer Erledigung im Termin zur Fortsetzung zur mündlichen Verhandlung ausgeblieben ist. Doch empfängt dieser Punkt sein volles Licht erst im Folgenden.

3. Die Versäumniss im Termin zur vertagten oder fortzusetzenden mündlichen Verhandlung ist gleich der Versäumniss im ersten Termin (§ 297). Die Versäumnissfolgen, wie sie in den §§ 295, 296, 297 festgestellt sind, ignoriren die ganze, zwischen dem Beginn des Processes und ihrem Eintritt liegende Sachverhandlung mit-

*) Wesentliche Thatsache, nicht irgend ein thatsächliches Vorbringen.

**) Abweisungsanträge unterstehen dem § 300 Nr. 3 nicht; ebensowenig Processanträge, — am allerwenigsten der Antrag auf Erlass des Versäumnissurtheils.

sammt allen Behauptungen, Geständnissen, Beweiserhebungen, Beschlüssen und Zwischenurtheilen. Sie löschen diesen Processinhalt nicht aus, aber sie behandeln ihn als nicht existent m. a. W.: sie suspendiren seine Wirksamkeit. Wird die Versäumnissfolge gehoben, so äussert der gesammte Processinhalt wieder seine Kraft. Selbstverständlich gelten diese Sätze nur, soweit nicht bereits in der Sache selbst rechtskräftig durch Theilurtheil oder bedingtes Endurtheil entschieden ist oder die Entscheidung lediglich Processfragen betrifft*). Auch gelten sie nur mit der bereits entwickelten Einschränkung, dass die im Laufe des Processes rechtswirksam erfolgten Klagenerhebungen, -Aenderungen, -Erweiterungen oder -Begründungen von Bestand bleiben und demnach die Versäumnissfolge sich auf sie erstreckt. Hingegen wird alle und jede materielle Vertheidigung, jedes Bestreiten, jeder Beweiserfolg, jede klägerische Einräumung von Einreden, jedes ausdrückliche oder fingirte Geständniss, m. a. W. alles Verhandeln über den Klaganspruch ignorirt — es sei denn vollständiges Herstellen der Urtheilsgrundlage durch Anerkenntniss oder Verzicht (§§ 277, 278). Das ist der Rigor der Präklusion.

Eine besondere Vorschrift trifft das Gesetz für das Liquidationsverfahren, welches dem Zwischenurtheil des § 276, der Feststellung des Grundes des Anspruchs nachfolgt (§ 312 Abs. 1).

---

*) Denn die Entscheidung über sie hat nichts zu thun mit der Versäumniss der §§ 295, 296, welche Versäumniss der Sachverhandlung mit der Folge des Versäumnisssachurtheils ist. Daher werden durch die Vorschrift des § 297 nicht berührt die Entscheidungen über processhindernde Einreden (§ 248), über die Zulässigkeit der Rechtsmittel, des Einspruchs, über die Reassumtion (§ 217), die streitentlassenden Urtheile nach §§ 72. 73. Vgl. CPO. § 289. Hierher gehört auch das Zwischenurtheil des § 242, dessen Fortbestand im nachträglichen Versäumnissfall ich in der ersten Auflage nicht ausreichend zu erklären vermochte. Die Frage, ob Klagänderung vorliegt oder ob Verhandlungspflicht gegenüber dem neuen Vorbringen besteht, ist Processfrage. Verhandelt der Beklagte auf solches Vorbringen nicht, so greift die Einwilligungsfiktion des § 241 nicht Platz (vgl. mein Handbuch Bd. I 304). Hat er die Einrede der Klageänderung vorgebracht und ist über sie entschieden, so ist wiederholte Entscheidung bei nachträglicher Versäumniss nicht nöthig und nicht zulässig. Die Versäumnissfolge (§ 296) bezieht sich dann unmittelbar auf das neue Vorbringen.

Hier sollen die entwickelten Versäumnissfolgen „entsprechende“ Anwendung finden. Schon oben (S. 110) führte ich aus, dass diesem Urtheil materielle Rechtskraft nicht zukommt. Die Sache ist nicht, auch nicht zum Theil erledigt. Sie bleibt trotz formeller Rechtskraft des Zwischenurtheils noch in vollem Umfang rechtshängig. Daher sagen die Motive, „es beschränke sich zwar formell das Liquidationsverfahren auf die Feststellung des Betrags, in Wirklichkeit bilde aber den Gegenstand der Entscheidung noch immer die ganze Sache“. Und das ist auch materiell richtig, da die *quaestio an* und *quaestio quanti* nicht völlig zu scheiden sind. Es folgt hieraus, dass die Versäumnissfolge für den Kläger der Anspruchsverlust sein muss, denn mit der aus dem Ausbleiben des Klägers jedenfalls resultirenden Unmöglichkeit der Feststellung eines Betrags entspringt die totale Sachfälligkeit. Andrerseits aber wird, wenn der Beklagte ausbleibt, die Versäumnissfolge sich nur auf das Zugeständniss der Thatsachen beziehen können, welche die Liquidation des dem Grunde nach festgestellten Anspruchs betreffen. Weiter zu gehen, hätte keinen Sinn — und ist durch § 297 nicht geboten. Zwar kann man sich dafür nicht auf die allgemeine Vorschrift des § 289, d. h. die bindende Kraft der Zwischenentscheidung berufen; denn das würde zu viel und daher nichts beweisen, wie es verstossen würde gegen die elementare Auslegungsregel, dass die Sondervorschrift — und um solche handelt es sich in § 297 — die allgemeine einschränkt. Aber das Gesetz will selbst im Falle der §§ 312 Abs. 1, 276 nur eine „entsprechende“ Anwendung des § 296. Und wohin führt sie? Nicht dazu, dass die schon erledigte *quaestio an* noch einmal zu Ungunsten des Klägers aufgeworfen und geprüft wird, sondern dazu, dass zu seinen Gunsten das den Anforderungen des § 300 Nr. 3 in der obigen erweiterten Auslegung dieses Gesetzes genügende thatsächliche, die Höhe des Anspruchs betreffende Vorbringen als zugestanden erachtet und darauf hin unter Anwendung des § 260 verurtheilt werde. Es wäre geradezu gegen das Motiv des Gesetzes, wollte man den Versäumnissfall zu Ungunsten des fleissigen Theils wenden und ihm den schon errungenen

Vortheil des Urtheils des § 276 wieder in Frage stellen, weil sein Gegner ausblieb. Eine „entsprechende Anwendung" ist nur die, welche aus gleichem Grund gleiche Folge zieht. Die Gegengründe, welche aus der „Einheit" der mündlichen Verhandlung entnommen werden könnten, sind doktrinär und hinfällig. Denn wenn auch die Vorstellung der „Einheit", welche im Gesetz nicht festgehalten ist, dem Versäumnissverfahren zu Grunde liegt, so ist sie doch hier ohne Substrat. Es fehlt im Falle § 276 an der Einheit, weil in der That der Liquidationsstreit auf die Betragsfrage beschränkt ist*).

Man hat die Vorschrift des § 297 bemängelt — und auch mir ist sie von „seltener und bedauerlicher Künstlichkeit" erschienen, so lange ich das Verfahren nicht im Leben sah. Jetzt urtheile ich anders. Der § 297 ist ein Glücksgriff des Gesetzes: eine praktische, gesunde Maassnahme. Sie rettet uns vor dem halbschierigen kontradiktorischen Urtheil auf Grund eines mit Totalversäumniss in fortgesetzter Verhandlung endigenden Verfahrens und allen den damit verbundenen Verwirrungen und Verschleppungen, einschliesslich der Wiedereinsetzung. Sie ist innerlich gerechtfertigt; denn man darf der Partei, welche processiren will, zumuthen, dass sie im Termin auch zur festgesetzten mündlichen Verhandlung erscheine. Sie ist ungefährlich — denn ruht die Säumniss

*) Auf die Frage, in welchem Maasse das Vorbehaltsurtheil der §§ 502, 562, auch des § 274, im Versäumnissfalle Bestand und Wirkung behält, kann hier nicht tiefer eingegangen werden. Aber es darf als sicher und mit den obigen Ausführungen harmonirend ausgesprochen werden, dass die „entsprechende" Anwendung der §§ 295, 296, 504 auch hier zu der Einschränkung der Verhandlung auf den vorbehaltenen Processstoff führt. Das Ergebniss ist die Niederlage des säumigen Klägers bezw. Berufungsklägers (§§ 298, 504 Abs. 1), dagegen kein Rückgriff auf die Verhandlung der Klagthatsachen und folgerichtig keine Annahme ihres Zugeständnisses mit folgender Relevanzprüfung (§ 296 Abs. 2) bei Säumniss des Beklagten: dessen bedarf es nicht — und das wäre dem Kläger nachtheilige Versäumnissfolge. Diese ist allein zu Ungunsten des Beklagten, daher allein die Präklusion mit dem Ergebniss des Bestätigungsurtheils. Vgl. Stein, Urkunden- und Wechselprocess, Leipzig 1887, S. 327. Kohler a. a. O. S. 58 fg., S. 120.

nicht auf dem Willen, die Sache preiszugeben, so hilft der Einspruch.

4. Die Versäumniss des Schwurpflichtigen. Sie hat das Gesetz in § 430 höchst eigenartig geregelt.

Der § 430 passt nicht in das Kontumacialsystem des Gesetzes. Er behandelt die Eidesabnahme gleich einem Zwischenstreit, der unter Umständen durch Versäumnisszwischenurtheil erledigt werden muss. Aber die Eidesleistung ist nicht Zwischenstreit, sondern Beweisaufnahme. Sie ist zugleich die Erfüllung der processualischen Auflage, zu schwören bei Folge des Zugeständnisses. Aber an Stelle dieses sonst (§§ 429 Abs. 2, 417, 420, 392, 404 Abs. 3) vom Gesetz an die direkte oder indirekte Eidesweigerung geknüpften natürlichen Präjudizes und der Milderung desselben durch die Vorschrift des § 332 Abs. 2 wird hier, im Falle des Ausbleibens des Eidespflichtigen ein besonderes Zwischenurtheil gefordert, dessen Zweck und Werth ein tiefes Geheimniss ist. Allerdings geben die Motive einen Grund an:

> „Bei der Bedeutung des Parteieides für die Entscheidung eines Rechtsstreits oder eines Streitpunktes empfehle es sich, die Aufhebung der Folgen der Versäumung eines zur Eidesleistung anberaumten Termins in demselben Umfange zu gestatten, wie in dem Falle der Versäumung eines Verhandlungstermins.“

Die Licenz des § 332 Abs. 2 genüge nicht. Es ist aber in der That völlig unbegreiflich, wie sich diese Rücksicht gegen die schwurpflichtige Partei, welcher der Termin hinlänglich bekannt ist und die, falls sie am Erscheinen verhindert sein sollte, die Verlegung des Termins leichtlich erlangen oder sich doch eventuell die Vorschrift des § 332 Abs. 2 zu Nutze machen kann, wie sich diese zarte Rücksicht rechtfertigen soll. Und das um so mehr, als § 430 auch Anwendung findet in dem Falle, wenn der Schwurpflichtige anwesend ist, aber erklärt, er gebe sich nicht an, wolle nicht verhandeln. Der Verwirrung und Unbilligkeit hat § 430 genug im Gefolge.

Bevor ich jedoch dem näher trete, vergegenwärtige man sich, dass die Eidesleistung in verschiedener Weise angeordnet werden kann: durch bedingtes Endurtheil, durch bedingtes Zwischenurtheil, durch Beweisbeschluss (§ 425, 426); ferner, dass nach dem über selbstständige Angriffs- und Vertheidigungsmittel erkennenden Eideszwischenurtheil die Eidesleistung erst eintreten soll, wenn „durch bedingtes Endurtheil rechtskräftig erkannt ist, dass es auf dieselbe für die Entscheidung des Rechtsstreits noch ankomme“ (§ 426); sowie endlich, dass die im bedingten Endurtheil an die Eidesweigerung (Nichtleistung des Eides) geknüpfte Folge in einem purificirenden Endurtheil ausgesprochen werden muss (§ 427 Abs. 2). Hieraus ergiebt sich, dass dem Versäumnisszwischenurtheil des § 430 entweder der Eidesbeweisbeschluss oder das bedingte Endurtheil vorauszugehen hat und dass ihm die Purifikatoria nur folgt, wenn das letztere der Fall war*).

Nunmehr frage ich:

1. Hat es einen Einfluss auf die Anwendbarkeit des § 430, dass ein Eidesbeweisbeschluss oder ein bedingtes Endurtheil den Eid anordnete?

2. Hat es einen Einfluss auf die Anwendbarkeit des § 430, dass der Eidesleistungstermin zugleich Verhandlungstermin gemäss des § 335 ist? Speciell: welche Bedeutung hat dieser Umstand für das Ausbleiben des Gegners des Schwurpflichtigen?

3. Wie ist es zu halten, wenn die Eidesabnahme vor dem ersuchten oder beauftragten Richter erfolgen soll?

Auf die erste Frage antwortet man unumwunden mit „Nein“, d. h. es sei gleichgültig, ob im Laufe des Processes gemäss § 426 die Eidesleistung durch Beweisbeschluss oder durch bedingtes Endurtheil angeordnet ist. Und in der That scheint das Gesetz zu dieser Auffassung zu drängen. Immer also muss auf Antrag Versäumnisszwischenurtheil ergehen und nur dieses soll nach gemeiner Meinung gegen den säumigen Schwurpflichtigen ergehen. Die Purifikation des bedingten

---

*) Giebt es ein bedingtes Zwischenurtheil des § 248, 276, oder ein solches im Zwischenstreit, oder erschöpft § 426 Abs. 2 die Fälle des Eideszwischenurtheils? S. oben S. 120.

Endurtheils kann erst erfolgen, nachdem die zweiwöchentliche Einspruchsfrist, berechnet vom Tage der Zustellung des Versäumnissurtheils, oder die Verhandlung über den Einspruch beendigt ist. Die Motive sagen, das sei nothwendig, denn

> „dadurch werde dem Gericht die vielfach schwierige und zeitraubende Arbeit erspart, ein Urtheil abzufassen, welches zusammenfällt, wenn im Verfolg der Einlegung eines zulässigen Einspruchs der Eid nachträglich geleistet wird, und überdies die Erlassung eines Urtheils vermieden, welches sich aus einem Versäumnissurtheile (aus dem Ausspruche, dass der Eid als verweigert anzusehen sei) und aus einem kontradiktorischen Urtheile (aus dem Ausspruche, welcher die Folgen der Verweigerung des Eides realisirt) zusammensetze" (S. 237).

Aber dieser gerühmte Gewinn ist eitel. Nur für den Fall des Eidesbeweisbeschlusses treffen die Motive zu. In allen anderen Fällen liegt ja das bedingte Endurtheil schon unabänderlich vor und bedarf es nicht mehr der vielfach „schwierigen und zeitraubenden Arbeit" seiner Abfassung. Es bedarf nur der Purifikatoria des § 427 Abs. 2. Und diese würde nicht theilweise ein Versäumnissurtheil sein, ob sie schon ausspräche, dass der Eid als verweigert gelte, wenn uns nicht das Gesetz sein „Versäumnisszwischenurtheil" aufdrängte und sich an Stelle dessen einfach und korrekt, wie in den Fällen ausdrücklicher Eidesweigerung, mit dem Präjudiz des Zugeständnisses (§ 429 Abs. 2) begnügt hätte. Jetzt haben wir, falls durch Zwischenurtheil eine Eidesleistung angeordnet ist, folgenden schwerfälligen Apparat: erstens das Zwischenurtheil, zweitens das rechtskräftige bedingte Endurtheil (§ 426 Abs. 2), drittens im Falle des Ausbleibens des Schwurpflichtigen im Schwurtermin das Versäumnisszwischenurtheil mit dem wohlfeilen Gebrauch des Einspruchs und der vollkommen grundlosen Nachholung des Eides, viertens auf Grund des Einspruchsverfahrens das das Versäumnisszwischenurtheil bestätigende oder abändernde Urtheil (§ 308) und endlich fünftens das purificirende Endurtheil. Und dieser ganze Embarras der drei letzten

Urtheile trotz rechtskräftiger Entscheidung verdankt seine Existenz nur jener schonenden Rücksicht, welche bei der Bedeutung des Parteieides dem Schwurpflichtigen das Versäumen ebenso leicht und ungefährlich gemacht wissen will, wie bei der Versäumung eines Verhandlungstermins. Welche bequeme Handhabe der Processverzögerung stellt sich heraus! Erst wird gegen das bedingte Endurtheil die Rechtsmittelinstanz eingeleitet und bis zur Erschöpfung durchgetrieben. Dann wird nach eingetretener Rechtskraft der Eidesleistungstermin versäumt und Einspruch gebraucht, dann abermals der Termin versäumt, endlich gegen die Purifikatoria Berufung eingelegt. Erst jetzt kann durch die Anordnung vorläufiger Vollstreckbarkeit erfolgreich eingegriffen werden. — Und wenn der Eidesbeschluss erging, so stellt sich der Streiterledigung durch Versäumnissendurtheil die Versäumniss des Schwurpflichtigen als unübersteigliches Hinderniss entgegen. Mit dem wohlfeilen Mittel des Ausbleibens erreicht er, was ihm die Weigerung des Eides nimmer schaffen könnte: einen Aufschub durch das Zwischenurtheil des § 430 mit der Folge des Einspruchsverfahrens und des Eidesleistungstermin.

Ob wir uns mit diesen unerfreulichen Ergebnissen uneingeschränkt zufrieden geben müssen, das wird wesentlich davon abhängen, wie wir die zweite aufgeworfene Frage beantworten, m. a. W. welche Bedeutung wir dem Umstande beimessen, dass der Eidesleistungstermin vor dem Processgericht nach § 335 zugleich Termin zur Fortsetzung der mündlichen Verhandlung sein wird. Die Motive orakeln:

> „Erscheint der Schwurpflichtige in dem zur Eidesleistung anberaumten Termine nicht, so kann ein Versäumnisszwischenurtheil auch dann ergehen, wenn der Termin nicht lediglich zur Leistung des Eides bestimmt war, — und muss erfolgen, um die Folgen der Versäumung — dass der Eid als verweigert anzusehen sei — eintreten zu lassen“ (S. 237).

Hieraus hat man gefolgert: also ist § 297 dem Schwurpflichtigen gegenüber unanwendbar; erscheint er überhaupt nicht, so versäumt er nicht die mündliche Verhandlung, sondern allein den Eidesleistungstermin; dagegen versäumt der ausbleibende Gegner auch die mündliche Verhandlung. Während also jenem gegenüber nur das Versäumnisszwischenurtheil des § 430 zulässig ist, wird gegen diesen gemäss § 297 in der Sache selbst erkannt.

Es muss nun von vornherein im höchsten Grade befremden die Anschauung, dass der zugleich zur Fortsetzung der mündlichen Verhandlung bestimmte Eidesleistungstermin für den Schwurpflichtigen nicht Verhandlungstermin, dagegen für den *ad audiendum et videndum* geladenen Gegner Verhandlungstermin sein soll. Es spottet das aller Logik und der Gleichheit der Parteirechte. Daher werde ich mich nur dann entschliessen können, diese Ungleichheit zu acceptiren, wenn man mir die sie bestimmende Gesetzesvorschrift nachweist. Dieser Nachweis aber dürfte schwer fallen. Vorerst steht die ganze Konstruktion des Processes entgegen. Es ist zu unterscheiden zwischen der Anordnung des Eides durch rechtskräftiges bedingtes Endurtheil und durch Beweisbeschluss. Nehmen wir zunächst an, es sei ein Eidesurtheil ergangen. Hier ist eine mündliche Schlussverhandlung, auf Grund deren ein Versäumnissurtheil des § 295 oder 296 ergehen könnte, nicht mehr möglich. Allerdings soll vor der Purifikatoria und nach Erledigung der Eidesabnahme noch eine mündliche Verhandlung gemäss § 258 stattfinden; und man nahm anfänglich, vor dem Erscheinen dieser Vorträge, allgemein an, dass die Versäumniss in dem Schlusstermin Totalversäumniss gemäss §§ 295, 296 sei. Aber man hatte sich das Wesen dieser „mündlichen Verhandlung" nicht klar gemacht. Es liegt rechtskräftiges Endurtheil vor! Es ist in der Sache entschieden und unabänderlich, sei es zu Gunsten des Klägers oder des Beklagten, entschieden; es ist nur noch auszusprechen, ob die Bedingung für oder wider die eine oder andere Partei eingetreten ist, m. a. W. ob der Eid geleistet, oder nicht geleistet ist. Unmöglich kann im Widerspruch mit dem rechtskräftigen bedingten Endurtheil ein Versäumnissurtheil gemäss §§ 295, 296 ergehen. Das wäre Entscheidung *contra rem iudicatam*. Es wäre geradezu unerträglich, wollte man dem unter Voraussetzung erfolgender Eidesleistung Siegenden und unter gegentheiliger Voraussetzung Unterliegenden verstatten, der Eidesweigerung unerachtet gegen den nicht erschienenen Kläger das Versäumnissurtheil des § 295, beziehungsweise gegen den Beklagten das des § 296 zu erbitten. Völlig sinnlos aber wäre es, wollte der schwörende und damit definitiv siegende Beklagte oder Kläger zu dem § 295 oder 296 greifen. Es folgt: die mündliche Schlussverhandlung hat im Fall vorausgegangenen rechtskräftigen bedingten Endurtheils nur Bedeutung für die Frage der Eidesleistung selbst und den Fortgang des Verfahrens. Eine Versäumniss im Sinne des § 297 ist undenkbar und daher die Annahme, der § 430 wolle die Regel des § 297 nur für den Schwurpflichtigen aussschliessen, verfehlt. Immerhin führt er unvermeidlich zu den oben angedeuteten unliebsamen Resultaten. Es kann das Läuterungsurtheil nicht eher ergehen, bis die Bedingung entschieden ist, also feststeht, dass der Eid geleistet oder verweigert ist. Und da beim Ausbleiben des Juraturus letzteres nur durch das unanfechtbare Versäumnisszwischenurtheil festgestellt werden kann, so hat er es in der That in der Hand, den Process hinaus zu schleppen, während er, wenn er schwört, gegen den abwesenden Gegner die Purifikatoria beantragen kann. Indess bedeutet das um deswillen keine ernste Möglichkeit, weil von den Versäumnissnachtheilen der §§ 295, 296 nicht die Rede sein kann. Anders, wenn der Eid durch Beweisbeschluss angeordnet und der Eidestermin vor dem Processgericht nicht ausdrücklich auf die Eidesleistung beschränkt ist. Hier wiederum ist folgende Alternative denkbar: entweder schlägt die Qualität des Termins als Verhandlungstermins gegen beide Parteien durch und lässt es zu Versäumnissurtheilen nach §§ 295, 296, aber nicht nach § 430 kommen, oder diese Qualität relevirt für beide Theile nicht, es ist der Termin zunächst als Beweisaufnahmetermin zu behandeln und demgemäss im Falle der Versäumniss nur nach § 430 zu erkennen. Für die ungleiche Behandlung der beiden Parteien ist im Gesetz kein Anhalt gegeben.

Ich entscheide mich den gewöhnlichen Grundsätzen des

Gesetzes gemäss unbedenklich für die erste Alternative und gewinne daraus folgende Sätze: Erscheint im Parteiprocess der Schwurpflichtige nicht, so hat der Gegner das Recht, das Versäumnissurtheil in der Sache selbst zu extrahiren. Der Einwand, das könne nicht geschehen, weil das Versäumnissendurtheil nicht gestützt sein könne auf ein einspruchsfähiges Zwischenurtheil, ist hinfällig, denn es ist nicht auf solches, sondern auf die Säumniss in der Hauptsache gestützt. Und mit welchem Grunde sonst wollte man der nicht säumigen Partei das Versäumnissendurtheil versagen? Unter Berufung auf § 300 oder § 302? Doch schwerlich. Unter Berufung darauf, dass es dem Gericht zu „schwierige oder zeitraubende Arbeit" sei, auf die Gefahr der Beseitigung hin das Versäumnissurtheil zu erlassen? Oder aus dem Grunde, weil doch die angesetzte Beweisaufnahme bis zur Erledigung ein unübersteigliches Hinderniss des Eintritts in die mündliche Verhandlung sei (§ 119)? So meinen Viele. Aber verständiger Weise greift dieser Satz nur dort durch, wo die Beweisaufnahme ihren Charakter als Richterhandlung rein bewahrt. Das ist gerade hier nicht der Fall. Die Partei soll handeln. Das Gesetz ordnet ein Versäumnissurtheil auf Grund ihres Ausbleibens. Die Motive führen aus, die Eidesleistungsverhandlung werde als ein „Zwischenstreit" angesehen. Es müssen daher die von den Motiven unmittelbar vorher ganz zutreffend entwickelten Grundsätze über die Versäumniss im Zwischenstreit gelten. Diese aber sind: „ist der Termin zur Verhandlung eines Zwischenstreits und zur Verhandlung der Hauptsache bestimmt, so ergeht, wenn derselbe versäumt wird, ein Versäumnissurtheil zur Hauptsache — ein Versäumnissendurtheil" *). Ein endgültiges Präjudiz erwächst daraus nicht; denn der Einspruch führt die Sache in den *status quo ante* zurück.

Erscheint im Parteiprocess der Schwurpflichtige, aber nicht sein Gegner, so ist der Eid abzunehmen und auf Antrag Versäumnissurtheil nach § 295 resp. 296 zu erlassen. Diese Sätze,

*) Die früher von mir vertheidigte Wahl zwischen Versäumnisszwischenurtheil und Versäumnissendurtheil ist nach Obigem nicht haltbar.

unmittelbar auf den Anwaltsprocess applicirt, führen, da der Schwurtermin nicht dem Anwaltszwang untersteht, zum Versäumnissendurtheil, wenn sich zwar der Schwurpflichtige stellt und schwört, aber sein Anwalt fehlt, oder wenn er mit seinem Anwalt erscheint und schwört, dagegen der gegnerische Anwalt ausbleibt; sie führen zum Versäumnisszwischenurtheil, wenn zwar der Anwalt des Schwurpflichtigen, aber nicht dieser selbst anwesend ist; sie führen zur Eidesabnahme und zum sich daran anschliessenden Ruhen des Processes, wenn beide Parteien ohne Anwälte kommen und der Eid geleistet wird.

Es erübrigt die dritte Frage zu erledigen, wie es zu halten sei, wenn die Eidesabnahme vor dem ersuchten oder beauftragten Richter vor sich gehen soll? Es kann, wie schon angedeutet, keinem berechtigten Zweifel unterliegen, dass der ersuchte oder beauftragte Richter niemals das Versäumnisszwischenurtheil des § 430 zu erlassen befugt ist. Seine Aufgabe ist, die Beweisaufnahme zu bewirken, nicht die rechtlichen Konsequenzen aus ihrer Ausführung oder ihrem Fortfall zu ziehen. Es ist undenkbar, dass ein Urtheil, welches nur als Akt des Gerichts gedacht werden kann, Akt eines Richterkommissars sei, dass vor ihm das Einspruchsverfahren sich mit allen seinen Folgerungen abspiele. Es ist aber auch, wie ebenfalls berührt, unzulässig, dem Gerichte den Erlass des Versäumnissurtheils auf Grund einer vor dem ersuchten oder beauftragten Richter stattgefundenen Versäumniss zu gestatten. Der § 280 steht unüberwindlich entgegen. Es bleibt also bei der Versäumniss des Schwurpflichtigen nichts übrig, als den Versuch, ihn zur Eidesleistung zu bringen, durch abermalige Ladung vor den ersuchten oder beauftragten Richter zu machen, oder die Sache vor das Processgericht zurückzuspielen. In diesem Falle wird nicht einfach in mündliche Verhandlung eingetreten und es so behandelt, als habe die Partei den Eid verweigert, — dieses Präjudiz kennt das Gesetz als Folge der Versäumniss nicht —, sondern es muss erneuter Termin zur Eidesleistung mit allen oben erörterten Folgen anberaumt werden. Wollte man sich einfallen lassen, statt dessen vor dem Processgericht mündlich über die stattgefundene Versäumniss zu verhandeln, so könnte doch diese Verhandlung nie zum Versäumnissurtheil führen, wenn nunmehr die Partei sich zur Eidesleistung erbietet.

So zeigt sich nach allen Seiten hin, wie völlig überflüssig, wie ungesund und verwirrend die Erfindung der CPO.: das Versäumnisszwischenurtheil des § 430 ist. Bei einer Revision des Gesetzes sollte sie ersetzt werden durch die einfache Parteiversäumnissfolge der Annahme der Eidesweigerung unter billiger Nutzanwendung des § 332 Abs. 2.

5. Die Versäumnissfolgen in der Rechtsmittelinstanz bedürfen selbstständiger Betrachtung. Auf sie ist einzugehen in dem Vortrag über die Rechtsmittel.

III.

Was ist Versäumnissurtheil und Einspruch?

Die Versäumnissfolge kleidet sich, wie wiederholt betont worden, in die Form des Versäumnissurtheils. Sein Wesen ist, dass es ruht auf der Versäumniss und der Versäumnissfolge, nicht dass es ergeht auf Grund einseitiger Verhandlung. Als seine möglichen Formen haben wir das Endurtheil, das Theil- und Zwischenurtheil erkannt. Praktisch tritt seine Eigenart hervor hauptsächlich in den Grundsätzen über die Anfechtbarkeit. Diese ist für den versäumenden eine andere, als für den fleissigen Theil. Das Urtheil ist Versäumnissurtheil nur gegenüber der Partei, gegen welche es erlassen ist (§ 303). Nur dieser Partei steht der Einspruch zu. Gegenüber der anderen Partei ist das Urtheil mit den Rechtsmitteln anfechtbar, welchen es als kontradiktorisches unterliegt. Beispielsweise ist das Urtheil, welches auf Grund des klägerischen Antrags die Klagthatsachen als zugestanden annimmt, aber, weil aus ihnen der Klagantrag nicht folgt, nach § 296 den Kläger theilweise abweist, den Beklagten theilweise verurtheilt, von jenem mit Berufung, vom versäumenden Beklagten mit Einspruch angreifbar. Das Versäumnissurtheil wird aber auch dann als „gegen“ den Beklagten erlassen angesehen werden müssen, wenn es ihm durchaus günstig fällt, d. h. wenn der Kläger unerachtet des realisirten Präjudizes des Zugeständnisses mit seiner Klage völlig abgewiesen wird. Das ist freilich eine ketzerische Ansicht, die schon damals, als ich sie in der ersten Auflage dieser Vorträge aufstellte, die gemeine Meinung gegen sich hatte und auch heute nur wenig Anklang gefunden hat*). Die geringe praktische Bedeutung der Frage kann uns ihrer Erörterung nicht überheben. Doch wird der Beweis abschliessend erst im Zusammenhang mit der Rechtsmittellehre geführt werden können. Hier genügen folgende Bemerkungen. Das dem säumigen Beklagten günstige Sachurtheil des § 296 Abs. 2 ist Versäumnissurtheil; es setzt voraus den Antrag auf Erlass des Versäumnissurtheils; es ruht auf der Versäumniss und der durch diese bedingten Folge der Präklusion aller beklagtischen Vertheidigung und der sog. *poena confessi* der Klagthatsachen. Es ist nicht eine Abweisung *a limine*, welche ohne Rücksicht auf die Versäumniss vom Gericht *ex officio* ausgesprochen werden könnte — wennschon es wahr ist, dass die Klagbehauptungen an und für sich den Anspruch nicht begründen. — Es ist „gegen“ die säumige Partei erbeten — es wird also auch immer „gegen“ sie „erlassen“ (§ 474), wenn nicht nach §§ 300, 302 der Antrag auf Versäumnissurtheil zurückgewiesen wird. — Der säumige Theil kann ein wesentliches Interesse haben, durch Einspruch auch das ihm günstige Versäumnissurtheil zu beseitigen, weil ihm daran liegen kann, nicht die Instanz zu verlieren. Und er würde sie, wie später zu zeigen, verlieren, wenn nur die Berufung gegen das Urtheil zulässig wäre. Dieses Interesse wird höchst aktuell, wenn der Beklagte die Absicht hat Widerklage zu erheben, mit der er endgiltig präkludirt wäre**).

---

*) S. jedoch Kohler: a. a. O. S. 60.

**) Nimmt man an, dass das Versäumnisspräjudiz (*poena confessi*

Es ist undenkbar, das Urtheil nur partiell durch Einspruch anzugreifen. Er beseitigt dasselbe, soweit es auf der „Versäumniss" ruht, immer in seiner Totalität. Das Urtheil ist entweder ganz oder gar nicht einspruchsfähig. Das ist alsbald darzulegen.

Der Einspruch ist, wo immer er zulässig ist, das einzige Mittel des Säumigen zur Beseitigung des Versäumnissurtheils. Die Berufung resp. Revision beschränkt sich auf die Versäumnissfälle, in denen Einspruch nicht Platz greift (§§ 310, 216), und kann dann nur gestützt werden auf die Behauptung irriger Annahme der Versäumniss (§§ 474, 528). Die Wiedereinsetzung in den vorigen Stand ist gegen Versäumnissurtheile unstatthaft.

1. Der Einspruch ist der materiell-voraussetzungslose Widerspruch gegen das Versäumnissurtheil. Er ist gebunden an zweiwöchentliche Nothfrist, gerechnet vom Tage der Zustellung ab (§ 304). Er wird erhoben durch Zustellung eines Schriftsatzes, welcher die Einspruchserklärung enthält (§ 305). Nur instruktionell ist die Vorschrift, dass der Schriftsatz enthalte, was zur Vorbereitung der Hauptverhandlung erforderlich ist. Wird dagegen ver-

---

und Präklusion) auch in der Berufungsinstanz uneingeschränkt fortdauert so ist das Einspruchsinteresse vollends evident, wie es in der Berufungsinstanz (§ 504) evident ist, falls sich der Berufungsbeklagte vor der abweichenden Rechtsanschauung des Revisionsgerichts auf der durch die Versäumniss geschaffenen Urtheilsgrundlage (*poena probati*: § 504 Abs. 2) retten will. Im letzteren Fall tritt klar ins Licht, wie unrichtig es ist, der Versäumnissfolge im Falle § 296 Abs. 2 ihre selbstständige Bedeutung zu bestreiten, m. a. W. das dem Kläger ungünstige Urtheil lediglich aus dessen eigenem Vorbringen, nicht auch aus der Versäumniss abzuleiten. Der § 296 ist in der Berufungsinstanz entsprechend auf die Säumniss des Berufungsbeklagten anzuwenden. Trotz der Folge der Beweisfiktion (§ 504 Abs. 2) fällt die Entscheidung gegen ihn, wenn die als erwiesen geltenden Thatsachen den Berufungsantrag nicht begründen. Diese Beweisfiktion bleibt im Falle der Revision seitens des Berufungsklägers unerschüttert. Wie wichtig kann es für den Berufungs- und zukünftigen Revisionsbeklagten sein, diesem Versäumnissnachtheil durch rechtzeitigen Einspruch entgegenzuwirken und überdies seine etwaigen *Nova* noch *in appellatorio* beizubringen.

stossen, so können wohl die Nachtheile eintreten, welche an die Unvollständigkeit des vorbereitenden Schriftenwechsels geknüpft sind, aber zurückgewiesen kann um deswillen der Einspruch ebensowenig werden, als wenn das Gericht von der Grundlosigkeit der Versäumniss und der Aussichtslosigkeit und Frivolität des Einspruchs überzeugt ist (§ 306). Die amtliche Prüfung der Zulässigkeit (§ 306) ist formaler Natur.

2. Der Einspruch wirkt materiell den Fortfall des Versäumnissurtheils, formell seine Suspension.

> „Ist der Einspruch zulässig, so wird der Process in die Lage zurückversetzt, in welcher er sich vor Eintritt der Versäumniss befand" (§ 307).

Der *status quo ante* tritt ein, als wäre Restitution gegen die Versäumniss ertheilt.

Aller im Versäumnissurtheil ignorirte Processstoff, alle Zwischenurtheile beleben sich wieder. Die mündliche Verhandlung soll vor sich gehen, als wäre nichts vorgefallen.

Das Versäumnissurtheil hat hiernach nicht, wie man sagt, „provisorische" Bedeutung; es ist auf die endgültige Streiterledigung berechnet — und wirkt nicht „provisorischer" als ein berufungsfähiges Endurtheil. Mit dem Ablauf gewisser Frist gewinnt das eine und das andere die Kraft des unanfechtbaren Urtheils. Freilich entkräftet die Partei das Versäumnissurtheil mit dem Hauch ihres Mundes — ohne richterliche Nachprüfung und Entscheidung. Dennoch wäre es ein falscher Gesichtspunkt, wollte man die endliche Kraft des nicht angefochtenen Urtheils aus dem Parteiwillen ableiten. Die Partei kann hindern, dass das Urtheil wirksam werde, sie kann ihm aber niemals die Wirksamkeit verleihen.

Formell gilt das angegriffene Urtheil als fortbestehend. Der „Eintritt seiner Rechtskraft wird durch rechtzeitigen Einspruch gehemmt" (§ 645). Das sich auf Grund des Einspruchs entwickelnde Verfahren ist Verfahren über den Einspruch, Einspruchsverfahren; das Urtheil, welches in ihm ergeht, „erledigt den Einspruch (§ 486). Daher wird das Versäumnissurtheil je nach dem Ausfall der weiteren Verhandlung entweder durch das neue Urtheil „aufrecht erhalten“ oder „aufgehoben“ und durch dieses ersetzt (§ 308): eine Ordnung, welche schon mit Rücksicht auf den aktenmässigen Bestand des Versäumnissurtheils unerlässlich ist. Eine wichtige Folge dieser Fortdauer des Versäumnissurtheils haben wir früher (s. oben S. 41) in der fortdauernden Bedeutung seines Thatbestandes kennen gelernt. Eine andere liegt in der Fortdauer der zuerkannten vorläufigen Vollstreckbarkeit (§ 657). Das „neue“ Urtheil kann ein kontradiktorisches oder ein abermaliges Versäumnissurtheil (s. unten Nr. 4) sein. Immerhin wird es auch, wo es bestätigt, seine selbstständigen und vollen Urtheilsbestandtheile, speciell seine Entscheidungsgründe haben, welche möglicherweise von denen des bestätigten Urtheils sehr abweichen.

3. Der Einspuch äussert die bezeichnete Wirkung in dem vollen Umfang, in welchem das Urtheil auf der Versäumniss ruht. Weil, wie bemerkt, der Einspruch kein Rechtsmittel ist, nicht die Nachprüfung des angegriffenen Urtheils bezweckt, sondern ohne weiteres das Verfahren auf den Stand vor der Versäumniss zurückführt, kennt das Gesetz keine Einspruchsanträge, keine Beschränkung des Gerichts auf dieselben wie in der Rechtsmittelinstanz (§§ 498, 522). Daher kann auch von einer Beschränkung der Anfechtung durch Einspruch nicht die Rede sein — sondern nur davon, dass die Partei nachträglich ihren Klag- oder Vertheidigungsantrag, ihren Berufungsantrag theilweise aufgiebt und dadurch sich gewissermaassen dem Versäumnissurtheil unterwirft. Dieses wird immer total durch den Einspruch beseitigt. Davon macht das Gesetz die Nutzanwendung im Falle § 486, nämlich dann, wenn gegen das Versäumnissurtheil Einspruch vom säumigen, Berufung vom nicht säumigen Theil eingelegt ist. Die Berufung wird überflüssig, wenn der Einspruch zulässig ist und in der unteren Instanz die durch sie erstrebte Remedur bewirkt wird. Mit Rücksicht darauf ist mit dem Berufungsverfahren so lange inne zu halten, bis der Einspruch erledigt ist. Das sagt § 486:

„Die mündliche Verhandlung ist, wenn — — der Berufungsbeklagte gegen das Urtheil den Einspruch erhoben hat, auch von Amtswegen bis zur Erledigung des Einspruchs zu vertagen."

Dieselbe Vorschrift gilt für die Revisionsinstanz (§ 529).

Man hat dem § 486, ausgehend von der oben (S. 191) bekämpften falschen Prämisse, dass der säumige Beklagte gegen das ihm günstige Urtheil des § 296 Abs. 2 den Einspruch nicht habe, den Sinn beizulegen versucht, dass die Berufung und der Einspruch als gegen verschiedene Theile des Urtheils gerichtet gedacht werden müssten: die Berufung gegen das Urtheil, soweit es den Kläger abweist, der Einspruch gegen die Verurtheilung des Beklagten. Dass, so gedacht, der § 486 zwecklos wäre und weder durch die Rücksicht auf das Vermeiden widersprechender Entscheidung über Angriffs- und Vertheidigungsmittel, noch durch die Möglichkeit unzulässiger Einspruchseinlegung motivirt werden könnte, bedarf keiner Ausführung. Der Gedanke des Gesetzes ist offenbar, dass der Entscheidungsgegenstand im Berufungs- und Einspruchsverfahren derselbe und diese Identität rechtlich denkbar sei. Das sagen die Motive:

> „Die Verhandlung über die Berufung wird auf Antrag oder auch von Amtswegen wegen des zur Erledigung des vom Gegner des Berufungsklägers eingelegten Einspruchs vertagt. Hierdurch wird die gleichzeitige Verhandlung *über dieselben Streitpunkte* in zwei Instanzen vermieden und es wird angemessenerweise die Verhandlung über die Berufung *völlig abgeschnitten, wenn das angefochtene Urtheil bereits durch Einspruch in Wegfall kommt*"*).

Solche Entwickelung setzt offensichtlich voraus, dass der Einspruch auch bei theilweiser Verurtheilung, theilweiser Abweisung den „Process" in der Totalität in die frühere Lage zurückführt (§ 307) und nöthtigt zu dem Schluss, dass auch

*) Die Geschichte und Bedeutung des § 486 wird uns noch in der Rechtsmittellehre eingehend beschäftigen.

das dem säumigen Beklagten günstige Urtheil (§ 296 Abs. 2) Versäumnissurtheil ist und seinem Einspruch unterliegt.

4. Der Einspruch ist so oft zulässig, als Versäumnissurtheile im Process vorkommen können. Eine allgemeine Schranke zieht allein § 310. Eine specielle Ausnahme stellt § 216 auf. Der § 310:

> „Einer Partei, welche den Einspruch eingelegt hat, aber in der zur mündlichen Verhandlung bestimmten Sitzung oder in derjenigen Sitzung, auf welche die Verhandlung vertagt ist, nicht erscheint oder nicht zur Hauptsache*) verhandelt, steht gegen das Versäumnissurtheil, durch welches der Einspruch verworfen wird, ein weiterer Einspruch nicht zu“,

hatte wichtige Zweifelsfragen angeregt. Man stritt darüber, was die Worte „auf welche die mündliche Verhandlung vertagt ist“ bedeuten. Die gewöhnliche Meinung verstand darunter den Termin, auf welchen die noch nicht wieder aufgenommene Sache vertagt ist, setzte also voraus, dass es im Falle der Vertagung nicht schon zuvor zur Erneuerung der mündlichen Verhandlung gekommen war, dass also die „Vertagung“ nicht zur „Fortsetzung“ der Verhandlung geschehen ist. Eine andere Ansicht fasste den Begriff der Vertagung allgemein, wollte nicht unterscheiden zwischen den Fällen, in denen die mündliche Verhandlung zur Hauptsache wieder begonnen, und den andern, in welchen sie noch nicht begonnen hat. Die praktische Seite der Meinungsverschiedenheiten ist, dass nach der letztgenannten Ansicht ein zweiter Einspruch innerhalb derselben noch nicht geschlossenen mündlichen Verhandlung unzulässig ist, während nach der anderen Auslegung ein Einspruch in derselben Instanz so häufig vorkommen kann, als Versäumnissurtheile ergehen, es sei denn, dass das fragliche Urtheil sich ohne dazwischen liegende Fortsetzung der mündlichen Verhandlung unmittelbar an ein vorangegangenes Versäumnissurtheil anschliesst.

---

*) Der Gegensatz ist die Verhandlung zur Frage über die Zulässigkeit des Einspruchs (vgl. Seuffert § 310 Nr. 1a).

Diese letztere Auffassung entspricht dem Sinn des Gesetzes. Auch die Terminologie*) und die Geschichte des Gesetzes**) stützt sie. Die Meinung ist, wiederholten Einspruch zu verstatten und nur das ohne dazwischen liegende mündliche Verhandlung an vorgängiges Versäumnissurtheil angereihte zweite Versäumnissurtheil dem Einspruch zu entrücken. Die andere Ansicht würde zu einer beispiellosen und unerträglichen Härte führen. Darüber ist heute kaum noch Streit.

Ist ein isolirter Zwischenstreit geführt (§ 312), so findet auf ihn der § 310 angemessene Anwendung***).

---

*) Vgl. CPO. §§ 90, 206, 297, 335 u. öft.

**) Vgl. bes. die Motive zu § 310.

***) Die Darstellung, welche Planck in seinem während des Druckes erschienenen Schlussband seines Lehrbuchs vom Versäumnissverfahren giebt, weicht in wesentlichen Punkten von Vorstehendem ab. Zu einer Aenderung meiner Ansichten hat sie mich nicht bestimmt.

Das Beweissystem.

Es ist eine der Forderungen moderner Reformjurisprudenz, dass das civilprocessualische Beweissystem gebaut werde auf das Princip der materiellen Wahrheit. Wer dem widerstrebt, ist verdächtig des Formalismus, engherziger scholastischer Auffassungsweise. Er gilt als überwunden, wie sein Standpunkt, der eine Velleität aus verknöcherter gemeinrechtlicher Doktrin heraus sei. Die Wahrheit, die ja immer nur eine sein kann, gelte es im Civil- wie im Strafprocess aufzudecken. Daher schreckt man nicht vor freier Forschungsmaxime zurück. Daher wirft man das unbequeme sog. Verhandlungsprincip wohl als veralteten Irrthum zu dem Uebrigen.

Die CPO. theilt diesen jugendfrischen Standpunkt nicht.

Die Lebhaftigkeit und die Gefühlswärme, mit welcher er vertheidigt wird, steht in umgekehrtem Verhältniss zur Stärke der für ihn angeführten Gründe. Es ist wichtig, sich darüber klar zu werden und die Macht der Phrase zu brechen, welche hier, wie so häufig, der Erkenntniss der Wahrheit in den Weg tritt.

I.

Wer fühlt nicht mit denen, welche auch im Civilprocesse der Wahrheit zum Siege verhelfen, die Sache gegen die Form zur Geltung bringen, den Richter von den Geistesfesseln befreien wollen, welche der Schematismus einer ausgearteten gesetzlichen Beweistheorie ihm aufgelegt hatte. Aber hüten wir uns vor Gefühlsjurisprudenz, welche gegen die Logik der Thatsachen streitet. Gewiss, die Wahrheit ist immer nur eine, und wir können den Civilrichter nicht nöthigen, etwas für wahr zu halten, was nicht wahr ist. Aber wir können und müssen ihn nöthigen, Vieles als wahr zu behandeln, was ihm keineswegs zur Ueberzeugung erhoben wurde. Die Feststellung der Wahrheit ist — das wurde schon früher ausgesprochen — nicht das Ziel des Civilprocesses und kann es nicht sein. Sie ist sein erwünschtes, aber nicht verbürgtes Resultat. Die materielle Wahrheit ist als Processzweck nur denkbar in einem Officialverfahren, in einem Processe, der zur erschöpfenden Rekonstruktion des Thatbestandes nicht nur die Handhabe bietet, sondern die „freie Forschungsmaxime“ als amtliche Verpflichtung der staatlichen Organe aufstellt*). Und das kann nur geschehen, wo die Streitsache ein öffentliches Interesse ist. So eliminirt in der civilprocessualischen Sachverhandlung die privatrechtliche Natur der Streitsache die „freie Forschungsmaxime“ und damit den Processzweck der objektiven Feststellung des wahren Sachverhalts**). Das

---

*) Der „staatlichen Organe“; ob Richter, ob Richter und Staatsanwalt, ob nur dieser, gilt gleich. Dass heute im Strafprocess beide Faktoren, und zwar der Richter nicht nur als Untersuchungsrichter, sondern auch als Urtheilsfaktor für die Beschaffung des Beweismaterials zusammenwirken (vgl. StPO. § 243 Abs. 3), sollte nicht verkannt werden.

**) Exkurs. Das Gesetz macht dem Richter die freie Forschung nicht nur nicht zur Pflicht, sondern gestattet sie ihm nicht. Es gestattet sie ihm auch dann nicht, wenn die Parteien ihm durch Einigung die Erforschung des Thatbestandes überweisen wollten. Und das nicht blos wegen der Belastung, welche damit verbunden wäre (denn wer die Lust hat, sie zu tragen, der mag sie übernehmen), sondern wegen der Einmischung in das dem Staate fremde Privatinteresse und der Gefährdung der richterlichen Objektivität.

Es liegt dem Zwecke dieser Publikation fern, polemische Erörterungen mit der Literatur zu pflegen. Da jedoch Heusler in seiner kernigen und höchst anregenden Abhandlung im civil. Arch. LXII, S. 209, „die Grundlagen des Beweisrechts“, unter vielfachem Meinungskampf auch von mir ausgesprochene Ansichten verwirft, welche ich in diesen Vorträgen wiederholt habe, so ist es nothwendig, die Gründe Heusler's in dieser Richtung einer Prüfung zu unterziehen. Es handelt sich dabei um die

Urtheil ist und kann nur sein die Beurtheilung des von den Parteien unterbreiteten Behauptungs- und Beweisstoffs. Der civilprocessualische Beweis ist Parteienbeweis; die Parteien

---

Bedeutung des Augenscheinsobjekts. Allerdings ist der Punkt so central, dass er nicht erledigt werden kann ohne Berührung der Grundbegriffe, mit welchen sich Heusler beschäftigt. Hierzu mag der folgende Exkurs gestattet sein. Vorher nur wenige Bemerkungen zur Bereinigung einiger Nebenpunkte.

Ich habe früher (Krit. Viertelj. XIV, S. 335) behauptet und diese Behauptung oben S. 77 wiederholt, dass das Augenscheinsobjekt, nicht der Augenschein, Beweismittel sei, dass es daher den Grundsätzen über den Parteibeweis folge; ich habe weiter behauptet, dass ein „begrifflicher Gegensatz“ zwischen Augenscheinsobjekt und Urkunde nicht bestehe. Damit habe ich nicht behauptet „die begriffliche Gleichheit“ beider (Heusler S. 239). Verneinen des Gegensatzes und Bejahen der Gleichheit zweier Begriffe ist nicht dasselbe. Genus und Species sind nicht gegensätzlich, aber auch nicht kongruent. „Mensch“ und „Kind“ sind keine Gegensätze, aber nicht jeder Mensch ist ein Kind. So steht es meiner Meinung nach mit Urkunde und Augenscheinsobjekt. Durchaus anders schien mir Wetzell in seinem System das Augenscheinsobjekt aufzufassen. Ich fand in seinen Aeusserungen die Ansicht von der Notorietät wahrnehmbarer Thatsachen. Heusler S. 239 Note 8 versteht Wetzell's Worte anders und sucht durch Annahme eines Styllapsus meine Auffassung abzuweisen. Sehr gern möchte ich mich anschliessen. Doch finde ich noch immer ein Hinderniss in Folgendem. Wetzell unterscheidet § 20 g. E. als notorisch unter lit. a die „thatsächlichen Zustände, welche der Richter unmittelbar mit seinen Sinnen wahrzunehmen im Stande ist“, und unter lit. b „alle gerichtlichen und eben deshalb dem Richter aus eigener Wissenschaft bekannten Vorgänge“. Wenn nun nach Heusler in lit. a das „wahrzunehmen im Stande ist“ mit „wahrgenommen hat“ zu vertauschen wäre, so würden sich lit. a und b nicht ausschliessen. Uebrigens haben Wetzell's und Heusler's Ansichten nahe Verwandtschaft. Wetzell behauptet, dass der Richter den Augenschein *ex officio* einnimmt, wenn die Verhandlung auf ihn hinweist. Auch Heusler lässt den Richter das Augenscheinsobjekt in das Streitmaterial einführen; das noch sinnlich Wahrnehmbare ist nicht Gegenstand des Beweises. Daher ist es die Pflicht des Richters (S. 257), sich, wenn die Aktenlage auf den Augenschein hinweist, solchen zu verschaffen. Eine Beweisauflage kann für Thatsachen, welche noch sinnlich wahrnehmbar sind, nicht eintreten.

Nach meinen obigen Ausführungen (S. 77) ist meine praktische Differenz gegenüber Heusler vor allem die, dass ich für die richterliche Augenscheinseinnahme die Erkennbarkeit des Parteiwillens, sich dieses Ueberzeugungsmittels zu bedienen, fordere, wogegen nach Heusler es liefern dem Richter das Beweismaterial (*indici fit probatis*), wie sie die Beweisthemata in ihren Behauptungen liefern. Der Beweis untersteht der Verhandlungsmaxime und dem

---

dessen nicht bedarf, ja, wenn ich recht verstehe, der Richter gegen den Parteiwillen Augenschein einnehmen könnte. — Die theoretischen Differenzen gehen tief. Es sind entscheidend die Auffassung der Richterstellung und des Beweises. Jene ist bei Heusler ideal, ähnlich der preussischen AGO. Einl. §§ 6, 7 der freien Forschung zugeneigt; sein Begriff des Beweises scheidet das Augenscheinsobjekt aus der Reihe der Beweismittel. Beide Gesichtspunkte spielen durch einander. Auf S. 257 z. B. wird gesagt, der Richter habe die Aufgabe, den Thatbestand eines Processes möglichst genau kennen zu lernen; daraus folge der Official-Augenschein. Bei Zeugen, Urkunden und Eid sei der Gebrauch vom Parteiantrag abhängig, „weil der Richter sonst von dem Beweismittel nichts weiss". Daraus würde aber folgen, dass, wenn er etwas davon weiss, er auch diese Beweismittel *ex officio* benutzen dürfe. Wenn also die Partei, ohne den Beweis mit Zeugen anzutreten, doch erzählt hätte, dass in Gegenwart bestimmter Personen das fragliche Geschäft sich vollzogen habe, so würde der Richter diese Personen von Amtswegen als Zeugen benutzen können. Der andere Gesichtspunkt wird in dieser Richtung zu noch prägnanteren Folgerungen fortgeführt. „Weil der Beweis unter allen Umständen nur ein mangelhaftes Surrogat der eigenen Wahrnehmung sei, solle der Richter so lange nicht zum Beweis greifen, als eigene Wahrnehmung zu Gebote stehe" (S. 270). „Daraus folgerten wir, dass Augenschein und Sachverständige vor allem Beweise stehen; wir folgern hier weiter daraus, dass der Richter auch keinen Beweis braucht, wenn zwar jetzt mit Augenschein und Sachverständigen nichts mehr zu erreichen ist, aber der Richter die der Vergangenheit angehörige, jetzt den Streitpunkt bildende Thatsache aus eigner Wahrnehmung kennt". Dabei wird keine Unterscheidung zugelassen, ob diese Wahrnehmung eine amtliche oder ausseramtliche gewesen. Es unterliegt wohl keinem Zweifel, dass, konsequent weiter gefolgert, der Richter auch alle die Beweismittel benutzen darf, von deren Existenz er früher Wahrnehmung gemacht hat. Denn wenn frühere und jetzige Wahrnehmung, gerichtliche und aussergerichtliche gleichstehen, wenn für die Benutzung der Beweismittel es nur darauf ankommt, ob der Richter „von dem Beweismittel etwas weiss", so kann ich keinen Grund mehr finden, welcher den Richter hindern sollte, hier in seiner freien Forschung Halt zu machen. Mit diesen Ansichten giebt es für mich positivrechtlich keine Auseinandersetzung, weil die CPO., betreffs deren ich auf den Text verweise, meiner Ueberzeugung nach das Gegentheil besagt. Dass mir principiell der Standpunkt der freien Forschung civilprocessualisch unhaltbar erscheint, habe ich hinlänglich ausgesprochen. Nur mit der

Zweiparteienverhältniss. Aus jener folgt, dass die Vollständigkeit der Urtheilsgrundlage nicht verbürgt ist, aus diesem folgt die Vertheilung der Be-

Grundauffassung des Augenscheinsobjekts und des Beweises habe ich noch abzurechnen.

Der Gedankengang Heusler's, soweit er uns hier interessirt, ist folgender. Beweis im Civilprocess ist historischer Beweis, Thatsachenbeweis. Er ist Parteibeweis, die Parteien beweisen dem Richter. Der Zweck des Beweises ist, dem Richter die Gründe von der Wahrheit einer Thatsache zu beschaffen. Nun ist sinnliche Wahrnehmung des Richters kein Beweis; denn sie giebt unmittelbar Gewissheit; was ich sehe, ist mir gewiss, kann mir nicht bewiesen werden. Also, schliesst Heusler, ist die Aufgabe des civilprocessualischen Beweises, „dem Richter die jetzt nicht mehr mögliche eigene sinnliche Wahrnehmung einer Thatsache zu ersetzen“ (S. 238). „Sinnliche Wahrnehmungen haben ihre Stelle vor allem Beweise, d. h. so lange sie in einer volle Gewissheit gebenden Kraft möglich sind, verlangt man keinen Beweis“ (das.). *Quod erat demonstrandum.* — Die Schlussfolgerung ist übereilt. Aus dem Umstande, dass das Gewisse nicht Gegenstand des Beweises sein kann und dass die sinnliche Wahrnehmung Gewissheit ist, wird gefolgert, dass das Ungewisse, noch nicht sinnlich Wahrgenommene, nicht Gegenstand des Beweises sein kann, wenn es sinnlich wahrnehmbar ist. Weil das Objekt, welches ich sehe, mir bereits gewiss, und kein Mittel der noch zu gewinnenden Ueberzeugung seiner Existenz und Eigenschaft ist, so soll auch das Beschaffen dieses in Existenz und Eigenschaft noch nicht bekannten Objekts nicht das Liefern von Ueberzeugungsgründen für diese Existenz und Eigenschaft sein. Ist aber Beweisen, Ueberzeugen, Gewissheit an Stelle der Ungewissheit setzen, ist das processualische Beweisen Ueberzeugen von der Wahrheit einer thatsächlichen Behauptung, so ist mir unverständlich, weshalb derjenige, welcher mir an Stelle der Ungewissheit über Existenz und Eigenschaft eines Dinges der Aussenwelt Gewissheit giebt, mir nicht beweisen soll. Etwa weil er Gewissheit giebt? Dann wäre Beweisen nur das, was kein Beweisen ist, d. h. keine Gewissheit giebt. Oder weil die gegebene Gewissheit den Beweis ausschliesst? Wir unterstellen, dass solche noch nicht gegeben ist und durch das Augenscheinsobjekt erst gegeben werden soll. Wenn Heusler sagt, Niemand werde mir glauben, dass ein Pferd Beweismittel dafür sei, dass es ein Grauschimmel und kein Rothschimmel sei, so wüsste ich nicht, welches andere Mittel für die ungewisse Behauptung, dass das Pferd diese Eigenschaft habe, ein besseres Mittel der Ueberzeugung wäre, als gerade das Pferd selbst. Indem ich von der Eigenschaft den unmittelbaren sinnlichen Eindruck geliefert bekomme, werde ich von derselben überzeugt. Will man aber das nicht „beweisen“ nennen, so ist das allerdings Geschmackssache. Sachlich können wir nicht umhin,

weislast und der Beweise mit allen ihren hochwichtigen, die amtliche Feststellung des wahren Sachverhaltes ausschliessenden Eigenthümlichkeiten.

---

diesen Fall der Verschaffung der Gewissheit nach den gleichen Regeln zu behandeln, wie den der Beschaffung durch Auskunftspersonen. Es kommt darauf an, wollen wir hier die freie Forschung statuiren, dem Richter zur Pflicht machen, Ueberzeugunsgründe sich zu verschaffen, wo er sie findet, oder wollen wir den Grundsatz festhalten: die Parteien setzen die dem Richter ungewissen thatsächlichen Behauptungen in Gewissheit. Da ich das Letztere für richtig halte, folgere ich, die Parteien liefern wie die Ueberzeugungsmittel der Zeugen, Urkunden, des Eides, so auch die Augenscheinsobjekte.

Hierzu kommt, dass es einen indirekten Beweis durch Augenscheinsobjekte giebt, welchen Heusler ganz wegwirft. Es gruppirt die Beweisthemata als Rechtsakt, Indicien, aussergerichtliches Geständniss, welches letztere dabei nicht als Dispositionsakt in Frage kommen soll. Mir sind Beweisthemata im Civilprocess nur die wesentlichen Thatbestandsmomente. Ihnen stehen gegenüber anderweite vorgängige, begleitende, nachfolgende Thatumstände. Diese müssen freilich selbst bewiesen werden, werden aber nur bewiesen, weil sie die wesentlichen Thatbestandsmomente indiciren (Indicien). Das aussergerichtliche Geständniss im angegebenen Sinn ist mir Beweismittel. Allerdings muss es selbst bewiesen werden. Das muss auch das aussergerichtliche Zeugniss. Dadurch wird es nicht zum Indiz. Beweismittel nenne ich — dem Inhalt nach — alle den Thatbestand, wesentlichen und ausserwesentlichen, uns überliefernden Erkenntnissquellen. Solche Ueberlieferung findet entweder in der Form der Verkörperung statt, welche uns die sinnliche Wahrnehmung ermöglicht, Augenscheinsobjekt im weitesten Sinn (Personen, Sachen), oder in der Form der Aussage über stattgefundene Wahrnehmung. Die Aussage ist entweder Parteiaussage oder Aussage Dritter (Zeugen). Jene wie diese kann gerichtlich oder aussergerichtlich, unbeeidigt oder beeidigt gedacht werden. Das Zeugniss ist Aussage über die Wahrnehmung eines wesentlichen Thatbestandsmerkmals oder eines Indices, oder eines Beweismittels (Zeugniss, Geständniss). Die gerichtliche Aussage der Partei scheidet als Geständniss aus der Reihe der Beweismittel aus; als günstige Selbstaussage kommt sie nur in der sehr beschränkten Form der beeidigten Behauptung (Eid) zur Geltung. Auch hier ist nicht die „Gewissensbelastung“ das Beweismittel, sondern allein eine Garantie der Glaubwürdigkeit. Freilich ist sie insofern für die Existenz des Beweismittels essentiell, als ohne sie der Parteibehauptung gar keine Beweiskraft zukommt — ein Satz, der gemeinrechtlich in gleicher Weise beim gerichtlichen Zeugniss galt —; und weiter ist sie eigenthümlich in den Voraussetzungen ihrer Zulässigkeit und in der ihr innewohnenden Beweiskraft. Um dieser Umstände

1. Der Richter empfängt den Urtheilsstoff von den Parteien, durch ihre Behauptungen und Beweisantretungen. Er kann zur Angabe der Beweismittel auffordern, aber sie

willen stellen wir auch wohl den Eid als solchen als Beweismittel hin. Aber das führt bereits auf die der Form entnommene Unterscheidung der Beweismittel. Sehen wir auf die Erscheinung, in der sich der Ueberzeugungsgrund dem Gericht darbietet, so gruppiren wir die Beweismittel als Zeugen, Parteieid, Augenscheinsobjekte, Urkunden, — zu denen nach verbreiteter Lehre und der Ausdrucksweise der CPO. noch der Sachverständige hinzutritt. Das ist die gewöhnliche und praktisch wichtigste Anschauung. Durch sie kommt der Urkundenbegriff zur selbstständigen Bedeutung. Er ist Formalbegriff. Augenscheinsobjekt ist die Urkunde lediglich als Ding der Aussenwelt, welches man sehen, tasten, fühlen kann, — als das Objekt der sinnlichen Wahrnehmung auch dessen, der das Beurkundete nicht zu appercipiren vermag, der ihre Sprache, ihren Geistesinhalt nicht versteht. Nur in diesem Sinn, als Augenscheinsobjekt, kommt die Urkunde in Frage, wenn sie zur Schriftvergleichung gebraucht wird (CPO. §§ 406, 407). Denn nur die Schriftzüge, nicht der Gedanke, sind hier wesentlich. In diesem Sinn auch ist die Urkunde Gegenstand des Eigenthums. So gedacht beweist sie, wie jedes Augenscheinsobjekt (seine Echtheit vorausgesetzt) ihre Existenz und Eigenschaften. Urkunde im eigentlichen Sinn ist nur die schriftliche Gedankenäusserung, die „*vox mortua*", welche zu uns spricht, einen Geistesinhalt in sich trägt und überliefert: die Gedanken ihres Autors, Ausstellers. Ihr Inhalt ist von denkbar unbegrenzter Vielseitigkeit. Aber so weit die Urkunde civilprocessualisch beweiserheblich ist, kann und muss sie sein entweder eine Thatbestandsurkunde oder eine schriftliche Aussage. Die Thatbestandsurkunde verkörpert in sich eine rechtserhebliche Erklärung, einen Willensakt rechtsgeschäftlicher oder sonstiger Art (Gesetz, Urtheil, obrigkeitliche Anordnung überhaupt, privates Rechtsgeschäft: Testament, Wechsel, Indossament, Cheque, schriftlicher geschlossener Vertrag u. dergl.), eine deliktische Handlung (z. B. betrügerischer, beleidigender Brief), oder einen indicirenden Vorgang (schriftliche Vorverhandlungen u. dergl.). Die Aussageurkunde ist die Zeugnissurkunde (z. B. Zustellungsurkunde, Protokoll, Brief über Wahrgenommenes), die Geständnissurkunde oder auch die der Partei günstige Selbstaufzeichnung (Faktura, Eintrag ins Handelsbuch, Beibuch etc.: „*scriptura pro scribente*"). Nur an Urkunden im eigentlichen und engeren Sinn, d. h. an Geistesinhalt giebt es ein Autorrecht und das processuale Gebrauchsrecht, welches das StGB. § 174 Nr. 1 mit dem Worte „gehören" bezeichnet und welches u. a. im Editionsrecht CPO. § 387 Nr. 2 zum Ausdruck kommt.

Nach dieser Beweismitteltheorie, welche von der Heusler's fast in jedem Punkte differirt, sind Augenscheinsobjekte Mittel des Beweises für nicht selbst in den Process einführen (§§ 127, 130, 464). Ihm sind beweisbedürftig die nicht nach Vorschrift des Ge-

---

das Beweisthema oder für die dieses indicirenden Umstände. Immer muss ihre Unverfälschtheit und die Beziehung zum relevanten Thatbestande feststehen und anderweit bewiesen werden. Das aber hebt ihre Beweismittelqualität so wenig auf, als die gleiche Nothwendigkeit die Urkunde von den Beweismitteln ausschliesst. Das übersieht Heusler S. 291. Und wenn er weiter behauptet, Augenscheinsobjekte indicirten nicht, weil Indicien nur Thatsachen sein könnten, und die Dinge nicht Thatsachen beweisen, so widerspricht er sich selbst; denn er bemerkt sogleich, dass die Dinge „Objekte des Thatbestandes" seien, also doch die That sich in ihnen oder an ihnen objektivirt, sie also jedenfalls Thatsachen beweisen. So beweist der Büschel rother Haare, welche der Ermordete in der erstarrten Hand hält, dass der Thäter, mit dem er raufte, rothhaarig war, ein Indiz von vielleicht grosser Bedeutung. Wer nun solche begleitenden Umstände in hinlänglicher Fülle darthut, um daraus die Schlussfolgerung auf das *thema probandum* zu ziehen, der beweist indirekt dieses. Nach Heusler nicht; denn das Schlussfolgern sei Sache des Richters. Gewiss. Aber ist es nicht reine Folgerung aus den gelieferten Prämissen? Und muss nicht auch beim unmittelbaren Beweise gefolgert werden? Es würde in der That müssig sein, sich darüber zu streiten, ob beim Indicienbeweis noch vom indirekten Beweisen des Beweisthemas zu sprechen sei, wenn man darüber einig wäre, dass die Beweismittel für die Indicien durch die Parteien beschafft werden. Aber man ist nicht einig. Nach Heusler sind die Augenscheinsobjekte überhaupt nicht Beweismittel, also auch dann *ex officio* zu beschaffen, wenn sie Indicien ergeben sollen. Und da nun auch das Schlussfolgern aus den Indicien richterliche Thätigkeit ist, da überall, wo Möglichkeit der sinnlichen Wahrnehmung, nicht „zum Beweise gegriffen werden darf", so folgt, dass der Richter auch den Indicienbeweis ganz amtlich sich besorgt, wenn er durch Augenscheinsobjekte vermittelt wird.

Noch ein Punkt bedarf der Beleuchtung. Ich habe schon oben bemerkt, dass Urkunde und Augenscheinsobjekt keine Gegensätze sind, jene unter Umständen ein specieller Fall des Augenscheinsobjektes ist. Heusler findet das unrichtig. „Das Augenscheinsobjekt ist selbst Streitobjekt". „Die Urkunde ist nicht Streitobjekt". Demnach wäre also die Urkunde, auf deren Anerkennung gemäss § 231 geklagt wird, nicht Urkunde; wäre ein Wechsel im Wechselprocess keine Urkunde, ein Testament im Streit über das testamentarische Erbrecht keine Urkunde, ein Augenscheinsobjekt, welches nicht selbst Streitobjekt ist, sondern nur ein Indiz enthält, kein Augenscheinsobjekt.

Vgl. zu Heusler's Ausführungen auch Wendt im Arch. f. civ. Praxis Bd. LXIII 254 fg., Kohler, Gesammelte Beiträge z. CP., Berlin 1894 S. 363 fg.

setzes gewissen und bestrittenen wesentlichen thatsächlichen Parteibehauptungen. Ihm sind gewiss alle offenkundigen und alle von den Parteien als gewiss behandelten, zugestandenen oder doch für zugestanden zu erachtenden Behauptungen. Die eigene, private Wissenschaft zu benutzen, ist ihm nicht verstattet. Er würde gröblich seine Richterpflicht verletzen, sich den gerechten Zurechtweisungen der Parteien aussetzen, wenn er in der mündlichen Verhandlung sich einfallen liesse, zu erklären: „ich habe es selbst gesehen, was bedarf ich weiteres Zeugniss“ *). Und ebenso gröblich verletzt er das Gesetz, wenn er in den Gründen ausführt, dass die Beweismittel der Parteien für ihn ohne Ueberzeugungskraft gewesen, da er aus eigener Kenntniss von der Sache des Gegentheils gewiss sei. Und was würden wir zu dem Richter sagen, welcher bei der Urtheilsberathung seinen Kollegen die eigene ausserprocessualische Wahrnehmung entwickeln und dadurch das Votum zu bestimmen suchen wollte? Dagegen freilich, dass unausgesprochen und „unwillkürlich“ den Richter die Privatwissenschaft bei der Beweisbeurtheilung leitet, ist kein Kraut gewachsen. Aber Zweierlei ist es, dieses Unkontrolirbare als unvermeidlich dulden oder „die Verwerthung eigener Wissenschaft in umfassendster Weise gestatten“.

Dass die CPO. auf unserem Standpunkt steht, ist ausser jedem Zweifel. Die Parteien sollen die Beweise für das Beweisbedürftige „bezeichnen“, „antreten“, „geltend machen“ (§§ 130, 121 Nr. 4, 255, 256, 315 Abs. 3, 336, 338, 368, 385 u. öft.). Die Beweisaufnahme erstreckt sich grundsätzlich nur auf die Beweismittel, welche die Partei benannt hat (§ 323 Nr. 3)**). Die Parteien können wirksam und bindend für das Gericht auf einen Zeugen verzichten (§ 364). Und die

*) Auf die psychologische Inkompatibilität der Richterstellung mit solcher unkontrolirbaren Selbstverwerthung eigener Wissenschaft wird mit Recht Gewicht gelegt von R. Schmidt, Sächs. Archiv f. bürg. R. u. Pr. Bd. II 265 fg. Stein, Das private Wissen des Richters, S. 1 fg. Der Richter darf sich nicht einmal selbst als Zeugen benennen; die Parteien können es thun; dann steigt er herab vom Richterstuhl. Vgl. auch CPO. § 41 Nr. 5.

**) S. oben S. 79, Ausnahme CPO. § 581 und Text.

Gewissheit, welche das Gesetz an das Geständniss (§ 261 fg.) und als Versäumnissfolge an das Unterbleiben der Erklärung (§ 129) oder an die Totalversäumniss (§§ 296, 504 Abs. 2) anknüpft, hat nichts zu thun mit der richterlichen Ueberzeugung, ja besteht ihr entgegen. Wo solche Ueberzeugung Platz greift, soll sie sich frei bilden „unter Berücksichtigung des gesammten Inhalts der Verhandlungen und des Ergebnisses einer etwaigen Beweisaufnahme", also nicht irgend welcher ausserhalb desselben liegenden richterlichen Privatkenntniss vom Sachverhalte. Besonders wird hervorgehoben, dass Thatsachen keines Beweises bedürfen, „welche bei dem Gerichte offenkundig sind" (§ 264), dass fremdes Recht, Gewohnheitsrecht und Statuten beweisbedürftig

> „sind nur insofern, als sie dem Gerichte unbekannt sind" (§ 265).

Aber der Beweis ist hier selbstverständlich nicht Parteibeweis im eigentlichen Sinne, sondern nur Unterstützung der freien Forschung des Gerichts. Daher sagt das Gesetz:

> „Bei Ermittelung dieser Rechtsnormen ist das Gericht auf die von den Parteien beigebrachten Nachweise nicht beschränkt; es ist b e f u g t, auch andere Erkenntnissquellen zu benutzen und zum Zwecke einer solchen Benutzung das Erforderliche anzuordnen"*).

Die Schlussfolgerung auf die normale Beschränkung des

*) Diese Befugniss sollte Pflicht, Vergewisserungspflicht sein, wo das inländische Recht, die *lex fori* selbst auf die Anwendung des ausländischen Rechtes, oder des Gewohnheitsrechtes hinweist. Die Kenntniss desselben dem Richter zuzumuthen, geht zu weit. Aber es ist widersinnig, wenn das Gesetz ein Rechtsverhältniss fremdem Recht unterstellt und zugleich dem Urtheiler sagt: er habe nur die Licenz, nicht die Pflicht sich gegebenen Falls über dasselbe zu unterrichten, er dürfe wohl gar sich auf den Boden der Beweislast stellen und nach dem Satz *„actore non probante reus absolvitur"* verfahren. Das mag für ungelehrte Schöffen gerechtfertigt sein, für den gelehrten Richter, der im Parteiprocess mit den rechtsunkundigen Parteien verhandelt, ist es wider Pflicht und Gewissen. So empfinden es auch unsere Richter, der höchste Gerichtshof an der Spitze. Selbstverständlich hat die Informationspflicht ihre Grenze an den vorhandenen Erkenntnissquellen und diese fliessen freilich bei manchem Amts- und Landgericht nicht überreichlich.

Richters auf die „von den Parteien beigebrachten Nachweise“ ist unabweisbar.

Hierzu noch Folgendes. Nicht beweisbedürftig ist das gerichtlich Offenkundige*).

Das Offenkundige ist das Gemeinkundige, das, was sich die Spatzen auf den Dächern erzählen, wovon Jedermann Kunde giebt, das Welt-, Volks-, Ortskundige. Nicht die Wahrnehmung, die Kenntniss des Einzelnen, sondern die Gemeinkenntniss macht die Notorität. Ob dieselbe als wissenschaftlich festgestellte Thatsache zum Fonds der allgemeinen Bildung oder doch der Fachbildung gehört, ob sie ein Stück des öffentlichen Lebens oder doch der Ortschronik ist, ob sie jederzeit wahrnehmbar, so zu sagen auf der Gasse zu holen ist, gilt gleich. Das Entscheidende ist, dass der Richter auch Mensch, auch Volks- und Ortsgenosse ist und dass dasjenige, was alle wissen oder für wahr halten, auch von ihm als wahr anzunehmen ist. Ja darüber hinaus wird ihm offenkundig sein, was ihm kraft seines Amtes als Richter bekannt sein soll: das Gerichtskundige (vgl. z. B. CPO. § 665). In beiden Beziehungen, sowohl betreffs der Gemeinkundigkeit wie der Gerichtskundigkeit ist, aber ein Doppeltes festzuhalten. Zunächst sagt § 264 aus, dass das Offenkundige nicht des Beweises bedürfe; das heisst, es gilt als wahr, nicht es ist wahr. Weil es allgemein als wahr genommen wird, darf es so der Richter nehmen; nichts weiter. Es ist unrichtig die vielverbreitete Annahme, dass die Offenkundigkeit jede Beweisführung ausschliesse. Freilich wird das Notorische nicht beweisbedürftig durch Bestreiten, nicht erst gewiss durch Geständniss, nicht widerlegt durch gegentheiliges Einverständniss, — durch dieses kann nur über die Rechtswirkungen verfügt, nicht das Gegentheil des Notorischen festgestellt werden. Aber wohl ist gegen die Gemeinkunde Gegenbeweis denkbar. Sie kann auf Irrthum ruhen; das was man bisher allgemein für unmöglich

*) Ueber diesen Gegenstand hat neuerdings ausführlich und lehrreich gehandelt Stein in der mehrfach angeführten Schrift „Das private Wissen des Richters“. Dass ich ihm nicht überall folgen kann, beeinträchtigt meine Werthschätzung der Arbeit nicht.

hielt, kann sich als möglich und thatsächlich erwiesen haben — man denke z. B. an Röntgen'sche Strahlen —; die bisher als historisch festgestellt angesehene Thatsache kann unwahr sein. Wie sollte man den Beweis abschneiden?*). — Und weiter: es muss die Offenkundigkeit selbst Gegenstand des Nachweises sein können. Selbstverständlich besteht sie für den erkennenden Richter nicht, so lange er unkundig ist. Aber die Offenkundigkeit ist etwas Objektives, unabhängig von der Zufälligkeit der individuellen Kenntniss. Ihre Behauptung enthält die Zumuthung an den Richter, sich selbst der Gemeinkenntniss theilhaftig zu machen, sich nicht ausserhalb der Welt zu stellen und Beweis für Dinge zu fordern, die allseitig bekannt sind. Man denke: ein neuerdings ans Amtsgericht versetzter Richter wollte, weil er noch nicht ortskundig, Beweise fordern über die jedem Kind bekannten Ortsverhältnisse, Strassen, Gebäude, Behörden u. dergl.; oder der Richter wollte ignoriren, was er jedem Konversationslexikon entnehmen kann. Undenkbar. Kein Zweifel, dass der Richter seine Pflicht nicht verletzt, sondern erfüllt, wenn er sich selbstthätig Kunde schafft von dem, was wir notorisch nennen. Das gilt insbesondere vom Gerichtskundigen. Es verliert mit dem Wechsel des Richterpersonals diese seine Eigenschaft nicht. Es liegt fest in den Akten des Processes und diese zu kennen, ist Richterpflicht. — Damit ist zugleich festgestellt, dass es der Partei nicht benommen sein kann, die Offenkundigkeit darzulegen. Durch Vorlage von Zeitungen, anderweiten Druckschriften, Adressbücher, Stadtpläne u. s. w. wird das kurzer Hand geschehen**). Wie dem Richter als offenkun-

*) Vgl. die lehrreichen Urtheile des RG. II StS. 15. Novemb. 1887 (E. in Strfs. XVI 327 fg.), IV. CS. 10. März 1887 (E. in CS. XVII 269 fg.), Schaper in Goltdammer's Archiv 1866 S. 182, Glaser, Beiträge z. Lehre vom Beweis 1883 S. 38. Nicht dagegen RG., E. in CS. XIII 370 fg.

**) Stein a. a. O. S. 168 nennt das einen Indicienbeweis, dessen Schlüssigkeit darauf beruht, dass „allgemeinkundige Thatsachen gewöhnlich wahr sind". Die Notorietät steht unter § 264; und wer ihre Feststellbarkeit in angegebener Weise zugiebt, räumt ein, was ich schon früher behauptete, dass die Offenkundigkeit unabhängig ist von der zufälligen Unkenntniss des Richters, seinen „Seelenvorgängen".

dig bekannt wird, was offenkundig ist, bleibt also sich völlig gleich.

Die grundsätzliche Einschränkung des Richters auf die Parteibehauptungen und -Beweise, die Verhandlungsmaxime in diesem Stück greift nicht durch in den Fragen, ob der Process, die Instanz, der Termin gültig, ob eine Handlung zulässig ist. Hier spricht das Gesetz von „Unverzichtbarkeit" (§§ 247 Abs. 3, 490, 367, 492), von der Unwirksamkeit des Parteikonsenses (§§ 40, 489), von der Prüfung, Berücksichtigung von Amtswegen (§§ 54 Abs. 1, 84 Abs. 2, 300 Nr. 1, 306, 497, 529, 537, 552). Hier findet die Herrschaft, aber auch die Last der Partei ihre Grenze an dem öffentlichen Interesse, an der Wahrung des Gesetzes. Das Geständniss, der Verzicht, die Einwilligung haben dem Gericht gegenüber keine bindende Kraft; die Versäumnissfolgen: die Fiktion der Wahrheit, die Präklusion versagen den Dienst; auch ohne Parteiinitiative dringt der Richter auf die Feststellung der wesentlichen Thatsachen; frei führt er seine Wissenschaft in den Process ein, gleichviel woher er sie entnahm. Die formalen Beweisregeln und Beweismittel, die strenge Vertheilung der Beweislast sind unanwendbar. Dabei ist dem Richter jedoch eine selbstthätige Forschung nicht auferlegt. Die CPO. kennt keinerlei richterliches Skrutinialverfahren; sie stellt keine Zwangsmittel zur Beschaffung der Beweise zur Verfügung. Soweit also nicht eigene Kenntniss — z. B. aus anderweiter amtlicher Thätigkeit — den Zweifel löst, hat der Richter den Nachweis von den Parteien zu erwarten mit der Folge, dass die Partei, welche an dieser Beschaffung interessirt ist, den Nachtheil des fehlenden Beweises trägt. Insofern kann man auch hier von einer Beweislast derselben sprechen.

2. Ist vorstehend erwiesen, dass die materielle Wahrheit nicht das Ziel des Civilprocesses sein kann, da die in ihm herrschende Parteidisposition die Vollständigkeit des Beweismaterials nicht verbürgt, so gesellt sich hierzu als weiterer Grund das Zweiparteienverhältniss, welches die Vertheilung der Beweislast und der Beweise im Gefolge hat.

Die Vertheilung der Beweislast ist eine Regel

der Gerechtigkeit. Sie wächst heraus aus der vernünftigen Erwägung, dass, wo Zweie über ihre Rechte streiten und man ihnen gleichmässig zu Angriff und Abwehr das Wort verstattet, es gerecht ist, nicht dem Einen die ganze Last des Beweises aufzubürden, und dass, wollte man vom Kläger den Nachweis aller Existenzbedingungen des gegenwärtigen Anspruchs fordern, allgemeine Rechtsunsicherheit die Folge wäre. Daher lässt man sich genügen mit dem klägerischen Beweis der specifisch rechtserzeugenden Thatsachen. Der Beweis des Entstehens ist der Beweis des Bestehens; er wird geführt durch den Nachweis des den gerade so gearteten Anspruch begründenden Thatbestandes. Die allgemeinen Voraussetzungen seiner Rechtswirksamkeit, den Fortbestand des entstandenen Rechts mag der Beklagte einredeweise verneinen. Wo bleibt da die Freiheit der richterlichen Ueberzeugung, wo die materielle Wahrheit? Der Richter wird gezwungen, aus dem Nachweis vereinzelter Entstehungsmomente die Existenz zu folgern, so unschlüssig ihm die Folgerung auch erscheinen mag. Er wird gezwungen, aus dem Beweise der Konsens*erklärung* die rechtswirksame Willenseinigung zu folgern, obschon eine Klarstellung der Handlungsfähigkeit der Erklärenden nicht einmal versucht ist. Er soll an den Fortbestand glauben, bis der Untergang bewiesen, obschon für jenen so wenig, wie für diesen ein Anhalt gegeben ist.

So wars im schriftlichen Verfahren und so bleibt's im mündlichen. Die Erscheinungsform der processualischen Handlungen, ihre Reihenfolge und Gliederung konnte hierin keine Aenderung bewirken. Nur der Zeitpunkt, in welchem die Frage der Beweislast auftaucht, lässt sich verschieben und die Form, in welcher sie beantwortet wird, lässt sich verändern; die praktischen Spitzen, in welche sie ausläuft, lassen sich abstumpfen. Nach der CPO. wird die Frage der Beweislast nicht mehr *ex professo* allgemein gestellt und nicht in einem Beweisinterlokut beantwortet. Der Richter hat nicht mehr die Aufgabe, in einer ihn selbst bindenden Weise den Parteien die Anweisung zu ertheilen, welche Thatsachen als wesentliche und bestrittene des Beweises bedürfen und wem dieser obliegt. Die Parteien haben sich selbst darüber klar zu werden. Der Richter braucht nicht zu fragen, wer zu beweisen hatte, wenn bewiesen ist. Wohl aber muss er fragen, wenn Wesentliches unbewiesen blieb, wen der Nachtheil der Ungewissheit trifft. Das muss sich spätestens im Endurtheil entscheiden; schon früher, wenn der Richter ein Eidesurtheil erlassen will; ja im Grunde genommen schon dann, wenn der Beweisbeschluss ergehen soll. Es wäre ein trauriges Zeichen von Verkommenheit, wollten wir uns gestatten, in den Beweis der Einrede, insbesondere der rechtsverfolgenden Einrede einzutreten, während noch der Klaggrund bestritten und unbewiesen ist. Ich erkenne gern die Vortheile an, welche die Beseitigung des bindenden Beweisinterlokuts bringt; ich würde es thöricht finden, wollte das Gericht sich kümmern darum, ob es die beweispflichtige oder nicht beweispflichtige Partei ist, welche die ungewisse Thatsache nach der einen oder anderen Seite in Gewissheit setzt. Aber bis zur Zulassung eines Zeit und Kosten verschlingenden überflüssigen Beweises darf die richterliche Passivität nicht ausarten.

3. Die Vertheilung der Beweislast macht eine Vertheilung der Beweise nothwendig. Wie der Richter sich für den Beweis der Existenz des Anspruchs *prima facie* mit dem Beweis der specifischen Entstehungsthatsachen begnügt, so ist auch für den Beweis der einzelnen Thatsache nicht die erschöpfende Darlegung alles für sie wesentlichen Beweismaterials erforderlich. Der Richter fragt nicht darnach, ob ausser den vorgebrachten dem Beweisführer günstigen Beweismitteln noch andere vorhanden sind, welche vielleicht das Gegentheil ergeben. Er fragt nur, was die beigebrachten besagen. Es werden nicht, um einen strafprocessualen Ausdruck zu gebrauchen, Belastungs- und Entlastungsbeweise gleichmässig erhoben. So kommt man zu der Scheidung von Haupt- und Gegenbeweis, zu der Scheidung eines vorbehaltlich des Gegenbeweises *prima facie* ausreichenden Parteibeweises und dessen Entkräftung durch den Gegner des Beweisführers. In welchem Umfange freilich dieser Gegensatz im Civilprocess zur Geltung gelangt, hängt ab von dem Maasse, in welchem das Process-

recht positive Beweisregeln entwickelt hat. Und weiter wird der Gegensatz dann an Gewicht verlieren, wenn, wie im Reichsprocess, die richterliche Vertheilung der Beweislast und die Verweisung der Beweisantretung und Gegenbeweisantretung in formal gesonderte Akte abgeworfen wird. Aber damit sind die Begriffe von Haupt- und Gegenbeweis nicht beseitigt. Die CPO. hat das Princip der freien Beweiswürdigung, aber sie entbehrt nicht der positiven Beweisregeln. So redet sie davon, dass gewisse Beweismittel vollen Beweis erbringen und dagegen der Beweis des Gegentheils zulässig oder nur in bestimmten Schranken zulässig sei*).

Mit den aus diesen Betrachtungen sich ergebenden Vorbehalten ist von freier Beweiswürdigung in der CPO. zu sprechen. Sie ist nicht das Princip der materiellen Wahrheit, sie beseitigt nicht die Verhandlungsmaxime für die Beschaffung der Beweise und setzt nicht an deren Stelle eine Officialerforschung derselben. Sie ist nicht im principiellen Gegensatz gegen früheres Recht. Der Unterschied ist ein quantitativer. Er bedeutet die grössere Befreiung des Richters von hergebrachten, beengenden, vielfach zu kasuistischen, engherzigen Regeln über Zulässigkeit und Kraft der Beweismittel.

---

*) Vgl. CPO. §§ 380—383, 402, 404, 405, 428—430, 439 E. z. CPO. § 16 n. 1. Der Phrase gegenüber, dass die sog. freie Beweiswürdigung im Dienste der Wahrheit den Civilprocess beherrschen und die formale Beweisregel ausschliessen müsse, kann man nicht scharf genug darauf hinweisen, wie die Rechtssicherheit die Beweissicherheit erheischt und diese nur dann bestehen kann, wenn das Gesetz den im Verkehr üblichen und unentbehrlichen Beweismitteln, insbesondere der Urkunde, eine bestimmte Beweiskraft — bis zum Gegenbeweis — beilegt. So vernothwendigen und rechtfertigen sich die weitgreifenden Beweisregeln der CPO. § 380 fg. Der § 381 z. B. enthält eine doppelte Beweispräsumtion: 1. die der Echtheit des Kontextes bei Echtheit der darunter befindlichen Namenszuges (§ 404), und 2. die der Abgabe der in des Urkunde koncipirten Erklärung, wenn sich — wie wir hinzufügen müssen — die Urkunde in der Hand des Destinatärs oder seines Vertreters oder Rechtsnachfolgers befindet. Ohne diesen Satz wäre die Sicherheit des Rechtsverkehrs in Frage gestellt.

II.

Wenn ich sage, die materielle Wahrheit ist nicht das Ziel des Civilprocesses, sondern ein zufälliges Ergebniss, so sage ich nicht, dass sie nicht sei ein Ergebniss, „aufs Sehnlichste zu wünschen“. Wenn ich sage, die freie Beweiswürdigung der CPO. sei nur eine quantitative Steigerung der richterlichen Freiheit gegenüber dem vorliegenden Beweismaterial, so setze ich damit die praktische Bedeutung des § 259 nicht im mindesten herunter. Es werden nicht viele Bestimmungen sich bei richtiger Handhabung segensreicher erwiesen haben, als die des § 259.

Der Richter ist nicht mehr beschränkt auf bestimmte Beweismittel. Es gibt keine unzulässigen Zeugen mehr*). Der Indicienbeweis kommt in freiester Weise zur Geltung. Die Gesammtsumme aller in der mündlichen Verhandlung und Beweisaufnahme liegenden Beweisgründe hat der Richter zu prüfen und abzuwägen. Alle Anhaltepunkte, welche sich darbieten, darf er benutzen. Und solche bietet der unmittelbare Verkehr mit den Parteien und die etwaige Beweisaufnahme vor dem erkennenden Gericht in reicherem Maasse als früher. Das ist an sich einfach. Nur Eines bedarf der Klärung.

Der § 259 setzt nicht die Willkür des Richters auf den Thron. Es ist die Ueberzeugung sachlich zu motiviren.

> „Im Urtheil sind die Gründe anzugeben, welche für die richterliche Ueberzeugung leitend gewesen sind“ (§ 259).

Es ist natürlich, ja unvermeidlich, dass auch der persönliche Eindruck der Partei die Art ihres Vorbringens, ihr Gebahren gegenüber den gegnerischen Behauptungen auf den Denkprocess, welcher die Bildung der richterlichen Ueberzeugung ist, nicht ohne Einfluss bleibt. Aber niemals dürfen wir

---

*) Ein zweischneidiger Satz. Es ist bekannt, in welchem Maasse heute mit sog. verdächtigen Zeugen, insbesondere Verwandten und Verschwägerten operirt wird, um den richterlichen Eid und durch ihn den Sieg zu erlangen.

vergessen, dass ein vages Zutrauen zur Persönlichkeit dabei keine Rolle spielen darf. Nur thatsächliche Stützpunkte für die Wahrheit der Behauptungen dürfen als Urtheilsgründe verwerthet werden.

Nicht minder abzuweisen ist der vielgepriesene sog. „Gesammteindruck", die Evidenz des Sachverhalts, auf Grund der mündlichen Verhandlung. Hier verbergen sich gar zu leicht hinter dem Worte nebelhafte Vorstellungen und undisciplinirtes Denken. Der „Gesammteindruck" ist kein Beweisgrund, kein Urtheilsgrund. Wir haben uns und den Parteien Rechenschaft zu geben über die Prämissen, aus welchen wir den Schluss auf die Wahrheit ziehen. Das wird heutzutage schwieriger, als nach altem Recht. Die gesetzliche Beweisregel ist nicht mehr das bequeme Ruhekissen. Die grössere Freiheit ist, wie überall, auch hier eine Steigerung der Lebensaufgabe. Dass, wie die Motive sagen, der Richter eine bestrittene Thatsache auf Grund „des Ergebnisses der gesammten Sachverhandlung mittelst Schlussfolgerung aus anderen unbestrittenen Thatsachen und dem gesammten Sachverhalt ohne weitere Beweisaufnahme als wahr annehmen" darf, ist selbstverständlich.

Von höchster Wichtigkeit für die Erkenntniss des wahren Gehalts des Beweisstoffs ist die Unmittelbarkeit der Beweisaufnahme. Das Gesetz will sie als Regel (§ 320)*); in §§ 337, 340, 367, 370, 399, 441, 448 Abs. 2 gestattet es ausnahmsweise die Beweisaufnahme vor beauftragtem oder ersuchtem Richter. Dabei giebt es beim „Augenschein" das Ermessen des Processgerichts frei (§ 337), während es die Fälle zulässiger der kommissarischen Zeugen- und Sachverständigen-Vernehmung genau feststellt. Aber die Praxis setzt sich kühnlich und zum Schaden der Rechtspflege über das Gesetz hinweg, nimmt wider dessen offenbaren Sinn in § 337 Nr. 2 als „erhebliche Schwierigkeit" die Geschäftsbelastung oder Unbequemlichkeit und vereitelt damit die beabsichtigte gute Wirkung**). — Dass die Regel der Unmittelbarkeit gebrochen wird

---

*) S. oben S. 14.

**) Das habe ich nachgewiesen in meiner Enquête S. 124 fg. Der im Falle des Richterwechsels und in der höheren Instanz, ist unvermeidlich.

Die richterliche Befugniss zur Processleitung durch Abschneiden des Ueberflüssigen, Zweckwidrigen kommt beim Beweise in glücklichster Weise zur Geltung. Der § 320 giebt die Anordnung der Beweisaufnahme in die Hand des Gerichts; der § 324 stellt, wie die Entscheidung über die Thatsachen, für die Beweis zu erheben ist, so auch die Erhebung der einzelnen Beweismittel dem Gericht anheim. Offenbar chikanöse, frivol aus der Luft gegriffene oder werthlose, weil auf Unerhebliches gerichtete Beweisanträge lässt das Gericht unbeachtet. Ist es überzeugt, so lehnt es weitere Beweisanträge ab, welche der Verstärkung dieser Ueberzeugung dienen sollen. Nicht aber darf es Beweise, welche nicht schon auf den ersten Anblick aussichtslos oder überflüssig sind, zurückweisen. Die Zweifelhaftigkeit, geringe Wahrscheinlichkeit eines Beweiserfolgs ist kein Ablehnungsgrund. Das gilt vom Haupt- wie Gegenbeweis*). Niemals ist, wenn nicht Notorietät, richterlicher Augenschein, Geständniss, Gewissheit gab, die richterliche Ueberzeugung einer bestrittenen und bestreitbaren Thatsache im Civilprocess eine unerschütterliche, eine Ueberzeugung von der Unmöglichkeit des Gegentheils. Wo diese Ueberzeugung fehlt, darf der Beweis des Gegentheils nicht abgeschnitten werden.

Die freie Beweistheorie, der Satz der Beweisverbindung (§ 255) und der Fortfall des die Beweislast regulirenden Dekrets, die Entfesselung der Processleitung, die Möglichkeit, jeden Augenblick die fertige Ueberzeugung mit Vermeidung aller verschleppenden Eventualbehandlung durch Schluss der Verhandlung zur Geltung zu bringen, und die Unmittelbarkeit der Beweisaufnahme bilden die Elemente glücklich ge-

---

Vorwurf trifft die Justizverwaltung, wo sie durch Ueberbürdung der Richter zum Missbrauch nöthigt.

*) Anders wenn nach Lage der Sache die Beweiserhebung keinesfalls geeignet ist, den Streitpunkt zu erledigen, vielmehr auch bei günstigstem Beweisergebniss es noch zum Eide einer bestimmten Partei kommen muss.

sellt, welche neben grosser Vereinfachung des Processes das befriedigendste Ergebniss in der Feststellung des Sachverhalts bringen können.

III.

Es liegt mir fern, die weit verzweigten Beweismittelgrundsätze der CPO. hier zum Gegenstande der Besprechung zu machen. Nur für eine Gruppe derselben möchte ich im Folgenden noch die Aufmerksamkeit in Anspruch nehmen, eine Gruppe, welche für das civilprocessualische Beweissystem allemal die charakteristischste ist. Ich meine die Grundsätze des Eidesrechts.

Das bisherige Eidesrecht ist für die Vorkämpfer „der materiellen Wahrheit" im Civilprocess der grösste Stein des Anstosses. Daher ging man hier mit radikalen Vorschlägen heraus und ruht nicht in ihrer Wiederholung. Mit gelehrter und politischer Beweisführung, mit Angriffen gegen die Alterthümlichkeit des Ueberlieferten, mit dem Verweis auf fremde Länder, welcher bekanntlich früher, zumal wenn es sich um unsere englischen Mitbrüder handelte, für die deutschen Nerven einen starken Reiz übte, und ihn auch heute keineswegs ganz verloren hat, mit energischer Betonung der Mängel des hergebrachten Eidesrechtes suchte man den Reformgedanken Eingang zu verschaffen. Der Parteieid als Schieds- und Notheid sollte fallen. An seine Stelle sollte treten die zeugeneidliche Vernehmung der Partei in eigener Sache. Die Frage also war: ist die Partei Wahrheitserforschungsmittel? Ist sie der Zeugnisspflicht und ihre eidliche Aussage der freien richterlichen Beweiswürdigung zu unterwerfen? Oder überwiegt die Eigenschaft als Partei so sehr die als Beweismittel, dass nach wie vor den der Partei günstigen Selbstaussagen Beweiskraft nur in Folge des gegnerischen Dispositionsaktes (Delation) oder in der Form des Notheides zur Vervollständigung bereits geführten Beweises zukommen soll? Sind die Mängel des gemeinrechtlichen Eidesrechts, insbesondere der

Formalwirkung des Eides und der urtheilsmässigen Eidesauflage so gross, dass man hier von Grund aus aufräumen muss? Darf man sich von der Reform Besserung versprechen? Die Reichs-Civilprocessordnung hat sich für den überlieferten Eidesbrauch und gegen die Neuerer entschieden. Hat sie damit Recht gethan? Es ist nöthig, zunächst das Eidesrecht des Gesetzes darzustellen; dann wird die Reformfrage beantwortet werden.

1. Der CPO. ist die Partei nie Zeuge. Sie hat Wissenschaft von ihren Wahrnehmungen. Ihre aussergerichtlichen Aeusserungen können Beweismittel sein; sie sind es als aussergerichtliche Geständnisse; sie sind es in gewissen Grenzen als aussergerichtliche günstige Selbstaussagen. Ich erinnere nur an die urkundlichen Einträge der Partei in ihr eigenes Handelsbuch. Die gerichtlichen Aussagen als Geständniss sind keine Beweismittel, sondern Feststellungsakte. Als der Partei günstige Selbstaussagen sind die Parteibehauptungen, an sich ohne irgend welche Ueberzeugungskraft. Wir haben ihr solche nun in ganz engen Schranken nach den Grundsätzen des Eidesrechtes und hier mit der Wirkung der unantastbaren Feststellung beigelegt. Die eidliche Vernehmung der Partei in eigener Sache würde sie mit dem Zeugen auf eine Stufe stellen.

Die Partei im Civilprocess ist Beweisführer, nicht Beweismittel. Wir gestehen ihr das Recht zu, sich dem Auge des Richters durch das Vorschieben eines Vertreters völlig zu entziehen. Die unmittelbare persönliche Vorladung des § 132 ist ohne Präjudiz. Es giebt eine Erscheinungs- und Erklärungspflicht nur für die Partei als solche, nicht für die Partei als Beweismittel. Als Partei erscheint sie durch den Repräsentanten, als Beweismittel wäre sie unvertretbar. Eine Wahrheitspflicht der Partei besteht nicht. Das Gesetz kennt weder ein Wahrheitsgebot, noch Lügenstrafen. Ja, man wird zugeben müssen, dass die Partei taktisch berechtigt handelt, wenn sie bestreitet und daher Beweis verlangt vom gewissenlosen Kläger, der den Mangel des Einredebeweises für sich ausnutzen will, vielleicht zum falschen Schwur bereit ist, — ich meine bestreitet, obschon der „Klaggrund“ wahr ist. Mit reinem Moralisiren kommt man angesichts dieses Kampfes um Recht nicht durch. Die Zeugnisspflicht der Partei und die richterliche freie Beweiswürdigung in Anwendung auf die eidliche Parteiaussage passt nicht in das System des Gesetzes. Doch davon später.

Die CPO. stellt als eidliche Parteiaussage neben einander den Schiedseid, d. i. der auf der Parteiinitiative beruhende, deferirte oder referirte Eid (§§ 410—436), und den Notheid, den richterlichen Eid (§§ 437—439). Daneben hat sie eine Anzahl uns an dieser Stelle weniger interessirender besonderer Parteieide: den Eid zur Glaubhaftmachung (§ 266), den Editionseid (§ 391), den Offenbarungseid (§ 711, 769, 780 fg.).

Das Verhältniss des Schiedseides und Notheides ist zu Gunsten des letzteren bestimmt. Der Richter kann durch ihn jenen ausschliessen. Das ist wichtig; denn dadurch ist ihm die Macht verliehen, der glaubwürdigeren, besser unterrichteten Partei oder doch derjenigen, für welche das höhere Maass der Wahrscheinlichkeit spricht, den Eid und damit den Sieg in die Hand zu geben.

Beide Arten der Eide werden durch den Richter auferlegt, d. h. können nur geschworen werden auf Grund richterlicher Anordnung. Und sie sind beide „normirt“; der Richter stellt in dem den Eid anordnenden Dekret die Worte genau fest, welche den Eidesinhalt bilden. Die Partei schwört also nicht den Zeugeneid: „dass sie nach bestem Wissen die reine Wahrheit sagen, nichts verschweigen und nichts hinzusetzen werde“, und wird nicht auf Grund dieses eidlichen Versprechens über das Beweisthema vernommen. Sie bekräftigt auch nicht etwa eine vorangegangene Aussage mit dem assertorischen Eide (§ 357 Abs. 2), sondern sie schwört nach alter Väter Sitte den gestabten Eid: sie spricht die festgesetzten Eidesworte dem Richter nach. Das Alles zur Steuer unüberlegter unwesentlicher Eide. — Und ist geschworen, so ist die Beweisfrage endgültig erledigt. Der Eid hat, mag er Schiedseid oder Notheid sein, Formalkraft. An der durch ihn geschaffenen Feststellung giebt es kein Rütteln und Deuteln, gegen ihn keinen

Gegenbeweis (§§ 428, 543 Nr. 1, 544). Das Korrelat ist der Satz, dass gleichermaassen feststellt die Weigerung des Eides, sein Versäumen, sein Erlass.

Obschon in allen diesen Stücken sich die beiden Eidesarten gleichstehen, sind sie doch innerlichst und im Mechanismus des Eidesverfahrens verschieden. Die Eidesdelation ist das Feststellungsmittel in der Hand der Partei, ihre Nothhülfe, die ihr keine Willkür rauben kann. Der richterliche Eid greift ergänzend und, wie bereits angedeutet, da ausgleichend ein, wo jenes Mittel das Recht an die Gewissenlosigkeit oder den Irrthum des Gegners preisgeben würde.

2. Das höchst feinsinnig erfundene Mittel der Eidesdelation (§ 410 fg.) ist Beweisantretung durch die Partei. Es ist Dispositionsakt, nicht Benennung des Gegners als Zeugen in eigener Sache. Das Gesetz stellt nicht die Partei dem Beweisführer zur Verfügung als Wahrheitserforschungsmittel derart, dass unter dem Eid oder gar unter dem Zeugnisszwang er und der Richter aus ihr herausfrage, was immer sie weiss, — und dass die eidliche Aussage womöglich als unglaubwürdig nachgewiesen und verworfen werde.

Die Eidesdelation ist der Nothanker, mit Hülfe dessen die beweislose Partei dem Gegner die Wahrheit ihrer Behauptung ins Gewissen schiebt. Sie ist ein Akt des Vertrauens und zugleich des Zwanges: des Vertrauens, da sie den Sieg in die Gewissenhaftigkeit des Gegners stellt, des Zwanges, da sie dem Delaten die Möglichkeit abschneidet, vom Gegner den anderweiten Beweis seiner bestrittenen Behauptung zu fordern, da sie bei Folge des Geständnisses zwingt zur Erklärung, zur Annahme oder Rückgabe des Eides. Der Delat kommt nicht mit nacktem Läugnen ab. Habe ich keine Beweismittel, so soll wenigstens der Gegner schwören, dass meine Behauptung unwahr ist, oder mir den Eid zurückgeben.

a) Die Eidesdelation resp. Relation ist processualisches Rechtsgeschäft, dessen Zulassung von der Glaubwürdigkeit des Delaten resp. Relaten unabhängig steht. Der deferirte ausgeschworene Eid ist nicht beweisendes Zeugniss, sondern Feststellung auf Grund des processualischen Rechtsgeschäftes der Parteien. Allerdings ist die im Eide und in den Folgen des Meineides liegende Garantie wesentlich für die Ausbildung der Eidesdelation überhaupt und ihre Verwerthung im speciellen Falle. Aber nicht darauf kommt es an, ob im konkreten Falle der Richter das Vertrauen theilt, ob ihm der Eid Ueberzeugung liefert.

Der Eidesantrag hat unter der Voraussetzung seiner Zulässigkeit zwingende Kraft. Ganz wie im gemeinen Recht nöthigt er unter dem Präjudiz der Eidesweigerung entweder zur Annahme oder zur Zurückschiebung, vorausgesetzt, dass letztere überhaupt gestattet ist (§ 413). Die Annahme muss eine ausdrückliche sein. Die Relation verpflichtet unweigerlich zum Schwur (§ 421); einer Annahme-Erklärung bedarf es nicht. Die Annahme bindet, wie die Zurückschiebung. Zurücknahme der Relation ist zulässig wegen der nachträglich erfolgten oder doch dem Referenten bekannt gewordenen rechtskräftigen Verurtheilung zum Meineid (§ 422). Davon abgesehen gewährt Freiheit nur die unbedingte Anerkennung der subsidiären Natur des deferirten Eides.

> „Durch die Zuschiebung, Annahme oder Zurückschiebung des Eides wird die Geltendmachung anderer Beweismittel von Seiten der einen oder andern Partei nicht ausgeschlossen. Werden andere Beweismittel geltend gemacht, so gilt der Eid nur für den Fall als zugeschoben, dass die Antretung des Beweises durch die anderen Beweismittel erfolglos bleibt" (§ 418).
>
> „Werden andere Beweismittel geltend gemacht, so ist die Partei, welcher der Eid zugeschoben wurde, nicht verpflichtet, sich über die Eideszuschiebung früher zu erklären, als bis die Eideszuschiebung nach Aufnahme oder sonstiger Erledigung der anderen Beweismittel wiederholt ist."
>
> „Sind andere Beweise aufgenommen, so kann die vorher abgegebene Erklärung widerrufen werden" (§ 419).

Diese hochwichtigen Bestimmungen sind der Ausbau des in Folge des Schematismus des schriftlichen Verfahrens übel wirkenden, aber an sich weisen Gedankens der Gewissensvertretung und der Subsidiarität der Eidesdelation. Beide Parteien sind frei gestellt im Gebrauch von Beweismitteln gleichzeitig mit der und nach der Eidesdelation. Der Delat und Acceptant nicht nur, sondern auch der Deferent und Relat können vor der richterlichen Anordnung des Eides noch mit anderweiten Beweismitteln kommen; ja sie können es selbst nach der Anordnung und bis zur Leistung des Eides, wenn dieser durch Beweisbeschluss*) auferlegt ist oder das Eidesurtheil durch Berufung angegriffen ist**). Das rechtskräftige bedingte Zwischenurtheil, wie das bedingte Endurtheil lassen nur noch Rücknahme des Eides aus dem Grunde des rechtskräftigen Meineidsurtheils zu. Aus dem Vorstehenden erhellt: es kann die beweispflichtige Partei ohne jede Gefahr es vorerst versuchen, ob der Gegner ihr den zugeschobenen Eid zurückschieben und ihr damit den Sieg in die Hand geben wird. Nimmt der Delat den Eid an, so ist immer noch Zeit den Beweis mit anderen Beweismitteln anzutreten und die Annahme unschädlich zu machen. Es gilt nur, sich nicht die Beweisantretung durch einen schnellen Schluss der mündlichen Verhandlung abschneiden zu lassen.

b) Deferiren kann die beweispflichtige, wie die gegnerische Partei. Allerdings sagt § 412:

> „Eine nicht beweispflichtige Partei übernimmt durch die Eideszuschiebung nicht die Beweispflicht.“

Was heisst das?

Die Eidesdelation bewirkt keine Verschiebung der Beweislast. Deferiren beide Theile, so berücksichtigt der Richter den Eidesantrag des Beweispflichtigen. Die Eideszuschiebung an ihn gilt nach den Motiven als unter der stillschweigenden Voraussetzung der obliegenden Beweislast geschehen. Daraus möchte man folgern, dass der Richter sich die Frage der Beweislast beantworten muss, bevor er auf den einfachen Eidesantrag

---

*) Auch auf Grund der Einigung der Parteien über Erheblichkeit und Norm des Eides (§ 426 Abs. 1).

**) In der Praxis überaus häufig, sei es, um den Eid des Gegners auszuschliessen durch vollen Beweis (§ 411), sei es, um sich wenigstens den richterlichen Eid zu verschaffen.

hin zur Erklärung gemäss § 420 auffordert, und dass er den Eidesantrag des Probaten unbeachtet lassen könne, wenn dieser nicht ausdrücklich die Beweislast zu übernehmen sich bereit erklärt. Das ginge m. E. entschieden zu weit. Gewiss übernimmt Kraft positivrechtlicher Bestimmung der deferirende Probat nicht die Beweislast. Aber daraus folgt nur, dass er den gewöhnlichen Regeln, welchen der Beweisführer als solcher unterstellt ist, nicht unterliegt. Dagegen folgt nicht, dass seine Eidesdelation an sich unbeachtlich ist. Er bindet sich nicht durch die Delation. Er wird sie beliebig auch nach geschehener Annahme widerrufen können, ohne dadurch der Folge der Beweisfälligkeit oder der Verpflichtung, durch anderweite Beweismittel beweisen zu müssen, ausgesetzt zu sein. Andererseits muss man die Delation des Probaten als eine ernsthafte behandeln und in ihr den Willen finden, zwar nicht bedingungslos, aber doch für den Fall dieser sog. Beweispflicht durch den Eid des Gegners die Sache zum Austrag zu bringen. Ob dieser Fall nicht gegeben, kann erst das Urtheil aussprechen. Das schliesst jede Vorentscheidung des Richters bei der Aufforderung des § 420 aus. Aber nicht führt es zum bedingungslosen Eintritt der Rechtsfolgen vollwirksamer Delation*). Wie diese und die Annahme den Deferenten nicht bindet, kann sie auch dem Delaten nicht Zwang anthun. Er darf — immer auf die Gefahr des schädlichen Rechtsirrthums über die Beweislast hin — die Erklärung verweigern. Er darf die ausgesprochene Annahme zurückziehen. Haben beide Theile über dieselbe Thatfrage sich wechselseitig Eide zugeschoben — ein im Leben sehr häufiger Fall —, so kommt nur der vom Beweisbelasteten deferirte Eid zur Geltung. Bringt der Kläger keinen Beweis des Klaggrundes, so kann die Eideszuschiebung über sein Gegentheil seitens des Beklagten und die Annahme durch den Kläger die glatte Klagabweisung nicht hindern („*actore non probante reus absolvitur*“). Und gegen das alles lässt sich nicht einwenden, dass der Eidesantrag ja die Lage des Gegners nicht

*) Die abweichende früher an dieser Stelle vertretene Ansicht ist unhaltbar.

verschlechtere, daher er denselben nicht bekämpfen dürfe, ohne dolos zu handeln. Denn damit legt man jenem Antrag des nicht Beweispflichtigen eine Kompromissnatur bei, schiebt man die Absicht unter, bedingungslos die Frage auf den Eid stellen zu wollen. Die §§ 412, 415 aber lehnen ausdrücklich den Beweisvertrag, das Uebernehmen der Beweislast durch Delation ab. Erfolgt also diese durch die beweisfreie Partei, so geschieht das immer nur unter der *conditio iuris* ihrer Beweislast.

Deferiren kann nur die processfähige Partei und deferirt kann nur werden an die processfähige, processführende Person. Nicht darauf kommt es an, ob der Processunfähige eigene Wissenschaft von der Sache hat und deshalb seine Aussage für den Richter grössere Ueberzeugungskraft besitzt, als die Aussage des Vertreters. Die Annahme und Zurückschiebung des Eides sind processualische Dispositionsakte von einschneidender Bedeutung. Sie kann nur derjenige vornehmen, der zu disponiren befugt ist. Daher lässt nur ausnahmsweise die CPO. § 435 Abs. 2 zu, dass dem minderjährigen Eidesfähigen oder dem Verschwender der Eid zugeschoben oder zurückgeschoben werde. Die Voraussetzungen sind der Antrag des Gegners, die Beziehung des Eidesthemas auf Handlungen oder Wahrnehmungen dieser Personen, die nach den Umständen des Falls zu bemessende Zulassung des Eides durch das Gericht. Der § 435 Abs. 2 ist einer von jenen mit Freude zu begrüssenden Sätzen, welche dem Bestreben nach möglichster Gewissensentlastung und Vermeidung der Meineide entsprungen sind.

c) Die Eidesleistung ist Feststellungsakt. In diesem Sinne ist der Eid formales — auf der gesetzlichen Annahme der Uebereinstimmung des Beschworenen mit der Wahrheit ruhendes Beweismittel. Die Kraft der Feststellung der beschworenen Thatsache zieht der Eid, wie gesagt, vor allem aus der Parteidisposition. Das Beschworene ist voll bewiesen; Gegenbeweis ist unzulässig. Das ist nicht die natürliche Folge der Ueberzeugungskraft des Eides. Denn wir nehmen keinen Anstand, der zeugeneidlichen Aussage gegenüber das richterliche Ermessen frei zu geben und den Gegenbeweis zuzulassen. Es würde auch an sich in dem Beweise des Gegentheils der beschworenen Thatsache keineswegs die Meineidsbeschuldigung, sondern nur die Behauptung des Irrthums liegen. Aber wohl schliesst die Natur der Eidesdelation die freie Prüfung des Eides und seine Entkräftung durch anderweite Beweise aus. Wer den Eid zuschiebt, will nicht nur das Gewissen des Gegners belasten, um ihn als Wahrheitserforschungsmittel zu gebrauchen. Er will die Wahrheit seiner Behauptung von der Gewissenhaftigkeit des Gegners abhängig machen. Eine Untersuchung derselben kann nicht stattfinden. Sie ist durch das Vertrauensvotum des Deferenten ausgeschlossen.

d) Man wird aber dem deferirten Eide nicht gerecht, wenn man lediglich das Dispositionsmoment in ihm betont. Das Gesetz soll den Missbrauch des Eides zu vermeiden suchen, und daher darauf angelegt sein, dass dieses höchste und heiligste Versicherungsmittel nicht einer frivolen Wette gleich zur Abmachung des Streites benutzt, und nicht durch zu ausgedehnte Zulassung der Delation und ihrer Zwangskraft dem Gewissenhaften eine schwere Gewissensbelastung geschaffen werde.

Die CPO. hat in sehr verständiger und Erfolg versprechender Weise versucht, Uebelständen im Eidesgebrauche zu steuern und in der angegebenen Richtung das Eidesrecht fortzubilden. Es sind vorzüglich folgende Punkte, welche ich dabei im Auge habe: der Ausschuss des Eides als Mittel des Gegenbeweises, seine Beschränkung auf Thatsachen, von welchen voraussichtlich der Delat resp. Relat unterrichtet ist, oder doch unterrichtet sein sollte*), die Beseitigung des Glaubenseides, die grosse Freiheit des Richters in Beziehung auf die Gestaltung des Eidesthemas und die Art der Eidesanordnung.

Der § 411: „Die Eideszuschiebung über eine Thatsache, deren Gegentheil das Gericht für erwiesen erachtet, ist unzulässig“, bringt nichts Neues. Man darf denjenigen, welcher bewiesen hat, nicht noch unter den Eideszwang stellen. Er

*) So schon die erste Auflage. Kleinfeller, Die geschichtliche Entwickelung des Thatsacheneides 1891 findet diesen Gedanken nur bei Fitting und Planck.

braucht weder das Bewiesene zu beweisen, noch sich durch die Delation zum Geständniss drängen zu lassen. Ja, es ist nicht zulässig, dass zufolge der Relation das Gegentheil des Bewiesenen beschworen werde. Damit befinden sich in vollem Einklang die oben erörterten Vorschriften der §§ 418, 419.— Ist also der Richter von der Wahrheit einer Thatsache überzeugt, oder besser: ist sie ihm *prima facie* bewiesen, so giebt es keinen direkten Gegenbeweis durch Eid*) — ein Satz, der auf die eidliche Vernehmung der Partei als Zeuge keine Anwendung leiden könnte. Folgerichtig kommt man dazu, dass wie die Eideszuschiebung, so auch die Eidesabnahme ausgeschlossen ist, wenn die Ueberzeugung vom Gegentheil des Eidesthemas oder von der Wahrheit dessen, was beschworen werden soll, feststeht. Daher kann trotz rechtskräftigen Eidesurtheils der Eid nicht abgenommen werden, falls der Schwurpflichtige die Unwahrheit oder sein Gegner die Wahrheit der Eidesnorm einräumt. Daher muss der Satz vom Ausschluss der *reformatio in peius* bei Eidesurtheilen eine wesentliche Abwandlung erleiden**).

Dass der Eid auf Thatsachen zu stellen, ist ausnahmslose Regel. Die CPO. durchbricht sie selbst dann nicht, wenn die Parteien sich über die Eidesnorm freiwillig einigen (§ 415). Sie zieht die weitere Konsequenz, dass der Deferent den Beweis durch Eid nur für „bestimmt zu bezeichnende That-

---

*) Wohl indirekten Gegenbeweis, Beweis von Beweiseinreden durch Eid und direkten durch andere Beweismittel. — Die Motive zu § 411 verkennen den Inhalt des Gesetzes, wenn sie das „erwiesen" gleichstellen mit „nicht mehr streitig und daher nicht mehr fähig, als Gegenstand einer ferneren Beweisaufnahme zu dienen". Unwiderleglichkeit wird in § 411 selbstverständlich nicht vorausgesetzt. Das Reichsgericht (Entsch. in CS. V, 429) hat sich durch die Motive zu dem falschen Satz verführen lassen: „sogar die äusserste Unwahrscheinlichkeit der Parteibehauptung berechtigt den Richter nicht, die Eideszuschiebung für unstatthaft zu erklären." Also nur die Unmöglichkeit? Was ist denn Ziel des Beweises? Aller Beweis ist richtig verstanden nur Wahrscheinlichkeitsbeweis. Vgl. auch RG. Entsch. in CS. XV, 338 fg.

**) Vgl. meine Abh. in d. Beiträgen zur Erläuterung des Deutschen R. Bd. XXXVII 485.

sachen“, also nicht zum Zwecke erst der Entdeckung von Thatsachen antreten könne (§ 416). Eine Eidesdelation über den gesammten Klaginhalt und soviel der Partei daran geleugnet, ist unzulässig. Schon die strengen weiteren Voraussetzungen, an welche das Gesetz die Zuschiebung bindet, und auf welche sogleich zurückzukommen ist, würden sich mit so allgemeiner Delation nicht vertragen.

Was „Thatsache“ sei, darüber lässt sich billig zweifeln. „Thatsache“ ist als Gegensatz von Urtheil gedacht; vor allen Dingen von „juristischem“ Urtheil. Die Partei soll nicht *iudex in propria causa* sein. *Iura novit curia.* Der rechtsunkundigen Partei darf nicht zugemuthet und um der Heiligkeit des Eides willen nicht gestattet werden, ein eidliches Rechtsurtheil abzugeben. Damit sollen jedoch nicht alle juristisch qualificirten Begriffe vom Eidesthema ausgeschlossen sein. Der Begriff, welcher dem Laienverstande zugänglich ist, der Rechtsbegriff, dessen korrekte Handhabung, von dieser Partei erwartet werden darf, kann anstandslos in den Eid aufgenommen werden. In diesem Sinne hat die Reichs-Justizkommission davon Abstand genommen, auszusprechen,

> „dass Rechtsbegriffe und Urtheile zum Gegenstand einer Eidesdelation gemacht werden können, wenn bei dem Schwurpflichtigen ein genügendes Verständniss dessen, worauf es ankommt, zu unterstellen sei“.

Man motivirte mit dem Gedanken, dass Thatsachen von Rechtsbegriffen und Urtheilen nicht scharf zu scheiden seien. Ist das nun auch nicht ganz zutreffend, so ist doch richtig, dass die Auflösung der wesentlichen, rechtlich qualificirten Behauptungen in die rein thatsächlichen Elemente sich nicht immer durchführen lässt. Begriffe, wie „zahlen“, „besitzen“, „leihen“, „miethen“, „kaufen“ lassen sich im Eidesthema nicht immer vermeiden, wenn schon die Mündlichkeit des Verfahrens auch hier einen Fortschritt bedeutet. Durch weise Benutzung des Fragerechts wird der Richter häufig in die Tiefe des Parteiwissens dringen und dadurch ebenso sehr Irrthümer in der Auffassung des Eidesthemas verhüten, als sich ermöglichen, den Eid auf die entscheidende nackte Thatsache zu stellen.

Wie das juristische, soll das sonstige fachmännische Urtheil von dem Eidesthema ausgeschlossen sein. Aber auch das „*cum grano salis*“. Wo die Urtheilsfähigkeit, die technischen Kenntnisse vorhanden, kann die fachmännisch bezeichnete Thatsache Eidessatz sein. Gestattet doch CPO. § 260 die eidliche Schätzung.

Die zu beeidigende Thatsache kann interner seelischer Vorgang (Irrthum, guter Glaube, u. dergl.) oder Veränderung resp. Zustand der Aussenwelt sein. Auch macht das Gesetz keinen Unterschied danach, ob das Eidesthema *de propria turpitudine* lautet, ob die Thatsache das eigentliche *thema probandum* oder ein Indiz ist.

Entfernen sich alle diese Sätze nicht wesentlich von dem früheren, im grössten Theile Deutschlands geltenden Recht, so steht es anders mit der hochwichtigen Regel des § 410. Der Eid soll der Regel nach nur über Thatsachen deferirt werden, welche Handlungen oder Wahrnehmungen des Delaten oder seines Rechtsvorgängers oder Vertreters sind. Beim gesetzlichen Vertreter erweitert sich der Satz dahin, dass dieser auch über die Handlungen und Wahrnehmungen schwören muss, über welche der Vertretene schwören müsste, wenn er processfähig wäre. Für die Relation gelten selbstverständlich die gleichen Regeln, wie für die Delation (§ 413 Abs. 1) und es wird ausserdem der verständige Gedanke festgehalten, dass der Eid nicht zurückgeschoben werden darf, wenn wohl der Delat, aber nicht der Relat über eigene Handlungen oder Wahrnehmungen zu schwören haben würde.

Hiernach ist der Eid über nicht selbst wahrgenommene *facta aliena* — mögen sie äussere oder innere Thatsachen sein — dem Princip nach nicht zugelassen. Und das ohne Unterschied, ob man über diese Thatsachen genau unterrichtet ist, oder nicht unterrichtet ist. Es giebt daher keine Eideszuschiebung über ein „Wissen“ oder „Nichtwissen“ fremder Handlungen, Absichten, Wahrnehmungen oder über das „Glauben“ oder „Ueberzeugtsein“ von solchen Thatsachen etwa mit der Begründung, dass doch in diesen Geistesvorgängen wiederum eine eigene Handlung oder Wahrnehmung liege. Denn damit würde der § 410 von Grund aus vereitelt. Nur wenn jener innere Vorgang selbst das Beweisthema bildet, will ihn das Gesetz unter den Eid stellen, nicht dann, wenn aus ihm ein Indiz für das Gewusste, Geglaubte gewonnen werden soll. — Der Eid über Handlungen und Wahrnehmungen des Rechtsvorgängers oder Vertreters wird gestattet. Und das wiederum ohne Unterschied, ob der Delat von diesen fremden Handlungen oder Wahrnehmungen etwas weiss, oder nicht weiss. Man geht davon aus, dass über Derartiges die Erkundigungsmöglichkeit vorliegt und dass oft die Partei rechtlos würde, wollte man hier den Eidesbeweis versagen.

Dem Allen liegt das Bestreben zu Grunde, der übergrossen Gewissensbelastung durch freie Zulassung des Eides über *facta aliena* und dem damit zusammenhängenden Eidesmissbrauch zu steuern. Nicht liegt der Gedanke zu Grunde, dass der Eid über fremde Handlungen und Wahrnehmungen zu verwerfen sei, weil er keine Ueberzeugungskraft besitze. Denn wäre dieses die *ratio legis*, dann wäre der Eid über Handlungen oder Wahrnehmungen des Rechtsvorgängers oder Vertreters sinnlos. Die Ueberzeugungskraft des Eides hat nichts mit § 410 zu thun. So sehr nun auch die Tendenz des § 410 zu billigen ist, lässt sich doch nicht verkennen, dass sie in manchen Fällen zu Härten führen könnte. Da nunmehr dem Probaten nicht zugemuthet werden darf, sein Leugnen zu beeidigen, wenn ihm nach § 410 nicht zugemuthet werden darf, etwas von der Sache zu wissen, ja da der Probat nicht einmal den Ignoranzeid zu schwören angehalten werden kann, so wird der Probant jetzt allemal beweisfällig, wenn er anderweite Beweismittel nicht besitzt. Doch liegt in der That ein Uebelstand nicht vor. Das Gesetz bietet die ausgiebigste Abhülfe durch den sogleich näher zu betrachtenden richterlichen Eid. Dazu kommt, dass die Parteien sich über eine Eidesnorm, abweichend von § 410 unter Zulassung des Gerichts, einigen können (§ 415).

Mit diesem System stimmt wohl zusammen die Eidesform des § 424. Der Eid ist entweder Wissenseid oder positiver oder negativer Ueberzeugungseid. Die Partei beschwört entweder, dass die Thatsache wahr, resp. nicht wahr sei, oder sie beschwört, dass sie nach sorgfältiger Prüfung und Erkundigung die Ueberzeugung erlangt habe von der Wahrheit oder Unwahrheit, oder dass sie die Ueberzeugung von der Wahrheit nicht erlangt habe. Der Ueberzeugungseid hat seine hauptsächlichste Anwendung bei behaupteten *facta aliena*. Hier hat er die Form

> „dass der Schwurpflichtige nach sorgfältiger Prüfung und Erkundigung die Ueberzeugung erlangt oder nicht erlangt habe, dass die Thatsache wahr sei".

Nicht wird also beschworen die Ueberzeugung davon, dass die Thatsache nicht wahr sei. Dieser Eid, sowie die Beeidigung der Ueberzeugung von der Wahrheit sind anwendbar, falls dem Delaten dies Wissen seiner vom Gegner behaupteten eigenen Handlung oder Wahrnehmung nicht zugemuthet werden kann.

3. Bei weitem das wichtigste Stück der Reform unserer Eidesdelation dürfte in der Art liegen, wie die richterliche Processleitung bei der Anordnung des Eides zur Geltung kommt.

Dass die Zulassung des Eides, wie seine Form der richterlichen Kognition untersteht, ist selbstverständlich und ausdrücklich in den §§ 410, 415 anerkannt. Ist der Richter vom Gegentheil dessen überzeugt, was beschworen werden soll, so lässt er den Eid nicht zu (§ 411). Ebenso wacht er darüber, ob die Schranken des § 410 beobachtet werden. Es wird ihm verstattet werden müssen, mit der Partei, deren Eid bevorsteht, kraft seines Fragerechts ein Examen darüber anzustellen, ob sie in der That Wissenschaft oder Ueberzeugung von den zu beeidigenden Thatsachen hat. Dass dabei auf die Quellen der Wissenschaft zurückgegangen werde, ist nicht ausgeschlossen, wenn schon der Ablehnung der Partei gegenüber ein Zwangsmittel nicht geboten ist*). Dieses Examen kann das Resultat haben, dass der Richter vom Gegentheil des Eidesthemas überzeugt wird, oder dass er doch die Eidesdelation zurück-

---

*) Vgl. oben S. 75 fg.

stellt und zum richterlichen Eide greift. Anderenfalls bleibt freilich nichts Anderes übrig, als des Zweifels an der Glaubwürdigkeit der Partei unerachtet den Eid zuzulassen. Aber immerhin wird doch die Befragung den Nutzen haben können, dass eine genügende Meineidsverwarnung, vor der Eidesleistung ausgesprochen, die Partei gründlichst über den Sinn der Eidesnorm informirt und diese selbst ganz sachgemäss gestaltet werden kann. Zu solcher Befragung kann der Richter die Partei vorladen (§ 132) und, kommt sie nicht, doch wenigstens den Eidesleistungstermin benutzen. Hier, wie anderweit, erweist sich der § 426, die Freiheit der Wahl zwischen Eidesurtheil und Eidesbeschluss, als segensreich.

Einer der Hauptübelstände unseres Eidesrechts ist die Nöthigung, den Eid im bedingten Endurtheil anzuordnen. Dem damit verbundenen Vorzug reiflichster richterlicher Erwägung und ausreichender Information der Partei über die Bedeutung des Aktes steht — von der Verzögerung abgesehen — der allgemein zugegebene Nachtheil gegenüber, dass das Eidesurtheil so zu sagen den Preis des Meineids und damit eine starke Versuchung zu ihm der Partei vor Augen stellt und einschärft, dass ferner der Richter sich durch die strenge Fassung des Eides die Hände bindet und die nachherigen Anträge über Aenderung der Eidesnorm Unbequemlichkeiten bereiten, ja oft unausführbar sind. Das Alles wird vermieden, wenn der Eid, wie die CPO. § 426 gestattet, durch Beweisbeschluss angeordnet wird. Er ist processleitende, beliebig abänderliche, unanfechtbare richterliche Verfügung, in welcher die Folge weder der Eidesleistung, noch der Eidesweigerung ausgesprochen wird. Er erspart dem Richter die Entscheidung vielleicht weit verzweigter und nicht eintretender Eventualitäten; er lässt die Partei über die Eidesfolge im Unklaren und schwächt daher die Versuchung zum leichtfertigen Schwur; er ist frei veränderlich in Bezug auf die Eidesnorm; er ermöglicht die alsbaldige Eidesabnahme, während nach § 426 das bedingte Eideszwischenurtheil erst nach rechtskräftiger bedingter Endentscheidung erledigt werden kann; er gestattet der Partei noch nach der Anordnung des

Eides mit anderweiten Beweismitteln zu kommen (§ 418); er lässt dem Richter die Freiheit des Rückgriffs auf den Notheid, wenn er nachträglich sich davon überzeugt, dass der Delat über das Eidesthema nicht genugsam unterrichtet ist.

Freilich ist der Eidesbeschluss nur zulässig unter der Voraussetzung, dass „die Parteien über die Erheblichkeit und die Norm des Eides einverstanden“ sind, oder dass „der Eid zur Erledigung eines Zwischenstreites“ dient, oder endlich die Entscheidung über ein „einzelnes selbstständiges Angriffs- und Vertheidigungsmittel“ von der Eidesleistung abhängt. Es ist demnach die Urtheilsform in Ermangelung der Parteieinigung unerlässlich, wenn der Process nur noch von dem Eid abhängig, also im übrigen spruchreif ist, oder wenn bei Mangel der Spruchreife die Schwurthatsache zum Klaggrund gehört, der als solcher durch Zwischenurtheil nach § 426 Abs. 1 nicht selbstständig entschieden werden kann. Die oben zu Gunsten des Eidesbeschlusses entwickelten Gründe sprechen für seine — übrigens in Praxis und Theorie vielfach schon nach § 426 Abs. 2 für zulässig erachteten — Anwendung desselben auf den letzterwähnten Fall. Denn es ist ein empfindlicher Uebelstand, wenn Einrede — oder Replik — Beweise nur deshalb erhoben werden müssen, weil der Klaggrund lediglich auf Eid steht und dieser erst durch das Endurtheil angeordnet werden kann. Angesichts der in § 426 bereits gewährten richterlichen Freiheit erscheint dieser Schritt nicht zu kühn, hingegen ist kein ausreichender Grund dafür ersichtlich, auch im Falle sonstiger Spruchreife das Eidesurtheil mit dem Beschluss zur Wahl zu stellen.

IV.

Das Eidesrecht findet seinen Abschluss in den Grundsätzen über den richterlichen Eid (§ 437—439). Hier ist die CPO. von bemerkenswerther Freiheit. Sie hat dem richterlichen Eid eine ebenso neue, wie bedeutsame Stellung gegeben.

Der richterliche Eid ruht nicht auf Partei-Disposition. Der Richter führt ihn in den Process ein. Er bejaht dessen

Ueberzeugungskraft von vornherein in der Auferlegung des Eides. Dabei ist er nicht mehr gebunden an die Voraussetzung der *inopia probationum*; er ist nur gebunden an die Voraussetzung, dass sich einige Wahrscheinlichkeit für den Schwörenden ergeben habe. Fehlt es an solcher, dann tritt die Folge der Beweislosigkeit ein. Ob der Richter die Wahrscheinlichkeitsgründe der mündlichen Verhandlung, oder ob er sie einer Beweisaufnahme entnommen hat, gilt gleich. So wird der Eid aus der formalistisch subsidiären Stellung gegenüber anderen Beweismitteln befreit. Nicht nur wenn diese erschöpft sind, sondern auch dann, wenn ihre Aufnahme aussichtslos ist oder durch andere Umstände widerrathen wird, kann der Richter zum Notheide greifen. Ein gegentheiliger Antrag der Reichs-Justizkommission, dahin lautend:

> „von dieser Befugniss (sc. den Eid aufzuerlegen) darf erst Gebrauch gemacht werden, wenn die Beweisaufnahme sich auf die übrigen zulässigen Beweismittel mit Ausnahme des zugeschobenen Eides erstreckt hat“,

wurde später von ihr selbst gestrichen. Freilich würde der Richter Unrecht thun, wenn er gegen nicht aussichtslose Beweisantretung den Eid auferlegte, um schnell zum Ende zu gelangen. Auch wäre es ein grober Verstoss, wollte der Richter der Partei, welche voll mit anderen Beweismitteln zu beweisen beabsichtigt, nur zur Ersparniss der Beweisaufnahme die Gewissensbelastung des unabweisbaren Richtereides zumuthen. Wir sollen die Eide möglichst vermindern, nicht vermehren. Andrerseits ist es unbestreitbar, dass die aussichtslose Beweisaufnahme, wie überhaupt, so auch hier bei Seite gestellt und an ihrer Statt der Eid gewählt werden kann. Aber fast wichtiger ist, dass ohne Beweisaufnahme auf Grund des Ergebnisses der mündlichen Verhandlung der Eid zulässig ist. Ergeben beispielsweise eingeräumte indicirende Thatsachen einige Wahrscheinlichkeit für den Probanten, welchem die Eidesdelation verschlossen ist, weil § 410 hindernd im Wege steht, so hilft der Notheid. Und nicht minder erwünscht ist seine Benutzung zur Vermeidung des deferirten Eides in der oben S. 219 charakterisirten Weise.

Die Brauchbarkeit des Notheides wird wesentlich dadurch erhöht, dass die Schranken des § 410 für ihn nicht maassgebend sind. Kann eine Partei über *facta aliena*, die nicht unter die des § 410 fallen, ausreichend unterrichtet sein, so wird ihr, wie im früheren gemeinen Process der Notheid zugebilligt werden können.

Ein Recht der Partei auf den Notheid besteht so wenig, als eine Pflicht des Richters, sich in der Auswahl des Schwörenden nach der Stärke des für ihn sprechenden Beweises zu richten. Neben ihr kommt vollwirksam die richterliche Kenntniss von der Glaubwürdigkeit der Partei, von ihrem Wissen und dem vermuthlichen Willen, die Wahrheit zu bekunden, zur Geltung. Ob der Schwörende der Probant oder der Probat ist, ist gleichgültig.

Das Eidesthema kann jedwede Thatsache sein, deren Feststellung für den Richter die Wirkung hat, den bestrittenen wesentlichen Thatbestand klar zu stellen. Also nicht nur die unmittelbar rechtserhebliche Thatsache, welche den Inhalt des Beweisthemas bildet, sondern jedes indicirende Moment kann zum Eidesthema werden. Ihrer entscheidenden Bedeutung sich bewusst zu werden und sie zu konstatiren, wird der Richter dadurch gezwungen, dass er dem alten Brauche gemäss den Notheid durch bedingtes Urtheil auferlegen soll. Dieses Urtheil freilich kann Endurtheil oder Zwischenurtheil sein. In letzterem Falle kommen die Grundsätze des § 426 Abs. 2 zur Anwendung.

In dieser Struktur des richterlichen Eides liegt nicht eine richterliche freie Forschung. Der Richter führt nicht Beweismittel in den Process *ex officio* ein. Die Parteibehauptung ist Processstoff. Die Partei als aussagende Person steht dem Richter gegenüber. Er erklärt ihr, dass er ihrer Aussage nur Glauben schenken könne, wenn sie dieselbe beeidigt. So wenig der Richter dadurch, dass er den von der Partei benannten Zeugen von Amtswegen beeidigt oder unbeeidigt vernimmt, ein Beweismittel in den Process einführt, thut er es mit der Partei, wenn er ihr verstattet, ihre Aussage mit der Garantie der eidlichen Bekräftigung zu versehen. Er inquirirt nicht, erpresst nicht von der Partei Aussagen, welche nicht gewollt sind, Er benutzt die vorhandene Aussage. Er erpresst keinen Eid, übt keinen Zeugenzwang, sondern bietet allein der Partei die Gelegenheit, ihn zu überzeugen durch einen ihr verstatteten Eid.

Betonen wir sonach nachdrücklich die Eigenschaft des Notheides als Beweismittels, so dürfen wir uns doch nicht zu optimistischen Vorstellungen über dessen Werth hingeben. Es spielt hier, wie überhaupt in der ganzen Beweislehre, die Phrase eine gefährliche Rolle. Von „materieller Wahrheit" —, wahrer richterlicher Ueberzeugung kann doch nur mit grosser Bescheidenheit gesprochen werden. Man hat, wenn man den Boden der Wirklichkeit nicht verlassen will, vor allen Dingen Eines festzuhalten: Civilprocess ist Streitentscheidung; der Eine oder der Andere soll Recht bekommen. Ein „*non liquet*" giebt es nicht. Die Beweislosigkeit gilt als Unwahrheit. Es ist die Aufgabe der Rechtsordnung, den Beweis, so weit irgend möglich, zu erleichtern. Daher denn auch der Notheid. Nur ein weltfremder Theoretiker kann sich einbilden, dass überall da, wo dieses Mittel zur Anwendung kommt, wirkliche Ueberzeugung des Richters das Ergebniss ist. Die Parteien sind dem Richter völlig unbekannt; sieht er sie vor der Eidesanordung, so machen sie ihm keinen oder einen Eindruck; und dieser ist vielleicht mehr oder weniger angenehm, vertrauenerweckend — aber wie trügerisch ist diese Impression. Wie männiglich bekannt, raffen die Parteien heutzutage alles herbei, was irgend Anhalt zu ihren Gunsten schaffen kann. Mit Vorliebe werden Ehegatten, Verwandte, Hausgenossen als Zeuge producirt. So gewinnt man die sog. Wahrscheinlichkeit und der Richter legt den Notheid auf — wohl wissend, wie leicht er, wie leicht die Partei in Selbsttäuschung befangen sein kann. Ich behaupte, dass in zahlreichen Fällen des richterlichen — geradeso, wie des Delateides — der Richter von wahrer Ueberzeugung weit entfernt ist. Und das auch bei gewissenhaftester Anwendung des Fragerechts, wie ich sie oben (S. 72 fg.) schilderte. Immer aber schafft der Eid die unerschütterliche, formelle Wahrheitsfeststellung.

V.

Die Reformfreunde glauben aus diesem sie nicht befriedigenden Zustand heraus und zum Siege der Wahrheit zu gelangen, wenn sie an die Stelle der formalen Wahrheitsfeststellung durch den normirten Parteieid die vielgepriesene eidliche Vernehmung der Partei als Zeuge in eigener Sache setzen. Ich hatte, als ich diese Vorträge in erster Auflage erscheinen liess, nicht erwartet, dass die Bewegung gegen unser durch die CPO. festgesetztes Eidesrecht sich so schnell von neuem und mit solcher Stärke erheben werde. Sie ist genährt durch die österreichische Justizgesetzgebung (CPO. § 371 fg.) und hat jetzt im Deutschen Juristentag halbwegs eine Stütze gefunden. Daher will ich zu ihr in Kürze Stellung nehmen.

Die Mängel unseres Eidesrechts sind unverkennbar. Aber man soll sie nicht übertreiben. Es ist eine *petitio principii*, dass das geltende Recht der Wahrheitserforschung, der selbstthätigen Ermittelung derselben durch den Richter hinderlich sei. Wer das Princip ablehnt — und die CPO. thut es und wir müssen es thun — der wird die Folgerung verwerfen; am allerwenigsten würde zu der Durchführung jenes inquisitorischen Gedankens die eidliche Vernehmung der Partei als Zeuge sich eignen. Ernsthaft und folgerichtig gedacht müsste sie, im Dienste des Princips, gestellt werden unter den Zeugnisszwang und müsste die Doppelbeeidigung beider Parteien zugelassen werden, denn mit welchem vernünftigen Grunde könnte man dem Richter die moralische Tortur, diese Garantie der Glaubwürdigkeit versagen betreffs der einen Partei, nachdem er bereits die andere eidlich vernommen? Müsste man doch ihm die freie Würdigung der Eidesaussage der Partei überlassen und alle Gegenbeweise gegen sie gestatten. Wollte man also es auch in der Ordnung finden, dass er die Partei, deren Aussage ihm verdächtig scheint, anfänglich nicht, wohl aber den Gegner beeidigt, so würde doch anerkannt werden müssen, dass neue Beweisgründe zu der ersteren Gunsten erscheinen und zur Doppelbeeidigung veranlassen könnten. Man müsste gestatten, von Amtswegen die Parteivernehmung anzuordnen oder, wenn die „Verhandlungsmaxime“ scheinbar gerettet werden soll, doch der Partei das Recht einräumen, sich selbst als Zeugen zu benennen. Ein Gräuel der Verwüstung wäre die Folge aller dieser Dinge. Und wie die „materielle Wahrheit“ dabei fahren würde, lässt sich bereits nach dem oben über den Notheid Gesagten ermessen.

Es ist ferner verkehrt, wenn der Eidesmissbrauch, die Masse der Meineide als Motiv der Reform angeführt wird. Gewiss wäre es am besten, könnte man den Parteieid ganz aus dem Process tilgen. Aber das geht, trotz des guten Beispiels anderer Länder, nicht an. Mit tiefgewurzelter Volksgewohnheit räumt sich nicht so schnell auf. Nur eine Umgestaltung des Civilrechts, welche energisch den Urkundengebrauch als wesentliche Form oder Beweissolennität betonte, könnte den Eidesgebrauch einschränken. Meineide aber werden durch die eidliche Parteivernehmung weder beseitigt, noch vermindert, jedenfalls nicht erfolgreicher vermindert werden, als wenn man sich ohne radikale Aenderung zur unten befürworteten Verbesserung des geltenden Rechts entschliessen sollte. — Manche andere Anklage gegen das heutige Recht trifft einseitig den Schiedseid und lässt den richterlichen Eid ausser Augen. Er aber ist schon heute, wie ich entwickelte, so frei gestellt, dass er zum erfolgreichsten Konkurrenten des Schiedseids geworden ist.

Durchaus unberechtigt und misslungen ist der Angriff gegen die Formalwirkung des Eides. Man hat mit anerkennenswerther Gelehrsamkeit das heutige Eidesrecht seiner alterthümlichen Patina zu entkleiden und daraus Argumente für die eidliche Parteivernehmung und ihre freie richterliche Würdigung zu entnehmen gesucht. Durchaus verfehlt; denn so sehr auch das Eidesrecht sich von der Römer Zeiten her gewandelt hat, Eines ist stets und unerschütterlich geblieben: die Formalwirkung des Eides. Und nur mit ihr lässt sich der Parteieid rechtfertigen. Schöne „Erfahrungen“ in England, Amerika und im österreichischen Bagatellverfahren bleiben für mich völlig eindruckslos. Ich meine, wir sind Manns genug, selbst zu prüfen und zu urtheilen, und müssen urtheilen nach unseren, nicht nach fremden Verhältnissen und fremdem Geschmack. Die österreichische CPO. hat die eidliche Parteivernehmung mit freier Beweiswürdigung; aber sie stellt sie ganz subsidiär. Diese Art des Beweises kann „nur dann angeordnet werden, wenn der Beweis weder durch die anderen von der Partei angeordneten Beweismittel, noch durch die etwa von Amtswegen angeordneten Beweisaufnahmen hergestellt ist" (§ 371). „Wenn das Ergebniss der unbeeideten Befragung nicht ausreicht, um das Gericht von der Wahrheit oder Unwahrheit der zu beweisenden Thatsachen zu überzeugen, so kann das Gericht die eidliche Vernehmung anwenden (§ 377). Nur eine Partei kann zum Eid kommen, und diese wird nach sorgfältiger Erwägung aller Umstände vom Gericht bestimmt" (§ 378). Das sieht dem richterlichen Eid sehr ähnlich. Unmöglich kann der Richter, der nach Erschöpfung der Beweise, um sich endlich zu überzeugen die Partei schwören lässt, nachher erklären: er sei nicht überzeugt, er eröffne noch einmal das Beweisverfahren. Und in der That, das Gegentheil wäre ebenso widersinnig, wie folgenschwer. Wir wissen, wie die erbitterten, fest in ihre Anschauungen verrannten, beiderseitig ja so oft zum Schwur bereiten Parteien mit Meineidsbeschuldigungen bei der Hand sind. Diese wären die tägliche Nahrung im Civilprocess bei „freier Beweiswürdigung", der dadurch nothwendigen Zulassung des Gegenbeweises. Der Zustand wäre unerträglich. Und wie steht es mit der Ueberzeugungskraft des Parteieides oder der eidlichen Parteiaussage? Ich betonte diesen wunden Punkt schon oben. Was beweist denn eigentlich so eine von Grund aus voreingenommene Partei? Mehr wie ihr Ehegatte, wie der verdächtigste Zeuge? Wie leicht wäre der durch sie gelieferte Beweisgrund zu erschüttern? Der Parteieid lässt sich nur als *„ultima ratio"* für den sonst beweislosen Beweisführer oder den das *„non liquet"* vermeidenden Richter, schlechterdings nicht anders rechtfertigen. Nur so darf unter Hintenansetzung aller der Gründe, die sonst den unmittelbar Interessirten zur Ablehnung des Zeugnisses und Zeugeneides berechtigen, der Eideszwang gegen die Partei geübt werden. Es wäre empörend, sie zum Eid zu treiben und ihr nachher zu sagen: ich glaube dir nicht. Die Parallele mit der freien Beweiswürdigung der eidlichen Zeugenaussage hinkt auf beiden Beinen.

Wie die Formalwirkung des Parteieides ist festzuhalten an der sog. Verhandlungsmaxime und der Vertheilung der Beweislast. Wer über sie um der Mängel unseres Eidesrechts willen hinweg geht, der gleicht demjenigen, der sein Haus niederbrennt, um das Ungeziefer in demselben zu vertilgen. — Aber damit ist keineswegs, wie oben nachgewiesen, die amtliche Anordnung der eidlichen Parteiaussage ausgeschlossen. Schiedseid und richterlicher Eid müssen neben einander fortbestehen, wie immer man sie reformire. Jener ist durch diesen nicht ersetzlich. Die Partei, welche selbst aus eigener Wissenschaft den Sachverhalt nicht kennt, andere Beweise nicht hat, greift zu dem letzten Hülfsmittel der Eideszuschiebung. Will man es ihr versagen, weil es an sich nicht der materiellen Wahrheit dient, der Herr Richter den Delaten nicht glaubwürdig findet und ihn daher auch nicht eidlich zu vernehmen geneigt ist? Bedenkt man nicht, dass die Beseitigung der Eidesdelation die Partei ganz wehrlos in die Willkür des Richters giebt? Der peinliche, dem Eide abgeneigte, von der Voreingenommenheit der Parteien durchdrungene Richter lehnt die amtliche Eidesauflage ab. Sie würde ihn nicht überzeugen; der Beweisführer darf den Eid nicht zuschieben, also verliert er sein Recht! Was kümmert es den Richter und den Staat, wenn die Partei die Wahrheit der Thatsachen auf den Eid des Gegners stellen will? Man rede da doch nicht unklar von „Wette“ und „Vergleich“, von „Spiel mit Eiden“. Kann der Delat schwören, so mag er's thun, wenn nicht, so mag er den Eid weigern oder ihn zurückgeben. Darin liegt der schon betonte tiefe — und Vielen scheint's abhanden gekommene Sinn der Eidesdelation, dass sie dem Beweislosen diesen gewaltigen Zwang in die Hand giebt unabhängig von Willkür und Skrupeln des Richters. Und dieser sollte, meine ich, damit zufrieden sein. Abgesehen von aller Unfähigkeit, im Herzen zu lesen und in flüchtiger Unterredung den Vertrauenswürdigen und zugleich Kundigen vom Leichtfertigen und Irrenden zu scheiden, wird er dem Gesetz gern seinen Lauf und den Schiedseid entscheiden lassen, wenn er, wie so oft, nicht weiss, auf welche Seite er sich neigen soll. Aber Widerspruch überall ist die Signatur der Zeit: hier grenzenloses Vertrauen in die tiefe Erkenntniss der Herzenskünders Richter, dort Anklagen und Misstrauen gegen die mangelhafte Einsicht und die unbefriedigenden Urtheile unserer Gerichte.

Von den entwickelten Prämissen aus löst sich die Reformfrage unschwer. Ihr berechtigter Inhalt liegt im Mechanismus des Eidesverfahrens, nicht in der Formalwirkung des Eides, nicht in dem Nebeneinander des Eideszwanges durch die Partei (Schiedseid) und des Notheides, nicht in der Basis der Beweislast, nicht in Fehlern über die Zulässigkeit der Eideszuschiebung und des richterlichen Eides. Der Hauptfehler ist die Wahl zwischen Schieds- und Notheid ohne vorgängige ausreichende Vernehmung der Partei und die damit zusammenhängende den Verhältnissen nicht ausreichend entsprechende Normirung des Eides. Es bedarf keiner Ausführung, dass vernünftigerweise der Richter die Parteien sehen und befragen — man nennt das ja auf diesem Gebiet mit Vorliebe „vernehmen" — sollte, bevor er zwischen Schiedseid und Notheid wählt; denn nicht nur die äusseren Wahrscheinlichkeitsmomente, sondern auch die inneren, mit der Person verknüpften sind für jene Wahl bestimmend. Die „Vernehmung" beider Parteien sollte also gesetzlich der Eidesanordnung vorausgehen. Dadurch würde des Weiteren vermieden, dass der Richter sich in der Eidesnorm vergreift und die Partei über dieselbe im Unklaren ist. Jetzt kommt oft die Erkenntniss zu spät; oft muss nur um der fehlerhaften Fassung des Eides willen das Rechtsmittel gewählt werden; oft führt erst dieses zum richterlichen Eid an Stelle des Delateides. Eine Entartung des Eidesbeweises zum Zeugenbeweis würde damit nicht gegeben, ein Zeugnisszwang schlechterdings nicht vernothwendigt. — Auch die Frage, ob die Urtheilsform ganz durch den wandelbaren Beschluss bez. durch Eid über Stücke des Vernehmungs-Protokolls zu ersetzen ist, wird damit nicht entschieden. Es spricht Manches dagegen. Die Formalwirkung des Eides bringt es mit sich, dass die alsbaldige Eidesabnahme dem Gegner jede Möglichkeit des anderweiten Beweises benimmt. Nun ist es eine alte Erfahrung, dass die Partei häufig erst, wenn sie sieht, dass der andere Theil mit der Folge des Sieges zum Eide kommt, mit Beweisen in der Rechtsmittelinstanz hervortritt, um ihm den Eid zu entwinden. Soll man diesen Erfolg des Rechtsmittels abschneiden? Ist es überhaupt rathsam, die Eidesanordnung schlechthin der processleitenden Massregel zu überlassen?

Wesentlich in der vorstehenden Richtung bewegen sich die trefflichen Ausführungen des Korreferenten auf dem letzten Juristentag und die Beschlüsse des letzteren*).

Es wurde beschlossen in der dritten Abtheilung und dem Plenum zur Kenntnissnahme mitgetheilt:

1. „Es empfiehlt sich, die Eideszuschiebung im Civilprocesse durch Vernehmung der Parteien als Zeugen zu ersetzen,"
2. „und zwar derartig, dass ohne Aenderung der Verhandlungsmaxime und der Beweislast, noch der formalen Beweiskraft des Eides die Abnahme des Eides durch Vernehmung der betreffenden Personen geschieht."
3. „Das Gleiche gilt von der Abnahme des richterlichen Eides."

Entkleidet man die Beschlüsse des Inkoncinnen in der schiefen Gegenüberstellung von „Vernehmung als Zeugen"

*) Verhandlungen des XVIII. Juristentags Bd. II. 314, 344. Freilich spricht auch der Herr Korreferent Oberreichsanwalt Hamm von der Partei als „Zeuge" und weicht im letzten Punkt („Beschluss" oder „Urtheil" ab. Weshalb es unmöglich ist, bedingt zu entscheiden, falls vorher die Partei „vernommen" ist, um sich zu vergewissern, ob sie zum Eid zuzulassen, ist nicht einzusehen, zumal sogleich hinzugefügt wird, durch Zwischenurtheil ginge es, nicht durch Endurtheil (§ 345), während doch auch jenes bedingt entscheidet.

und „Eideszuschiebung“, von „richterlichem Eid“ und „Vernehmung“, wie endlich der „Abnahme des Eides durch Vernehmung“, so sind dieselben durchaus annehmbar, soweit sie die Vernehmung als Voraussetzung der Eidesanordnung fordern, — und erwägenswerth, soweit sie auf die ausschliessliche Form des Eidesbeschlusses hindrängen.

Die österreichische CPO. hat mit ihrem „Beweis durch Vernehmung der Parteien“ ein Produkt geliefert, welches steht zwischen dem Partei-Eid und dem Partei-Zeugniss. Es charakterisirt sich einerseits als Fortbildung des richterlichen Eides, andererseits als starke Koncession an die eidliche Partei-Vernehmung. Jener Gesichtspunkt springt in die Augen 1. in der schon oben betonten Subsidiarität (§ 371), 2. in dem Satz, dass nur die eine Partei eidlich vernommen werden darf (§ 377 Abs. 2), 3. in der Auswahl derselben nach Massgabe ihrer höheren Glaubwürdigkeit, 4. in dem Ausschluss jedes Zeugenzwanges (§ 380 Abs. 3). Dadurch, dass die Partei den Anstoss zur „Vernehmung“ geben kann (§ 371), dass diese mit dem „*non liquet*“ nicht enden darf, wird diesem System etwas von der Eidesdelation beigemischt, obschon darüber, ob und von wem geschworen wird, nur das Gericht entscheidet*). Das Partei-Zeugniss spielt herein vor allem: 1. im Ausschluss des Eides, ja der Vernehmung**) analog dem Zeugniss in gewissen Fällen (§ 372), 2. in dem Recht der Zeugnissverweigerung (§§ 380, 321 fg.), 3. in der Form der Vernehmung (§ 375), 4. in der freien Beweiswürdigung (§§ 380, 327, 381). Zur Nachahmung dürfte sich solches Zwittergebilde schwerlich empfehlen.

---

*) Oest. CPO. § 377, s. oben S. 238.

**) In den Fällen § 336 die Vernehmung auszuschliessen, erscheint nicht ausreichend motivirt.

Das Rechtsmittelsystem.

Das Rechtsmittelsystem kann einem doppelten Zwecke dienen: der Verstärkung der Garantien gerechter Rechtspflege und der Einheit der Rechtssprechung. Beide sind nur zu erreichen durch einen Aufbau der Gerichtsorganisation, welcher die Nachprüfung des gefällten Urtheils durch das höhere Gericht ermöglicht und in eine einheitliche Spitze ausläuft. Aber die Art, wie im einzelnen das Rechtsmittelsystem zu gestalten sei, ist eine der schwierigsten Fragen der processualischen Legislative. Es wirken hier mannigfache staatliche, politische und technisch processualische Momente bestimmend ein. Es ist bekannt, dass der republikanische römische Process, wie das germanische und mittelalterlich-deutsche Verfahren keine eigentlichen Rechtsmittel besass. In der deutschen Urtheilsschelte war nur der Ansatz zur Entwickelung eines Rechtsmittels gegeben. Die vielverzweigte Gestalt, welche die gemeinrechtliche Rechtsmittelinstanz zeigte, ist erst möglich geworden in Folge der bureaukratischen Umwandlung der deutschen Gerichte. Unterstützend wirkte die Schriftlichkeit des Verfahrens. Weil sie die völlige Reproduktion des erstinstanzlichen Streitstoffs in der höheren Instanz zu jeder Zeit gestattete, diente sie der Vermehrung der Rechtsmittel und ihrer konsequenten, streng logischen Durchbildung. An dem Ergebniss mag das Auge desjenigen sich weiden, welchem die Konsequenz, die feine logische Gliederung des Rechtsbaues die Hauptsache scheint. Wem die wahre Befriedigung der Lebensbedürfnisse höher steht, empfindet Widerwillen bei dem

Anblick einer Process-Maschine, von deren kunstvollem Räderwerk die Streitsache bis ins Endlose fortbewegt und das gute Recht in langsamem Siechthum abgetödtet wird. Der Zug der neuen Zeit drängte nach Beschränkung und Vereinfachung. Die Mündlichkeit ist der Nachprüfung des unterrichterlichen Urtheils nicht günstig. Sie soll nach verbreiteter Auffassung die totale Beseitigung der Berufung zu Gunsten einer Revision, einer Nachprüfung in der Rechtsanwendung, erheischen. Es ist bekannt, dass der Entwurf zur CPO. in seiner ursprünglichen Gestalt diesem Zuge folgend die Berufung ausser in amtsgerichtlichen Sachen ausgeschlossen hatte, und welch' lebhafter Streit in der Literatur gerade über diesen Punkt geführt worden ist. — Die Incidentappellation duldet der mündliche Process, wie früher bemerkt wurde, so gut wie gar nicht. — Eine Häufung der Nachprüfung durch eine dritte Instanz wird für entbehrlich erachtet, soweit sie nicht im Interesse der einheitlichen Rechtssprechung geboten erscheint. — Die sog. ausserordentlichen Rechtsmittel, d. h. diejenigen, welche gegen das formell rechtskräftige Erkenntniss entweder zu dessen Vernichtung (Nichtigkeitsbeschwerde) oder Rescission (Wiedereinsetzung in den vorigen Stand) gerichtet sind, bedürfen der erheblichsten Einschränkung im Interesse der Rechtssicherheit und zum Ausschluss endlosen Processirens.

Diese Tendenzen lassen sich sämmtlich in der CPO. verfolgen.

Die CPO. behandelt das Rechtsmittelverfahren im dritten Buch. Allgemeine Grundsätze werden nicht aufgestellt, vielmehr bezüglich ihrer wiederholt auf die Regeln der ersten Instanz zurückverwiesen*). Die Rechtsmittel sind die Berufung, Revision, Beschwerde, nicht die Nichtigkeitsklage, Restitutionsklage, noch der Einspruch. Rechtsmittel ist nur das in den Lauf des Processes fallende, den Process fortführende Mittel der Anfechtung eines richterlichen Dekrets zwecks Nachprüfung desselben durch den höheren Richter. Gegen das Endurtheil gerichtet hemmt es den Eintritt der Rechtskraft. Alle Rechts-

*) CPO. §§ 480 Abs. 1, 485, 504, 516, 520, 529.

behelfe, welche nach abgeschlossenem Processe gegen das rechtskräftige Urtheil gehen, Nichtigkeits- und Restitutions-Klage, unterstellt die CPO. nicht dem Begriff des Rechtsmittels. Der Einspruch kann um deswillen ein solches nicht genannt werden, weil er nicht die Nachprüfung des Urtheils erstrebt, sondern es als materiell voraussetzungsloser Widerspruch in seiner Wirksamkeit vernichtet.

Die hervorstechenden Eigenthümlichkeiten des Rechtsmittelsystems der CPO. lassen sich in folgenden Sätzen zusammenfassen.

Die Nachprüfung des erstinstanzlichen Urtheils *in facto et in iure* bezweckt die Berufung. Sie ist die gemeinrechtliche Appellation. Aber sie ist mehr als die gemeinrechtliche Appellation. Sie ist, in wesentlicher Uebereinstimmung mit den neueren, auf die Mündlichkeit basirten Processordnungen, Fortsetzung der ersten Instanz durch Fortsetzung der mündlichen Verhandlung. Sie ist nicht nur Fortsetzung des Urtheilsstadiums, sondern zugleich Fortsetzung des Verhandlungsstadiums unter Ergänzungs- und Abänderungs-Möglichkeit des unterinstanzlichen Streitstoffs.

Die Berufung ist das zweitinstanzliche Rechtsmittel gegen Endurtheile. Sie ist gegen alle erstinstanzlichen kontradiktorischen unbedingten oder bedingten Endurtheile ausnahmslos und ausnahmsweise gegen einige Zwischenurtheile*) zulässig.

Die Revision ist principiell Nachprüfung in der Rechtsfrage, nicht in der Thatfrage. Nicht unpassend nennen wir sie die auf die *revisio in iure* beschränkte gemeinrechtliche Appellation. Sie ist niemals Fortsetzung der erstinstanzlichen mündlichen Verhandlung in obigem Sinn; sie ist Fortsetzung nur des Stadiums der Urtheilsfällung auf Grund des erstinstanzlichen Urtheilsstoffs. Aber nicht das Urtheil in seinem Gesammtinhalt unterliegt der Nachprüfung. Abgesehen von der Anwendung des Processrechts unterliegt ihr nur die Sub-

---

*) CPO. §§ 248 Abs. 2, 276 Abs. 2, 562 Abs. 3. Die Konsequenz fordert die gleiche Behandlung des unter Vorbehalt der Kompensationseinrede nach § 274 ergehenden Urtheils. Sie ist gezogen in dem Entw. z. Aenderung der CPO. in Anlass des BGB., Denkschrift 1896 S. 320.

sumtion des festgestellten Thatbestandes unter das Gesetz und die so gewonnene Urtheilsfolgerung, dagegen nicht die Feststellung des Thatbestandes selbst.

Die Revision ist das drittinstanzliche Rechtsmittel. Aber sie ist nicht, gleich der Berufung, allgemein zulässig. Sie ist mehrfach beschränkt; beschränkt auf oberlandesgerichtliche Berufungsurtheile; beschränkt durch eine hochgegriffene Revisionssumme; beschränkt im Revisionsgrund auf die Verletzung des über den oberlandesgerichtlichen Bezirk hinaus geltenden Gesetzes.

Die Beschwerde hat die Rolle der gemeinrechtlichen einfachen Querel und der Zwischenappellation. Die Motive sagen treffend von ihr, „sie diene dem doppelten Zweck, das System der Rechtsmittel zu ergänzen und durch Ausscheiden nebensächlicher Streitpunkte den Stoff des Rechtsstreites für die übrigen Rechtsmittel und damit das Verfahren selbst zu vereinfachen“.

Aus den vorstehenden Sätzen ergiebt sich, dass in der bei weitem grössten Zahl der Streitsachen und daher, wenn man Häufigkeit Regelmässigkeit nennen will, regelmässig nur zwei Instanzen zulässig sind. So in allen amtsgerichtlichen und in allen nicht revisiblen landgerichtlichen Sachen. Dabei kann sowohl durch Prorogation, wie durch die Trennungsbefugniss des Richters dem an sich revisibeln Streitgegenstand diese Eigenschaft genommen werden. Die Einheit der Rechtssprechung erscheint daher keineswegs verbürgt. Wo immer die Landgerichte oder die Oberlandesgerichte als Berufungsgerichte in letzter Instanz sprechen, ist ihre Rechtsanwendung, auch als Anwendung des Reichsrechts, eine unkorrigible. Ob sie sich hier der in anderen Fällen geäusserten Rechtsauffassung des Reichsgerichtes anschliessen, hängt ab von der inneren Ueberzeugungskraft, welche seinen Urtheilen zukommt, oder von der Neigung der Richter, das eigene Denken durch Berufung auf Autoritäten zu ersetzen. In allen den Rechtsfragen aber, welche ihrer Natur nach nur im amtsgerichtlichen Process gestellt werden können, giebt es für das Reichsgericht kaum eine Möglichkeit einer Beeinflussung der Rechtssprechung.

Die Anwendung der allein für amtsgerichtliche Sachen und das amtsgerichtliche Verfahren bestimmten Rechtsgrundsätze gelangt nie über die Nachprüfung des Landgerichtes hinaus.

Einer völligen Negation einheitlicher Rechtssprechung kommt der § 8 des EG. zum GVG. gleich. Diese bedauerliche Koncession an den Partikularismus entrückt dem Reichsgericht die Revision auch in allen Fragen des Reichsrechts, soweit nicht die bisherige Zuständigkeit des Reichs-Oberhandelsgerichts oder besondere Reichsgesetze eine Schranke ziehen. Daher ist es möglich, dass das bairische oberste Landesgericht eine völlig andre Auffassung der Grundsätze der CPO. zur Geltung bringt, als das Reichsgericht. Erst mit der Herrschaft eines deutschen bürgerlichen Gesetzbuches nimmt das ein Ende.

Ich wende mich im Folgenden zur eingehenderen Besprechung der Berufung und der Revision.

I.

Die Berufung.

Ob Berufung, ob nicht Berufung, diese lebhaft diskutirte Frage hat in der CPO. die angegebene weitgehende Entscheidung zu Gunsten des Rechtsmittels gefunden. Es kann mir nicht einfallen, noch einmal diesen Streit zu erneuern, zumal ich zu denen gehöre, welche nach Kräften für die Beibehaltung der Berufung auch in den landgerichtlichen Sachen eingetreten sind und heute wohl Niemand daran denkt, ihre Beseitigung zu empfehlen. Nur das Eine muss noch einmal nachdrücklich betont werden, dass sich die Beibehaltung nicht anders vollziehen konnte, als in der Doppelgestalt, welche einerseits in der Nachprüfung des ersten Urtheils, andrerseits in der Neuherstellung der Urtheilsgrundlage und deshalb in völlig neuer Aburtheilung sich darstellt. Es liegt hierin etwas Principloses, etwas Unbefriedigendes. Aber immer wieder hat man sich zu erinnern, dass nicht einheitliche Gesichtspunkte unser Leben und unsere Lebensordnung bestimmen, dass wie in der gesammten Rechtsgestalt, so auch im Process, sich durchkreuzende Interessen zu wahren sind. Das praktische Bedürfniss nach einer Nachprüfung *in facto et in iure* kann nicht anders befriedigt werden, als wenn eine Reproduktion des Urtheilsstoffs stattfindet; diese aber nöthigt im mündlichen Processe, in welchem sich Akteninhalt und Processinhalt nicht decken, zur Zulassung von neuen Thatsachen und Behauptungen, zu einer Art Wiederaufnahme der Stoffsammlung. Dadurch wird gesichert, dass jedenfalls durch die Parteien kontrolirt, ja durch ihre Hand gebildet der Oberrichter den Processstoff empfängt. Daher ist dessen Vollständigkeit gesichert. Es wird ohne Schuld der Parteien nicht *a iudice bene informato ad iudicem peius informandum* appellirt. Das Novenrecht ermöglicht in der unteren Instanz eine kühnere Handhabung der Processleitung und bildet den Ersatz für die beschränkte *in integrum restitutio contra rem iudicatam.* Allerdings verknüpft sich damit die Gefahr, dass die Stoffsammlung und zugleich das Schwergewicht des Processes aus der ersten in die zweite Instanz übertragen wird. Aber wird ihr auch nur in geringem Maass gesteuert durch die vorläufige Vollstreckbarkeit des ersten Urtheils, so überwiegt doch der grosse Gewinn, den die Rechtspflege aus dem Umstand zieht, dass nicht das gute Recht an voreiliger Präklusion zu Grunde geht und die Partei nicht zu spät durch das erste Urtheil erkennt, worauf es ankommt.

Die Berufung ist dieser ihrer Gestaltung nach, wie bemerkt, nicht nur Fortsetzung des Urtheilsstadiums, sondern zugleich der erstinstanzlichen mündlichen Verhandlung. Uebertrieben und irreführend nennt man sie ein *novum iudicium.* Erste und zweite Instanz sind nicht zusammenhangslose Processe über dieselbe Sache. Die Berufung ist nicht eine neue Klage. Der erstinstanzliche Processstoff ist als solcher Processstoff auch der zweiten Instanz. Das angefochtene Urtheil bildet das Objekt der Nachprüfung und eventuellen Reform, wenn schon unter Umständen von ergänzter oder berichtigter Grundlage aus.

Diese Wesensbestimmung tritt deutlich und zwingend heraus in folgenden Sätzen:

1. Die Berufungsklage ist die Anfechtung des gefällten Urtheils innerhalb der durch die erstinstanzlichen Klaganträge gezogenen Grenzen (§§ 479, 480, 491, 498). Eine Klageänderung ist selbst mit Einwilligung des Gegners unzulässig (§ 489). Die Berufungsanträge, d. h. die Anträge, welche die geforderten Aenderungen des angefochtenen Urtheils bezeichnen (§ 480 Abs. 2), begrenzen näher das *officium iudicis* für die Berufungsinstanz (§§ 487, 498, 499).

Das Berufungsurtheil ist bezogen auf das angefochtene Urtheil; niemals ist es ein völlig selbstständiges. Das erkennen wir am klarsten in dem aus der Wirkung der Berufungsanträge abzuleitenden Ausschluss der *reformatio in peius*.

2. Der Processstoff der unteren Instanz ist als solcher Processstoff der Berufungsinstanz. Es ist das bekanntlich bestritten*). Ich erinnere an die Vorschrift des § 488. Die Parteien tragen dem Gerichte den Processstoff vor, der Vorsitzende veranlasst, nöthigenfalls unter Wiedereröffnung der mündlichen Verhandlung, die Berichtigung oder Vervollständigung des Vortrags (§ 488 Abs. 2). Wir haben diese Regel dahin verstanden, dass mit ihr nicht der Parteivortrag zur wesentlichen Erscheinungsform des erstinstanzlichen Processstoffs, sondern nur zum Informationsmittel des Kollegiums über den vorhandenen Processinhalt gemacht wird, dass also auch ein Versehen, eine Auslassung im Vortrag das Uebersehene nicht unberichtlich macht**). Den schlagenden Beweis dafür ent-

---

*) Vgl. oben S. 11 fg.

**) Die Praxis macht dem § 488 die Concession des ebenso ermüdenden, wie zwecklosen Vorlesens des Urtheils, der Beweisaufnahmeprotokolle, der in den Thatbestand einbezogenen Schriftstücke. Dabei kontrolirt der Vorsitzende und berichtigt die Inkorrektheiten, ja tritt oft Richterreferat aushülfsweise ein oder begnügt man sich mit sog. „Bezugnahmen“ auf Schriftsätze u. dergl. Dass aber die Berufungsgerichte den § 488 in dem von mir vertretenen Sinn durchgängig handhaben, unterliegt gar keinem Zweifel. Das Gegentheil wäre völlig unmöglich und kann nur in Unkenntniss des Lebens vertheidigt werden. Ich stütze diese Behauptung auf meine eigene Kenntniss der Praxis und mir gewordene Mittheilungen hält § 504. Im Versäumnissfalle gilt das festgestellte Sachverhältniss dem Gerichte an sich für bekannt und daher im Gegensatz gegen die erstinstanzlichen Versäumnissgrundsätze die Behauptung des erscheinenden Berufungsklägers nicht als

Kundiger. Die von mir veranstaltete Enquête hatte sich auf die Berufungs- und Revisionsinstanz nicht erstreckt, aber wenigstens für die erste Instanz den schlagenden Beweis geliefert, dass das Leben über die formalistische falsche Auffassung der Mündlichkeit zur Tagesordnung übergegangen ist (vgl. Zeitschrift f. Deutsche CP. Bd. XI Ergänzungsheft 389 fg.). Um das Vorstehende zu begründen werden folgende Bemerkungen genügen. Ich setze zunächst den überaus häufigen Fall, dass der erstinstanzliche Processstoff nicht vollständig vorgetragen wird. Entweder ist das vom Gericht bemerkt und nach § 488 verfahren, oder es ist übersehen. Nehmen wir jenes an, so wird der Vorsitzende selbst vervollständigen, also „vortragen" oder er wird die Partei zur Ergänzung veranlassen. Letzteres kann auf Schwierigkeiten stossen; man braucht nur anzunehmen, dass in der Abschrift, z. B. der Abschrift der Zeugenaussagen, welche in Händen des Vortragenden ist, etwas aus Versehen ausgefallen oder unrichtig kopirt ist. Wie dann? Der Anwalt erklärt: er habe vollständig und genau verlesen. Der Richter ergänzt. Das nennt man Vortrag durch die Partei, Mündlichkeit! — Aber viel häufiger kommt es vor, dass Wesentliches nicht vorgetragen und der Mangel vom Gericht nicht beachtet wird. Denken wir, beim Vortrag der Zeugenaussagen seien die sog. Generalia nicht verlesen; aus ihnen erhellen die verwandtschaftlichen Beziehungen des Zeugen oder sein Interesse an der Sache; oder es wäre nicht verlesen, dass der Zeuge beeidigt worden. Ich möchte das Berufungsgericht sehen, welches die Verhandlung wieder eröffnen würde, um sich erst die Beachtungsmöglichkeit solcher Protokollstücke zu verschaffen. Es würde zum Kinderspott werden. — Nehmen wir den anderen Fall, dass der Anwalt nach § 488 zur Begründung seines Berufungsantrags den erstinstanzlichen Processstoff vorträgt in freier Form, ohne Ablesen, und dass er ihm dabei eine thatbestandswidrige Färbung giebt, z. B. etwas als „nicht bestritten" bezeichnet, was in der That „zugestanden" ist, oder dass er den Inhalt der Zeugenaussagen falsch referirt. Derartiges kommt oft vor. Was nun? Gilt das Vorgetragene? Gewiss nicht. Gilt es dann, wenn der Gegner den Fehler übersieht? Auch dann nicht. Also was soll gelten? Das erstinstanzlich Festgestellte — und zwar gilt es kraft der Feststellung für die Berufungsinstanz; der Vorsitzende hält es dem Anwalt vor. Wollte er ihn anweisen, zu „verlesen", so könnte ihm die Antwort werden, dass eine Verpflichtung dazu nicht bestände, und es bliebe ihm nichts übrig, als selbst den Widerspruch zwischen dem Vortrag und den erstinstanzlichen Beurkundungen darzulegen — wie es thatsächlich unendlich oft geschieht. Das Princip zugestanden, wenn sie diesem Sachverhältniss entgegensteht. Wie dieses des Näheren zu verstehen, darüber wird im Verlauf eingehender zu sprechen sein.

---

der Mündlichkeit hat mit all' dem nichts zu thun; der ganze Parteivortrag nach § 488 ist eine Farce. Wie vollzieht er sich? In athemloser Hast liest der Anwalt das Urtheil, bei der Bezugnahme des Thatbestandes auf die Beweisaufnahme-Protokolle tritt er an den Gerichtstisch und bittet um die Gerichtsakten, da er selbst keine Abschriften besitze; jetzt werden diese heruntergeschnurrt; dann folgen die Gründe. Die mit den Akten bekannten Mitglieder des Gerichtshofs hören mit halbem Ohr oder auch gar nicht zu, der Beisitzer, welcher die Akten nicht gesehen hat, empfängt unter gespannter Aufmerksamkeit eine recht unzulängliche Information. Von einem beiderseitigen Parteivortrag dessen, was „zum Verständniss der Berufungsanträge und zur Prüfung der Richtigkeit der Entscheidung erforderlich ist" (§ 488), ist eigentlich nicht die Rede — und kann auch nicht die Rede sein, da es doch dem Anwalt nicht überlassen sein kann, darüber zu entscheiden, was zu dieser Prüfung „erforderlich ist". Erst nachdem das erstinstanzliche Material abgeleiert worden, kommt es zur Begründung, der Berufung. Und das soll „Mündlichkeit" sein! Aber sagt man, und glaubt damit nachzuweisen, dass der Vortrag grundlegend sei: „die Parteien können nicht gezwungen werden, das Material der ersten Instanz vorzutragen, und was sie in zweiter Instanz nicht vorgetragen haben, das darf nicht bei der Urtheilsfällung verwerthet werden" (vgl. u. a. Seuffert a. a. O. § 488 Note 2). Gewiss, tragen sie gar nicht vor, so wird nicht verhandelt; aber wollen sie vortragen, so müssen sie vollständig vortragen. Das geschieht in eben geschilderter Weise. Ein Recht der Partei, dem Gericht irgend ein Stück des Beweismaterials, der eigenen Geständnisse u. dergl. zu unterschlagen, existirt nicht. Nur so weit noch die Verhandlungsmaxime eingreift, giebts eine schon früher (s. oben S. 10) betonte Möglichkeit des Verzichts auf Angriffs- oder Vertheidigungsmaterial. Das wird denn auch durch den im Text angezogenen § 504 klar. Der Berufungskläger muss das ihm ungünstige erstinstanzliche Material vortragen, damit daran die Versäumnissfolge bemessen werde — und thut er es unvollständig, so ergänzt das Gericht. — Die hier entwickelte Lehre hat den Beifall des höchsten Gerichtshofs nicht gefunden, ist aber gegen diesen überzeugend vertheidigt von Rocholl, Rechtsfälle aus der Praxis des RG. Bd. I 497 fg.; vgl. auch v. Kries, Rechtsmittel S. 155; Koffka, Beiträge z. Erl. des DR. Bd. XXV 271 fg., XXXI 169 fg.; Lippmann, Archiv f. civ. Praxis Bd. LXX 90; Hellmann, Lehrb. des CP. S. 704 fg.; Fitting, der Reichs-Civilprocess, 7. Aufl., S. 148, 544. — Der § 488 bedarf dringend der Reform. Man sollte das Richterreferat unter Parteikontrole mit dem Parteivortrag zur Wahl stellen.

Aber auch abgesehen vom Versäumnissfalle wird ausdrücklich vorgeschrieben, dass die erstinstanzlichen gerichtlichen Geständnisse, Annahmen oder Zurückschiebungen, Leistungen, Verweigerungen, Erlasse von Eiden ihre Wirksamkeit in der höheren Instanz äussern, also auch äussern, wenn auf sie nicht besonders Bezug genommen sein sollte. Die nicht mehr abänderlichen unterrichterlichen Dekrete (§ 473) müssen selbstverständlich *ex officio* vom Oberrichter berücksichtigt werden. Dasselbe gilt von den erstinstanzlichen Protokollen, von dem angefochtenen Urtheil, seinem Thatbestand und seinen Gründen. Es wäre in der That ein haarsträubender Missbrauch des Mündlichkeitsprincips und eine Verknöcherung des Processes, wie sie selbst das gemeine Recht nicht gekannt hat, wollte man hier die amtliche Kognition des Richters (vielleicht mit unterstützendem Herbeiziehen des Argumentes der Verhandlungsmaxime) auszuschliessen versuchen.

Unbedenklich wird man den gesammten in den Akten ruhenden und mit diesen dem Berufungsgericht unterbreiteten Processstoff (§ 506) als offenkundig, eben als Berufungsprocessstoff behandeln.

Für die unterrichterliche Beweisaufnahme, welche in der Berufung wie in der ersten Instanz nie durch den Parteivortrag (§ 488) ersetzt werden kann, findet diese Auffassung ihre Anerkennung in der freien Befugniss des Oberrichters, die wiederholte Beweisaufnahme, abgesehen vom besonderen, darauf gerichteten Antrag der Partei, nach seinem Ermessen von Amtswegen anzuordnen, oder auch wohl trotz derartigen Antrags zu unterlassen. Es folgt das aus einer Kombination der allgemeinen Regel des § 485 mit den §§ 363 Abs. 1, 369, 377, 135 Abs. 1.

Hiernach wird, wenn die Parteien gegenüber dem Akteninhalt neue Thatsachen und Beweismittel nicht bringen, sondern lediglich die Richtigkeit der unterrichterlichen Beurtheilung bestreiten, wenn eine erneute Beweisaufnahme nicht eintritt, das Berufungsverfahren der gemeinrechtlichen Appellation materiell durchaus gleich und nichts weniger als *novum iudicium* sein. In solchem Falle erscheint die Mündlichkeit der Berufungsinstanz als Scheinmündlichkeit, welcher durch die Formalvorschrift des § 488 keine Wahrheit gegeben werden kann. Hier ist es möglich, dass die Berufung vom besser an den schlechter unterrichteten Richter geht. Aber man vergesse nicht, welche Fülle von Umständen zusammentreffen muss, damit dieses Resultat herausspringt. Es muss die Reproduktion der Beweismittel sich nicht mehr ausführen lassen oder nicht beliebt werden; es muss die Beweisprüfung und -Würdigung des Unterrichters Gegenstand der Frage sein; die Beweisaufnahmeprotokolle müssen vieldeutig oder ungenau und dieser Mangel nicht hinreichend von den Parteien beleuchtet, noch durch anderweite Hülfsmittel zu ersetzen sein. Und wenn solche Fälle eintreten, enthalten sie einen stärkeren Bruch mit dem Grundsatz der Unmittelbarkeit der Wahrnehmung, als die kommissarische Beweisaufnahme der unteren Instanz? Und ist hier die Sicherheit des Richters über den Inhalt der Beweisaufnahme grösser, als bei dem aus den Akten entscheidenden Oberrichter?

3. Der innere Zusammenhang der Berufungsinstanz mit der unteren Instanz wird nicht aufgehoben, sondern nur geschwächt durch das der Mündlichkeit des Verfahrens abgewonnene Novenrecht. Die Berufungsinstanz, ich wiederhole es, ist eine Fortsetzung der mündlichen Verhandlung.

Die Regel findet sich ausgesprochen in § 491:

„Die Parteien können Angriffs- und Vertheidigungsmittel, welche in erster Instanz nicht geltend gemacht sind, insbesondere neue Thatsachen und Beweismittel vorbringen."

„Neue Ansprüche dürfen, abgesehen von den Fällen des § 240 Nr. 2, 3, nur erhoben werden, wenn mit denselben kompensirt werden soll und wenn zugleich glaubhaft gemacht wird, dass die Partei ohne ihr Verschulden ausser Stande gewesen sei, dieselben in erster Instanz geltend zu machen."

Und in § 493:

„Die in erster Instanz unterbliebenen oder verweigerten Erklärungen über Thatsachen, Urkunden und Eideszuschiebungen können in der Berufungsinstanz nachgeholt werden."

Alle Präklusionen der unteren Instanz und alle Kontumacialfolgen, welche sich an Erklärungsverweigerungen oder Erklärungsunterlassungen anknüpfen, sind nur für diese Instanz wirksam. Es gilt die Ergänzungs- und Abänderungsfähigkeit des unterinstanzlichen Processstoffs.

Folgendes zur genaueren Bestimmung der Regel und ihrer Beschränkungen.

„Neue Thatsachen" sind alle in der ersten Instanz nicht oder nicht so, wie jetzt, aufgestellten thatsächlichen Behauptungen. Der Begriff der „Thatsache" deckt sich mit dem der thatsächlichen Behauptung, der klagbegründenden, der Einrede-, der Replikbehauptung u. s. w. Dass unter der Firma des Novenrechtes die nicht individualisirte, also des Klaggrundes entbehrende Klage erst zu einer zulässigen Klage gemacht werde, scheitert an dem später zu erörternden absoluten Verbot der Klagänderung in der Berufungsinstanz. Davon ist wohl zu unterscheiden die nähere Substantiirung. Diese wird durch § 491 frei gegeben.

Die neuen Thatsachen sind zulässig, wenn sie nicht mit Geständniss (§ 494) oder rechtskräftiger Entscheidung in Widerspruch treten. Als Geständniss gilt hier lediglich das gerichtliche ausdrückliche, nicht das sog. fingirte Geständniss. Die Geständnissfolgen, welche, wie man sagt, *in poenam contumaciae* angenommen werden (§ 493 vgl. mit §§ 129 Abs. 2, 392, 404 Abs. 3, 406 Abs. 3, 407 Abs. 2, 417 Abs. 2, 420, 468), sind nicht bindend*). Es macht sich die Vorstellung

*) In der Praxis wird nicht selten von Anwälten der Versuch gemacht, sich das Bestreiten für die höhere Instanz zu reserviren durch die erstinstanzliche Erklärung: man wolle die Behauptung des Gegners nicht bestreiten. Das ist Zugestehen; es ist nicht Nichterklären, sondern eine Erklärung des Inhalts, dass man die Behauptung, unangesehen ihre Wahrheit feststellen, wolle, also ein rechter, echter Dispositionsakt. Ob gesagt wird: „ich bestreite nicht" oder „ich gestehe zu" ist gleichgültig, denn das Geständniss ist nicht Beweismittel, sondern Feststellungsakt. Der § 129 setzt die sog. *poena confessi* nicht als Folge des nicht aus-

der Einheit der mündlichen Verhandlung der beiden Instanzen geltend. So gut die versäumten Handlungen unten bis zum Schlusse der mündlichen Verhandlungen hätten nachgeholt werden können, so gut soll es in der oberen Instanz möglich sein. So kann beispielsweise der Editionsimplorat, welcher die Urkunde herauszugeben verweigerte, jederzeit in der höheren Instanz durch Vorlage derselben die Annahme, dass die gegnerischen Behauptungen bewiesen seien, entkräften. Er ist also bei dem Zurückhalten der Urkunde in der Sache selbst nicht gefährdet. Denken wir uns, dass die Behauptungen des Gegners theilweise wahr, theilweise unwahr sind, dass der Implorat behauptet, die Urkunde nicht mehr zu haben, aber auch den Editionseid nicht schwört, so kann er ruhig abwarten, welche Folgerung das Gericht ziehen werde. Ist es schüchtern und in Folge dessen ihm der Ausgang günstig, so gereicht ihm die Editionsverweigerung zum Vortheil. Nimmt es die gegnerischen Behauptungen als wahr, so kann er noch immer die zu weit gehenden Folgerungen in der Berufungsinstanz wegräumen.

Wird demnach die Parteipflicht und die Pflichtversäumniss endgültig erst in der Berufungsinstanz wirksam, so gilt dieser Satz doch nicht ausnahmslos.

Dass das durch das rechtskräftige Versäumnisszwischenurtheil des § 430 festgestellte Präjudiz der Eidesversäumniss ein bleibendes ist, folgt aus der formellen Rechtskraft, nicht aus § 495 Abs. 2. Zwar ist nach diesem Gesetz bindend für die Berufungsinstanz die Eidesweigerung im Sinne der Verweigerung der Eidesleistung, nicht der Eideserklärung (§ 429 Abs. 2 vgl. mit § 417 Abs. 2). Zwischen ausdrücklicher oder stillschweigender Verweigerung wird nicht unterschieden; stillschweigende Verweigerung ist auch die Versäumniss des Eides-

---

drücklichen Gestehens, sondern der unterbleibenden oder unzulässigen Erklärung. Die Erklärung, die Thatsache „für diese Instanz“ einzuräumen, nicht bestreiten zu wollen, beschränkt die Wirkung der Erklärung nicht auf die Instanz. Die CPO. kennt ein nur für die einzelne Instanz wirksames Geständniss überhaupt nicht.

leistungstermins (§ 430). Aber gerade die Anfechtbarkeit des Versäumnissurtheils durch Einspruch und die in seinem Gefolge eintretende Hinfälligkeit des Präjudizes beweist, dass erst der Eintritt der Unanfechtbarkeit dasselbe zu einem endgültigen, aber auch wirklich zu einem solchen macht. — Gegen dieses endgültige Eidesweigerungs- oder Eidesversäumnisspräjudiz giebt es sonach in der Berufungsinstanz wie keine Nachholung der Erklärung, so keinen Gegenbeweis. Doch untersteht es den gleichen Grundsätzen, wie die Eidesleistung und der Eideserlass und wird daher im Zusammenhang mit ihnen noch einmal zu berühren sein.

„Neue Beweismittel" sind alle in der unteren Instanz noch nicht gebrauchten oder nicht erhobenen Beweismittel, mögen sie zum Beweise alter oder neuer Thatsachen, mögen sie zur Antretung eines noch nicht versuchten oder zur Vervollständigung eines versuchten oder misslungenen Beweises oder zur Entkräftung eines gelungenen Beweises bestimmt sein. Als neue Beweismittel sind alle Beweismittel brauchbar, welche rechtzeitig, d. h. bis zum Schluss der mündlichen Verhandlung benutzt, in der ersten Instanz hätten zugelassen werden müssen. Dabei sprechen selbstverständlich die Präklusionen der §§ 339, 398 nicht mit. Die Folge ist, dass der § 418 zur vollen Wirkung gelangt. Es schliesst also die in der unteren Instanz erfolgte Zuschiebung, Annahme und Zurückschiebung des Eides „die Geltendmachung anderer Beweismittel von Seiten der einen oder der anderen Partei nicht aus". Wir wenden überhaupt die Vorschriften über den deferirten Eid unverändert in der höheren Instanz vom Gesichtspunkte der in ihr liegenden Fortsetzung der unterinstanzlichen Verhandlung an. Damit ist im Einklang, dass die Annahme und Zurückschiebung des Eides „ihre Wirksamkeit auch für die Berufungsinstanz behält" (§ 495 Abs. 1).

Die Zulassung des neuen Beweises findet ihre folgerichtige Grenze an der definitiven und unwiderleglichen Feststellung in der unterrichterlichen Instanz. Eine solche unwiderlegliche Feststellung wird nicht in den vom Unterrichter angenommenen Schlussfolgerungen der §§ 392 und 409 zu finden sein. Soweit § 392 diese Schlussfolgerung als nothwendige hinstellt — so im Falle der Vorlage der Kopie — ist sie durch Vorlage des Originals in der Berufungsinstanz, dagegen nicht durch Gegenbeweis zu entkräften. So weit sie als mögliche in den genannten Paragraphen behandelt wird, ist sie auch eine mögliche für den Oberrichter, kann er etwas anderes annehmen, als der Unterrichter, und können Belege der Partei ihn dabei auf den richtigen Weg führen. — Der Regel nach, nicht immer ist von bindender Feststellung zu sprechen, wenn sie durch Eidesleistung erfolgte. Der hochwichtige § 495 Abs. 2 knüpft die Unwiderleglichkeit (§ 428) an die Voraussetzung, dass „die Entscheidung, durch welche die Leistung des Eides angeordnet ist, von dem Berufungsgerichte für gerechtfertigt erachtet wird". Es ist also die Eidesleistung gänzlich bedeutungslos, wenn der Eidesbeschluss ein irriger war, z. B. wenn nachweisbar die Eidesdelation oder die Relation unzulässig gewesen (§ 410 fg.), oder der unter einer Bedingung referirte Eid abgenommen wurde, obschon die Bedingung zulässig und nicht eingetreten war (§§ 412, 418), überhaupt wenn die Eidesanordnung gegen die Regeln über die Beweislast verstiess, oder wenn ein gültiger Widerruf einer Zurückschiebung unbeachtet blieb (§ 422) oder die Beschlussform nicht gestattet war (§ 426). — Ich wiederhole, in allen solchen Fällen ist die Eidesleistung gänzlich bedeutungslos, das Beschworene ist schlechthin unbewiesen. Es folgt das gemäss § 495 Abs. 2 aus der Unzulässigkeit des Eides und der Formalnatur desselben. Daher darf auch nicht der Eid als ein der freien Beweiswürdigung unterstellter Beweisgrund behandelt werden; denn damit würde ein eigenartiger, der CPO. unbekannter Parteieid in das Recht eingeführt. Daher sind die Parteien im Gebrauch ihrer Rechtsbehelfe und Beweise frei, so als wäre nicht geschworen. Der Beweispflichtige kann das, was unzulässiger Weise von ihm beeidigt oder vom Gegner abgeschworen worden, nachträglich mit allen Beweismitteln darzuthun suchen; der Gegenbeweis ist unbeschränkt. So kann es leicht kommen, dass das Gegentheil des Beschworenen festgestellt wird, ja dass die Feststellung durch Delat- oder Notheid erfolgt, oder dass auch die Partei, welche geschworen hat, noch einmal schwören muss*).

Gewiss kein erfreuliches Resultat, zumal wenn Eid gegen Eid steht. Das sind mögliche Früchte des Eidesbeschlusses. Sie warnen vor unvorsichtiger Eidesabnahme. Aber daraus eine wirksame Angriffswaffe gegen den Eidesbeschluss selbst zu schmieden, dürfte angesichts unserer früheren Ausführungen schwerlich gelingen.

Selbstverständlich kann das nur in Frage kommen, wenn ein Eidesbeschluss, nicht wenn eine rechtskräftige Entscheidung (§§ 425, 426, 427) den Eid anordnete. Und eine wichtige weitere Beschränkung bietet uns der bedeutsame § 267 in Verbindung mit § 492. Im § 492 heisst es:

> „Die Verletzung einer das Verfahren erster Instanz betreffenden Vorschrift kann in der Berufungsinstanz nicht mehr gerügt werden, wenn in Gemässheit der Bestimmung des § 267 die Partei das Rügerecht bereits in erster Instanz verloren hat."

Der Maassstab des § 267 für die Rechtsverwirkung aber ist: 1. „Verzichtbarkeit" der Beobachtung der „das Verfah-

---

*) Das Reichsgericht hat den grundsätzlich richtigen Standpunkt entwickelt in den Urtheilen Entsch. Bd. IX 344 fg., XVII 334 fg. Aber es bleibt ihm nicht treu. In dem erstangeführten Urtheil wird gegen den unzulässiger Weise auf Grund Beschlusses (§ 426) den Vertretern der Beklagten abgenommenen Eid ganz richtig die fortdauernde Beweisfreiheit und Beweispflicht des Klägers anerkannt; es wird so angesehen, „als wenn kein Eid in erster Instanz geschworen wäre". Die Zulässigkeit des richterlichen Eides des Klägers wird ausdrücklich bejaht. Dennoch soll für den Fall, dass die Eidesdelation desselben abermals zur Geltung kommt, die Wiederholung des Schwurs ausgeschlossen und der erstinstanzliche Eid vollwirksam sein aus dem Motiv der „Heiligkeit des Eides". Aus „formalen Gründen" dürfe der Schwur nicht als nicht geschehen behandelt werden. Das ist widerspruchsvoll. Der Eid war ungültig, weil er auf gesetzwidriger Anordnung ruhte. Ob diese Nichtigkeit heilbar, steht hier nicht zur Frage; denn jedenfalls kann die Heilung nicht davon abhängen, wie die neuen Beweise ausfallen. Die erstinstanzliche illegale Eidesanordnung bleibt also illegal und der Berufungsrichter, der sie gelten lässt, statt in bedingtem Urtheil den Eid erneut anzuordnen, begeht genau denselben Fehler, wie der Unterrichter.

ren und insbesondere die Form seiner Processhandlung betreffenden Vorschrift";

2. eingetretener ausdrücklicher Verzicht oder Unterlassen der Rüge des Procedurfehlers seitens der erschienenen und mit dem Mangel bekannten oder doch nur aus Fahrlässigkeit unbekannten Partei in der fortgesetzten mündlichen Verhandlung (d. h. in „der nächsten mündlichen Verhandlung, welche auf Grund des betreffenden Verfahrens stattgefunden hat, oder in welcher auf dasselbe Bezug genommen ist").

So schwierig die theoretische Bestimmung der ersten Voraussetzung ist*), so kann doch keinem Zweifel unterliegen,

*) Die Materialien sind für die Bestimmung des Inhalts des § 267 werthlos. Die Motive sagen: „der Wissenschaft muss es überlassen bleiben, festzustellen, welche Vorschriften unter die Bestimmung des § 267 fallen." Was hinzugefügt wird ist werthlos, zum Theil unrichtig, so der allgemeine Satz, dass auf die Befolgung aller Vorschriften, welche Akte betreffen, die auf Parteibetrieb von nicht richterlichen Beamten vorgenommen werden (z. B. Ladungen, Zustellungen), wirksam verzichtet werden könne; vgl. auch Struckmann-Koch a. a. O. § 267 Note 7. Es handelt sich um das, was man heilbare Nichtigkeit nennt, und insbesondere um die Heilung, welche im Verlaufe des Verfahrens durch dessen Fortschritt selbst möglich ist. Allerdings spricht das Gesetz von „Verzichtbarkeit"; aber es knüpft die Heilung nicht nur an ausdrückliche oder konkludente Willenserklärung, sondern auch an den einfachen Fortgang des Verfahrens, das unentschuldigte Versäumen der Mängelrüge, die Präklusion. Mit all' dem ist wenig anzufangen. Zu brauchbaren Resultaten kann man nur gelangen durch eine methodische Untersuchung über das Wesen der Processhandlung und über ihre Eingliederung in das Verfahren, ihren Zweck und ihre Relativität. Schlechthin von der Hand zu weisen ist die Vorstellung, als statuire die CPO. in der sog. Verzichtsmöglichkeit eine Art Konventionalprocess, oder als sei überall, wo § 267 sich praktisch erweise, von dispositivem Processrecht zu sprechen. Ebensowenig haltbar ist die Einschränkung des § 267 auf „Verfahrensmängel" im Gegensatz zu materiellen oder Voraussetzungsmängeln (so Fitting in Zeitsch. f. deutsch. CP. Bd. XI 2 fg.), oder nur auf specifische Formfehler, wie die Ausdehnung auf alle solche. Die Formvorschrift ist Unterart („insbesondere") der Verfahrensvorschrift. Der Verstoss gegen sie ist der Fehler „*in procedendo*" im Gegensatz zum Fehler „*in iudicando*" (vgl. auch CPO. § 501, § 516 Abs. 2 Nr. 2). Es ist willkürlich und widerspricht der Ausdrucksweise des Gesetzes, wenn man das Wort „Verfahren" in § 267 in einem engeren

dass die hier vorzüglich in Betracht kommenden Vorschriften der §§ 410, 413, 414, 418, 422 zu den sog. verzichtbaren gehören. Bezüglich der §§ 410, 413, 414 spricht es § 415 mit aller wünschenswerthen Deutlichkeit aus. Für die §§ 418,

---

Sinne nimmt. Jede Vorschrift der CPO., mag sie Partei- oder Richterhandlung regeln, mag sie die Handlung nach Form oder Inhalt, nach Zeit und Ort, nach ihren Voraussetzungen oder ihrer Eingliederung in das Verfahren betreffen, fällt unter § 267 Abs. 1 — wenn auf ihre Befolgung die Partei „wirksam verzichten kann". Zur Frage, wann Letzteres der Fall, folgende Andeutungen: 1. Zweifellos trifft es überall zu, wo das Gesetz ausdrücklich der Parteidisposition die Bahn eröffnet, z. B. in CPO. §§ 356 Abs. 2, 375, 415, 426 (s. Text); denn § 267 will die Präklusion der Rüge, wo „verzichtet" werden konnte, wenn auch selbstverständlich der „Verzicht" selbst Willensakt und nicht unwillkürliche Versäumniss ist (— dieses gegen Fitting a. a. O. S. 8 Note 5 —). Hier ist die Wirkung des Heilungsakts verschieden. Die unbeeidigte Aussage (§§ 356 Abs. 2, 375) wird durch ihn nicht zur beeidigten, bei der Beweiswürdigung kann der Umstand mitsprechen; dagegen wird die ungültige Eidesanordnung gültig und vollwirksam. — Zu §§ 356 Abs. 2, 375 vgl. Seuffert, Archiv f. Entsch. N. F. Bd. IX Nr. 256, XII Nr. 164. Entsch. des RG. in Civils. Bd. IX 378, XVII 380; zu § 426 daselbst Bd. III 365 fg.; Bolze, Praxis des Reichsgerichts Bd. XIII Nr. 691 XVIII Nr. 721. — Ueber § 415 (s. Text) ist Streit. — 2. Ist gegen verzichtbares Parteirecht verstossen, so kann die Anwendbarkeit des § 267 keinem Bedenken unterliegen; vgl. §§ 226, 221 Abs. 1, 227 und dazu RG. Entsch. Bd. X, 69, XIV 334. — 3. Kann der Zweck der fehlerhaften Processhandlung unabhängig von dieser spontan durch den erfüllt werden, dem man ihn aufnöthigen wollte, so ist in solchem spontanen Herstellen des beabsichtigten Thatbestandes die Heilung des Mangels enthalten: z. B. der Geladene erscheint unerachtet der Nichtigkeit der Ladung; es wird trotz mangelhafter Zustellung, trotz Verletzung der Fristvorschrift konnivirt Dieser Gedanke findet seine Schranke an den absoluten Formalvorschriften, wie an den über die Nothfrist. — 4. Zwar nicht eigentlich geheilt, aber bedeutungslos kann die Nichtigkeit einer Processhandlung werden durch eine zugelassene gleichwerthige Ersatzhandlung: so im Falle, wenn die Klage nicht gültig erhoben (§ 230), aber in der mündlichen Verhandlung die Mängelrüge gegenüber korrektem Klagvortrag unterlassen wird (arg. §§ 240, 241), vgl. RG. Entsch. Bd. IX 68 fg., XIV 341, auch XII 331, XXXIII 373. — Es verliert überall, wo § 267 eingreift, der Mangel als solcher seine kausale Bedeutung für das Folgende, sei es, dass die Handlung sozusagen ausgeschaltet, aus dem processualen Kasausalzummenhang herausgehoben bezw. ersetzt, oder dass sie nachträglich durch Ratihabition oder eine ihr gleichgestellte Präklusion der Mängelrüge vollwerthig wird.

422 liegt es in der Natur der Sache, da hier lediglich der Rechtsgebrauch seitens der Partei in Frage steht, den zu unterlassen sie jederzeit befugt ist. Es verwirkt also der Gegner des Schwörenden seine Rügebefugniss, wenn er nicht rechtzeitig gegen den Eidesbeschluss resp. die Eidesleistung remonstrirt. Rechtzeitig thut er es aber nicht nur, wenn er nach dem Beweisbeschluss und vor der Eidesleistung gegen diese protestirt, sondern auch, wenn er nach derselben in der mündlichen Verhandlung widerspricht. Thut er weder das Eine, noch das Andere, so wirkt der Eid unabänderlich. Die Rüge ist verloren für die fernere erste Instanz, wie für die Berufungsinstanz, und eine Officialbefugniss des Gerichts etwa nach § 495 Abs. 2, jetzt noch den Beweis des Gegentheils des Eidesthemas zuzulassen, wäre nicht zu rechtfertigen.

Dieselben Gesichtspunkte sind bestimmend für die Wirkung des Eideserlasses (§ 429 Abs. 1) und der Verweigerung des auferlegten Eides (§ 429 Abs. 2). Sie führen beim Eideserlass zu folgenden Resultaten. Da der Eideserlass eine Disposition ist, durch welche die Auflage des Eides selbst gebilligt wird, so wird in allen Fällen fehlerhaften Eidesbeschlusses die Feststellung durch den Eideserlass eine unbedingt bindende, wenn nicht entweder der Fehler des Beschlusses ein „unheilbarer“ oder ein entschuldbar unbekannter war. Der Eideserlass ist eben mehr als das Behandeln des nicht geschworenen Eides als eines geleisteten, als eine Zeit- und Geldersparniss durch Absehen vom Schwurakt. Der Eideserlass ist ein Verzicht auf das einzige Mittel der dem Erlassenden günstigen Feststellung, welches in der noch zu hoffenden Verweigerung des Eides liegt.

Ueber die Eidesverweigerung habe ich gehandelt und beziehe ich mich auf das Gesagte zurück. Von ihr gilt das Umgekehrte, denn vom Eideserlass. Zwar kann sie erfolgen, weil die Partei den Eid scheut, aber sie kann auch sein eine indirekte Mängelrüge. Sollte diese also nicht bereits vorher verloren sein, so wird die Fiktion des Zugeständnisses wegen Mängel des Eidesbeschlusses jetzt noch anfechtbar sein*).

*) A. M. das RG. Entsch. Bd. III 365 fg., 370. Es fordert die

Dass der Berufungsrichter den in der ersten Instanz vernachlässigten Notheid frei benutzen kann, bedarf keiner weiteren Ausführung.

Wohl neue thatsächliche Behauptungen und Beweismittel, aber nicht „neue Ansprüche“ lässt § 491 Abs. 2 in der Berufungsinstanz zu. Entsprechend erklärt § 489 eine Aenderung der Klage selbst mit Einwilligung des Gegners für unstatthaft. Die *res in iudicum deducta* ist durch die erste Instanz definitiv bestimmt. Die zweite ist nur deren Fortsetzung, nicht ein *novum iudicium*.

Es erheben sich mehrfache Fragen.

Was sind neue Ansprüche? Nicht die Klageverbesserungen des § 240 n. 2 und 3. Sie sind keine Klageänderungen. Nur Klageänderungen sollen ausgeschlossen sein. Es kann also der Klagantrag noch jetzt in Haupt- und Nebensache beliebig erweitert oder beschränkt, noch jetzt die Interesseforderung an Stelle der Forderung auf Naturalleistung gesetzt, die Feststellungs- zur Leistungsklage entwickelt werden*). Als „Aenderung des Klaggrundes“ erscheint uns bei der dinglichen Klage nach früherer Darlegung nicht das Anführen eines neuen Erwerbsgrundes (s. oben S. 27 fg.). Neue Ansprüche sind auch erneuerte, früher fallen gelassene Ansprüche. Neue Ansprüche sind mit der Tendenz rechts-

---

ausdrückliche Rüge des Formmangels, wenn wider § 426 ein Beschluss erging.

*) Unhaltbar die mehrseitig vertheidigte Ansicht, der siegreiche Kläger dürfe Berufung einlegen zwecks Erweiterung seines Klaganspruchs (Struckmann-Koch, Seuffert, Eccius u. a. m.). Aber er ist ohne Gravamen — und wenn auch das Gesetz dieses Erforderniss nicht ausdrücklich hervorhebt, so ist es doch von der Vorstellung desselben bestimmt. „Gegen“ ein Urtheil (§ 472 u. öfter) kann man sich auf höhere Entscheidung nicht berufen, wenn jenes alles gewährte, was man wollte; eine „Anfechtung“ (§ 480 u. öfter) hat dem gegenüber keinen Sinn. Die Konsequenz wäre unerträglich; die Motivirung der gegentheiligen Meinung aus dem Recht „auf *novum iudicium*“ bedarf nach dem Text keiner Widerlegung. Der Hinweis auf die Ausschlussberufung ist nicht stringent. Richtig RG. Entsch. Bd. XXIX 377 fg. Dagegen neuestens Planck a. a. O. Bd. II 458, der aber selbst die Berufung nur der durch das Urtheil „beschwerten“ Partei giebt: S. 433.

kräftiger Entscheidung auftretende Rechtsbehauptungen. Sie sind *novae actiones s. reconventiones* oder *exceptiones compensationis*. Niemals sind sie anderweite Einreden. Die Frage, ob die Retentionseinrede ein neuer Anspruch sein kann, welche früher vielfach falsch entschieden wurde, verneint man heute ebenso unbedingt, als etwa die Frage, ob § 491 Abs. 2 eine *exceptio non adimpleti contractus* von der Berufungsinstanz ausschliesse. Hier kann nie Rechtskraft gewirkt werden über etwas, was nicht bereits *res in iudicium primae instantiae deducta* gewesen wäre; denn die Entscheidung über die Einrede beschreitet, von der Kompensationseinrede abgesehen, nie die Rechtskraft (s. oben S. 139 fg.). Eine Ausnahme in der generellen Unzulässigkeit des neuen Anspruchs wird gerade bei der Kompensationseinrede, aber nur für den Fall gemacht, wenn glaubhafter Weise ihre Versäumniss in der unteren Instanz unverschuldet war. In der Form der Widerklage kann der Gegenanspruch nicht erhoben werden*).

Hiermit ist erkannt, dass auch die Incidentfeststellungsklage (§ 253) als neuer Anspruch unzulässig ist. Darüber herrscht in der Literatur allgemeines Einverständniss.

Hebt die Einwilligung des Gegners die Unzulässigkeit des neuen Anspruchs? Für die Klageänderung hat das Gesetz ausdrücklich verneint. Die Motive begründen das treffend mit dem Gedanken:

> „würde eine Aenderung der Klage gestattet, so würde gegen das öffentliche Interesse der Ordnung des Verfahrens ein Rechtsstreit verhandelt werden, welcher nicht in erster Instanz verhandelt ist."

Dieses allgemeine, dem öffentlichen Interesse entnommene Princip, welches auch die Prorogation auf die höhere Instanz mit Ueberspringung der unteren ausschliesst, führt im § 491 Abs. 2 zu der Auslegung des „dürfen" als einer absoluten, der Parteidisposition in keiner Weise unterstellten Vorschrift.

*) Ein „neuer Anspruch" ist nicht der Antrag auf Erstattung des auf Grund des erstinstanzlichen vorläufig vollstreckbaren Urtheils Geleisteten: CPO. § 655.

Aber es führt schwerlich so weit, dass nicht kraft der Disposition der Partei die Kompensationseinrede auch ohne den restitutionsähnlichen Grund des § 491 Abs. 2 zugelassen werden könnte. Wird die Kompensationseinrede überhaupt vom Princip entbunden, so kann die Voraussetzung beglaubigter unverschuldeter Versäumniss nur noch als eine Schutzwehr, welche in erster Linie zu Gunsten des Gegners besteht, angesehen werden*).

Bezüglich des Novenrechtes stehen beide Parteien — dieses ist ausdrücklich zu betonen — völlig gleich. Der Berufungsbeklagte braucht nicht Berufungskläger zu werden, nicht der gegnerischen Berufung sich anzuschliessen, um in vollem Umfange zum Gebrauch neuer Thatsachen und Beweismittel berechtigt zu werden.

Der Zeitpunkt, bis zu welchem die neuen Thatsachen und Beweismittel gebracht werden können, bestimmt sich im Sinne der unteren Instanz, im Sinne der Fortführung ihrer mündlichen Verhandlung. Für die Einlegung der Berufung ist die Angabe der Nova nicht essentiell (§ 479). Das Gesetz fordert ausser der Ladung nichts als die Berufungserklärung mit Beziehung auf ein bestimmtes Urtheil. Nicht einmal die Angabe der Berufungsanträge, der Anträge, durch welche ausgesprochen wird, in welchem Umfange man eine Aenderung des Urtheils fordere, ist wesentlich. Sie, wie die Angabe der neuen Thatsachen und Beweismittel werden in der Berufungsschrift gewünscht (§ 480 Abs. 2). Kommen sie in der mündlichen Verhandlung und vor deren Schluss, so kommen sie rechtzeitig (§ 485). Damit hängt zusammen, dass die „Anschliessung“, die accessorische Adhäsion des Berufungsbeklagten bis zu diesem Momente zulässig ist (§ 483). Andern-

*) A. M. Seuffert a. a. O. § 491 Note 4; jedoch erklärt er selbst: „natürlich kann der Kläger jede Aufrechnung zulassen und demgemäss seinen Anspruch ermässigen, ohne dass die Voraussetzungen des § 491 Abs. 2 vorliegen.“ Also kann er die Aufrechnungseinrede zulassen und ob er „demgemäss seinen Anspruch ermässigt“, ist völlig gleichgültig. Die zugestandene Kompensationsforderung ist auch die zugelassene und entscheidungsbedürftige.

falls stände es übel um ihn. Er wäre einer steten Erweiterung der Berufungsanträge ausgesetzt und hätte doch nicht die Möglichkeit, seine eigenen Interessen angemessen zu wahren. Jetzt kann der Berufungsbeklagte von jedem ihm vortheilhaften Ergebniss der mündlichen Verhandlung den wünschenswerthen Nutzen ziehen. Eine Konnexität der Beschwerden des Adhärenten und Berufungsklägers ist nicht erforderlich.

Klar wird die Wichtigkeit der vorstehenden Bemerkungen erst, wenn wir uns die Folgen des ganzen Berufungssystems, welches die Fortsetzung der mündlichen Verhandlung in der höheren Instanz bedeutet, vergegenwärtigen.

Das ausgedehnte Novenrecht ermöglicht es der Partei, den ganzen Streitstoff aus der unteren in die obere Instanz zu verlegen. Eine solche Verschiebung in der eigentlichen Zweckbestimmung der Instanzen hat keineswegs ihren denkbaren Grund nur in der Chikane, — sie gehört zu den nicht sonderlich zu fürchtenden Schreckgespenstern —, vielmehr in dem Ungeschick oder der Unkenntniss der Parteien oder in dem Irrthum des Richters. Man führe sich folgendes einfache Beispiel zu Gemüthe: der Unterrichter findet nach dem eigenen Vorbringen des Klägers die Klage grundlos oder doch durch einen liquiden beklagtischen Vertheidigungsgrund entkräftet; er erkennt daher, wie es in der Ordnung ist, abweisend, ohne sich auf Weiteres einzulassen; der Kläger appellirt; der Oberrichter hält das angefochtene Urtheil für irrig, hält zum Exempel das unterrichterlich verneinte Feststellungsinteresse (§ 231) für genügend substantiirt; die Folge ist, dass die gesammte Stoffsammlung in die höhere Instanz fällt. Eine Remission an den Unterrichter, deren Voraussetzungen noch Gegenstand der Besprechung sein werden, ist unzulässig. — Oder: die unterliegende Partei war in erster Instanz ohne Anwalt (Parteiprocess); erst jetzt wird mit heissem Bemühen von ihrem Processbevollmächtigten alles herbeigezogen, was ihr irgendwie zum Siege verhelfen kann; da werden neue Behauptungen, neue Beweise gebracht; da bestrebt man sich, mit jedem nicht ganz aussichtslosen Beweismittel dem Klienten den Notheid zu erkämpfen. So kann es leicht kommen, dass die zweite Instanz massenhaften neuen Streitstoff aufnimmt und dadurch thatsächlich zur ersten wird. Nur darf man nicht glauben, dass die Chikane dabei einen erheblichen Antheil hat. Es ist dafür gesorgt, dass die Bäume nicht in den Himmel wachsen. Obenan steht die noch zu erörternde vorläufige Vollstreckbarkeit erstinstanzlicher Urtheile. Sie erstickt viele Berufungen im Keime und setzt der Lust zur Chikane durch Zurückhaltung der Nova den heilsamsten Dämpfer auf. Dazu tritt die keineswegs unempfindliche Kostenpression. Der § 92 Abs. 2 bestimmt, dass die Kosten der ganzen Berufungsinstanz der obsiegenden Partei auferlegt werden können, wenn sie auf Grund neuen Vorbringens obsiegt, „welches sie nach freiem Ermessen des Gerichts in erster Instanz geltend zu machen im Stande war“. Freilich wirkt diese Aussicht weniger gegen die Bosheit, als gegen die Trägheit, denn jene ist bei dem ohne Hoffnung auf „Obsieg“ streitenden Beklagten vorauszusetzen. Für diesen aber reicht die gewöhnliche Regel des § 92 Abs. 1 aus, nach der der unterliegende Theil die Kosten der Instanz trägt. Sollte das alles nicht genügen, so bleibt noch die Hülfe des § 502, die Verweisung der verschleppenden Vertheidigungsmittel zur gesonderten Verhandlung und vorläufiges Erkennen mit möglicher vorläufiger Vollstreckbarkeit (§ 650 fg.)*). Der Verzögerung der Berufungsinstanz durch Zurückhalten der Nova soll der drohende Kostennachtheil des GKG. § 48 (s. oben S. 17), der CPO. § 90, sowie der noch zu besprechende § 504 entgegenwirken.

Es ist Thatsache, dass die Parteien von ihrem Novenrecht ausgiebigen Gebrauch machen; — naturgemäss geschieht das in höherem Grade in den amtsgerichtlichen, als in den landgerichtlichen Sachen. Der Procentsatz der Beweisbeschlüsse in der Berufungskammer ist erheblich höher, als der im Oberlandesgericht. Auch zeigt sich, dass, während die Zahl der Berufungen in den Anwaltsprocessen schon lange vor dem Jahre 1891 den Beharrungszustand erreicht hat, dieselbe in

*) Die Praxis macht meines Wissens von diesem Mittel so gut wie keinen Gebrauch.

den Parteiprocessen bis dahin in stetem Wachsthum begriffen war. Indess beweist diese Zunahme gerade, wie dringend nothwendig, ja unentbehrlich hier die Berufung ist. Und sie ist es nicht nur um des Novenrechtes willen, sondern ebensosehr zur Kontrole der unterrichterlichen Rechtssprechung, die durch eine Revision — wie sich unten ergeben wird — doch nur in unzureichender Weise erreicht werden kann.

4. Im Vorstehenden haben wir die Grundlage für die Beurtheilung der Aufgabe des Berufungsgerichts.

Das Berufungsgericht hat das zulässiger Weise, form- und fristgerecht angefochtene Urtheil auf Grund des erst- und zweitinstanzlichen Processstoffs und in den Grenzen der Berufungsanträge nachzuprüfen und eventuell zu ändern. Es devolvirt zur Erfüllung dieser Aufgabe die ganze Sache, soweit sie nicht schon rechtskräftig entschieden ist, an die höhere Instanz. In welchem Umfange Aenderungen des Urtheils in Frage kommen, vermag das Berufungsgericht erst mit dem Abschluss der mündlichen Verhandlung und dem damit gegebenen Ausschluss weiterer Berufungsanträge zu ersehen. Ein sog. *reformatio in peius* ist unzulässig (§ 498). Die Berufungsanträge sind bindend, nicht die Berufungsbegründung.

Die Pflicht des Berufungsgerichts ist, selbst bei nicht vorhandener Spruchreife in der Sache zu erkennen und zu diesem Zwecke ohne Zurückweisung an die untere Instanz das Beweisverfahren selbst zu instruiren. Der Satz wurde bereits verwerthet. Der § 499 fasst ihn in die allgemeine Regel: „Gegenstand der Verhandlung und Entscheidung des Berufungsgerichts sind alle einen zuerkannten oder aberkannten Anspruch betreffenden Streitpunkte, über welche in Gemässheit der Anträge eine Verhandlung und Entscheidung erforderlich ist, selbst wenn über diese Streitpunkte in erster Instanz nicht verhandelt oder nicht entschieden ist.“ Eine besondere Anwendung macht § 499 a. E. Danach soll das Berufungsgericht ein von ihm erlassenes bedingtes Urtheil erledigen, dagegen kann es ein in erster Instanz erlassenes und bestätigtes Urtheil erledigen. Es erlässt selbst das Versäumnisszwischenurtheil des § 430. Es spricht selbst die Purifikatoria des § 427 Abs. 2; das ist materiell nicht bedeutungslos. Die Partei verliert die Berufung gegen dieselbe und, wenn ihr ein nicht einspruchsfähiges Versäumnisszwischenurtheil (§§ 430, 310) zu Grunde liegt, die Berufung wegen irrthümlich angenommener Versäumniss.

In gewissen Fällen gebietet das Gesetz die Zurückverweisung in die untere Instanz, in anderen gestattet es sie.

Sie wird gestattet in dem eben erwähnten Falle einer Bestätigung eines bedingten Urtheils (§ 499 a. E.)*). Sie wird gestattet nach § 501:

> „Leidet das Verfahren erster Instanz an einem wesentlichen Mangel, so kann das Berufungsgericht unter Aufhebung des Urtheils und des Verfahrens, soweit das letztere durch den Mangel betroffen wird, die Sache an das Gericht erster Instanz zurückverweisen."

Zum Verständniss dieses ebenso schwierigen, wie wichtigen Gesetzes hier nur Folgendes. Der § 501 bezieht sich auf den Fall eines Fehlers *in procedendo*, nicht *in iudicando*, gleichviel, ob der Processfehler im Urtheilsverfahren**) oder im vorangegangenen Verfahren steckt. Der Mangel soll ein „wesentlicher" sein. Als solcher kommt er nicht mehr in Betracht, wenn seine Rüge nach § 492 nicht mehr möglich ist***). Die Motive verweisen uns auf die Nummern des § 513 als auf Beispiele „wesentlicher" Mängel. Dass an sich heilbare Mängel, wenn sie noch nicht gehoben sind, als wesentliche wirken können, sollte nicht bezweifelt werden. Schon das eine Beispiel des § 513 No. 5 muss davon überzeugen. Auf den Begriff des wesentlichen Mangels näher einzugehen, ist hier nicht der Ort. Wissenschaft und Praxis werden ge-

---

*) Die Vorstellung von Regel und Ausnahme, mit welcher hier Planck a. a. O. 466 operirt, scheint mir unzutreffend.

**) Z. B. das Protokoll über die Verkündung bezeugt nicht die „Oeffentlichkeit" der Sitzung (§§ 146 Nr. 5, 150, 281, GVG. § 174), der Thatbestand ist processordnungswidrig, das Urtheil ist von anderen Richtern gefällt und von andern unterschrieben (§§ 280, 286). RG. Entsch. Bd. XVII 364.

***) Vgl. oben S. 259. Es ist hier auch auf § 490 zu verweisen.

nug mit ihm zu thun bekommen*). Nur das Eine sei bemerkt, dass als „wesentlich“ der Mangel nur gelten kann, wenn er wesentlich für das Endurtheil ist, d. h. wenn er mit diesem im ursächlichen Zusammenhange steht. Ist die processordnungswidrige Handlung sozusagen ausgeschaltet, ist eine Ersatzhandlung erfolgt, beispielsweise nach Verweigerung des rechtlichen Gehörs dasselbe ausgiebig gewährt, nach Verstoss gegen das Mündlichkeitsprincip später korrekt verhandelt, so greift § 501 nicht Platz. Andererseits ist es unrichtig, zu sagen: „jeder Verstoss gegen die Normen des Processes könne (d. h. müsse) als wesentlicher Mangel behandelt werden, sobald derselbe für das angefochtene Urtheil kausal gewesen sei“**); denn nicht der Umstand, dass die Grundlage des Urtheils und dieses selbst irgendwie fehlerhaft zu Stande gekommen, sondern dass dieser Fehler ein „wesentlicher“ ist, also die Existenz oder Gültigkeit afficirt entscheidet. Wenn das Urtheil nicht rechtzeitig nach § 281 publicirt ist, sondern erst vierzehn Tage nach dem Schluss der mündlichen Verhandlung, so berührt das seine Gültigkeit nicht; ebenso m. E., wenn wider § 258 das Beweisergebniss nicht vollständig vorgetragen wird, während das Urtheil auf demselben fusst. Solche Beispiele sind Legion. Ob der Mangel von der Partei geltend gemacht, oder ob er *ex officio* beachtet wird, ist gleichgültig. Dabei bilden freilich die Berufungsanträge eine Schranke der Officialrüge, wie die Motive anerkennen: „innerhalb der durch die Berufungsanträge begrenzten Devolution des Rechtsstreits kann das Berufungsgericht wesentliche Mängel des Verfahrens von Amtswegen konstatiren und berücksichtigen.“ Die Vernichtung kann das ganze Verfahren, sie kann einen isolirungsfähigen Theil desselben ergreifen. Das letztere ist möglich, wenn die mündliche Verhandlung der unteren Instanz durch Theil- oder Zwischenurtheile in gesonderte Abschnitte zerlegt worden

*) Bis jetzt ist das Ergebniss dürftig.

**) So Seuffert in Zeitschr. f. deutsch. CP. Bd. VII 50 und im Kommentar § 501 Note 1, wo die „Wesentlichkeit“ nur mit Rücksicht auf das Kausalitätsverhältniss bestimmt wird. — Vgl. dageg. auch Planck a. a. O. S. S. 464 fg.

ist und nur die späteren an dem Mangel laboriren. Ja selbst dann, wenn ein „Beschluss“ den Abschnitt bildet, kann eine theilweise Vernichtung gedacht werden. Setzen wir, dass der Beschluss Eidesbeschluss ist und gegen § 426 verstösst, so darf das Gericht, falls es nicht selbst bedingt erkennen will, den Beschluss und das darauf gebaute Verfahren vernichten, alles andere aber muss es unberührt lassen.

Die Freiheit des Gerichts, im Falle der ganzen oder theilweisen Kassation des Verfahrens den Process nach Wahl bei sich zu behalten oder in die untere Instanz zurückzuverlegen, kann die zweite Instanz zur ersten machen. Das Berufungsgericht darf die Sache bei sich behalten, obschon es den ganzen unterinstanzlichen Processstoff auslöscht und der Process eine völlige Erneuerung der mündlichen Verhandlung ist. Wir würden darin eine bedenkliche Licenz finden, wenn nicht der Vortheil, welchen das Vermeiden der mit der Zurückverweisung unvermeidlich verbundenen Verzögerung und Vertheuerung des Processes die drohenden Nachtheile überwiegen würde.

Die Zurückverweisung wird geboten im § 500 in einer Anzahl von Fällen, vorausgesetzt, dass eine weitere Verhandlung sich vernothwendigt, dass also das Berufungsurtheil nicht den Process beendigt*). Ob an sich der erst- bezw. zweitinstanzliche Streitstoff eine völlige Erledigung derselben ermöglichen würde, ist gleichgültig, — entscheidend ist allein, ob die Nachprüfung des erstinstanzlich Abgeurtheilten den Process zu Ende führt. Die Motive sagen, dass hier „die vollständige Devolution des Rechtsstreits an das Berufungsgericht nicht eintrete“. Wir lassen diese Charakteristik gelten, bemerken aber sogleich, dass die Verwerthung des Gedankens, wie die letzten Ausführungen zeigen, eine nicht konsequente ist. Der Rechtsgedanke ist: die zweite Instanz soll nicht zur ersten werden; der Oberrichter soll sich nicht mit Etwas befassen, worüber der Unterrichter nicht geurtheilt hat, der Oberrichter soll sich nicht mit der ganzen Streitsache befassen,

*) So auch RG. in Entsch. Bd. XII 378 und in Seuffert Arch. Bd. XLVII Nr. 170.

wenn die erstinstanzliche Entscheidung und demgemäss Berufung nur Vorfragen betrifft. Aber wir sahen, dass der Oberrichter nach Belieben die ganze Sache bei sich behalten kann, auch wenn er eine processualische Vorfrage beantwortete und in Folge der Antwort das unterrichterliche Verfahren vernichtete (§ 501). Und wir sahen auch, dass er in der unteren Instanz gar nicht verhandelte Bestandtheile der Streitsache, sei es in Folge des Novenrechtes, sei es in Folge falscher Relevanzmeinung des Unterrichters, bei sich zuerst verhandeln lassen und aburtheilen muss (§ 499).

Der Rechtsgedanke des § 500 wird durchgeführt in folgenden Einzelbestimmungen.

a) Die Zurückverweisung muss eintreten:

„1. wenn durch das angefochtene Urtheil ein Einspruch als unzulässig verworfen ist.“

Wir lernen aus § 500 n. 1, dass die Entscheidung des § 306, welche den Einspruch als unzulässig verwirft, ein berufungsfähiges Urtheil ist*). Der Berufungsgrund ist die Behauptung irrthümlicher Verwerfung des Einspruchs, der Berufungsantrag ist der Antrag auf Zulassung des Einspruchs. Wird er abgewiesen, so ist damit der Process erledigt. Zweifeln könnte man darüber, ob das Verwerfungsurtheil auch dann selbstständig berufungsfähig ist, wenn es sich auf ein Versäumnisszwischenurtheil bezieht. Ich glaube nein, denn der § 500 n. 1 will nicht die allgemeine Regel des § 472 alteriren. Jenes Verwerfungsurtheil ist als Zwischenurtheil mit dem Endurtheil anfechtbar (s. oben S. 130). Wird dem Berufungsantrag entsprochen, so muss die Sache allemal in die erste Instanz in die mündliche Verhandlung zurück. Das Berufungsurtheil, welches den Einspruch zulässt, hat materiell den Charakter eines Zwischenurtheils, formell ist es als instanzbeendigendes ein nach den Regeln der CPO. revisibeles Endurtheil**).

---

*) Ueber das Dekret, welches den Einspruch zulässt, s. oben S. 118, 122.

**) Das ist bestritten, vgl. Seuffert a. a. O. § 500 Note 1 lit. c. Eine eingehendere Widerlegung der gegentheiligen Meinung ist hier nicht am Platz. Das instanzbeendigende Urtheil ist immer Endurtheil (vgl. auch CPO. § 528 Abs. 1, Abs. 4), so auch die wegen Unzuständigkeit verweisen-

b. Die Zurückverweisung muss eintreten:

„2. wenn durch das angefochtene Urtheil nur über processhindernde Einreden entschieden ist."

Dieses „angefochtene Urtheil" kann Klagabweisung wegen Mangels der Processvoraussetzung *(absolutio ab instantia)* oder das die Einrede verwerfende Zwischenurtheil (§ 248) sein. In dem einen, wie in dem anderen Fall kommt es nicht zur Zurückweisung, wenn das Berufungsgericht den processhindernden Umstand bejaht, also die Berufung gegen das abweisende Endurtheil verwirft oder ihr entsprechend das Zwischenurtheil aufhebt und die Klage abweist *(abs. ab inst.)*. Der Streit ist zu Ende. Anders wenn der processhindernde Umstand verneint wird, also das klagabweisende Processurtheil aufgehoben werden muss, oder wenn die Berufung gegen das Zwischenurtheil zurückzuweisen ist. Das Berufungsurtheil führt in diesen Fällen die Sache in die erste Instanz zurück. Dabei erstreckt sich die Kognition des Berufungsgerichts auf alle processhindernden Umstände (§§ 499, 500 Abs. 2), so dass ein vom Unterrichter nicht beachtetes derartiges Moment die Bestätigung oder Veränderung seines an sich falschen oder an sich richtigen Urtheils begründen kann. Ich sage „Umstände", nicht „Einreden", obschon das Gesetz von diesen redet; denn es bleibt sich völlig gleich, ob der Mangel der Processvoraussetzung vom Beklagten in erster oder höherer Instanz gerügt wurde oder ob er von amtswegen berücksichtigt werden musste und daher berücksichtigt worden ist. Darauf führt die elementare Auslegungsregel des Analogieschlusses, dem nicht entgegengehalten werden kann, dass es sich in CPO. § 500 um Singularitäten handele, die eine Ausdehnung nicht dulden*). Ruhen doch

---

den Urtheile CPO. §§ 249, 466, 467, obschon sie nicht processerledigend sind. Das über die Berufung entscheidende Urtheil (§§ 500, 501) erledigt die Berufungsinstanz, gleichviel ob es zurückverweist oder nicht; dass es die Rechtskraft beschreitet, ist unzweifelhaft. Für diese Ansicht die Praxis des RG.

*) Aus diesem unzutreffenden Argument deducirt das RG. in Entsch. Bd. XXVII 348 fg. Das Urtheil ist auch in anderen Stücken nicht glück-

die Vorschriften des § 500 auf einem allgemeinen Rechtsgedanken, wie ich bereits angeführt habe und in den Motiven zutreffend hervorgehoben wird. — Auch kann es nicht zweifelhaft sein, dass das Berufungsgericht die Existenz der Processvoraussetzungen für den Moment seines Urtheils zu bestimmen hat, dass es m. a. W. ebenso sehr den Eintritt neuer processhindernder Umstände, wie den Fortfall bisheriger (z. B. der Einrede der Rechtshängigkeit durch nachträgliche Rücknahme der ersten Klage) in Betracht ziehen muss. — Ist in der unteren Instanz nicht nur über die Processvoraussetzungen, sondern gleichzeitig in der Sache selbst entschieden (§ 465), so bleibt die Verhandlung der letzteren folgerichtig in der Berufungsinstanz.

c. Die Zurückweisung muss eintreten:

„3. wenn im Falle eines nach Grund und Betrag streitigen Anspruchs durch das angefochtene Urtheil über den Grund des Anspruchs vorab entschieden ist."

Die Bestimmung bezieht sich auf das oft erwähnte Zwischenurtheil des § 276. Die Liquidationsinstanz soll nicht in das Berufungsverfahren ohne vorgängige unterrichterliche Entscheidung verlegt werden. M. a. W.: es soll, wenn der Unterrichter den Grund des Anspruchs bejaht hat (§ 276), der die Berufung verwerfende Richter die Sache zur Ermittelung und Aburtheilung der Betragsfrage zurückverweisen*).

d. Die Zurückverweisung muss eintreten:

„4. wenn das angefochtene Urtheil im Urkunden- und Wechselprocesse unter Vorbehalt der Rechte erlassen ist."

Das Nachverfahren, welches sich an das verurtheilende Erkenntniss des § 562 als Streit über die „vorbehaltenen

lich. Ganz richtig RG. Entsch. Bd. XXXIV 597, wo das entscheidende Gewicht mit den Motiven darauf gelegt wird, dass das Untergericht noch nicht über die „Hauptsache" geurtheilt hat. Zutreffend jetzt Planck a. a. O. II 473.

*) Diese ungemein einfache Bestimmung ist in der Judikatur des höchsten Gerichtshofs in mehrfacher Beziehung missverstanden worden. Vgl. die Citate bei Seuffert a. a. O. Note 5.

Rechte" entwickelt, bewahrt sich, wie es nicht anders sein darf, auch dann seine erste Instanz, wenn jenes Urtheil Gegenstand eines Berufungsstreites wurde.

e. Die Zurückverweisung muss eintreten:

„5. wenn das angefochtene Urtheil ein Versäumnissurtheil ist."

Als „Versäumnissurtheil" kann ein Urtheil nur von der säumigen Partei, nicht von ihrem Gegner angefochten werden. Der säumigen Partei aber steht die Berufung allein zu gemäss § 474 Abs. 2. So auch die Motive: „die Berufung gegen ein Versäumnissurtheil (§§ 500 Nr. 5, 474) kann nur dessen Zulässigkeit betreffen". Die Zurückverweisung motivirt sich hier, wie in § 500 Nr. 1. Wird das Versäumnissurtheil umgestossen, so hat das im Falle § 310 die Folge, dass der Einspruch jetzt noch zugelassen wird und damit die Sache in den *status quo ante* zurückkehrt.

Wir fragen, wie steht es, wenn der nicht säumige Theil ein Versäumnissurtheil mit der Berufung angreift? Es ist dabei daran zu denken, dass unerachtet des Präjudizes des § 296 das Urtheil für den Kläger ganz oder theilweise ungünstig ausgefallen ist.

Die Frage ist weniger praktisch wichtig, als theoretisch interessant. Drei Möglichkeiten eröffnen sich. Soll durch die Berufung eine kontradiktorische Verhandlung mit Zulassung aller beliebigen neuen Thatsachen und Beweise herbeigeführt werden? Sollen Nova nur zulässig sein, soweit sie nicht mit den Feststellungen des Versäumnissurtheils in Widerspruch treten? Sollen Nova völlig ausgeschlossen sein? Alle drei Ansichten sind bisher in der Literatur vertreten. Die unbegrenzte Zulassung aller Nova nach §§ 493, 494 zu Gunsten beider Parteien wird nach wie vor von der gemeinen Meinung vertheidigt. Gegen sie richtete sich mein Widerspruch beim ersten Erscheinen dieser Vorträge. Ausgehend von der Einspruchsfähigkeit des dem Beklagten nach § 296 Abs. 2 günstigen Versäumnissurtheils behauptete ich die zufolge des Unterlassens des Einspruchs eintretende Unabänderlichkeit der Versäumnissfolge, meinte also, dass das „als zugestanden angenommene" thatsächliche mündliche Vorbringen des Klägers die Grundlage auch der oberrichterlichen Entscheidung bilden müsse. Dagegen glaubte ich die mit dieser Grundlage verträglichen neuen Vertheidigungs- und Angriffsmittel (Einreden, Repliken, Verbesserungen des Klagvorbringens, Beweise) zulassen zu müssen. Die dritte mögliche Ansicht ist von Kohler aufgestellt, welcher ebenfalls fussend auf der Einspruchsfähigkeit des dem Kläger ungünstigen Urtheils des § 296 Abs. 2, zur völligen Unantastbarkeit und Exklusivität der durch die Säumniss geschaffenen Urtheilsgrundlage im Berufungsverfahren gelangt*), also nur eine Nachprüfung in Beziehung auf die Beurtheilung des Unterrichters gestattet.

Dass die gemeine Meinung irrt, wenn sie annimmt, dass das den Kläger ganz oder theilweise nach § 296 Abs. 2 abweisende Urtheil kein Versäumnissurtheil sei, also dem Einspruch des Beklagten nicht unterliege, dass sie also auch irrt, insoweit sie aus dieser Unangreifbarkeit für den Beklagten sein Novenrecht zur Vermeidung von Härten ableitet, habe ich schon früher dargethan. Aber hier mag zur Vervollständigung der obigen (S. 191 fg.) Ausführungen noch nachdrücklich auf den speciell den Doppelangriff durch Einspruch und Berufung betreffenden § 486 hingewiesen werden. Das Gesetz sagt:

> „Die mündliche Verhandlung ist, wenn an dem für dieselbe bestimmten Tage die Berufungsfrist noch nicht verstrichen ist, auf Antrag des Berufungsbeklagten bis zum Ablauf der Frist, und, wenn der Berufungsbeklagte gegen das Urtheil den Einspruch erhoben hat, auch von Amtswegen bis zur Erledigung des Einspruchs zu vertagen".

Dasselbe Urtheil wird von der einen Partei durch Berufung, von der anderen durch Einspruch angegriffen. Da nun die nicht säumige Partei niemals den Einspruch hat und die Säumige die Berufung nur, wenn der Einspruch nicht mehr zulässig ist, so ergiebt sich unabweisbar, dass hier der Berufungskläger der in erster Instanz erschienene und ihr

*) Vgl. Process als Rechtsverhältniss, 1888 S. 67 fg., Processrechtliche Forschungen S. 60.

Gegner der säumige Theil ist. Und weiter ergiebt sich, weil Berufung — wenigstens nach der richtigen, dem Gesetz zu Grunde liegenden Ansicht — nur gegen gravirendes Urtheil statthaft ist, dass das angegriffene Urtheil trotz der Säumniss für den Fleissigen ungünstig gelautet haben muss. Das ist unser Fall. Darüber kann nach der Geschichte des Gesetzes und seinen „Motiven“ kein Zweifel sein. Dasselbe entstammt dem Hannöverschen (Deutschen) Entwurf § 582 Abs. 1, dem die württembergische CPO. a. 706 Abs. 1 und die bayrische CPO. a. 722 gefolgt waren. Dass hier der Einspruch als Angriff des Beklagten gegen das auf der Versäumnissfolge ruhende, dem Kläger ungünstige Urtheil gedacht wurde, ist sonnenklar. Nach dem System der genannten Gesetzeswerke war dem Säumigen neben dem Einspruch die Berufung eröffnet. Unterliess er jenen, so waren damit die Versäumnissfolgen — von Restitutionsgründen abgesehen — unerschütterliche*). Die Reichscivilprocessordnung hat nun zwar den Säumigen auf den Einspruch beschränkt, aber diesen selbst so übernommen,

*) Hannov. E. § 589: „Wer gegen ein Urtheil, welches von ihm mittelst Einspruchs angefochten werden konnte, die Berufung erhebt, darf in der Berufungsinstanz neue, die Sache selbst betreffende Thatsachen und Beweismittel nur insoweit vorbringen, als er in erster Instanz ohne sein Verschulden ausser Stande war, dieselben durch Einspruch geltend zu machen, dieses auch nöthigenfalls bescheinigt.“ Ebenso Württemb. CPO. a. 717. Vgl. dazu die Motive dieses Gesetzes (amtliche Handausg. S. 185): „Die unmittelbare Folge einer gesetzmässig angenommenen Versäumung, nämlich das fingirte Eingeständniss der gegnerischerseits behaupteten Thatsachen (CPO. a. 271, 389) bleibt auch in der Berufungsinstanz bestehen, soweit nicht der a. 720 (CPO. 717) die Beseitigung dieser Folge mittelst neuen Vorbringens gestattet. Die Beseitigung der mittelbaren Versäumnissfolgen, nämlich der Sachentscheidung, durch neues faktisches Vorbringen (-Einreden) wäre nach den allgemeinen Grundsätzen des Entwurfs ebenfalls unbeschränkt möglich, da die in I. Instanz eingetretene Präklusion der Einreden nur für diese Instanz wirkt, indessen schreibt der Entwurf aus dem oben angeführten Grunde das Gegentheil vor. Die ungehorsame Partei muss die Einreden, welche ihr gegen die Klage zustehen, mittelst Einspruchs geltend machen. Versäumt sie den Einspruch, so kann sie nur solche Einreden im Berufungsverfahren vorbringen, welche ihr ohne ihr Verschulden zur Zeit des Ablaufs der Einspruchsfrist noch nicht zu Gebote standen. Hat die erschienene Partei Berufung, die ausgebliebene

wie er in den erwähnten Gesetzesvorgängen entwickelt war; — und zum Zeugniss dessen hat das Gesetz den § 486 recipirt. Die Motive sagen über ihn, unter Berufung auf den Hannöverschen Entwurf, die Processordnungen von Württemberg und Bayern, ja selbst die Allgemeine Preussische Gerichtsordnung*), es werde durch die Vertagung der Berufung bis zur Erledigung des Einspruchs „eine gleichzeitige Verhandlung über dieselben Streitpunkte in zwei Instanzen vermieden und es werde angemessenerweise die Verhandlung über die Berufung völlig abgeschnitten, wenn das angefochtene Urtheil bereits durch Einspruch in Wegfall komme". Dadurch wird denn auch — von anderem abgesehen — der zur Beseitigung des unbequemen Arguments aus § 486 eingeschlagene Weg, die Berufung und den Einspruch auf verschiedene Theile desselben Urtheils zu beziehen**), ungangbar. Es wäre denn auch schlechterdings nicht einzusehen, weshalb bei völlig verschiedenem Angriffsobjekt und folgeweiser Einflusslosigkeit der hier und dort sich ergebenden Entscheidung die Verhandlung über die Berufung bis zur Erledigung des Einspruchs sistirt werden sollte.

Einspruch erhoben (CPO. a. 389), so führt nicht bloss dieselbe Erwägung, sondern noch der weitere Grund zu dem gleichen Ergebniss (CPO. a. 706 Abs. 1), dass die Erneuerung der Verhandlung vor dem Richter I. Instanz auch die Beseitigung der gegen die erschienene Partei ergangenen Theilentscheidung zur Folge haben kann"; nämlich in Konsequenz des Satzes, dass der Einspruch das Urtheil in seiner Totalität ausser Kraft setzt. Vgl. auch Kommissionsbericht (amtl. Handausg.) zu a. 722 S. 373.

*) Theil I Titel 14 § 79: „Wenn der Kläger bei einem Kontumacialbescheide sich nicht beruhigen will, so kann dieses keinen anderen Grund haben, als weil er behauptet, dass aus den *in contumaciam* für richtig angenommenen Thatsachen noch mehr zu seinem Vorurtheile folge, als der Richter in dem publicirten Bescheide festgesetzt hat. In diesem Falle muss er von Letzterem in der vorgeschriebenen Frist appelliren. — Wenn jedoch gegen eben diesen Bescheid auch von dem Beklagten die Restitution nachgesucht wird, so muss die Appellation des Klägers ausgesetzt bleiben, und dieser muss zuvörderst das nach instruirter Sache zu publicirende Erkenntniss abwarten."

**) Seuffert a. a. O. § 474 S. 606, Gaupp a. a. O. Bd. II 10 u. a. m.

Es bleibt also dabei, dass der eine Beklagte gegen das klagabweisende Urtheil im Falle des § 296 den Einspruch hat. Damit ist aber noch nicht die aufgeworfene Frage entschieden, ob er nicht doch in der durch den Kläger veranlassten Berufung trotz unterlassenen Einspruchs das Novenrecht habe.

Die früher von mir vertheidigte Unterscheidung ist, wie ich zugebe, nicht haltbar. Entweder bleibt die Versäumnissfolge von Bestand — und dann muss sie auch in ihrer präklusivischen Richtung fortwirken*), — oder sie fällt zufolge der Berufung. Für die erstere Annahme ist nun keineswegs entscheidend, dass andernfalls thatsächlich die zweite zur ersten Instanz werde; denn vor dieser Konsequenz scheut das Gesetz nachgewiesenermaassen nicht zurück. Andererseits schlägt für die gemeine Meinung nicht durch der Hinweis auf die gewöhnlichen Berufungsgrundsätze, das Novenrecht, die Zulässigkeit der Nachholung versäumter Erklärungen, Angriffs- und Vertheidigungsmittel. Denn die Frage ist eben, ob angesichts der eigenartigen Situation diese gewöhnlichen Regeln Platz greifen. Die oben besprochenen, eine Quelle der CPO. bildenden Gesetzeswerke, sprechen für die ausnahmsweise Behandlung. Die Frage ist allein, ob die Einspruchsfähigkeit des Urtheils und das Unterlassen des Einspruchs das Urtheil auch die Urtheilsgrundlage für den Säumigen unantastbar macht. Die Frage liegt um so näher, als ja nach der CPO. der Säumige nicht, wie nach jenen früheren Gesetzen neben dem Einspruch die Berufung gegen das Versäumnissurtheil hat, ihm also sogar bei theilweisem ihm ungünstigen Ausfall desselben nicht die Anschlussberufung offen steht. Es ist im Grunde genommen die Frage nach dem, was man die relative Rechtskraft zu nennen pflegt. Eine solche aber giebt es in der That nicht**). So lange das Urtheil der Berufung des Klägers unterliegt, ist es nicht, auch nicht gegenüber dem Säumigen rechtskräftig. Wird es angefochten, so devolvirt

*) Wie Kohler — s. oben S. 275 Note — zutreffend folgert.

**) Darüber vgl. meine wiederholt ang. Abhandlung in den Beiträgen Bd. XXXVII 480 fg.

die Sache nach den Regeln der Berufungsinstanz für beide Theile an das Obergericht. Daher glaube ich allerdings mich, in Ermangelung einer ähnlichen positiven Vorschrift, wie sie der Hannöversche Entwurf und die Württembergische PO. hatte, jetzt mit der gemeinen Meinung für das Novenrecht beider Theile aussprechen zu müssen.

5. Es ist wiederholt auf die Sondervorschrift hingewiesen worden, welche die CPO. für das Versäumnissverfahren in der Berufungsinstanz aufstellt. Ihr ist nunmehr näher zu treten.

Im Allgemeinen gelten für das Berufungsverfahren die Versäumnissregeln der unteren Instanz. Das Versäumnissurtheil ist Sachurtheil; es setzt daher die Zulässigkeit eines solchen und die relevante Versäumniss voraus (s. oben S. 165 fg.) Dazu gehört die Gültigkeit der Instanz, also die Statthaftigkeit und die Form- und Fristgerechtigkeit der Berufung. Sie hat nachzuweisen, wer Versäumnissurtheil begehrt, mag er nun Berufungskläger oder Berufungsbeklagter sein. Eine Eigenthümlichkeit wird logisch nothwendig bedingt durch den Zweck des Berufungsverfahrens selbst. Es liegt ein Urtheil vor; es handelt sich um dessen Prüfung und Abänderung. Die Versäumnissfolgen können daher nicht einfach auf die erstinstanzlichen Anträge, sondern nur auf die Berufungsanträge zurückbezogen werden. Auch das Versäumnissurtheil in der Berufungsinstanz ist Berufungsurtheil und kann nur sein entweder Bestätigung oder Aenderung des angefochtenen Urtheils in den Grenzen der Berufungsanträge. Der ja im erstinstanzlichen Verfahren gemäss § 297 in gewissem Sinn zur Geltung gelangte Satz der Einheit und Untheilbarkeit der mündlichen Verhandlung erweist sich für das Verhältniss der ersten und zweiten Instanz als undurchführbar. Es kann sich nur um „entsprechende“ Anwendung der Vorschriften der §§ 295 fg. handeln (§ 504 Abs. 1). Für den Fall der Versäumniss des Berufungsklägers ergiebt sich, dem § 295 entsprechend, die einfache Abweisung der Berufung. Was aber ergiebt sich für den Fall der Versäumniss des Berufungsbeklagten? Hier taucht ein Problem auf, welches aus dem Zwittercharakter der Berufung als einer Fortsetzung des Stadiums der Urtheilsfällung und doch auch als einer Fortsetzung der mündlichen Verhandlung erwächst. Soll der Charakter der Berufung als fortgesetzter mündlicher Verhandlung prävaliren? Dann muss das zulässige thatsächliche mündliche Vorbringen des Berufungsklägers unerachtet des vorliegenden Urtheils gemäss § 296 als zugestanden behandelt werden. Soll die Eigenschaft der Berufung als Rechtsmittel vorherrschen? Dann muss der unterinstanzliche Processstoff auch als oberinstanzlicher behandelt und es so angesehen werden, als ob das unterinstanzliche Vorbringen des Berufungsbeklagten, trotz seiner Versäumniss, Vorbringen in der oberen Instanz sei. Die richtige, früher (s. oben S. 175) entwickelte Auffassung des Versäumnisspräjudizes (§ 296) der realisirten Erklärungspflicht und der Präklusion der Rechtsbehelfe nöthigt dann zu der Annahme, 1. dass nicht die unterinstanzlichen, widersprochenen Behauptungen des Berufungsklägers jetzt als zugestanden gelten können — denn ihnen gegenüber liegt die Erklärung vor, — sondern dass gegen diesen Widerspruch jetzt nur noch Beweis zulässig ist; 2. dass die Geständnissfolge nur bezüglich der eigentlichen neuen thatsächlichen Behauptungen eintreten kann; 3. dass die in erster Instanz vorgebrachten Angriffs- und Vertheidigungsmittel im Versäumnissfall von Bestand bleiben, und 4. die erhobenen Beweise auch jetzt zu würdigen sind. Damit aber gelangt man zu einer tiefgreifenden Abwandelung des § 296, und es kann sich nur noch fragen, ob überhaupt und in welchem sehr abgeschwächten Umfang das Kontumacialsystem der CPO. gegen den säumigen Berufungsbeklagten beizubehalten ist. Diese Frage wird um so dringender, als sich Fälle denken lassen — und vorkommen —, in denen die Berufung nichts weiter, als eine Nachprüfung im Rechtspunkt bezweckt, und — wie gleich bemerkt werden mag — solche der alleinige, eigentliche Zweck der Revisionsinstanz ist. Dass da kein materielles Versäumnisspräjudiz denkbar, also das Versäumnissurtheil wenig sinnvoll ist, leuchtet ein.

Die CPO. hat sich für die Fortwirkung des erstinstanzlichen Streitstoffs und die möglichst starre Durchführung ihres

Kontumacialsystems entschieden. Die unerlässliche Abwandlung liegt in § 504 Abs. 2.

Der § 504 will, dass das thatsächliche mündliche Vorbringen des Berufungsklägers nur insoweit als zugestanden zu erachten ist, als „das festgestellte Sachverhältniss nicht entgegensteht", dass dagegen eine zulässigerweise beantragte Beweisaufnahme als gelungen angenommen wird. Im Uebrigen bleibt es dabei, dass die Totalversäumniss, gleichviel was sie materiell bedeutet, das Versäumnissurtheil und den Einspruch nach sich zieht.

Das Gesetz stellt neben einander das Beweispräjudiz (sog. *poena probati*) und die Geständnissfolge (sog. *poena confessi*). Das dem „festgestellten Sachverhältniss" widersprechende Behaupten soll nicht „zugestanden" d. h. nicht festgestellt sein, sondern nur durch das Beweispräjudiz, nicht durch Beweiserhebung, einseitiges Verfahren (*in eremodicio*) zur Gewissheit erhoben werden können. Eine Verkennung ist es daher, wenn wir bei Endemann*) das direkte Gegentheil ausgesprochen finden. Er sagt: „von einer durch den Berufungskläger beantragten Beweisaufnahme kann nur die Rede sein, wenn neue Thatsachen, die er ohne Widerspruch mit dem Thatbestand des angefochtenen Urtheils vorgebracht hat, durch Erklärung des Berufungsbeklagten streitig geworden sind." Gerade bezüglich dieser „neuen Thatsachen" kann von der Beweisaufnahme nicht die Rede sein. Für sie kommt das Präjudiz des Zugeständnisses zur Geltung. Und das ganz nach den Regeln der unteren Instanz. Ist also der Berufungsbeklagte zwar anfänglich erschienen, hat er die Nova bestritten, ist aber säumig geworden in der fortgesetzten mündlichen Verhandlung, so bedarf es gemäss § 297 keiner weiteren beantragten Beweisaufnahme. Die Geständnissfolge macht sie überflüssig.

Das Beweispräjudiz ist das einzige Präjudiz bezüglich der dem festgestellten Sachverhalt d. h. dem erstinstanzlichen Thatbestand widersprechenden Behauptungen. Als solche aber müssen alle Behauptungen gelten, welche Wiederholungen des

---

*) Der deutsche Civilprocess Bd. II 1879, S. 439.

in der unteren Instanz bestrittenen und nicht als bewiesen erachteten thatsächlichen Vorbringens oder ein nachträgliches Läugnen von Eingestandenem sind: also sowohl die Wiederholung bestrittener Behauptungen, bezüglich deren kein Beweis erhoben worden, als die Wiederholung solcher, bezüglich deren der Beweis misslungen oder der gegnerische Beweis gelungen ist. Es ergibt sich auch hieraus, welches hohe Interesse die Partei an der Vollständigkeit der Beurkundung des unterinstanzlichen Streitstoffs und speciell des Bestreitens gegnerischer Behauptungen hat.

Ob bezüglich derartiger Thatsachen eine Beweisaufnahme zulässigerweise beantragt worden, bestimmt sich 1. nach der Art des Beweises und 2. nach der Art des Antrags. Dieser ist nicht gedacht als Beweisantretung, denn solche kann auch in der Berufungsinstanz nur innerhalb der mündlichen Verhandlung erfolgen, sondern als Ankündigung der Beweisantretung, die dem Erforderniss des § 300 Nr. 3 entsprechen muss. Dazu genügt regelmässig, wenn in rechtzeitig zugestelltem vorbereitenden Schriftsatz der Beweis in Aussicht gestellt oder der für die Beweisantretung erforderliche Antrag (Editionsantrag, Antrag auf Herbeiziehung von Urkunden: §§ 386, 393, 397) vorbereitend ausgesprochen wird. Beim Urkundenbeweis jedoch, der durch Vorlage der Urkunde angetreten werden soll (§§ 385, 400), ist nach § 122 die Beifügung der Urschrift oder Abschrift und im letzteren Fall die Niederlegung der Urschrift auf der Gerichtsschreiberei gemäss § 125 erforderlich, wenn dieses vom Gegner rechtzeitig gefordert wurde. — Solche vorbereitenden Akte müssen genügen; andernfalls kämen wir zu dem absurden Resultat, dass der Berufungsbeklagte durch hartnäckiges Ausbleiben es dem Gegner unmöglich machen könnte, überhaupt zur Feststellung seiner dem unterinstanzlichen Sachverhalt entgegenstehenden Behauptungen zu gelangen. — Was nun den anderen Punkt: die Zulässigkeit des Beweismittels selbst, anbetrifft, so wird dieser praktisch besonders beim Eidesbeweis und dem Gegenbeweis gegen Geständnisse (§ 263). Es gelten da die oben (S. 213, 224) entwickelten Grundsätze. Als derartiger

Beweis kann selbstverständlich nicht in Frage kommen der Notheid; denn er ist überhaupt kein Beweismittel der Partei, nicht ein Beweis, den sie „beantragen" kann*); dagegen wohl der „Beweis durch Sachverständige", und zwar bedarf es hierzu nicht etwa der Benennung eines bestimmten Experten.

Das Beweispräjudiz selbst ist die „Annahme, dass die zulässigerweise beantragte Beweisaufnahme das in Aussicht gestellte Ergebniss gehabt habe". Was ist das? Heisst das: der Beweis ist gelungen, erbracht? Heisst es: das Beweismittel wird seinem Inhalt nach gedacht entsprechend den Angaben des Beweisführers? Lässt dieses Beweispräjudiz noch irgend eine Beweiswürdigung offen? In der That, die ganze Erfindung des § 504 Abs. 2 ist so verkünstelt und ungesund wie möglich. Man kann sie sich gefallen lassen bei einem formalen Feststellungsmittel, wie der Eideszuschiebung. Es wäre unbillig, dieselbe der Partei um der Versäumniss des Gegners willen zu verlegen. Auch macht hier die Anwendung der Fiktion keinerlei Schwierigkeit. Sie ist die Wahrheitsfeststellung (§§ 417, 429 Abs. 2). Was aber fangen wir an mit dem angekündigten Zeugenbeweis? Sollen wir die Glaubwürdigkeit nur dem Namen nach bekannter, ja vielleicht gar nicht existirender Personen würdigen? Soll zwischen verdächtigen und klassischen Zeugen im alten scholastischen Styl unterschieden werden? Was ist als Ergebniss der Aussage zu denken? Die Bestätigung des Beweisthemas, für welches man sich auf das Zeugniss berief? Gewiss, aber mit welcher Beweiskraft? — Was ist das Ergebniss des in Aussicht gestellten Sachverständigenbeweises? Die Annahme eines bestmöglichsten, überzeugendsten Gutachtens? Und wie sollen alle

*) Eigenthümlich Planck a. a. O. II 500. Nach ihm soll, wenn die Fiktion des § 504 Abs. 2 zu der für die Auferlegung des richterlichen Eides ausreichenden Wahrscheinlichkeit führt, kraft weiterer Fiktion angenommen werden, dass der richterliche Eid dem Berufungskläger oder seinem Gegner auferlegt worden sei, dessen Ergebniss auf Seiten des Berufungsklägers „die Leistung, Seitens des Gegners die Verweigerung sein werde". Für diese Fiktion fehlt es ebensosehr an der gesetzlichen, wie an der thatsächlichen Unterlage.

solche fingirte Beweisergebnisse abgewogen werden gegenüber erstinstanzlichen Beweisen? Da kommt man zu einem halb auf Versäumnissfolgen, halb auf Beweiswürdigung ruhenden Urtheil, einem durch und durch ungesunden Zwittergebilde. Die Praxis hilft sich in diesen Nöthen mit weitgehenden Fiktionen — und das ist, wenn überhaupt fingirt werden soll, das Rathsamste. Richtiger aber wäre es gewesen, gänzlich von dem monströsen Präjudiz des § 504 Abs. 2 Abstand zu nehmen und lediglich die Grundsätze über die Partialversäumniss in Anwendung zu bringen, demnach die angetretenen Beweise zu erheben, soweit nicht versäumte Parteierklärung (über die Eidesdelation, die Urkundenechtheit etc.) solche über flüssig macht. Allerdings müsste man dann folgerichtig noch einen Schritt weitergehen und das Versäumnissurtheil gegenüber dem Berufungsbeklagten (und Revisionsbeklagten) ganz und gar durch das kontradiktorische Urtheil ersetzen. Und dafür sprechen ausser dem Vorstehenden noch mancherlei andere Gründe.

II.

Die Revision.

Die Revision der CPO. ist ein originelles Rechtsmittel. Sie hat unter den Rechtsmitteln des früheren Partikularrechts viel Verwandtes, aber nichts, was ihr gleich ist. Sie ist eine auf die Nachprüfung des angefochtenen Urtheils im Rechtspunkt beschränkte gemeinrechtliche Appellation. Sie ist *revisio in iure*, nicht *in facto*. Die Rechts-, nicht die Thatfrage soll nochmaliger Prüfung unterzogen werden können. Auf der principiellen Scheidung beider beruht die Möglichkeit der Revision. Daher sind neue Thatsachen und Beweismittel in der Sache selbst auszuschliessen. Sie sind zulässig nur zur Darlegung des Revisionsgrundes (§§ 516 Nr. 2, 3, 524). Die Revision ist nicht Fortsetzung der mündlichen Verhandlung, sondern lediglich des Stadiums der Urtheilsfällung. Und auch die Urtheilsfunktion kann in der Revisionsinstanz nur beschränkt, nur hinsichtlich der Subsumtion des processualen und materiellen Thatbestandes unter das Gesetz nachgeprüft werden.

Das Rechtsmittel bezweckt nicht Aufstellungen von Rechtsanschauungen, abstrakten Rechtssätzen, sondern die Nachprüfung und eventuelle Aenderung der Entscheidung in der Sache selbst. Daher dient es nicht nur der Rechtseinheit, sondern zugleich der konkreten gerechten Rechtssprechung. Nicht geändert, sondern nur kassirt kann werden, wenn bei Unhaltbarkeit des angefochtenen Urtheils die Spruchreife mangelt.

Die Revision ist, wie früher herausgehoben wurde, das drittinstanzliche Rechtsmittel.

Die folgende Erörterung bezweckt, diese allgemeine Charakteristik weiter auszuführen, ohne annähernd eine Erschöpfung des schwierigen Gegenstandes zu erstreben.

1. Der Revision unterworfen sind allein die Berufungsurtheile der Oberlandesgerichte, und auch diese nur, wenn sie auf einer Verletzung, d. h. der irrigen Anwendung oder Nichtanwendung eines Reichsgesetzes oder eines über den oberlandesgerichtlichen Bezirk hinaus geltenden Gesetzes bez. gewohnheitsrechtlichen Satzes beruhen und das Revisionsinteresse den Werth-Erfordernissen des Gesetzes (§ 508 fg.) entspricht. Damit ist gesagt, dass die Revision überhaupt nur von dem gebraucht werden kann, der ein rechtliches Interesse an derselben hat, der sich m. a. W. durch das Urtheil beschwert fühlt; und weiter, dass es kein Rechtsmittel nur gegen die Entscheidungsgründe giebt und die Revision zurückzuweisen ist, wenn zwar die Gründe irrig sind, aber die Entscheidung selbst richtig ist (§ 526). Die Konformität des angefochtenen Urtheils mit der ersten Sentenz ist unwesentlich. Hinsichtlich der Revisibilität der Zwischenurtheile und der Versäumnissurtheile gelten die gleichen Bestimmungen, wie für die Berufung.

2. Das Verständniss des Rechtsmittels wird bedingt vor allem durch die richtige Bestimmung des Revisionsgrundes.

Der Revisionsgrund ist Gesetzesverletzung, für das Urtheil kausale Gesetzesverletzung. Das falsche Urtheil kann unanfechtbar sein, weil die falsche Entscheidung nicht verursacht ist durch unrichtige oder unterlassene Rechtsanwendung. Es kann inhaltlich richtig und doch revisibel sein, weil es ruht auf processualen Verstössen (vgl. bes. § 513). Es handelt sich dabei überall nicht nur um den Verstoss gegen das *ius in thesi clarum*, sondern um jedwede irrige Entscheidung, deren Fehlsamkeit in einer falschen juristischen Qualificirung des Thatbestandes besteht, oder doch um solche, die auf Processfehler basirt ist (§§ 511, 512, 513).

Damit stehen wir vor dem Gegensatz der That- und Rechtsfrage, der falschen Feststellung des Thatbestandes und der falschen Anwendung des Gesetzes auf den festgestellten Thatbestand*).

Das klingt ungemein einfach und ist doch bekanntermaassen ungemein schwierig. Das Recht ist der an thatsächliche Voraussetzungen geknüpfte gemeinverbindliche Wille und daher sein Inhalt nicht nur nach der Disposition, sondern zugleich wesentlich nach ihren Voraussetzungen bestimmt. Sie im einzelnen Falle feststellen, heisst den dem Willen des Gesetzgebers entsprechenden Thatbestand feststellen, also den vorhandenen Thatbestand an dem vom Gesetzgeber vorgestellten messen. Solche Denkoperation ist aber juristischer Natur, Rechtsanwendung. Sie ist Beantwortung der Rechtserheblichkeit und juristischen Qualität der einzelnen thatsächlichen Vorgänge. Deshalb ist die Urtheilsfunktion der Geschworenen Rechtsanwendung, Beantwortung der Voraussetzungen für die Anwendbarkeit der *sanctio poenalis*, Beantwortung der Schuldfrage, und es wird ihr nur insofern ein gut Stück

*) Die Antithese ist nicht ganz korrekt, weil die Feststellung des Thatbestandes selbst Rechtthätigkeit ist, sofern sie sich durch Anwendung des Processgesetzes vollzieht. — Ueber die ganze Frage vgl. meine in der Literatur wenig beachtete Abhandlung „Die That- und Rechtsfrage bei der Revision im Civilprocess“ Berlin 1881, Stahl im Archiv f. civ. Praxis Bd. LXVII 94 fg., Rocholl in Zeitschr. f. deutsch. CP. Bd. X 285 fg., Bolze das. Bd. XIV 415 fg., ders. Archiv f. civ. Prax. Bd. LXXXIV 358 fg., Stein Das private Wissen S. 104 fg., 172 und die einschlagende strafprocessuale Literatur.

von Rechtsanwendung entzogen, als die Fragestellung bereits eine Art indirekter Relevanzentscheidung enthält. Eine Parallele zu derartiger Spaltung der Urtheilsfunktion besitzt der Civilprocess nicht. Die Scheidung von Rechts- und Thatfrage, von Rechtsanwendung und rein thatsächlicher Feststellung, wie die Revision sie will, findet sich bei dem gleichnamigen Rechtsmittel der StPO. Dass unerachtet der Gleichartigkeit des Rechtsmittels dasselbe sich anders in Civil- und in Strafsachen entwickelt hat, hängt mit der Verschiedenartigkeit des Straf- und Civilrechts und der ungesunden Technik unserer Kriminalgesetzgebung zusammen. Der Gedanke ist der, dass die Feststellung der nackten thatsächlichen Elemente, welche den Processstoff bilden und beurtheilt werden sollen, Sache allein des Unterrichters ist. Man sagt daher auch, durch die Revision sei von der oberrichterlichen Nachprüfung ausgeschlossen die Beweisfrage. Aber das ist in mehrfacher Beziehung unrichtig. Erstens ist die Beweiswürdigung revisibel, soweit sie geschieht unter Anwendung von Rechtssätzen über die Vertheilung der Beweislast, über Haupt- und Gegenbeweis, über Beweispräsumtionen, die Zulässigkeit und Kraft von Beweismitteln oder über das Beweisverfahren. Sodann erschöpft der Gegensatz von Beweisfrage und Rechtsfrage nicht die zu beurtheilenden Lebenserscheinungen. Zwischen beiden liegt ein grosses und wichtiges Gebiet der Urtheilsthätigkeit. So alles Judiciren, bei welchem Erfahrungssätze, Sätze der ausserjuristischen Wissenschaft, der Technik und Kunst den Obersatz des Schlusses bilden, dieser von specifisch juristischem Gehalt ganz rein nur in der Beurtheilung liquiden Thatbestandes besteht*). Ferner die Interpretationsfrage; sie ist nicht Beweisfrage und keineswegs immer Rechtsfrage. Ich denke dabei an die Auslegung rechtsgeschäftlicher Erklärungen, irgend

*) Nichts anderes habe ich meiner ang. Abh. S. 6 gesagt; das ist von Stein a. a. O. S. 106 Note 12 missverstanden; er handelt nicht vom Revisionsgrund, sondern von dem Recht des Revisionsrichters, seine Lebenserfahrung zu verwerthen. Es ist mir nicht in den Sinn gekommen „alle Erfahrungssätze aus der Revisionsinstanz verbannen zu wollen“. In den Grenzen der Revisibilität sind sie selbstverständlich anzuwenden.

welcher Reglements (*leges contractus*), ständiger Vertragsklauseln, Parteierklärungen im Process u. dergl. Endlich liegen in jenem Zwischengebiet die sog. notorischen, wie die gerichtlich zugestandenen oder nicht bestrittenen Thatsachen. Denn sie bedürfen des Beweises nicht. Sie sind nicht Gegenstand der Beweisfrage und Gegenstand der Rechtsfrage nur, soweit es sich um Verstoss gegen CPO. §§ 261 fg., 129, 264 handelt*). Um dieses Zwischengebiet ist der Kampf entbrannt. Die Einen wollen dasselbe der Revision entziehen; die Anderen es ihr unterwerfen**). Damit verbindet sich dort wohl die Tendenz,. das Rechtsmittel dem Kassationsrekurs nach Kräften anzunähern, während hier die freiere gerechte Beurtheilung des konkreten Falles unter möglichstem Vermeiden der Rückverweisungen erstrebt wird. Die Rechtsprechung des höchsten Gerichtshofes geht in der letzteren Bahn und sie allein bezeichnet die gesunde folgerichtige Fortbildung des Rechtsmittels.

Seine positivrechtliche Gestalt ist unklar, schwankend und verkümmert. Die kausale Gesetzverletzung soll der Revisionsgrund sein. Ihr Gegensatz wird durch § 524 höchst unvollkommen bestimmt:

> „Für die Entscheidung des Revisionsgerichts sind die im angefochtenen Urtheile gerichtlich festgestellten Thatsachen maassgebend. Ausser denselben können nur die im § 516 Nr. 2, 3 erwähnten Thatsachen berücksichtigt werden.“

---

*) Es wird etwas als gestanden angenommen, was nicht gestanden ist (§ 516 Nr. 3), das Geständniss in dieser Richtung falsch ausgelegt; es wird der Begriff der Offenkundigkeit falsch gehandhabt (§ 264). Vgl. dazu meine Abhandlung in den Preuss. Jahrb. Bd. LXXI 123 (auch deutsche Zeitschr. f. Kirchenr. Bd. II 186).

**) In jener Richtung bewegt sich Rocholl, in dieser Bolze. Jener geht so weit, alle und jede Interpretation für eine Thatfrage zu erklären, während dieser sie schlechthin für Rechtsfrage hält. Stein inklinirt nach dieser Seite mit Vorbehalten; s. unten S. 313 Note. Rocholl's Polemik gegen die gezwungene Art, in welcher das Reichsgericht gelegentlich die processualischen Revisionsgrüude §§ 513 Nr. 7, 259, 516 Nr. 3 verwerthet, um das materiell ungerechte Urtheil anzufassen, ist nicht ganz unbegründet. Vgl. auch Bolze im Arch. a. a. O.

Damit kann vernünftigerweise nur die Urtheilsgrundlage für das Revisionsgericht bezeichnet sein; auf die von ihm zu deren Beurtheilung heranzuziehenden Obersätze, mögen sie juristische oder nicht juristische sein, kann sich § 524 nicht beziehen. Und weiter: „gerichtlich festgestellt" kann die Thatsache nur werden, soweit sie für den Unterrichter Feststellungsobjekt und für den Oberrichter bindend feststellungsfähig ist. Das trifft für an und für sich bereits Feststehendes, insbesondere das Notorische, speciell das Aktenkundige (vgl. auch § 516 Nr. 3), den vorliegenden Urkundeninhalt u. dergl. nicht zu. Hier ist nichts festzustellen. Aus § 524 kann also nicht entnommen werden, dass über die reine Beweisfrage hinausgreifende Feststellungen bindend für den Revisionsrichter sind. Begreiflicherweise suchen die Freunde der Expansion des Rechtsmittels die *sedes materiae* in § 524, während deren Gegner von §§ 501, 512 ausgehen. Und sie haben Recht; denn nur diesen Bestimmungen ist der Revisionsgrund zu entnehmen, während § 524 zum Zweck hat, als Korrelat das Novenrecht und die Nachprüfung der geschehenen thatsächlichen Feststellungen auszuschliessen. Der Widersinn, welcher sich ergiebt, springt in die Augen: nach dem Gesetzeswillen ist angreifbar nur die kausale Gesetzesverletzung — und doch kann vernünftigerweise den Oberrichter nicht binden das allen Sprach- und Denkgesetzen, aller Erfahrung widersprechende Auslegen feststehenden Urtheilsstoffs, die aller Wissenschaft und Gemeinkenntniss widerstreitende Annahme angeblich notorischer oder das Verläugnen wahrhaft notorischer Thatsachen — nur um deswillen, weil die sog. Feststellung keinen juristischen Gehalt hat. — An diesem Widersinn der Spaltung der Urtheilsthätigkeit, welche doch sein soll eine Beurtheilung der konkreten Streitsache, eine im Dienst der Gerechtigkeit stehende Nachprüfung, krankt die Revision in verderblicher Weise. Da giebt es nur Heilung, indem man das Rechtsmittel aus der Halbheit fortbildet zu ausgedehnterer Nachprüfung. Dann wird auch das mit Recht beklagte Uebel der zahlreichen Zurückverweisungen schwinden.

Zur Zeit haben wir uns abzufinden mit der Scheidung

der That- und Rechtsfrage, um das Gebiet der Revision zu erkennen. Die Schwierigkeit der Unterscheidung liegt dort, wo es sich um Anwendung des materiellen Rechts handelt. Die Qualität des Obersatzes entscheidet über die Natur des Schlusses. Ist er Rechtssatz (Rechtsnorm, juristisches Urtheil), so ist der Schluss Rechtsanwendung. Der Fehler des falschen juristischen Schlusses kann im Obersatz (Rechtssatz), oder im Untersatz (der Verknüpfung des juristischen Mittelbegriffs mit dem konkreten Lebensverhältniss), oder in dem Schluss aus den richtigen Prämissen liegen. Der relevante Rechtsirrthum ist *error iuris in thesi* oder Subsumtionsirrthum oder Konklusionsirrthum im engeren Sinn. Irrthum im Obersatz ist allemal Rechtsirrthum, mag er betreffen die Existenz oder den Inhalt des Rechtssatzes, und mag er herbeigeführt sein durch falsche Auslegung oder durch unrichtige Feststellung der Entstehung und der zeitlichen oder örtlichen Herrschaft des Rechtssatzes. Hier ist ausschliesslich juristische Denkoperation; hier giebt es keine Grenze der Nachprüfung*). — Dagegen ruht ein falscher Untersatz keineswegs immer auf Rechtsirrthum. Man muss sich vergegenwärtigen, dass er selbst ein Urtheil ist, vielleicht das Produkt weitverzweigter Schlussfolgerungen, die in reinem Thatsachenirrthum wurzeln. Ist im Untersatz der juristische Mittelbegriff (*terminus medius*), d. i. der den beiden Prämissen gemeinschaftliche, den Ober- und Untersatz verbindende Begriff falsch gedacht, dann ist allemal falsch unter das Gesetz subsumirt, also das „Gesetz verletzt“, gleichviel, ob der Mittelbegriff ein specifischer Rechtsbegriff ist, oder auch dem Sprach- und Begriffsschatz der Laien angehört. Jeder vom Gesetz verwerthete Begriff ist Rechtsbegriff; jede dem Gesetzessinn nicht entsprechende Auffassung und Anwendung derselben ist Rechtsirrthum. Ist nun der Unterbegriff rein thatsächlich, der Vorgang ganz äusserlich

*) Rechtsgeschäft ist niemals Rechtssatz, objektives Recht. Seine Feststellung ist nie Feststellung des *ius in thesi*. Vgl. meine That- und Rechtsfrage S. 23 fg. Die Frage nach der Rechtswirksamkeit, nicht nach Existenz und Inhalt des rechtsgeschäftlichen Willens ist Rechtsfrage. Nur die rechtliche Prädicirung jenes Willens als Kauf, Miethe etc. ist juristisch.

gedacht und festgestellt, so wird zwar der Untersatz falsch sein, wenn jener Vorgang der Wahrheit nicht entspricht, aber *in iure* ist nicht geirrt, wenn das falsch Vorgestellte juristisch richtig prädicirt ist. Das kann die Folge sein unrichtiger Beweiswürdigung, aber auch unrichtiger Auffassung, Auslegung von mündlichen oder schriftlichen Erklärungen oder konkludenten Handlungen; denn die Auslegung auch der rechtsgeschäftlichen Willenserklärung ist Rechtsanwendung dann nicht, wenn sie weder Handhabung von gesetzlichen Interpretationsregeln, noch eine Beurtheilung der Rechtswirksamkeit der Erklärung, eine Subsumtion derselben unter den Rechtssatz, sondern einfach die Deutung des Wortsinns bez. des mit dem Wort verbundenen Sinnes ist*). — Dabei spielen hier, wie auch anderweit eine grosse Rolle gewisse processuale Revisionsgründe, zunächst der des mangelnden (nicht des mangelhaften) Entscheidungsgrundes. Fehlt es an jeder Motivirung für eine Feststellung, für die Auslegung bez. rechtliche Qualificirung des Thatbestandes, so wird die Entscheidung aus dem genannten Grunde anfechtbar nach § 513 Nr. 7, wie auch die Feststellung des Beweisergebnisses der Anfechtung unterliegt, wenn entgegen dem § 259 der Richter es unterlässt, seine Ueberzeugung zu motiviren. Und ein weiterer bedeutsamer processualer Revisionsgrund ist der der sog. Aktenwidrigkeit im Sinne des § 516 Nr. 3, der Fall, wenn der Unterrichter bei seinen Feststellungen vorhandenen Processstoff, insbesondere Auslegungsstoff ignorirt oder nicht vorhandenen als Inhalt des Thatbestandes behandelt hat**).

---

*) Mag diese Feststellung (z. B. dass die Erklärung Scherz, nicht Ernst sei, oder dass die Partei eine Waare bestimmter Qualität oder Menge gemeint habe) sich auf ausserhalb der Urkunde liegende Indicien oder nur auf die übliche Redeweise, auf die Art des Ausdrucks, den Satzbau u. s. w. stützen. Anders, wenn es sich darum handelt, ob überhaupt nur das Erklärte oder etwas von dem Erklärten abweichend Gewolltes bindet, oder welche Rechtsfolge sich an die Erklärung knüpft. Vgl. betreffs der Interpretationsfrage m e i n e ang. Abh. S. 20 fg.

*) Ich sage „im Sinne des § 516 Nr. 3", denn an und für sich bezieht sich der § 516 nur enunciativ auf den Revisionsgrund (was vielfach verkannt wird), dispositiv allein auf den Inhalt der vorbereitenden

3. Zur Eigenartigkeit der Revision gehört, dass sie die Sache im vollen Umfange an das Revisionsgericht devolvirt, welches in den Grenzen der Revisionsanträge zur Aenderung resp. Kassation berufen ist. Die oben gegebene Charakteristik der Revision als einer auf die Fortsetzung des Urtheilsstadiums und die Nachprüfung des Rechtspunktes beschränkten Berufung erweist sich als vollkommen zutreffend. Die Berufungsregeln sind durchgängig der Revision angepasst. Danach sind zwar die Revisionsanträge, aber nicht die Revisionsgründe für das Gericht bindend. Aber man hat die Parallele übertrieben und den reinen Charakter des Rechtsmittels verfälscht, indem man in das Verfahren die mündliche Verhandlung aufnahm. Hierüber noch Folgendes.

Die Revisionseinlegung erfordert, gleich der Berufungseinlegung, abgesehen von der Ladung nur die Revisionserklärung mit Beziehung auf ein bestimmtes Urtheil (§ 515), also nicht die Revisionsanträge, geschweige denn die Begründung, d. h. die Angabe der Gesetzesverletzung, auf welche der Antrag gestützt wird. Beides wird nur instruktionell gefordert als Bestandtheil der Revisionsschrift, insoweit sie vorbereitender Schriftsatz der Partei ist.

Hieraus folgt, dass die Revisionsanträge erst in der mündlichen Verhandlung essentiell werden, dass sie in ihr beliebig geändert, vervollständigt und bis zum Schlusse der mündlichen Verhandlung erweitert werden können. Etwaige Anschliessung muss entsprechend behandelt, also ebenfalls den Berufungsgrundsätzen unterstellt werden (§ 518). Das Revisionsgericht ist danach niemals in der Lage, auf den Schriftenwechsel

---

Schriftsätze. Der § 516 Nr. 3 denkt nicht an den Urtheils-Thatbestand — denn dieser ist, wenn fehlerhaft, nur durch die Thatbestandsberichtigung (§ 291), nicht durch Revision zu rektificiren — und nur durch das Sitzungsprotokoll (§ 285) zu entkräften. Auch bezieht sich § 516 Nr. 3 nicht auf die für den Thatbestand motivirenden Processfehler; von ihnen handelt § 516 Nr. 2. Das Gesetz trifft die auf Grund des Thatbestandes erfolgende gesetzwidrige positive und negative Thatsachenfeststellung. Gesetzwidrig ist sie auch dann, wenn sie in der im Text angegebenen Weise thatbestandswidrig erfolgte. Uebrigens schliessen sich die Fälle § 516 Nr. 1, Nr. 2 einerseits und § 516 Nr. 3 keineswegs aus.

allein hin zu entscheiden. Das Gericht ist nicht in der Lage, die Voraussetzungen der Revision, welche bestehen in der kausalen Gesetzesverletzung und der Erwachsenheit der Summe, von vornherein zu prüfen und zu verneinen. Es muss allemal, auch für die grundloseste Revision Termin anberaumt werden.

Der Revisionsgrund, wie ihn die Partei aufstellt, bindet das Gericht nicht. Die Rechtsanwendung ist Sache des Gerichts. *Iura novit curia.* Der Revisionsantrag fordert gerechte Rechtsanwendung. Um sie herbeizuführen, mag die Partei ihre Ansicht über etwaige Fehler *in judicando* oder *in procedendo* aufstellen und zur Motivirung der letzteren die Thatsachen angeben, aus welchen der Processfehler folgen soll (§§ 516 Nr. 2, 3, 524). Vergreift sie sich dabei, so schadet es ihr nichts. Die selbstthätige Prüfung des Gerichts hat den richtigen Gesichtspunkt an die Stelle zu setzen. Auffallenderweise ist dieser bedeutende Grundsatz nicht ausdrücklich geregelt. Aber die Motive sagen klar, was indirekt das Gesetz bestätigt:

> „Für die dem Gerichte obliegende freie Prüfung aller in die angegriffenen Theile des Rechtsstreits einschlagenden Rechtsfragen ist die Rüge durch die Partei weder Vorbedingung, noch Schranke."

Man kann das bemängeln und hat es bemängelt aus einzelnen kleinen Angriffsmomenten. Dass die überwiegenden Gründe auf diese Konstruktion hinweisen, ist nicht anzuzweifeln. Unsere Rechtsentwickelung ist Gott sei Dank dem Formalismus abhold. Es ist ein Hohn auf die Justiz, wenn ein höchstes Gericht ein offenbar falsches Urtheil aufrecht erhalten muss, weil die Partei in ihrer Rechtsauffassung irre gegangen ist. Möge es niemals gelingen, das Rechtsmittel in diesem wichtigen Stücke zurückzubilden.

Ist der Revisionsgrund ein processualischer Fehler, so ist dessen Behandlung nach denselben Regeln, wie bei der Berufung, zu beurtheilen. Eine Officialbeachtung des Fehlers, wie die Rüge seitens der Partei haben ihre Grenze im § 267. Sei es, dass der Mangel bereits in der ersten, sei es, dass er erst in der Berufungsinstanz geheilt sein sollte (§ 521), immer ist seine Beachtung in der Revisionsinstanz ausgeschlossen. Die Verzichtserklärung des § 267 ist noch in der Revisionsinstanz zulässig.

4. Das Urtheil des Revisionsgerichts ist, wenn das Rechtsmittel zulässig und begründet ist, entweder reformatorische Entscheidung in der Sache selbst oder nur Aufhebung des angefochtenen Urtheils und Zurückverweisung an das Berufungsgericht. Mit Recht bemerken die Motive: „die blosse Aufhebung des angefochtenen Urtheils ist nicht das Endziel des Rechtsmittels. Grundsätzlich soll eine anderweite Entscheidung in der Sache selbst erreicht werden." „Die Entscheidung in der Sache ist grundsätzlich Pflicht des Revisionsgerichts." Allein die einengende und bereits beleuchtete Abstellung des Rechtsmittels auf die *revisio in iure* und eine zu kleinmüthige Praxis hat leider dazu geführt, dass was „grundsätzliches" Ziel ist, thatsächlich in den Fällen erfolgreicher Revision die Ausnahme bildet*). Die Spruchreife ist die Voraussetzung der Selbstentscheidung des Revisionsgerichts. Spruchreife nimmt das Gesetz (§ 528 Abs. 3 n. 1) dann an,

> „wenn die Aufhebung des Urtheils nur wegen Gesetzesverletzung bei Anwendung des Gesetzes auf das festgestellte Sachverhältniss erfolgt und nach letzterem die Sache zur Endentscheidung reif ist";

also nicht, wenn die Gesetzesverletzung bei der Feststellung des Sachverhältnisses selbst eintrat (§ 516 Nr. 3) oder im Mangel der Gründe (§§ 513 Nr. 7. 259) liegt. Im letzteren Fall ist nicht verfehlt durch falsche Subsumtion des Sachverhalts unter das Gesetz, sondern durch Verstoss gegen die Processvorschrift über die Urtheilsgestaltung. Sollte auch in der Revisionsinstanz selbst eine etwa „übergangene" Thatsache klar gestellt werden, oder unerachtet des Mangels der Gründe die Reformation des Urtheils in bestimmter Richtung unzweifelhaft sein, so darf doch das Revisionsgericht auf Grund des vervollständigten Thatbestandes nicht selbst entscheiden. Das

*) Vgl. darüber Bolze a. a. O. und das. S. 372 den sehr beachtenswerthen Reformvorschlag.

„in der Sache selbst“ (nach § 528 Abs. 3 Nr. 1) entscheidende Revisionsurtheil kann nun sehr verschieden lauten; denn „in der Sache“ heisst, wie § 528 Abs. 3 Nr. 1, Nr. 2 und § 528 Abs. 4 beweisen, keineswegs „in der Hauptsache“; es kann also das Urtheil Process- oder Sachurtheil sein. Bei Unzulässigkeit der Berufung wird nicht nur das sachentscheidende Berufungsurtheil aufzuheben, sondern auch die Berufung zurückzuweisen sein; in den Fällen des § 500 wird unter Aufhebung des gegen dieses Gesetz verstossenden Berufungsurtheils die Sache in die erste Instanz zurückgewiesen; bei Revision gegen ein die processhindernde Einrede widerrechtlich verwerfendes Zwischenurtheil des § 248 muss die Klage abgewiesen werden. Daher erscheint unverständlich, weshalb § 528 Abs. 3 Nr. 2 ausdrücklich bei Aufhebung des Urtheils wegen Unzuständigkeit oder Unzulässigkeit des Rechtswegs vorschreibt, dass hier „in der Sache selbst zu entscheiden“, d. h. die Klage wegen dieser Gründe abzuweisen sei. Die Bestimmung ist irreleitend und hat mich früher irre geleitet, mich nämlich zu der Annahme bestimmt, dass in den sonstigen Fällen des § 247 (Nr. 3—6) nur zurückverwiesen werden dürfte, wenn das Berufungsgericht irrig die in der zweiten Instanz nachgeholte Einrede im Endurtheil verworfen hätte, demnach § 528 Abs. 3 Nr. 1 sich nur auf Entscheidung in der Hauptsache beziehe. Und diesem Irrthum unterstehen offenbar die Motive der CPO.; denn sie motiviren die Bestimmung § 528 Abs. 3 Nr. 2 gerade damit, dass hier wegen Unzulässigkeit „sachlicher“ Entscheidung die Rückwirkung zwecklos wäre. Es ist aber bereits betont, wie in § 528 überhaupt nicht unter Entscheidung „in der Sache“ die „sachliche“ Entscheidung im Sinne des Sachurtheils gemeint ist. Es bleibt also nichts übrig, als einzuräumen, dass § 528 Abs. 3 Nr. 2 ein überflüssiges, auf Irrthum über die Tragweite der Nummer 1 ruhendes Gesetz ist.

Nicht immer ist die Selbstentscheidung nothwendig, wo sie möglich ist. Es k a n n die Sache „zur anderweiten Verhandlung und Entscheidung an das Berufungsgericht zurückverwiesen werden“, wenn für die Aburtheilung der Sache Partikulargesetze in Anwendung zu bringen sind, „auf deren Verletzung die Revision nach § 511 nicht gestützt werden kann" (§ 528 Abs. 4). Das Revisionsgericht kommt häufig in die Lage, solche Partikulargesetze anzuwenden. Hat das Berufungsgericht in der Sache sich über das Bestehen oder den Inhalt des Gesetzes geäussert, so ist das Revisionsgericht an diese Rechtsauffassung gebunden (§ 525). Hat jenes sich nicht geäussert, so steht dieses frei. Daher kann sehr wohl das Reichsgericht beispielsweise in sächsischen Sachen eine vom Oberlandesgericht abweichende Auffassung irgend welcher Grundsätze des bürgerlichen Gesetzbuchs aussprechen. Um nun hier die Konformität möglichst zu erreichen, erscheint die fakultative Zurückverweisung des § 528 Abs. 4 als geeignetes Mittel. Seiner wird sich das Reichsgericht, von anderen Gründen abgesehen, gerne bedienen, wenn es eine Abweichung von der Rechtsansicht des Oberlandesgerichts befürchtet. Denn es wäre nicht im Stande, seine abweichende Meinung angesichts des § 525 dauernd aufrecht zu erhalten. Es müsste sie sofort fallen lassen, sobald sich das Berufungsgericht über die betreffende Rechtsfrage äussert*).

Das Gegenstück zu dieser Präponderanz des Oberlandesgerichts in der Auffassung des Partikularrechts bildet die bindende Kraft der Rechtsauffassung des Reichsgerichts im Uebrigen. Der § 528 Abs. 2 sagt:

> „Dasselbe (sc. Berufungsgericht) hat die rechtliche Beurtheilung, welche der Aufhebung zu Grunde gelegt ist, auch seiner Entscheidung zu Grunde zu legen."

Thut es das nicht, so ist natürlich nur erneute Revision möglich. Aber diese Eventualität ist ganz ausser Berechnung. Der § 528 Abs. 2 liegt im Interesse der Autorität des Revisionsgerichts und im Interesse der Parteien. Es ist sinnwidrig, ein höchstes Gericht einzusetzen, ihm das Recht zu geben, unterinstanzliche Entscheidungen zu reformiren und dennoch seine Rechtsauffassung die unteren Gerichte in der betreffenden Sache nicht binden zu lassen.

---

*) Wenn es sich um die Anwendung ausländischen Rechts handelt, hätte die Rückverweisung wenig Sinn.

5. Mit Recht ist bemerkt worden, dass mit dieser ganzen Konstruktion des Rechtsmittels das sog. Princip der Mündlichkeit nichts zu thun hat. Das Revisionsverfahren ist in keiner Beziehung Stoffsammlung, auch nicht in den wenigen Fällen, in welchen zum Nachweis des Revisionsgrundes § 516 Abs. 3 Nr. 2, 3 nicht unterrichterlich festgestellte Thatsachen angeführt werden können. Dennoch beliebt das Gesetz eine „mündliche Verhandlung" (§ 529). Was ist ihr Inhalt? Das Parteireferat des unterinstanzlichen Processstoffs nach Maassgabe des § 488 und das Plaidoyer. Die Bedeutung des Referats als eines reinen Informationsmittels des Gerichts über den Processinhalt ist wiederholt Gegenstand der Besprechung gewesen (S. 8 fg. S. 249 fg.). Mag man geneigt sein, in der Berufungsinstanz es um deswillen als unerlässlich, als die allein korrekte Form der Berichterstattung zu erachten, weil es hier die Erneuerung der mündlichen Verhandlung einleitet, so ist doch eine solche Erwägung in der Revisionsinstanz nicht anzustellen. Es kann nur noch gefragt werden, ist das Parteireferat oder das Richterreferat die bessere Form zur Information der Richter über den beurkundeten Processstoff?

Die Nothwendigkeit einer mündlichen Verhandlung lässt sich auch nicht mit dem Hinweis auf die Revisionsanträge und deren rechtlicher und thatsächlicher Motivirung (§ 516 n. 2 u. 3) vertheidigen, denn das Eine wie das Andere könnte in die zwischen den Parteien zu wechselnden Schriftsätze verlegt werden. Aber dass die mündliche Form wünschenswerth sein mag als das einfachere, lebens- und eindrucksvollere Mittel, soll nicht bestritten werden*)**).

---

*) Eine der verkehrten Folgerungen aus der „Mündlichkeit" des Revisionsverfahrens ist die Anwendung der Versäumnissgrundsätze (§§ 504, 520, 529).

**) Zum Schluss eine kleine praktische Bemerkung. Es ist eine Unart mancher Obergerichte, sich in reformirenden Urtheilen nicht mit der abändernden Entscheidung und sachlicher Motivirung zu begnügen, sondern sie zu würzen mit abfälliger Prädicirung der unterrichterlichen Thätigkeit. Das stellt diese den Parteien gegenüber bloss und stiftet Missmuth — und ist vollends übel angebracht, wenn das oberrichterliche Urtheil nicht überzeugt.

Die Zwangsvollstreckung.

Die CPO. regelt die Zwangsvollstreckung im achten Buch §§ 644—822*). Das Gesetz erschöpft sie nicht. Es belässt, abgesehen von der administrativen Exekution, mit welcher es sich nicht befasst, in Kraft:

„die landesgesetztlichen Vorschriften über die Zwangsvollstreckung wegen Geldforderungen gegen den Fiskus, Gemeinden und andere Kommunalverbände (Provinzial-, Kreis-, Amtsverbände), sowie gegen solche Korporationen, deren Vermögen von Staatsbehörden verwaltet wird, insoweit nicht dingliche Rechte verfolgt werden" (EG. z. CPO. § 15 Nr. 4).

Die Zwangsvollstreckung in das unbewegliche Vermögen ist nur in einigen Punkten, hinsichtlich der Zuständigkeit und der Anwendbarkeit der sonstigen Regeln über das Vertheilungsverfahren geregelt. Dem Landesrecht sind überlassen Fragen, wie die, was unbewegliches Vermögen sei, ob, wann und in welcher Form der Exekutionsberechtigte sich durch Eintrag ins Hypotheken- oder Grundbuch sichern könne, wie die Zwangsverwaltung, wie die Zwangsveräusserung zu vollziehen sei. Das Eingreifen der materiellrechtlichen Grundsätze über Eigenthum und Hypothekenrecht geboten hier vor allem Zurückhaltung**).

---

*) Wenn die §§ 796—822 auch „Arrest und einstweilige Verfügungen" unter die „Zwangsvollstreckung" stellt, so ist das im Grunde genommen nicht korrekt.

**) Vgl. hierzu mein Handbuch Bd. I. 165.

Unter der Firma der Zwangsvollstreckung behandelt das Gesetz die materiellen Voraussetzungen derselben, die Vollstreckungsarten und Vollstreckungsobjekte, das Vollstreckungsverfahren. Die Grundgedanken des Vollstreckungssystems sind theilweise originell, theilweise angelehnt an Gegebenes. Für die Länder, welche den Gerichtsvollzieher nicht hatten, war die Reform radikal, für die anderen noch immer einschneidend genug.

In ihren materiellen Voraussetzungen wird die Zwangsvollstreckung mit grosser Freiheit und Energie behandelt. Sie wird nicht nur zur Verwirklichung des rechtskräftig feststehenden Anspruchs, sondern in weitem Umfang provisorisch zugelassen. Und das wiederum nicht nur dort, wo Summarietät des Anspruchs nach gemeinrechtlichen Anschauungen vorlag, sondern als „vorläufige Vollstreckung“ im Laufe des ordentlichen Processes. Dem Gläubiger wird bestens vorgesorgt. Für den Beklagten sind die hier einschlagenden Sätze nicht ohne Gefahren.

Das Vollstreckungsverfahren ist den Händen des Gerichts zum guten Theil entzogen. Der Processbetrieb der Parteien, hier als Vollstreckungsbetrieb vermittelst des Gerichtsvollziehers gedacht, und die Thätigkeit des Gerichtsschreibers stellen das Gericht, wenn nicht besondere Gründe seine Betheiligung vernothwendigen, ausserhalb der Vollstreckung. Grosse Vereinfachung, ausserordentliche Beschleunigung des Verfahrens werden in vielen Fällen erreicht.

Die Betheiligung des Gerichts ist theils Betheiligung als vollstreckendes Gericht, theils als die Vollstreckung überwachendes, d. h. über formelle oder materielle Einwendungen kognoscirendes Gericht. Diese Betheiligung wird wesentlich erleichtert dadurch, dass die Zwangsvollstreckung organisatorisch vom Hauptverfahren losgelöst ist. Der Gerichtsvollzieher der Zwangsbereitschaft wird unmittelbar durch die Partei beauftragt; daher ist die Zwangsgewalt präsent, wo sie gebraucht wird. Als Vollstreckungsgericht funktionirt das Gericht der Zwangsbereitschaft und nur in beschränkteren Fällen das Processgericht. Die Tendenz ist, womöglich überall, wo es sich um die Entscheidung von Rechtsfragen handelt, das Gericht eingreifen zu lassen und dadurch den Einfluss und die Verantwortlichkeit des Gerichtsvollziehers und Gerichtsschreibers zu beschränken.

Die folgende Erörterung wird diesen Gesichtspunkten zum Beleg und zur weiteren Ausführung dienen.

I.

Die materielle Voraussetzung der Zwangsvollstreckung ist die Vollstreckbarkeit des Anspruchs, die Existenz eines gesetzlichen Grundes, welcher die Vollstreckbarkeit bedingt, eines Vollstreckungstitels.

Der Vollstreckungstitel ist seiner Erscheinung nach öffentliche Urkunde. Sein Wesen bezeichnet die CPO. nur unvollkommen mit dem Ausdruck „Schuldtitel" (§§ 706, 644, 702). Denn nicht die Eigenschaft des Aktes als eines civilrechtlichen Verpflichtungsgrundes ist wesentlich, sondern seine specifisch processrechtliche Wirkung. Kraft Processrechts giebt der sog. Vollstreckungstitel das Recht auf den Vollstreckungsakt, den Vollstreckungsanspruch, eine Art des Rechtsschutzanspruchs. Dieser publicistische, durch die Executivorgane des Staates nach Maassgabe der Processordnung zu befriedigende Anspruch auf Anwendung der Zwangsgewalt erscheint in gewisser Weise losgelöst vom materiellen Recht, dem zu dienen er bestimmt ist. Vermöge der Formalnatur seiner Causa kann er bestehen, obschon das durch ihn zu verwirklichende oder zu sichernde Recht nicht oder nicht mehr besteht. Ganz klar tritt das hervor an dem unten eingehend zu besprechenden vorläufig vollstreckbaren Urtheil; die nachträgliche Klageabweisung stellt fest, dass ein materieller Anspruch überhaupt nicht vorhanden war, aber der Vollstreckungsanspruch bestand. Er hat seine selbstständigen Entstehungsgründe im Richterakt oder der Parteidisposition, mag dieser *ipso iure* (z. B. § 702 Nr. 1) oder kraft ausdrücklicher Erklärung (*clausula executiva*: § 702 Nr. 5) das *ius paratae executionis* zu kommen. Er kann Gegenstand selbstständigen Streites sein — letzteres in der Klage auf Erlass des Vollstreckungsurtheils (§§ 660, 661, 868), oder in dem Incidentstreit über die Zulässigkeit der vorläufigen Vollstreckbarkeit —; er kann untergehen, obschon der materielle Anspruch fortbesteht, z. B. durch Verzicht auf die Exekutivkraft der Urkunde des § 702 Nr. 5. Die Eigenschaft des Vollstreckungsrechtes als eines subjektiven publicistischen Rechtes ist sonach unverkennbar*). Seine sekundäre Natur, die Zurückbeziehung auf das zu exequirende materielle Recht aber bedingt, dass bei liquidem Fortfall des letzteren auch der Vollstreckungsanspruch hinfallen muss. Daher ist es nicht folgewidrig, wenn im Process über das Vollstreckungsrecht auch materielle Einwendungen zugelassen werden.

Die Vollstreckungstitel lassen sich gruppiren als richterliche Dekrete und Parteidispositionsakte. Vollstreckbares richterliches Dekret ist das vollstreckbare Urtheil (§ 644 fg.), das Vollstreckungsurtheil auf Grund eines Schiedsspruchs oder eines ausländischen Urtheils (§§ 868, 660), die durch Beschwerde anfechtbare Entscheidung (§ 702 Nr. 3 vgl. mit §§ 530, 540), der für vollstreckbar erklärte Zahlungsbefehl im Mahnverfahren (§§ 702 Nr. 4, 639 fg. vgl. mit §§ 99, 126, 345, 355), der Arrestbefehl und die einstweilige Verfügung (§§ 808, 809, 815). Der vollstreckbare Dispositionsakt ist der gerichtliche, processbeendigende Vergleich (§ 702 Nr. 1 und 2, KO. §§ 152, 179, 192) und die exekutorische Urkunde (§ 702 Nr. 5, 706)**).

---

*) Mit den Gegnern, welche ein subjektives publicistisches Recht gegenüber dem Staat nicht anerkennen, kann ich an dieser Stelle mich nicht auseinandersetzen. Es genügte einstweilen die Berufung auf Jellinek System der subjektiven öffentlichen Rechte, Freiburg 1892 S. 119 fg.; Laband Staatsrecht des deutschen Reichs, Bd. II § 82; Gierke Deutsches Privatrecht Bd. I 323. Vgl. mein Handbuch Bd. I 19 fg. und meinen Feststellungsanspruch, 1888 S. 27 fg. — Ebensowenig kann ich hier eingehen auf die mannigfachen Einwürfe, welche — zum Theil auf Missverständnissen ruhend — gegen den Rechtsschutzanspruch überhaupt erhoben worden sind. Er erfreut sich wachsender Anerkennung.

**) Anderweite Vollstreckungstitel nach Reichsrechts: Genossenschafts-Ges. v. 1. Mai 1889 §§ 60, 99, 102, 106—108, 123, Gewerbegerichts-Ges. v. 29. Juli 1890 § 56, StPO. §§ 483, 490, 496 u. a. m.

Es würde zu weit führen, wollte ich versuchen, sämmtliche Vollstreckungstitel einer eingehenden Betrachtung zu unterziehen. Ich versage mir daher auch die Erörterung des letztgenannten, höchst wichtigen und interessanten Vollstreckungsgrundes der exekutorischen Urkunde*). Das Folgende soll ausschliesslich dem vollstreckbaren Urtheil, dem rechtskräftigen, dem vorläufig vollstreckbaren Urtheil und dem Vollstreckungsurtheil gelten.

Vollstreckbar sind rechtskräftige oder vorläufig vollstreckbare, von deutschen Gerichten erlassene Endurtheile, welche unbedingt die Verurtheilung zu irgend einer Leistung, einer Handlung, Duldung oder Unterlassung aussprechen. Das mit Rechtsmitteln oder Einspruch anfechtbare Urtheil ist kein rechtskräftiges. Die Rechtskraft tritt ein mit dem Ablauf der Rechtsmittelfrist, d. i. der Einlegungsfrist für Berufung und Revision, beim Versäumnissurtheil mit dem Ablauf der Einspruchsfrist (§ 645). Die Rechtskraft des überhaupt dem Einspruch nicht unterliegenden Versäumnissurtheils (§§ 474, 529) ist hiernach vom Ablauf der Berufungs- resp. Revisionsfrist abhängig. Wird Berufung oder Revision gebraucht, so wird dadurch der Eintritt der Rechtskraft bis zur Erledigung der Sache durch nicht mehr anfechtbares Urtheil hinausgeschoben. Die Bedeutung der formellen Rechtskraft für die Vollstreckbarkeit ist sonach im Sinne des gemeinen, nicht des französischen Rechtes geregelt.

Den rechtskräftigen Endurtheilen werden nach ausdrücklicher Vorschrift der §§ 502, 562 hinsichtlich der Zwangsvollstreckung gleich behandelt die dort genannten, auf Grund nicht erschöpfender Kognition erlassenen, mit Rechtsmitteln, resp. Einspruch nicht mehr anfechtbaren Urtheile. Wir haben von ihnen schon gehandelt (s. oben S. 146 u. öft.). Sie sind das Urtheil, welches in der Berufungsinstanz unter Vorbehalt der Rechte ergeht, und das Urtheil im Urkunden- und Wechselprocess. Diese Urtheile beschreiten zwar dadurch, dass sie auf dem Wege der Rechtsmittel unangreifbar werden, die for-

---

*) Hierzu Kohler Gesammelte Beiträge zum CP. S. 168 fg., 459 fg.

melle Rechtskraft, aber sie bleiben provisorische, weil sie auf nicht vollständiger Urtheilsgrundlage ruhen. Daher wird in ihnen immer nur ein resolutiv bedingtes Vollstreckungsrecht verliehen. Dasselbe ist zu sagen vom vorläufig vollstreckbaren Urtheil.

Vollstreckbar ist das formell noch nicht rechtskräftige, aber vorläufig vollstreckbare Urtheil. Das vorläufig vollstreckbare Urtheil ist das vom Processgericht durch besonderes Dekret für vorläufig vollstreckbar erklärte Urtheil. Dieses Dekret ist entweder von Amtswegen oder auf Antrag zu erlassen. Ersteres in den Fällen des § 648, letzteres in den Fällen der §§ 649 und 650*). Officiell wird die Vollstreckbarkeit verfügt für Urtheile deklaratorischer oder purifikatorischer Natur (§§ 648 Nr. 1, 278; § 648 Nr. 2), für das zweite oder fernere in derselben Instanz zur Hauptsache gegen dieselbe Partei erlassene Versäumnissurtheil (§ 648 Nr. 3), für die Urtheile im summarischen Process (Urkunden-, Wechsel-, Arrestprocess: § 648 Nr. 4, 5), für Alimentationsurtheile in beschränktem Umfang (§ 648 Nr. 6).

Besonders bemerkenswerth unter diesen zweckmässigen Bestimmungen ist die vorläufige Vollstreckbarkeit des zweiten und ferneren Versäumnissurtheils. Als solches ist nicht nur das des § 310, sondern jedes im Laufe des Verfahrens ergehende, streiterledigende, zweite oder fernere Versäumnissendurtheil anzusehen. Also auch das Versäumnissurtheil, welches nach früher erlassenem und beseitigtem Versäumnisstotalurtheil erfolgt. Mit Recht wird betont, dass hierin ein wirksames Korrektiv gegen den Missbrauch des Einspruchs liegt. Denn nicht er, sondern erst das das Versäumnissurtheil ändernde

*) Dabei handelt es sich immer nur um Verurtheilung in der Hauptsache, mit der als Accessorium die Verurtheilung im Kostenpunkt an der vorläufigen Vollstreckbarkeit theilnimmt. Leider hat eine schiefe formalistische Auffassung des Gesetzes Verwirrung geschaffen und in der Praxis weit Verbreitung gefunden; sie unterstellt auch die nackte Kostenverurtheilung der vorläufigen Vollstreckbarkeit. Dem fügt sich weder der Wortlaut der CPO., noch der Zweck der betreffenden Bestimmungen, noch auch die Vorgeschichte desselben. Vgl. dazu Seuffert a. a. O. § 648 Note 3 b und Forkel Die vorläufige Vollstreckbarkeit, Wildenfels 1895, S. 3 fg.

kontradiktorische Urtheil würde die vorläufige Vollstreckung hemmen.

Ungleich tiefer aber als § 648 greifen die Vorschriften über die auf Antrag zu verfügende provisorische Vollstreckbarkeit. Das Gesetz nennt bestimmte Fälle, in denen es ohne weitere Voraussetzung um der Natur der Streitsache willen die beantragte Vollstreckbarkeit zubilligt (§ 649). Hierher gehören, abgesehen von Ueberlassungs- und Räumungsurtheilen in Miethssachen und einigen anderen unwesentlicheren Gruppen von Streitsachen, alle vermögensrechtlichen Ansprüche, sofern der Gegenstand der Verurtheilung an Geld oder Geldeswerth die Summe von 300 M. nicht übersteigt (§ 649 Nr. 4). Damit ist die grosse Masse der amtsgerichtlichen Streitsachen hinsichtlich der Vollstreckbarkeit privilegirt. Aber auch landgerichtliche participiren an diesem Vorzug. Denn wohl bemerkt, § 648 Nr. 4 macht die Vollstreckbarkeit nicht von dem Werth des Streitgegenstandes, sondern dem Werke des zuerkannten, judikatsmässigen Anspruchs abhängig. Allein wichtiger noch ist die allgemeine Regel des § 650, welche die Vollstreckbarkeit einräumt, wenn entweder der Gläubiger Sicherheit *de eventualiter restituendo* leistet oder *periculum in mora* bescheinigt:

> „Urtheile sind auf Antrag für vorläufig vollstreckbar zu erklären, wenn glaubhaft gemacht wird, dass die Aussetzung der Vollstreckung dem Gläubiger einen schwer zu ersetzenden oder einen schwer zu ermittelnden Nachtheil bringen würde, oder wenn sich der Gläubiger erbietet, vor der Vollstreckung Sicherheit zu leisten“.

So hängt es in jedem Falle lediglich vom Vollstreckungssucher ab, ob er die sofortige Vollstreckung erreicht. Denn kann er die drohende Benachtheiligung nicht bescheinigen, so bedarf es nur der Sicherheitsleistung und es muss ihm die vorläufige Vollstreckbarkeit zugesprochen werden. Der Verurtheilte kann sich retten, wenn er den drohenden unersetzlichen, nicht schon, wenn er den drohenden schwer ersetzlichen oder schwer nachweisbaren Nachtheil darthut (§ 651). Ist die Bescheinigung nicht zu erbringen, dann soll zwar die beklagtische Sicherstellung oder Hinterlegung die Vollstreckung hemmen, aber das doch nur unter der Voraussetzung, dass nicht der Gläubiger sich zur Sicherheitsleistung erbietet (§ 652 Abs. 2). Diese Regel gilt von allen Fällen vorläufiger Vollstreckbarkeit und ebenso die andere, nach der das Gericht auf Antrag die vorläufige Vollstreckbarkeit von vorgängiger Sicherheitsleistung abhängig machen kann (§ 652 Abs. 1).

Sonach ist der Kläger entschieden vor dem Beklagten begünstigt. Es wird ein mächtiges Gegengewicht gegen die unbegrenzte Berufungsfähigkeit aller erstinstanzlichen Urtheile und gegen eine etwaige Neigung der Partei, die Hauptsubstanz des Verfahrens in die höhere Instanz hinüberzuspielen, geschaffen. Es werden die zahlreichen Berufungen und Revisionen abgeschnitten, welche ihren Reiz und praktischen Nutzen für die Partei verlieren, wenn sie ihr nicht mehr zur Verzögerung der Zwangsvollstreckung dienlich sein können.

Andrerseits wird unverkennbar der ungerecht verurtheilte Beklagte in Gefahr gebracht. Denn man kann sich nicht darüber täuschen, dass die *cautio de eventualiter restituendo*, welche dem verurtheilenden Gerichte ausreichend erscheint und auch in der That den eventuellen Ersatz sichert, doch in sehr vielen Fällen die Nachtheile, welche die vorläufige Entziehung des Vermögenswerthes oder des Streitgegenstandes mit sich bringt, nicht auszugleichen vermag — und dass vollends die Lage kritisch werden kann, wenn die Vollstreckbarkeit ohne solche Sicherstellung bewilligt ist. Doch wird dieses Bedenken wesentlich abgeschwächt durch die diskretionäre Gewalt des Rechtsmittelgerichts und des mit dem Vollstreckungsverfahren befassten Gerichts in der Vollstreckbarkeitsfrage.

Ist Berufung oder Revision oder Einspruch gegen ein vorläufig vollstreckbares Urtheil eingelegt, so ist das Rechtsmittelgericht resp. das Processgericht des Versäumnissurtheils befugt, nach freiem Ermessen auf Antrag anzuordnen, dass gegen Sicherheitsleistung des Beklagten die Zwangsvollstreckung einstweilen eingestellt werde und die erfolgten Vollstreckungsmaassregeln aufzuheben seien, oder dass doch die Vollstreckung nur gegen Sicherheitsleistung stattfinde. Ohne Sicherheitsleistung kann es die Einstellung nur verfügen, wenn drohender unersetzlicher Nachtheil bescheinigt wird (§§ 657, 647)*). Und ganz ähnliche Befugniss wird dem Vollstreckungsgericht und dem Processgericht im Vollstreckungsverfahren beigelegt. Werden Einwendungen gegen die Ertheilung der Vollstreckungsklausel erhoben (§ 668 Abs. 1), oder entsteht Streit über die Art und Weise der Zwangsvollstreckung oder das bei derselben vom Gerichtsvollzieher zu beobachtende Verfahren (§ 685 Abs. 1), so kann das kognoscirende Gericht die Zwangsvollstreckung gegen Sicherheitsleistung oder ohne solche einstweilen einstweilen oder doch die Fortsetzung von vorgängiger Sicherheitsleistung abhängig machen. Werden materielle Einwendungen gegen die Existenz des judikatsmässigen Anspruchs oder im Legitimationspunkt und dergl. erhoben (§§ 686, 687, 696 Abs. 3), so können nicht nur die gleichen Verfügungen auf Antrag erlassen, sondern auch die erfolgten Vollstreckungsmaassregeln gegen Sicherheitsleistung aufgehoben werden (§ 688). Dabei wird jedoch die Bescheinigung der thatsächlichen, den Antrag begründenden Behauptungen vorausgesetzt. So auch im Falle der sog. Exekutionsintervention des § 690**).

Es springt in die Augen, wie wenig die letzterwähnten Befugnisse des Rechtsmittel- und Vollstreckungsgerichts etc. mit den allgemeinen Regeln über die vorläufige Vollstreckbarkeit harmoniren. Sie muss vom erkennenden Gericht gegen Sicherheitsleistung des Klägers gewährt werden; das Kautions-

---

*) Der § 647 bezieht sich nicht auf die Zwangsvollstreckung aus vorläufig vollstreckbaren, sondern aus rechtskräftigen Urtheilen. Ueber analoge Anwendung des § 657 vgl. Seuffert a. a. O. § 657 Note 2.

**) Die Einstellung etc. erfolgt durch Beschluss (s. jedoch § 689). Er beseitigt oder beschränkt materiell die vorl. Vollstreckbarkeit; formell bleibt sie von Bestand, wird sie nur gehemmt (§ 692); und das ist bedeutsam für den Fall, dass die Einstellungsgründe nachträglich fortfallen. Aber der ganze Punkt ist nicht genügend im Gesetz erwogen. Wie steht es z. B., wenn im Fall § 657 gegen Sicherheitsleistung eingestellt oder aufgehoben und das Rechtsmittel durch revisibeles Urtheil verworfen wird ohne Aufhebung des Einstellungsbeschlusses?

anerbieten des Beklagten konnte keine Beachtung finden. Das Rechtsmittelgericht kann unerachtet der erfolgten Sicherheitsleistung die Zwangsvollstreckung sistiren und die verfügten Maassregeln aufheben, wenn der Beklagte kavirt. Damit wird die in der untern Instanz anerkannte Bevorzugung des Klägers in der höheren wieder ausgeglichen. Dasselbe Resultat ergab sich für das Vollstreckungsverfahren.

Die vorläufige Vollstreckbarkeit ist im Urtheil zu erkennen. Der auf sie zielende Antrag resp. die auf ihre Anwendung gerichteten Behauptungen und Kautionserbieten sind vor dem Schlusse der mündlichen Verhandlung vorzubringen (§ 653). Der Vollstreckbarkeitsbeschluss ist Urtheilsbestandtheil. Ist vorschriftswidrig unterlassen, über die Vollstreckbarkeit zu erkennen, so kann das Ergänzungsurtheil gefordert werden (§§ 654, 292). Ist in der ersten Instanz die vorläufige Vollstreckbarkeit nicht beantragt oder das Ergänzungsurtheil nicht rechtzeitig erbeten, oder etwa der Antrag zurückgewiesen oder ihm nur bedingt (§§ 650, 653) entsprochen, so ist in der Berufungsinstanz (§§ 496, 656) die Verurtheilung, soweit sie nicht angefochten wird, auf „den im Laufe der mündlichen Verhandlung gestellten Antrag“ für vorläufig vollstreckbar zu erklären und zwar ohne jede Rücksicht darauf, ob das Urtheil den Voraussetzungen der §§ 649, 650 entspricht oder die des § 650 vorliegen*). Das geschieht durch unanfechtbaren Beschluss, der aufzuheben ist, wenn nachträglich die Berufungsanträge in den für vollstreckbar erklärten Urtheilstheil hinübergreifen**).

---

*) Ob Gleiches bezüglich des § 651 zu sagen? Ich meine ja, da § 496 auf der Prämisse der Unangefochtenheit des Urtheilstheiles ruht. Daher ist er auch anwendbar, wenn wegen § 651 in erster Instanz der Antrag auf vorl. Vollstreckbarkeit abgelehnt wurde (a. M. Forkel a. a. O. S. 22; aber der Beklagte giebt ja die Vertheidigung gegen das Urtheil auf!)

**) Nicht ist § 657 anwendbar (a. M. Seuffert a. a. O. § 496 Note 1); der Fall ist ein ganz anderer. Aber noch viel weniger besteht die vorl. Vollstreckbarkeit schlechthin fort bei nachträglichem Angriff gegen den betreffenden Urtheilstheil (a. M. Forkel S. 24); die *ratio legis*, Pression zur Beschleunigung der Berufungsanträge, wird allemal erreicht, wenn nur die Vollstreckung zu befürchten ist; andererseits wäre es widersinnig, nach-

Die Vollstreckbarkeitserklärung der unteren Instanz bindet, wie schon konstatirt, das Rechtsmittelgericht nicht. Es ist also selbstverständlich, dass die Partei mit dem Urtheil in der Hauptsache zugleich die vorläufige Vollstreckbarkeit anfechten kann. Doch geht das Gesetz weiter. Es lässt die selbstständige Anfechtung der Vollstreckbarkeitsentscheidung zu. Nicht, wenn sie in der Berufungsinstanz ergeht, m. a. W.: es gibt keine Revision gegen die Vollstreckbarkeitsentscheidung, gleichviel, ob diese vorab nach § 656 Abs. 1 oder erst mit dem Urtheil in der Hauptsache erfolgte, ob sie sich auf § 496 gründet oder auf eine Anfechtung der erstinstanzlichen Entscheidung*) (§§ 656 Abs. 3, 496). Hier kann lediglich mit der Revision in der Hauptsache nach § 657 Remedur gesucht werden. Dagegen ist gegen alle erstinstanzlichen Vollstreckbarkeitsentscheidungen, mögen sie gewährend oder ablehnend lauten, die Berufung selbstständig möglich und zwar gegen sie allein oder in Verbindung mit dem Angriff in der Hauptsache. Wir folgern das nicht aus § 656 Abs. 1, noch aus dessen Geschichte. Der § 656 Abs. 1 deutet nichts von selbstständiger Berufungsfähigkeit an. Er hatte nach dem Entwurfe folgenden Wortlaut:

> „in der Berufungsinstanz ist über die vorläufige Vollstreckbarkeit, sofern dieselbe nicht den alleinigen Gegenstand der Verhandlung bildet, auf Antrag vorab zu verhandeln und zu entscheiden."

---

träglich, obschon die Prämisse des § 496 hingefallen ist, die Konsequenz ihres Bestandes zu ziehen. Sollte, wenn zwar der Vollstreckbarkeitserklärung noch gar nicht Folge gegeben und nun die Berufung erweitert worden, des unerachtet vollstreckt werden?

*) Das Reichsgericht unterscheidet hier willkürlich (vgl. Juristische Wochenschrift 1886 S. 228 fg. 1892 S. 27). Aehnlich lässt es gegen die Entscheidung des Berufungsgerichts auf Grund des § 657 dann die Beschwerde zu, wenn die Voraussetzungen der Anwendbarkeit der §§ 647, 657 in Frage sind: offenbar gegen das Gesetz § 647 Abs. 2: „die Entscheidung kann ohne mündliche Verhandlung erfolgen. Eine Anfechtung des Beschlusses findet nicht statt." Denn aus welchem Grunde der „Beschluss" ablehnend lautet, ist für die Frage seiner Anfechtbarkeit gleichgültig. Vgl. RG. Entscheid. Bd. XXXII S. 394 und die dortigen Citate.

Die Motive führen dazu aus, dass die Versagung oder Gewährung der vorläufigen Vollstreckbarkeit für sich allein zur Einlegung der Berufung genügen sollen, ohne dass es einer sachlichen Beschwerde bedürfe. In der Reichs-Justizkommission beantragte ein Mitglied einerseits die Streichung des Passus „sofern“ bis „bildet“, andererseits den Zusatz:

> „die vorläufige Vollstreckbarkeit des Urtheils kann für sich allein durch Rechtsmittel nicht angefochten werden.“

Man nahm den Streichungsantrag an. Der Ergänzungsantrag wurde zurückgezogen. Aus welchen Gründen, lassen die Protokolle nicht erkennen. Wenn aber, wie sie bekunden, Herr von Amsberg die gestrichenen Worte für überflüssig erklärte und demgemäss die Streichung erfolgte, so konnte das geschehen sowohl aus dem Grunde, weil die Majorität mit dem Antragsteller die Vollstreckbarkeitsfrage nicht als Gegenstand einer selbstständigen Berufung gedacht wissen wollte, oder weil sie glaubte, dass selbstverständlich bei alleinigem Angreifen des Vollstreckungsentscheides die Verhandlung sich nur auf ihn richte. Die Kommentatoren treten für die selbstständige Berufungsfähigkeit ein. Und in der That lässt sie sich rechtfertigen. Die Selbstständigkeit der Berufung kann gestützt werden auf die Selbstständigkeit des Berufungsinteresses. Es muss dem Gläubiger verstattet sein, gegen die Ablehnung seines Vollstreckbarkeitsantrags Berufung einzulegen, unabhängig von dem etwaigen Berufungsentschlusse des Schuldners. Er hat ein Interesse daran, dass nicht erst die einmonatliche Berufungsfrist und der Moment des Berufungsverfahrens abgewartet werde, in welchem er durch Adhäsion die Vollstreckbarkeit betreiben könne. Dieses Interesse zu verfolgen ist denkbar, weil § 486 auf die mündliche Verhandlung über die Vollstreckbarkeitsfrage keine Anwendung findet, also sehr wohl vor Ablauf der Berufungsfrist über sie selbstständig verhandelt werden kann (§ 656 Abs. 2); weiter, weil die Einlassungsfrist von einem Monat (§ 481) nach § 204 sehr wohl bis auf ein Minimum verkürzt werden kann. Dadurch wird denkbar eine schleunigste Behandlung und Erledigung der Vollstreckungsfrage womöglich noch vor Ablauf der Berufungsfrist. Und dadurch wird denn auch haltbar die Ansicht der Motive, dass auch dem Schuldner die selbstständige Berufung in der Vollstreckungsfrage zustehe. Er hat ein Recht auf die volle Berufungsfrist als Deliberationsfrist, ob er in der Hauptsache zum Rechtsmittel greifen solle. Er hat aber zugleich ein Interesse, schleunigst die Frage der Vollstreckbarkeit in ihm günstiger Weise zur Erledigung zu bringen. Wird die Berufung in diesem Punkte nicht zur Berufung in der Hauptsache erweitert*), so ist die Rechtskraft des Urtheils und damit die definitive Erledigung der Vollstreckbarkeit die Folge.

Die Berufung gegen die Vollstreckbarkeits-Erklärung untersteht, abgesehen von der eben angeführten Eigenthümlichkeit des § 656 Abs. 2 den gewöhnlichen Regeln. Doch versteht es sich von selbst, dass dieser Berufung der Suspensiveffekt nicht zukommen kann. Ist doch die Erklärung vorläufiger Vollstreckbarkeit gerade die Versagung des Suspensiveffekts für die Entscheidung in der Sache selbst, und es sollte durch Berufung gegen diese Versagung wiederum der Suspensiveffekt eingeführt werden?

Fällt nun in der Rechtsmittelinstanz die Entscheidung in der Hauptsache oder im Vollstreckungspunkte gegen die untere Instanz aus, so tritt die vorläufige Vollstreckbarkeit insoweit „ausser Kraft“, als die „Aufhebung oder Abänderung“ des angefochtenen Urtheils erfolgt (§ 655 Abs. 1). Zugleich ist auf Antrag des Beklagten der Kläger zur Erstattung des schon auf Grund des Urtheils Gezahlten oder Geleisteten zu verurtheilen (§ 655 Abs. 2). Diese Bestimmung ist auf Antrag des Abgeordneten von Forcade in das Gesetz gekommen. Er motivirte mit der Erklärung, dass sie sich nur auf das Gezahlte oder Geleistete im strengen Sinne beschränken solle, dagegen wegen etwaigen Schadens oder Interesses es selbstständiger Klage bedürfe. Für die ganze Bestimmung wird § 563 Abs. 2 unterstützend herangezogen. Er biete die volle Parallele.

*) Vgl. Gaupp a. a. O. Bd. II 313 Note 3.

Es mag verstattet sein, dieser Auffassung etwas gründlicher nachzugehen.

Der § 655 Abs. 2, wie der § 563 Abs. 2, mit welchem er zusammengestellt wird, verfolgen den Zweck, die Wirkung einer unberechtigten Verurtheilung wieder aufzuheben. Der § 563 Abs. 2 bezieht sich auf das summarische Verfahren, den Wechsel- und Urkundenprocess. Nach der eigenthümlichen Gestalt, welche ihm in der CPO. gegeben worden, soll im Falle der Verurtheilung unter Vorbehalt der beklagtischen Rechte der Process im ordentlichen Verfahren anhängig bleiben (§ 563 Abs. 1)*). Parteirollen und Streitgegenstand**) scheinen unverändert. Es liegt die Anschauung zu Grunde, dass mit die summarische Klage gleichzeitig auf definitive Erledigung abzielt. Daher kann je nachdem ohne besonderes Ordinarium der Urkunden- und Wechselprocess zur definitiven Erledigung der Streitsache führen (§ 560 Abs. 1) oder auch an das Summarium ein Ordinarium (Nachverfahren) sich anreihen, mit keinem andern Resultat, als einer Bestätigung des summarischen Urtheils oder seiner Aufhebung und der definitiven Abweisung der Klage. Es ist also die gemeinrechtliche Konstruktion nicht beliebt, nach welcher das Ordinarium sich an das mit der Verurtheilung endigende Summarium in der Form der vom Verurtheilten erhobenen Nachklage anschliessen kann, deren praktische Spitze nicht etwa Abweisung einer gar nicht schwebenden ordentlichen Klage, sondern die Beseitigung der durch das summarische Verfahren unberechtigter Weise herbeigeführten ökonomischen Veränderungen ist. Aber die Nachklage soll selbstverständlich nicht von der CPO. ausgeschlossen sein. Sie gedenkt nicht, den Beklagten schlechter, sondern besser zu stellen. Die Nachklage hüllt sich in den in § 563

*) Und zwar immer in erster Instanz. Die gegentheilige Meinung kann auf CPO. § 500 Nr. 4 nicht gestützt werden. Das Gesetz ist auf den Fall, wenn irrthümlich unterinstanzlich der Vorbehalt versagt wurde, „entsprechend“ anzuwenden. Ob überhaupt die „Zurückweisung“ sinnvoll ist, habe ich hier nicht zu untersuchen. — Die gegentheilige Interpretation ignorirt die Analogie.

**) Dieser gedacht als Gegenstand des Vorbehalturtheils.

Abs. 2 genannten „Antrag auf Erstattung des von dem Beklagten auf Grund des Urtheils Gezahlten oder Geleisteten". Wäre nun die oben angeführte Auffassung richtig, dass hierunter nichts als das realiter Geleistete oder Gezahlte zu verstehen sei, so würde der Zweck der CPO. vereitelt, indem sie den Beklagten, den sie besser stellen will, als er bei der formellen Scheidung des Summarium und Ordinarium gestellt ist, allemal nöthigt, den Weg eines selbstständigen Processes zu beschreiten, falls er die dem Gegner zugekommene Bereicherung (Früchte, Zinsen) oder den Ersatz des ihm schuldhaft und verantwortlich verursachten Schadens zu erlangen wünscht. Es kann unmöglich dem Beklagten versperrt sein, in der mündlichen Verhandlung, welche nach § 563 Abs. 1 das Ordinarium bildet, widerklageweise gemäss den gewöhnlichen Regeln des Verfahrens (§ 251) alle seine Ersatzansprüche gegen den Kläger geltend zu machen. Mit welchen Gründen wollte man es ihm verlegen? Es wird nur das Eine zuzugeben sein, dass der „Antrag auf Erstattung des Gezahlten und Geleisteten" und die Widerklage insofern unterschieden sind, als diese bei selbstständiger Begründung erforderlich, wogegen jener Antrag schon durch die Unhaltbarkeit der Verurtheilung motivirt wird. Wo also die Haftung für Zinsen und Früchte schon *ipso iure* als dem Beitreiben des nachträglich abgesprochenen Anspruchs folgt, wird der „Antrag" auch auf sie gerichtet werden können, wo das — wie beim Schadensersatz — nicht der Fall ist, bedarf es der Widerklage.

Der Fall des § 655 Abs. 2 — und ebenso § 503 — bildet zu dem des § 563 Abs. 2 keine vollständige Parallele. Dort handelt es sich um die Rechtsmittelinstanz, deren Aufgabe ist die Nachprüfung des gefällten Urtheils und der damit verbundenen Vollstreckbarkeits-Erklärung. Der Gesichtspunkt der Widerklage ist nicht zu verwerthen. Das selbst nicht im Falle des § 503 Abs. 2, in welchem doch die Summarietät der Kognition des nach § 502 ergehenden Urtheils die völlige Parallele zu § 563 herstellt. Der richtige principielle Gesichtspunkt ist der, dass der Staat das von ihm dem Beklagten provisorisch Entzogene ihm unter Aufhebung seiner objektiv ungerechten Anordnung wieder verschaffen muss. Man mag hierzu den beklagtischen Antrag als nothwendige Voraussetzung ansehen. Dass man aber solchen Antrag im Rechtsmittelverfahren nur zulassen will in den engen Grenzen eines auf die reine Erstattung des Gezahlten und Geleisteten gerichteten Petitums, kann principiell nicht gerechtfertigt werden. Mag man auch soweit gehen, zuzugeben, dass ein Schadens- und Interessenanspruch wegen des ihn etwa begründenden selbstständigen Momentes der klägerischen Schuld einem selbstständigen Processe überlassen bleiben müsse, so ist doch alles, was dem Kläger aus dem Vermögen des Beklagten zugekommen ist, einschliesslich der Zinsen und Früchte letzterem durch das Urtheil des Rechtsmittelgerichtes dann zurückzugewähren, wenn wie gesagt diese Haftung schon an und für sich aus dem Thatbestand folgt. Die Liquidation des Erstattungsanspruchs in der Rechtsmittelinstanz zu bewirken, ist ohne jede Schwierigkeit*).

*) Die strengere, an das Wort angeschlossene Auslegung ist die vorherrschende, auch vom Reichsgericht vertretene. Vgl. dag. Gaupp a. a. O. Bd. II 312 Note 14, Stein Urkunden- und Wechselpr. S. 332, Forkel a. a. O. S. 34. Der Entwurf zur Aenderung der CPO. in Anlass des Bürgerlichen Gesetzbuches — s. Denkschrift z. Entw. e. BGB., Berlin 1896 — bringt Vorschläge in der Richtung der Textauffassung; nach § 274 Abs. 4 geht der Antrag des mit der vorbehaltenen Kompensationseinrede durchdringenden Beklagten auf Schadensersatz, ebenso nach § 563 Abs. 2 und § 655; dagegen wird er im Fall § 503 Abs. 2 auf die „Herausgabe der ungerechtfertigten Bereicherung“ beschränkt. Und so soll es auch gehalten werden, wenn die Aufrechnung erst in der Berufungsinstanz geltend gemacht und nach § 491 Abs. 2 neuer Fassung gemäss § 502 zurückgewiesen wird. Vgl. auch § 689 a. Für diese verschiedene Behandlung ist ein tieferer Grund nicht erfindlich; denn § 655 lässt jedenfalls die Schadensersatzforderung auch in der Berufungsinstanz zu. Vgl. übrigens auch Entw. § 822 a. — Dass nach CPO. gegen den Antrag auf Erstattung nach § 655 nicht Vertheidigungsgründe verwerthet werden können, welche zur Stütze der Klage in der höheren Instanz ausgeschlossen sind, versteht sich von selbst; dagegen fordert die Konsequenz, dass die auf Grund von Pluspetitio erfolgte Vollstreckung aufrecht erhalten werden kann durch statthafte vertheidigungsweise Klagerweiterung (§ 240 Nr. 2), z. B. bei nachträglicher Fälligkeit neuer Raten. Nicht ganz richtig RG. Entsch. Bd. XXXIV S. 355 fg.; denn eine Anschliessung ist unzulässig,

II.

Das ausländische Urtheil als solches ist im Inlande niemals Vollstreckungstitel. Seine ausländische Vollstreckbarkeit, mag sie die Folge der Rechtskraft oder einer vorläufigen Vollstreckbarkeits-Erklärung sein, ist keine Vollstreckbarkeit im Inlande. Der Vollstreckungstitel ist das inländische Vollstreckungsurtheil (§§ 660, 661).

Wir erkennen die Herrschaft fremden Rechts und fremder Gerichtsbarkeit innerhalb des fremden Territoriums an. Wir gehen weiter und gestehen zu, dass die richterlichen Entscheidungen des ausländischen Staates als solche auch von uns anzusehen seien. Aber wir treiben weder diese Anerkennung bis zur Selbstverleugnung, d. h. wir respektiren das fremde Urtheil nicht, wenn es in unsere eigene Jurisdiktion eingreift oder gegen unsere Prohibitivgesetze verstösst, noch können wir unsere Gerichtsgewalt dem fremden Urtheilsspruche unterstellen. Zur vollstreckbaren Entscheidung kann dieser immer nur werden durch Akt des inländischen Staates. Und auch das nur unter der Voraussetzung der Gegenseitigkeit.

Das sind die allgemeinen Anschauungen, von denen die CPO. ausgeht. In ihrer Durchführung lassen sie der legislatorischen Weisheit weiten Spielraum. Die CPO. stellt folgende Grundsätze auf.

Vorerst wird das Princip der Gegenseitigkeit festgehalten (§ 661 Nr. 5). Sie ist ausreichend verbürgt, wenn die ausländische Staats- und Gerichtspraxis den gleichen oder uns günstigeren Grundsätzen hinsichtlich der Vollstreckbarkeit unserer Urtheile folgt. Dass damit noch nicht die völlig gleiche Behandlung unserer und der ausländischen Urtheile gewährleistet ist, wird sich alsbald herausstellen.

Nur das ausländische rechtskräftige, also nicht schon das ohnedies vollstreckbare Urtheil kann im Inland vollstreckt

---

wenn das Petitum nicht erweitert werden soll, und eine Vertheidigung gegen den Erstattungsantrag durch Einrede, z. B. der Zahlung, wird keineswegs generell abzuschneiden sein.

werden (§ 660 Nr. 1). Der inländische Richter prüft nicht die Gesetzmässigkeit der ausländischen Entscheidung. Er prüft nicht, ob das Urtheil den processualischen resp. materiellen Voraussetzungen eines gültigen oder gar gerechten Urtheils entspricht. Er prüft nicht, ob der fremde Richter die Grundsätze der Statutenkollision richtig beobachtet oder ob er sich Uebergriffe erlaubt hat hinsichtlich der territorialen Herrschaft des anzuwendenden materiellen Rechts. Er prüft allein, ob das Urtheil nach dem Gesetze des ausländischen urtheilenden Gerichts die Rechtskraft beschritten hat, ob die Handlung, welche den Gegenstand der Vollstreckung bilden soll, nach inländischem Rechte erzwungen werden darf (§ 661 Nr. 2), ob ein Gericht des ausländischen Staates nach inländischem Rechte Zuständigkeit besass (§ 661 Nr. 3), ob beim Kontumacialverfahren dem verurtheilten Deutschen die den Process einleitende Ladung oder Verfügung im Staate des Processgerichts in Person oder in Deutschland durch Gewährung der Rechtshülfe zugestellt worden ist (§ 661 Nr. 4)*).

Unter diesen Voraussetzungen ist von besonderem Interesse die des § 661 Nr. 3. Die Reichs-Justizkommission fasst nach dem Vortritt ihrer Redaktions-Kommission und im Einverständniss mit dem Regierungsvertreter die Bestimmung dahin auf, dass nicht die Zuständigkeit *irgend eines Gerichtes* des Staates des Processgerichts, sondern die Zuständigkeit des *Processgerichts* selbst Voraussetzung des Vollstreckungsurtheils sei und dass diese Zuständigkeit nicht nur hinsichtlich der Rechtsauffassung des Processrichters, sondern auch hinsichtlich der thatsächlichen Unterlagen zu prüfen sei*). Diese Ansicht hat keinen Ausdruck im Ge-

---

*) Ueber alles Vorstehende vgl. *mein* Handbuch Bd. 1 223 fg. und dazu *Kohler* Ges. Beiträge S. 535 fg.

**) Wörtlich lautet die Erklärung der Redaktions-Kommission, welche sich die Reichs-Justizkommission aneignete: „dass der deutsche Richter die Zuständigkeit des auswärtigen Gerichtes nicht allein aus dem Gesichtspunkte zu prüfen habe, ob der auswärtige Richter die richtigen, dem deutschen Rechte entsprechenden Grundsätze über Zuständigkeit angewendet habe, sondern ob auch die Thatsachen, auf welche diese Grundsetz gefunden und kann nicht um deswillen, weil die genannte Kommission es anders wollte, als Inhalt des Gesetzes angesehen werden. Allerdings lässt sich im § 661 Nr. 3 die Zuständigkeitsprüfung auf die Rechts- und Thatfrage ausgedehnt denken. Aber nicht lässt sie sich beschränkt denken auf die Zuständigkeit dieses Processgerichts. Das Gesetz sagt ausdrücklich und nicht missverständlich, es sei das Vollstreckungsurtheil nicht zu erlassen, wenn „die Gerichte desjenigen Staates nicht zuständig waren, welchem das ausländische Gericht angehört". Es werden also einander gegenüber gestellt das Processgericht und die sämmtlichen Gerichte des Staates, denen jenes angehört. Nicht die Zuständigkeit des Processgerichts entscheidet, sondern es entscheidet, ob überhaupt eines der Gerichte des fraglichen Staates zuständig war. Das hat vernünftigen Sinn; denn nur „auf die territoriale Abgrenzung der Gerichtsbarkeit der Staaten, nicht der Gerichte des Auslandes unter einander zielt § 661 Nr. 3"*).

Mit der Anerkennung unserer Kompetenzgrundsätze als der maassgebenden für die Entscheidung der beregten Zuständigkeitsfrage werden die Prorogationsregeln (§§ 38—40) für diese mit bestimmend**). Damit ist, soweit es sich nicht um den Prorogationsvertrag, sondern um die sog. still-

---

sätze angewendet werden, die Zuständigkeit des auswärtigen Gerichts zu begründen geeignet und erwiesen seien."

*) Vgl. mein Handb. S. 231 fg., Seuffert a. a. O. S. 845 und die dort ang. Literatur, auch Kohler a. a. O. S. 556 fg. Die Entsch. des RG. Bd. XXVII 410 fg. wird weder dem Wort des Gesetzes, noch der immanenten von der Red.-K. verkannten Ratio, noch der Geschichte des Gesetzes gerecht. Dass Redaktoren den Sinn des Gesetzes missverstehen, das Gesetz falsch motiviren, dass sie etwas ins Gesetz hineinlegen wollen, was nicht sein Inhalt wird, ist eine vulgäre Erscheinung; vgl. mein Handb. S. 281 fg. Gerade die CPO. bietet dafür zahlreiche Beispiele. — Man beachte auch die Frage der sachlichen Zuständigkeit.

**) Motive zur CPO. zu § 661: „Der inländische Richter hat die Frage, ob rücksichtlich der Zuständigkeit des Gerichts, dessen Urtheil vollstreckt werden soll, ein Bedenken obwalte, nach den Vorschriften des inländischen Rechts, einschliesslich der Vorschriften über die Prorogation zu prüfen."

schweigende Prorogation des § 39 handelt, ein etwas schwankendes und schwächendes Element in die weise Vorschrift des § 661 Nr. 3 hineingebracht. Ist man der m. E. richtigen Ansicht, dass die vorbehaltlose Einlassung des Beklagten auf die Klage die Prorogation und nicht nur eine Präklusion der Inkompetenzeinrede zur Folge hat, so wird damit für unsere Inländer zur Vermeidung der Prorogationsfolge die Nöthigung geschaffen, sich in prorogirbaren Fällen, wenn sie sich vertheidigen wollen, durch die begründete Einrede der Unzuständigkeit zu vertheidigen, selbst wenn nach ausländischem Recht an ihre Versäumniss die Folge der Präklusion und der Kompetenzbegründung nicht angeschlossen wird. Aber das ist deshalb nicht schwerwiegend, weil ja der § 661 Nr. 3 der Partei den Gebrauch der ausländischen Rechtsbehelfe im Ausland nicht vorschränkt*).

Das Vollstreckungsurtheil wird erwirkt durch Vollstreckungsklage. Sie folgt den Grundsätzen des ordentlichen amts- resp. landgerichtlichen Verfahrens (§ 660). Es ist daher das Vollstreckungsurtheil durch Rechtsmittel anfechtbar. Es greifen die gewöhnlichen Regeln des Versäumnissverfahrens Platz. Fraglich ist, ob in dem so entstehenden Verfahren die materiellen Einwendungen im Legitimationspunkt oder hinsichtlich der Fortdauer des judikatsmässigen Anspruchs überhaupt vorgebracht und entschieden werden können. Einige Schriftsteller verneinen und berufen sich auf die „allgemeinen Grundsätze", nach denen über diese Punkte das Processgericht entscheiden solle (§§ 665, 667, 686, 687). Aber diese Vorschriften führen, soviel ich sehe, zum gegentheiligen Resultat. Das inländische, mit der Vollstreckungsklage befasste Gericht ist nicht Vollstreckungsgericht im Gegensatz zum

*) Meine frühere Behandlung dieses Punktes in der ersten Aufl. ruhte auf der unrichtigen Annahme, dass CPO. § 39 lediglich vom Präklusionsprincip und nicht vom Konsensprincip beherrscht werde. Vgl. mein Handb. S. 504 fg. M. E. Unhaltbares bei Planck a. a. O. Bd. II 632 Note 52 vom Boden der Theorie aus, welche im Falle CPO. § 39 überhaupt nicht Zuständigkeit entstehen lässt, sondern nur Präklusion der Einrede.

Processgericht. Es ist selbst Processgericht. Nur ist es das Processgericht der *actio iudicati*, nicht des ursprünglichen Anspruchs. Der Erlass des Vollstreckungsurtheils gibt ihm gegenüber dem Gerichte der Zwangsbereitschaft, dem Vollstreckungsgericht, die Stellung des Processgerichts nach Maassgabe der §§ 665, 667, 686, 687. Unmöglich kann, nachdem das Vollstreckungsurtheil erlassen ist, der Schuldner, falls er Einwendungen gegen den Erlass der Vollstreckungsklausel oder gegen die Vollstreckung vorzubringen hat, mit ihnen ins Ausland verwiesen werden. Die Vollstreckungsklausel geht vom Gerichtsschreiber des inländischen Gerichts aus, welches über die *actio iudicati* entschied (§ 662 Abs. 2). Hierher gehört also auch die Klage auf Ertheilung der Vollstreckungsklausel (§ 667). Wird das aber zugegeben, so sind auch die Einwendungen der §§ 686, 687 dorthin zu weisen. Das ist folgerichtig, denn mit dem Augenblick, in welchem das inländische Gericht mit der Vollstreckungsklage befasst ist, muss es auch zuständig sein, alle die Fragen zu prüfen, welche die Fortexistenz des judikatsmässigen Anspruchs betreffen. Daher kann der mit der *actio iudicati* Belangte in der mündlichen Verhandlung alle seine materiellen Einwendungen vorbringen, welche nach dem rechtskräftigen Erkenntniss vorzubringen er nach dem Processgesetz des urtheilenden ausländischen Gerichts noch berechtigt wäre. Ist das Vollstreckungsurtheil erlassen, so bleiben ihm weitere materielle Einwendungen nur noch gemäss § 686 Abs. 2. Die im § 686 Abs. 2 genannte mündliche Verhandlung ist in dieser Anwendung die Verhandlung über die Vollstreckungsklage*).

III.

Die Vollstreckung aus vollstreckbarem Titel ist nach der CPO. auf folgende Grundgedanken aufgebaut.

---

*) Vgl. mein Handb. Bd. I 226, und ausser dem bei Seuffert a. a. O. S. 842 Angeführten Heldmann Die Judikatsklage 1895 S. 56 fg. — Ueber die Vollstreckungsklage auf Grund des Schiedsspruchs (CPO. § 868) mein Handb. S. 74 fg., 248 fg.

Es treten in Aktion ausser der betreibenden Partei der Gerichtsvollzieher und das Vollstreckungsgericht; das Processgericht ist theils durch seinen beurkundenden Gerichtsschreiber, theils selbst prüfend und dekretirend thätig.

Das Verfahren ist formell möglichst losgelöst von dem vorangegangenen Process. Das Urtheil bildet als Vollstreckungstitel die alleinige Grundlage der Vollstreckung. Nicht wird sie eingeleitet durch einen besonderen richterlichen Vollstreckungsbefehl, noch durch ein diesem vorangehendes Befriedigungsgebot. Die CPO. kennt daher auch nicht die Erfüllungs-(Paritions-)Frist. Mit Recht hat man in den Motiven geltend gemacht, dass es eine Unbilligkeit gegen den Gläubiger sei, dem Schuldner durch die Paritionsfrist eine Stundung zu gewähren. „Die hierin liegende Verzögerung des gerichtlichen Urtheilsvollzugs wäre so unbillig, dass dagegen alle Momente, welche das Vollziehungsgebot wünschenswerth machen könnten, zurücktreten. Diese Momente liegen in der Rücksicht auf den Schuldner, welchem die zu stellende Frist zur Beschaffung der nöthigen Geldmittel, beziehungsweise zum Vorbringen etwaiger Einwendungen dienen soll.“ Man glaubt dem Schuldner genug zu thun, wenn derselbe überhaupt nur vor der Zwangsvollstreckung von dem vollstreckbaren Titel und der bevorstehenden Exekution Kunde bekommt und der Verlauf des Verfahrens ihm weitere Gelegenheit bietet zur Wahrung seiner Interessen. Das Resultat ist ein in den bei weitem meisten Fällen ganz extrajudicielles, höchst schleuniges Vollstreckungsverfahren. Es ist ein klares Auseinanderlegen des eigentlichen Exekutionsganges, als dessen judicieller Faktor das Vollstreckungsgericht eintritt, von der etwaigen Verhandlung und Entscheidung materieller in der Exekutionsinstanz noch zulässiger Streitpunkte vor dem Processgericht. Ob dabei gleichmässig gerecht die berechtigten Interessen des Exekutionssuchers wie des Exequendus gewahrt werden, ist eine später zu entscheidende Frage.

Die Zwangsvollstreckung ist, wenn es sich um die Urtheilsvollstreckung handelt, gebunden an die zur Existenz des judikatsmässigen, im Urtheil genannten Anspruchs aktiv und passiv, in der Person des Vollstreckungsuchers und der Person des Imploraten (§§ 664, 665) nothwendigen Voraussetzungen. Es muss also der Anspruch jetzt unbetagt sein, wenn er im Urtheil als betagter genannt ist (§ 672 Abs. 1); es muss die Sicherheitsleistung erfolgt sein, wenn von ihr die Vollstreckbarkeit abhängt (§ 672 Abs. 2); es muss die etwaige Gegenleistung eingetreten sein, wenn nur unter ihrer Voraussetzung verurtheilt ist (§ 664). Es muss ferner, wenn die Person des Exekutionssuchers oder Exequendus nicht identisch ist mit der, welcher verurtheilt ist, oder mit dem, der verurtheilt ist, die Rechtsnachfolge auf der aktiven oder passiven Seite vorliegen. Das alles ist selbstverständlich. Fraglich ist allein, wie für die Feststellung dieser Punkte fürgesorgt ist. Darüber sogleich das Nähere.

Formelle Voraussetzung für die Zwangsvollstreckung ist die „vollstreckbare Ausfertigung", die Ertheilung der „Vollstreckungsklausel". Sie ist die Ausfertigung des Urtheils mit der am Schlusse beizufügenden, vom Gerichtsschreiber zu unterschreibenden, mit dem Gerichtssiegel zu versehenden Vollstreckungsklausel:

> „vorstehende Ausfertigung wird dem u. s. w. (Bezeichnung der Partei) zum Zwecke der Zwangsvollstreckung ertheilt" (§ 663).

Die Motive bemerken: „in diesen Rahmen können alle für den einzelnen Fall noch erforderlichen Zusätze eingefügt werden. Dahin gehört z. B. die Beschränkung auf einen Theil des Streitgegenstandes, die Bezeichnung des Rechtsnachfolgers der einen oder der anderen Partei, für oder gegen welche die Vollstreckung stattfinden soll, die Konstatirung der Notorietät (§ 665 Abs. 2), die Bezeichnung der producirten öffentlichen Urkunde (§ 665 Abs. 1) oder des *in concreto* vorliegenden Rechtsnachfolgerverhältnisses (Erbe, Zedent u. s. w.), die Beschränkung der Vollstreckung auf Sicherheitsleistung, die Bezeichnung der Vollstreckung als einer vorläufigen oder definitiven, falls ein solcher Unterschied von Bedeutung ist."

Die vollstreckbare Ausfertigung wird ertheilt an die Exekution suchende Partei.

Auf der Urschrift des Urtheils ist zugleich vor der Aushändigung der vollstreckbaren Ausfertigung an die Partei zu bemerken, „für welche Partei und zu welcher Zeit die Ausfertigung ertheilt ist" (§ 670).

Die vollstreckbare Ausfertigung soll der Regel nach derselben Partei nur einmal ertheilt werden, sofern nicht die schon ertheilte Ausfertigung zurückgegeben wird (§ 669). Der Grund der Bestimmung ist einleuchtend. Man muss den Schuldner vor mehrfacher Vollstreckung schützen. Auf der anderen Seite ist Bedacht zu nehmen, dass der Gläubiger mehrfacher Ausfertigung bedarf, um an verschiedenen Orten gleichzeitig gegen den Schuldner oder die mehreren im Urtheil Kondemnirten vorzugehen. Diesem Bedürfniss trägt das Gesetz Rechnung, indem es allgemein dem Vorsitzenden des betreffenden Gerichts gestattet, nach seinem Ermessen mehrfache Ausfertigung zu ertheilen. Der Schuldner kann vor der Entscheidung gehört werden; jedenfalls hat der Gerichtsschreiber ihn von der Ertheilung weiterer Ausfertigung in Kenntniss zu setzen, wenn die Entscheidung nicht auf Grund mündlicher Verhandlung erfolgt. „Die weitere Ausfertigung ist als solche unter Erwähnung der Entscheidung ausdrücklich zu bezeichnen" (§ 669 Abs. 4).

Die Vollstreckungsklausel ertheilt beim Urtheil unter allen Umständen der Gerichtsschreiber des Processgerichts und zwar des Gerichts erster Instanz, und nur wenn die Sache in höherer Instanz noch anhängig ist, der Gerichtsschreiber dieser Instanz (§ 662 Abs. 2). Für die Ertheilung der Vollstreckbarkeitsklausel bei exekutorischen Urkunden giebt der § 705 selbstständige Vorschriften. Bei ausländischen Urtheilen geht sie aus von dem Gerichtsschreiber des das Vollstreckungsurtheil erlassenden Gerichts (s. oben S. 314). Die ausfertigende Thätigkeit ist eine beurkundende, nicht eine judicielle. Sie ist nicht Verfügung, sondern formeller Ausdruck der schon vorhandenen Vollstreckbarkeit des Urtheils. Allerdings ist in gewissen Fällen die Vollstreckungsklausel zu ertheilen, obschon es noch an der Vollstreckbarkeit fehlt. So nach §§ 664, 672, wenn der judikatsmässige Anspruch noch betagt ist oder seine Zwangsvollstreckung von einer Sicherheitsleistung abhängt. Hier beurtheilt den Eintritt des *dies*, wie die erfolgte Sicherheitsleistung der Vollstreckungsbeamte. Letztere ist ihm durch eine öffentliche Urkunde zu beweisen, deren Abschrift vor der Vollstreckung oder gleichzeitig zuzustellen ist. In anderen Fällen, in welchen die Nativität des judikatsmässigen Anspruchs, resp. der Legitimationspunkt nicht an sich aus dem Urtheil erhellen, ist richterliches Dekret einzuholen (§§ 666, 667). Hier ist zu unterscheiden. Bringt der Vollstreckungssucher für seinen Antrag und dessen illiquide Punkte sofort öffentliche Urkunden bei (§§ 664, 665), so prüft der Vorsitzende des betreffenden Gerichts und ordnet die Vollstreckungsklausel an (§ 666). Hat der Implorant solche Beweismittel nicht zur Hand, so muss er sich zu besonderer Klage auf Ertheilung der Vollstreckungsklausel bei dem Processgericht erster Instanz verstehen (§ 667). Es entsteht dann ein selbstständiges Verfahren nach den Regeln des ordentlichen Processes. Die Vollstreckungsklage ist *actio iudicati.* In der mündlichen Verhandlung sind alle Vertheidigungsgründe zulässig, welche überhaupt in der Vollstreckungsinstanz gebraucht werden können (§ 686). Das Urtheil ist mit Rechtsmitteln nach den gewöhnlichen Grundsätzen anfechtbar.

Bevor wir nun näher auf die Frage eintreten, in welcher Weise nach Ertheilung der Vollstreckungsklausel das Verfahren verläuft, bedarf noch ein Punkt der Aufklärung, über welchen das Gesetz keine specielle Entscheidung enthält und der sowohl nach den Motiven, wie nach der Ansicht der Reichs-Justizkommission und der meisten Schriftsteller im Widerspruch mit der allgemeinen Regel des Gesetzes entschieden werden soll.

Wir supponiren, der Schuldner ist verurtheilt zur Leistung unter Voraussetzung der Zug um Zug zu bewirkenden Gegenleistung. Ist die Vollstreckungsklausel zu ertheilen auf den Nachweis der vollen Gegenleistung, eventuell ihres vollwirksamen Angebotes, oder ist sie zu ertheilen ohne solchen Nachweis? Es handelt sich darum, ob die Prüfung der materiellen Voraussetzung für die Zwangsvollstreckung dem Gerichtsvollzieher zu entziehen oder zu überlassen ist. In den Materialien des Gesetzes und in den Kommentaren wird durchweg das Letztere angenommen, also gefordert, dass der Gerichtsschreiber die Vollstreckungsklausel ohne gerichtliche Vorprüfung der Gegenleistung zu ertheilen und der Gerichtsvollzieher vor der Zwangsvollstreckung sich dieser Prüfung zu unterziehen habe. Die Motive bemerken:

> „der Entwurf giebt nach dem Vorgange der übrigen neueren Gesetzgebungen keine Bestimmungen über die Vollstreckung von Urtheilen und Schuldtiteln, welche eine Leistung Zug um Zug betreffen. Die Rechte beider Parteien bestimmen sich nach Civilrecht, und die Erfahrung lehrt, dass besondere Schwierigkeiten hierbei auch durch die Selbständigkeit der Gerichtsvollzieher nicht erwachsen. Hervorzuheben bleibt nur, dass derartige Fälle nicht unter die Bestimmung des § 664 fallen, die Ertheilung der Vollstreckungsklausel mithin nicht versagt werden kann, weil der Gläubiger seinerseits nicht vorgeleistet hat.“

In der Reichs-Justizkommission scheiterte ein Versuch des Abgeordneten Bähr, den Entwurf in einem den Motiven gegensätzlichen Sinne zu vervollständigen.

Es leuchtet nun von vornherein ein, dass die in den Motiven und in der Kommission beliebte Verweisung auf das Eingreifen der civilistischen Grundsätze und die Schwierigkeit einer allen denkbaren Fällen gerecht werdenden Regel für unsere Frage nichts austrägt. Es kommt darauf an, zu erkennen, was nach der CPO. Rechtens ist. Meiner Meinung nach das Gegentheil von dem, was die Motive wollen. Und das aus folgenden Gründen:

1. Die Ansicht der Motive und der Majorität der Reichs-Justizkommission widerspricht dem Wortlaut des Gesetzes. Nach ihm fällt der Fall der Verurtheilung zur Leistung gegen Gegenleistung unter den § 664. Dieser sagt:

> „von Urtheilen, deren Vollstreckung nach ihrem Inhalte von dem durch den Gläubiger zu beweisenden Eintritt einer anderen Thatsache als einer dem Gläubiger obliegenden Sicherheitsleistung abhängt, darf eine voll-

streckbare Ausfertigung nur ertheilt werden, wenn deren Beweis durch öffentliche Urkunde geführt wird."

Eventuell bedarf es nach § 667 Klage auf Ertheilung der Vollstreckbarkeitsklausel.

„Thatsache" ist nach § 664 auch eine „Leistung"; denn ausdrücklich wird die Sicherheitsleistung unter den Begriff der Thatsache subsumirt. Indem nun lediglich die Sicherheitsleistung von der Decision des § 664 ausgenommen wird, ist die Gegenleistung darunter begriffen. Allerdings versichern uns die Motive des Gegentheils. Aber ich wiederhole, sie sind nicht Gesetz. Sie sind nicht bindendes Auslegungsmittel des Gesetzes. Sie sind Privatarbeit. Ob sie dem Willen des Gesetzes entsprechen, ist vor allen Dingen aus diesem selbst zu entnehmen.

2. Die Ansicht der Motive und der Reichs-Justizkommission widerspricht der allgemeinen Tendenz des Gesetzes. Nach ihr soll der Gerichtsvollzieher der materiellen Prüfung enthoben sein. Es soll ihm nichts weiter „als die unbedingte Vollstreckung eines vollständig bestimmten Urtheils überlassen werden". Der § 672 giebt die alleinigen unbedenklichen Ausnahmen. Daher ist auch der Gerichtsvollzieher nicht in der Lage, auf materielle Einwendungen hin die Zwangsvollstreckung zu sistiren. Der § 691 setzt hier die ebenfalls möglichst unbedenklichen Ausnahmen. Nun soll in dem beregten Falle dem Gerichtsvollzieher die ebenso verantwortliche, wie schwierige Aufgabe gegeben sein, die Prüfung vorzunehmen, ob die etwa im Auftrag der Partei durch ihn selbst anzubietende oder schon vorher angebotene Gegenleistung in ausreichendem Maasse erfolgt oder doch in einer zur Zwangsvollstreckung berechtigenden Weise angeboten sei!

Die Verweisung auf Solches kennendes Landesrecht beweist schon deshalb nichts, weil überall die Stellung des Gerichtsvollziehers anders, als in der CPO. geregelt ist.

3. Die Ansicht der Motive würde ergeben, dass das Vollstreckungsgericht über etwaige Einwendungen gegen die fälschlich als geschehen angenommene oder verneinte Gegenleistung zu kognosciren hätte (§ 685), während solche Einwendungen recht eigentlich materieller Natur sind und daher dem System

der CPO. gemäss dem Processgericht vorbehalten bleiben müssen (§§ 668, 687). Der vielfach hier für anwendbar gehaltene § 686 trifft diesen Fall nicht; denn der judicatsmässige Anspruch steht fest und bleibt bestehen; es handelt sich nur um die korrekte Durchführung*).

4. Man hat eingeworfen, dass die hier vertretene Auffassung den Anspruch auf Leistung Zug um Zug im Exekutionsstadium in einen Anspruch auf Leistung gegen Vorleistung verwandele. Da liegt ein Denkfehler zu Grunde. Der zu beweisende Eintritt der Thatsache, von welcher die Vollstreckung abhängt, ist nicht die eigene Leistung oder deren Angebot, sondern dieses Angebot gegen Gegenleistung. Wird die Gegenleistung verweigert, so steht der Annahmeverzug fest, und der Ertheilung der Vollstreckungsklausel nichts entgegen. Von einer Vorleistung kann also schlechterdings nicht die Rede sein. Die Differenz der Meinungen liegt ganz auf dem processualen Gebiet. Hier aber wird man nicht wegläugnen können, dass die Verurtheilung gegen Gegenleistung nicht ist die einfache Verurtheilung zur Leistung, und dass die Vollstreckung nicht schon auf Grund der Verurtheilung, sondern erst auf Grund der hinzutretenden und festzustellenden „anderen Thatsache" der angebotenen Gegenleistung erfolgen kann**).

5. Vollends erwiesen wird diese Auffassung durch CPO. § 779, wo hinsichtlich der Realisirung der Verurtheilung zur Abgabe einer Willenserklärung durch Fiktion ausdrücklich gesagt ist: „ist die Willenserklärung von einer Gegenleistung abhängig gemacht, so tritt diese Wirkung erst ein, sobald nach den Bestimmungen der §§ 664, 666 eine vollstreckbare Ausfertigung des rechtskräftigen Urtheils ertheilt ist." Die Gegner sind diesem Gesetz gegenüber rathlos; sie sprechen angesichts der offenbar enunciativen Bezugnahme auf die Be-

*) Vgl. auch § 779.

**) Insofern der Annahmeverzug im Urtheil bereits festgestellt ist, liegt konsequent die Sache anders. S. unten Note 327. Weil diese Feststellung in den Gründen erfolgt, wird hier zur Leistung, nicht zur Leistung gegen Gegenleistung verurtheilt.

stimmungen der §§ 664, 666 davon, dass diese in § 779 in ihrer Anwendbarkeit erweitert würden oder versteigen sich zu der Willkürannahme, dass der § 779 die Verpflichtung zur Willenserklärung gegen Gegenleistung aus einer Zug um Zug Leistung in eine solche gegen Vorleistung verwandelt habe — ein völlig unmögliches Resultat —, während nach der richtigen Auslegung des § 664 sich dieser mit § 779 in vollster Harmonie befindet, eine Harmonie, die man in der Reichs-Justizkommission nachdrücklichst betont hat*).

Führt sonach eine korrekte Auslegung des Gesetzes zu dem den Motiven gegensätzlichen Resultate und zur Anwendung der §§ 664, 666, 667 auf den beregten Fall, so kann doch nicht verkannt werden, dass dieses Resultat ernste praktische Schwierigkeiten im Gefolge hat. Es muss ermöglicht werden, dass der Gläubiger Mittel und Wege finde, um die Gegenleistung bis zur Leistung in der Hand zu behalten und doch durch Angebot der Gegenleistung den Gegner in *mora* zu versetzen und gegebenen Falls sich zu liberiren. Und das alles in einer Form, welche genugsamen Beweis nach § 664 herstellt. Die durch das Bürgerliche Gesetzbuch Deutschlands veranlasste Reform der CPO. bietet dazu die erwünschte Gelegenheit**).

---

*) Vgl. Protokolle S. 720, wo der Regierungsvertreter Kurlbaum II den *passus concernens* des § 779 ohne jeden Widerspruch folgendermaassen begründet: „Es scheine nöthig, zu fixiren, unter welchen Voraussetzungen auch die von einer Gegenleistung abhängige Willenserklärung *in vim executionis* als abgegeben gelte. Dies werde durch die im Antrage Thilo proponirte Fassung übereinstimmend mit den allgemeinen Vollstreckungsvorschriften der §§ 614 und 615 a (§§ 664, 666) erreicht.“ — Die obige Auffassung des § 664 ist zuerst vertreten durch Fitting Civ. Archiv Bd. LXI 436 fg.; sie ist vertheidigt von Weismann Feststellungsklage, 1879, S. 127 und nachdrücklichst von Kohler Civ. Archiv Bd. LXXII S. 28 fg. (Gesammelte Beitr. S. 483 fg.).

**) Nach dem Entwurf der Denkschrift soll § 664 den Abs. 2 erhalten: „Ist die Vollstreckung von einer Zug um Zug oder vorher zu bewirkenden Leistung des Gläubigers an den Schuldner abhängig, so kann der Gläubiger auch ohne den Beweis, dass der Schuldner in Ansehung der ihm gebührenden Leistung befriedigt ist oder sich im Verzug der Annahme befindet, die Ertheilung einer vollstreckbaren Ausfertigung verlangen, es

IV.

Das Vollstreckungsorgan ist der Gerichtsvollzieher als Beauftragter der Partei und das Gericht.

Das Gericht vollstreckt, abgesehen von seiner Unterstützung und Ueberwachung des Gerichtsvollziehers, in Forde-

---

sei denn, dass die dem Schuldner obliegende Leistung in der Abgabe einer Willenserklärung besteht." Diese Bestimmung befand sich bereits in dem früheren Entwurf des Einführungsgesetzes. Die Motive gaben folgende Erläuterung: der neue Absatz enthalte die zur Durchführung des § 365 des Entw. BGB. erster Lesung erforderliche processuale Vorschrift (vgl. §§ 676 a, 684, 671 Abs. 2 der CPO. neuer Fassung). Es stimme dieselbe betreffs der Verpflichtung „Zug um Zug" überein mit der „überwiegend vertretenen Auffassung" der CPO. Die Konsequenz aber fordere Gleiches für die Vollstreckung der Leistung auf Grund der Vorleistung. Doch könne der Gläubiger in diesen Fällen auch die vollstreckbare Ausfertigung „auf Grund des Beweises", dass der Schuldner befriedigt oder in Annahmeverzug sei, nach Maassgabe des § 664 Abs. 1 fordern. Dieser Nachweis werde bei Pflicht zur Vorleistung durch „Vorlegung des Urtheils" geführt, weil in diesem Fall die Verurtheilung den Annahmeverzug voraussetze. Damit wurden dann die weiteren Vorschriften der §§ 676 a und 684 Abs. 3 begründet. Dort hiess es § 676 a: „Ist die Vollstreckung des Urtheils nach dessen Inhalte von einer Zug um Zug zu bewirkenden Leistung des Gläubigers an den Schuldner abhängig und die vollstreckbare Ausfertigung des Urtheils nicht auf Grund des Beweises ertheilt, dass der Schuldner in Ansehung der ihm gebührenden Leistung befriedigt ist oder sich im Verzuge der Annahme befindet, so darf der Gerichtsvollzieher die Zwangsvollstreckuug nicht beginnen, ohne dem Schuldner die demselben gebührende Leistung in einer den Verzug der Annahme begründenden Weise anzubieten"; § 684 Abs. 4: „Ist die Vollstreckung des Urtheils nach dessen Inhalte von einer Zug um Zug zu bewirkenden Leistung dss Gläubigers an den Schuldner abhängig, so darf das Vollstreckungsgericht eine Vollstreckungsmaassregel nur anordnen, wenn die vollstreckbare Ausfertigung auf Grund des Beweises ertheilt worden ist, dass der Schuldner in Ansehung der ihm gebührenden Leistung befriedigt ist oder sich im Verzuge der Annahme befindet." Dass die §§ 676 a und 684 Abs. 4 nur von Leistung Zug um Zug, nicht auch von Leistung gegen Vorleistung handelten, wurde ausdrücklich gerechtfertigt in den Motiven zu § 684 Abs. 4 mit der Bemerkung, dass das Urtheil im letzteren Fall der Berücksichtigung nicht bedürfe, offenbar um deswillen, weil es nur auf Grund des Annahmeverzugs ergehen könne. — An diesen Bestimmungen des ersten Entwurfs hat bereits Kipp in seiner rungen und andere unkörperliche Vermögensstücke, in unbewegliches Vermögen; es vollstreckt die Verurtheilung zur Vornahme von Handlungen oder Unterlassungen. Dabei unterscheidet das Gesetz auch hier zwischen Vollstreckungs- und

---

Schrift über „die Verurtheilung zur Abgabe von Willenserklärungen" 1892 S. 108 fg. in wesentlichen Punkten eine ebenso einleuchtende, wie treffende Kritik geübt. Die Meinung des Entwurfs erster Lesung ist, es solle dem siegenden Gläubiger, der nach BGB. § 365 „auf Verurtheilung des anderen Theiles zur Erfüllung Zug um Zug" oder „auf Verurtheilung nach Empfang der demselben gebührenden Leistung (!)" geklagt hat, die Wahl gemäss CPO. § 664 Abs. 2 offen stehen, ob er „ohne den Beweis" der Erfüllung oder des Annahmeverzuges oder „auf Grund dieses Beweises" die Vollstreckung suchen solle. Allerdings bedingte die Aufnahme des Abs. 2 in den § 664 und die Fortdauer des Citates des § 664 in § 666 und § 667 in beiden Fällen, also immer die vollstreckbare Ausfertigung auf Anordnung des „Vorsitzenden", — und bei Mangel der erforderlichen öffentlichen Urkunden die Klage beim Processgericht nach § 667 auf Ertheilung der Vollstreckungsklausel. Insoweit also entspräche dieses System meiner und nicht der vorherrschenden Ansicht entgegen den Motiven. Aber nach der anderen Seite schlägt es um durch die schlechthin unhaltbare Unterscheidung der vollstreckbaren Ausfertigung „auf Grund des Beweises" und abgesehen von solchem. Es war unbedacht, dass der erste Entwurf diese Unterscheidung in § 664 Abs. 2 auch bei klägerischer Vorleistungspflicht einführte, während er mit Recht sie in § 676 a und § 684 wieder fallen liess. Ich sage „mit Recht", denn 1. ist es sinnlos, dass wenn die Verurtheilung bei Vorleistungspflicht des Klägers nur auf Grund des Annahmeverzugs erfolgen kann, noch ein Beweis desselben die denkbare Voraussetzung der vollstreckbaren Ausfertigung bilden soll, 2. ist es sinnlos, dass dieser Beweis durch das Urtheil, wie die Motive des ersten Entwurfs sagen, erbracht werden soll; denn nichts von dem, was vor dem Urtheil liegt, fällt unter die „Thatsache" des § 664 Abs. 1. — Dass aber die vollstreckbare Ausfertigung bei der Leistung Zug um Zug verschieden behandelt wird, je nachdem es sich um Vollstreckungsmaassregeln seitens des Vollstreckungsgerichts oder seitens des Gerichtsvollziehers handelt, ist völlig grundlos. Denn will man sie überhaupt gestatten ohne den vorgängigen Nachweis des Annahmeverzugs, aber die Vollstreckung selbst abhängig machen vom Annahmeverzug, so genügt es, wenn dieser dem Vollstreckungsgericht z. B. vor der Forderungspfändung (§ 729 fg.) nachgewiesen wird. — Der Entw. der Denkschrift hat diese Einwürfe keineswegs beseitigt, im Gegentheil er hat nur verschlechtert, wo er hätte bessern sollen. Der § 664 Abs. 2 ist, wie gesagt festgehalten; in §§ 666, 667 ist das Citat des § 664 geblieben; die beiden §§ 676 a und 684 Abs. 4 haben nach

Process-Gericht. Jenes ist das Amtsgericht der Zwangsbereitschaft, das Gericht, in dessen Bezirk die Vollstreckung stattfinden soll oder stattgefunden hat (§ 684 Abs. 2). Auf die Ausnahmen ist hier nicht einzugehen. Das Processgericht erster Instanz greift ein als Vollstreckungsorgan bei der Vollstreckung der Handlungs- oder Unterlassungs-Pflichten (§ 773 fg.).

Der Gerichtsvollzieher ist das Vollstreckungsorgan, soweit nicht das Gericht dazu berufen ist.

Der Gerichtsvollzieher ist Staatsbeamter. Er ist Justizverwaltungsbeamter. Er ist nicht Organ, Bote des Richters. Er handelt selbstständig unter Kontrole theils der übergeordneten Justizadministrativbehörde, theils des Vollstreckungsgerichts

---

den Worten „Zug um Zug“ den Zusatz „oder vorher“ erhalten, statt dass derselbe in § 664 Abs. 2 beseitigt worden ist. Es hängt das offenbar mit der verkehrten Vorschrift des § 316 des Entw. d. BGB. letzter Lesung zusammen, welcher jetzt lautet: „Erhebt aus einem gegenseitigen Vertrage der eine Theil Klage auf die ihm geschuldete Leistung, so hat die Geltendmachung des dem anderen Theil zustehenden Rechtes, die Leistung bis zur Bewirkung der Gegenleistung zu verweigern, nur die Wirkung, dass der andere Theil zur Erfüllung Zug um Zug zu verurtheilen ist. Hat der klagende Theil vorzuleisten, so kann er, wenn der andere Theil im Verzuge der Annahme ist, auf Leistung nach Empfang der Gegenleistung (!) klagen. Auf die Zwangsvollstreckung findet die Vorschrift des § 268 Abs. 3 Anwendung.“ In dieser Vorschrift aber wird der Gläubiger berechtigt, „seinen Anspruch ohne Bewirkung der ihm obliegenden Leistung der Zwangsvollstreckung zu verfolgen, wenn der Schuldner im Verzuge der Annahme ist.“ Also: der Annahmeverzug begründet Verurtheilung und Vollstreckung und doch soll verurtheilt werden nur zur Leistung „nach Empfang der Gegenleistung“ und die richterliche Vollstreckungsmaassregel (§ 684) nicht zulässig sein, wenn nicht auf Grund des Nachweises des Annahmeverzuges die vollstreckbare Ausfertigung ertheilt worden ist, während doch ohne den Nachweis der Mora überhaupt nicht verurtheilt, also auch überhaupt keine vollstreckbare Ausfertigung ertheilt werden kann. Welch' ein Knäuel von Verwirrung. — Und bei all' dem bleibt es dabei, dass der Gerichtsvollzieher, wenn die Verurtheilung Zug um Zug vollstreckt werden soll, obschon die vollstreckbare Ausfertigung vom Vorsitzenden nicht auf Grund des Beweises der Erfüllung oder des Annahmeverzugs ertheilt worden ist (§§ 666, 664 Abs. 2, 676 a), die Erfüllung anzubieten und über den Annahmeverzug zu kognosciren hat.

(§ 685). Die Dienst- und Geschäftsverhältnisse regelt für das Reichsgericht der Reichskanzler, für die Landesgerichte die Landesjustizverwaltung.

Der Gerichtsvollzieher wird thätig als Zustellungs- und Vollstreckungs-Beamter im Auftrage der Partei oder im Auftrage des Gerichts. Das Auftragsverhältniss zwischen ihm und der Partei beurtheilt sich materiell nach den Grundsätzen des Civilrechts, soweit nicht besondere rechts- oder landesgesetzliche Bestimmungen eingreifen. Die Auftragsertheilung geschieht entweder durch die Partei unmittelbar oder durch den von ihr ersuchten Gerichtsschreiber des Vollstreckungsgerichts (§ 674). Der Auftrag ist formlos, wirksam ist er erst mit der Aushändigung der vollstreckbaren Ausfertigung (§ 675). Dritten gegenüber ist ihr Besitz die nothwendige, aber aber auch die völlig ausreichende Legitimation. Hat der Gerichtsvollzieher die vollstreckbare Ausfertigung in der Hand, so ist aus dem mangelnden Auftrag ein Vertheidigungsgrund gegen die Vollstreckung nicht zu entnehmen. Daraus folgt, dass der Schuldner auch dem nicht beauftragten, aber die vollstreckbare Ausfertigung besitzenden Gerichtsvollzieher vollwirksam leistet. Der Mangel des Auftrags ist so wenig vom Gläubiger gegen den Schuldner, wie umgekehrt zu verwerthen. Er kommt nur in Betracht für das interne Verhältniss des Gläubigers und des Gerichtsvollziehers (§ 676).

Der Gerichtsvollzieher ist durch den Besitz der vollstreckbaren Ausfertigung legitimirt, Zahlungen oder sonstige Leistungen in Empfang zu nehmen, über das Empfangene zu quittiren und dem Schuldner, wenn dieser seiner Verbindlichkeit genügt hat, die vollstreckbare Ausfertigung auszuhändigen (§ 675). Eine mündliche oder schriftliche Beschränkung des Auftrags ist für das Verhältniss des Gläubigers zum Schuldner und Dritten gegenüber unwirksam.

Es ist bereits ausgesprochen: die Leistung an den Gerichtsvollzieher ist Leistung an die Partei. Dieser quittirt jener. Doch behält das Gesetz dem Schuldner das Recht vor, nachträglich

*) Vgl. mein Handbuch Bd. I 328 346.

vom Gläubiger Quittung zu begehren (§ 677 Abs. 2). Bei vollständiger Leistung wird mit der Quittung die vollstreckbare Ausfertigung dem Schuldner ausgeliefert.

Das Gesetz kennt keine Exekutionsgrade, noch schliesst es die Kumulation verschiedener Vollstreckungsarten aus. Es kann gleichzeitig in verschiedenen Gerichtssprengeln und in den verschiedensten Formen die Zwangsvollstreckung beginnen, wenn sich der Gläubiger in den Besitz der nöthigen Anzahl erforderlicher vollstreckbarer Ausfertigungen gesetzt hat.

V.

Alles Vorstehende zeigt die grosse Elasticität und Leichtigkeit des Vollstreckungsverfahrens. Kurzer Hand kann nach erlangtem Vollstreckungstitel der Gläubiger sich die vollstreckbare Ausfertigung durch den Gerichtsschreiber, eventuell durch den Vorsitzenden ertheilen lassen. Einfache Uebergabe mit mündlichem Auftrag an den Gerichtsvollzieher und die Vollstreckung kann sofort beginnen. Die Grundsätze über die Exekutionsarten und deren Durchführung bieten dem Gläubiger schleunige Befriedigung. Um nur eins zu nennen: schon eine Woche nach der Pfändung kann zur Versteigerung verschritten werden (§ 717), und dort, wo Gerichtlichkeit der Pfändung und die damit etwa nothwendige Verzögerung den Gläubiger gefährdet, giebt ihm das Gesetz einen weitgreifenden Privatarrest (§§ 744, 745).

Es leitet diese Betrachtung wieder auf die Frage zurück, in welcher Weise für die Wahrung der schuldnerischen Interessen von der CPO. gesorgt ist.

Das Gesetz lässt dem Schuldner nicht die Mahnung der Hülfsauflage zu Theil werden. Sie giebt ihm keine Paritionsfrist. Blitzschnell kann die Vollstreckung über ihn hereinbrechen. Man denke an die vorläufige Vollstreckbarkeit, welche vielleicht höchst unerwartet vom Gerichte einem ebenfalls nicht erwarteten verurtheilenden Erkenntniss erster Instanz zugebilligt wird und durch Berufung nicht zu hemmen, wenn auch vielleicht nachträglich zu beseitigen ist. Die Vorschrift des Gesetzes, dass die Zwangsvollstreckung nur beginnen darf, „wenn die Personen, für und gegen welche sie stattfinden soll, in dem Urtheil oder in der demselben beigefügten Vollstreckungsklausel namentlich bezeichnet sind und das Urtheil bereits zugestellt ist oder gleichzeitig zugestellt wird“ (§ 671 Abs. 1), bietet hier keinen Schutz. Denn die Partei gewinnt bei der gleichzeitig mit der Vollstreckung stattfindenden Zustellung keine Zeit. Der § 671 erfüllt lediglich den Zweck, die Partei für ihre Vertheidigung *au fait* zu setzen.

Das Vertheidigungsrecht des Exequendus wird geltend gemacht als Einwendung entweder gegen die Ertheilung der Vollstreckungsklausel oder gegen den zu vollstreckenden Anspruch oder gegen die Art und Weise der Zwangsvollstreckung.

1. Von Einwendungen gegen die Zulässigkeit der Vollstreckungsklausel redet das Gesetz an verschiedenen Stellen. Der § 668 erwähnt sie ganz generell und bestimmt:

> „über Einwendungen des Schuldners, welche die Zulässigkeit der Vollstreckungsklausel betreffen, entscheidet das Gericht, von dessen Gerichtsschreiber die Vollstreckungsklausel ertheilt ist.“

Der § 687 eröffnet den Weg der Klage beim Processgericht erster Instanz für die Einwendungen, welche nachträglich, nach Ertheilung der Vollstreckungsklausel, erhoben werden, weil irrthümlich bei Ertheilung derselben eine die Vollstreckung bedingende Thatsache als eingetreten oder eine Rechtsnachfolge als bewiesen angenommen worden ist (§§ 664, 665). Das Gesetz fügt hinzu: „unbeschadet der Befugniss des Schuldners, in diesen Fällen Einwendungen gegen die Zulässigkeit der Vollstreckungsklausel in Gemässheit des § 668 zu erheben.“

Es wird hiernach ein doppelter Weg unterschieden zur Geltendmachung von Einwendungen gegen die Zulässigkeit der Vollstreckungsklausel: 1. der Weg des ordentlichen Processes: er führt zur definitiven Entscheidung und ist zulässig, wenn der Eintritt der wesentlichen bedingenden Thatsache oder Rechtsnachfolge geleugnet wird (§ 687); 2. der Weg der einfachen Einwendung beim Gericht des Schreibers der Vollstreckungsklausel; er führt zu einer mündlichen Verhandlung oder auch nicht, ganz nach Ermessen des Gerichts, zur Entscheidung über die Aufhebung der Vollstreckungsklausel. Der erste schliesst den zweiten Weg nicht aus und umgekehrt. Jener ist das langsame, nur in beschränkten Fällen anwendbare, dieser der allgemein anwendbare und schleunige, formlose. Dort wird ein Urtheil das Resultat, welches der Berufung unterliegt, hier eine „Entscheidung", welche nach der Regel über die sofortige Beschwerde in der Zwangsvollstreckung — § 701 — zu behandeln ist.

Es knüpfen sich hieran einige Specialfragen.

Wie steht es, wenn die Vollstreckungsklausel auf Anordnung des Vorsitzenden des Gerichts gemäss § 666 ertheilt ist? Der § 668 umfasst meiner Meinung nach auch diesen Fall. Wenn er spricht von der Ertheilung der Vollstreckungsklausel durch den Gerichtsschreiber, so schliesst er nicht aus den Fall der Ertheilung „auf Anordnung des Vorsitzenden". Daraus folgt: ist diese vorangegangen, so muss dem Schuldner die Einwendung an das Processgericht noch offen stehen. Hat der Amtsrichter die Klausel gemäss § 666 angeordnet, so geht die Einwendung an ihn selbst, vorausgesetzt, dass er nicht schon nach § 666 Abs. 2 dem Schuldner das rechtliche Gehör gewährt hatte. Doch werden gegentheilige Ansichten vertheidigt*).

2. Einwendungen gegen die Zulässigkeit der Vollstreckungsklausel sind alle, welche deren gesetzliche Voraussetzungen, Rechtskraft, Vollstreckbarkeit, die Erfordernisse der §§ 664, 665, betreffen. Dagegen gehören hierher nicht die Einwendungen, welche sich auf den judikatsmässigen Anspruch an sich beziehen. Sie sind in der Klageform, im ordentlichen Process zu erheben (§ 686). Die Klage wird an

*) Vgl. dazu Gaupp a. a. O. Bd. II 342 Note 3.

das Processgericht verwiesen. Materielle Bedenken hinsichtlich der Beweislast, der Versäumnissfolgen und dergl. können hieraus nicht erwachsen. Denn immerhin ist materiell die Klage eine Geltendmachung der Einrede, nicht eines Anspruchs, wenn schon sie sich in die Form der Feststellungsklage hüllen sollte oder ein Anspruch wegen Rückerstattung des widerrechtlich Exequirten sich damit verbinden kann. — Die Forderung der Liquidität wird ebenso wenig gestellt, als dem Schuldner die Möglichkeit gewährt wird, eine summarische Behandlung der Sache zu beanspruchen. Das ergehende Urtheil ist mit der Berufung anfechtbar. Als Schutzmittel des Schuldners dienen die Befugniss des Gerichts zur Sistirung der Vollstreckung, zur Verkürzung der Einlassungsfrist, die Möglichkeit, nach §§ 691, 692 eine Einstellung oder Beschränkung der Vollstreckung beim Gerichtsvollzieher zu erreichen.

Die Einwendungen gegen den judikatsmässigen Anspruch sind präkludirt, wenn sie vor dem Schlusse der mündlichen Verhandlung entstanden sind, in welcher sie ordnungsmässig hätten geltend gemacht werden müssen. Nicht der Moment der Urtheilspublikation, geschweige denn der Rechtskraft, sondern der Moment der eintretenden rechtlichen Unzulässigkeit des Gebrauchs der Einrede entscheidet über deren nachträgliche Verwerthbarkeit. Hieraus ergiebt sich, dass die nach dem Schluss der mündlichen Verhandlung in der Berufungsinstanz entstandenen Vertheidigungsgründe auch dann in der Vollstreckungsinstanz zuzulassen sind, wenn eine Revisionsinstanz nachfolgte. Ob man durch die Berufung die Einwendungen hätte verfolgen können, ist gleichgültig. Die Möglichkeit, sie durch Einspruch geltend zu machen, schliesst sie aus*).

3. Die Einwendungen gegen Art und Weise der Zwangsvollstreckung oder das bei derselben vom Gerichtsvollzieher beobachtete Verfahren gehören nicht, wie die bisher erörterten Einwendungen, vor das Processgericht, sondern vor das Vollstreckungsgericht. Keine Klageform, keine

*) Näher auf die interessante sog. Vollstreckungsgegenklage einzugehen ist hier nicht der Ort.

obligatorische mündliche Verhandlung (§§ 685, 684 Abs. 3). Die Erledigung ist aufs schleunigste möglich.

Dieses System der Vertheidigung des Exequendus wird den nothwendigen Rücksichten gegen ihn, angesichts der grossen Begünstigungen des Exekutionssuchers, welche wir nachwiesen, nicht gerecht. Die Verweisung der materiellen Vertheidigungsgründe, von denen der §§ 664, 665 abgesehen, in den ordentlichen Process ist eine Härte gegen den Schuldner. Die Abhülfe des § 691 wird voraussichtlich öfter versagen. Die berechtigte Hoffnung auf die Sistirung der Vollstreckung des Gerichts wird nicht selten vereitelt werden. Das Ergebniss ist eine bedeutende Gefährdung des beklagtischen Rechts, welche nur durch weise Vorsicht der Gerichte verhütet werden kann.

Universitäts-Buchdruckerei von Carl Georgi in Bonn.

Kolibri 360 GmbH
Ferdinand-Jühlke-Straße 7
99095 Erfurt, Deutschland
produktsicherheit@kolibri360.de